读懂投资　先知未来

大咖智慧
THE GREAT WISDOM IN TRADING

/

成长陪跑
THE PERMANENT SUPPORTS FROM US

/

复合增长
COMPOUND GROWTH IN WEALTH

一站式证券投资学习平台

高级反转技术分析

价格行为交易系统之反转分析

·上册·

【美】阿尔·布鲁克斯 著

康 兰 蔡佳烨 译

山西出版传媒集团
山西人民出版社

图书在版编目(CIP)数据

高级反转技术分析：价格行为交易系统之反转分析.
上册／(美)阿尔·布鲁克斯著；康兰，蔡佳烨译.—
太原：山西人民出版社，2018.8(2025.03重印)
ISBN 978-7-203-10456-8

Ⅰ.①高… Ⅱ.①阿… ②康… ③蔡… Ⅲ.①股票交易-基本知识 Ⅳ.①F830.91

中国版本图书馆CIP数据核字(2018)第127661号
著作权合同登记号　图字:04-2013-045

高级反转技术分析：价格行为交易系统之反转分析.上册

著　　者：(美)阿尔·布鲁克斯
译　　者：康　兰　蔡佳烨
责任编辑：崔人杰
复　　审：傅晓红
终　　审：员荣亮
出　版　者：山西出版传媒集团·山西人民出版社
地　　址：太原市建设南路21号
邮　　编：030012
发行营销：0351-4922220　4955996　4956039　4922127(传真)
天猫官网：http://sxrmcbs.tmall.com　电话:0351-4922159
E-mail　：sxskcb@163.com　发行部
　　　　　sxskcb@126.com　总编室
网　　址：www.sxskcb.com
经　销　者：山西出版传媒集团·山西人民出版社
承　印　者：廊坊市祥丰印刷有限公司
开　　本：787mm×1092mm　1/16
印　　张：25.5
字　　数：316千字
版　　次：2018年8月　第1版
印　　次：2025年3月　第3次加印
书　　号：978-7-203-10456-8
定　　价：108.00元

如有印装质量问题请与本社联系调换

译者序

阿尔·布鲁克斯先生的这一系列的三本书虽然标题是技术分析，但却远远不止教给我们技术分析的方法，而是更深层次地剖析了市场的心理，是市场上少有的系统介绍价格行为的经典书籍。第一本讲价格行为基础和趋势交易，第二本讲震荡区间的交易方法，第三本主要讲如何捕捉趋势的反转机会，并包含了日内交易、期权交易以及他对交易精髓的总结。我和朋友一起有幸对第三本书籍进行了翻译，希望能给读者们带来一些帮助。作为一名资产管理行业的从业人士，我建议在阅读本书之前，先弄明白以下三个问题。

为什么要学习价格行为？

正如阿尔·布鲁克斯先生在书中提到的，价格行为是人类行为的一种表现，实际上是一种遗传基础。如果人类基因不发生重大进化和转变，遗传基础将在很大程度上保持不变，就像过去几十年来股市不变的走势图一样。这也是为什么价格行为分析能在交易中非常实用的核心原因。而且，价格行为帮我们解决很多宏观或者基本面无法解释的短期问题，这个因素在很多研究员的分析中用情绪一词带过，却曾导致无数交易损失惨重。当然，我们可以用拉长投资周期、减轻交易仓位来规避短期因素，但了解短期因素对交易影响的可能性有利于我们更好地管理我们的头寸。

这本书有什么不同？

市面上大多数关于技术分析或者 K 线分析的书籍会让读者们感到死记硬背各种形态的压力，而这本书则主要着重于解释为什么某些特定形态能为交易者提供可靠的交易条件，其背后市场大多数交易者的心态是如何演变的，让读者能够更为生动形象地理解，跟随书中的描述去感受当时那个案例下的交易心态，懂得如何去应对。这本书写得非常详细，不仅包含作者自身对交易方法的总结，还附上了很多交易的具体图表案例和剖析，所以翻译起来也花了不少时间，而其中很多内容都值得我们反复推敲和探讨。

这本书能帮助我们多少？

大部分读者可能只希望通过快速阅读本书获得一个所谓的交易制胜方法，而没有足够的耐心去对每个案例进行学习和思考，如此则阅读的收获可能就少之又少了。交易可能是这世界上最需要细心、耐心、勤奋、纪律和深入思考的职业之一。入门看似简单，新手都可能会赚大钱，所以给很多人造成了"不劳而获"的快感并由此上瘾，希望运气总是在自己这边。然而，这只不过是自己一厢情愿的想法。交易的真相是残酷的，甚至你很努力之后仍然会感到挫败。阿尔先生也花了十年以上的时间才能稳定地盈利，这也是需要不断学习和进步才能保持的。没有一成不变的规则，永远不变的，只有人性。作者也在书中写道，他也从来没有完全信任过技术分析的指标，而核心在于理解市场行为背后的心理。任何时候，市场都不是确定的，我们需要对各种可能性做好应对。如果照搬一些技术分析的指标或者所谓的理论来交易，反而会适得其反。因此，更重要的，不是本书教给我们什么交易方法，而是从书中以及从作者身上感受到的交易态度。

如果我们明白上述三个问题，那么我们就已经知道如何去获得这本书的精髓，得到我们应该获得的知识了。书中还有一点我非常认可，就是成功的交易员需要找到一种与自己个性匹配的交易方法。每个人的性格以及生活所处的阶段不一样，能够投入到交易中的时间和精力不一样，交易的资金规模不一样，资金属性不一样等等，都注定我们的交易方法并没有最好，只有最适合。再好的交易方法，如果不适合自己，也不可能实现持续盈利。

本书教会我们如何理解市场的价格行为，而在此基础上我们需要学会的，就是不断寻找适合自己的方法，实现自己的成功交易。祝读者们投资顺利，生活愉快！

康 兰

2018年3月11日

致　谢

　　我写这本书的主要目的，是希望通过一系列全面综合的书籍，向大家展示价格行为的交易理念。而在此之前，读者们经常向我反映他们阅读我早期的《逐根K线解读市场走势》（Reading Price Charts Bar by Bar）这本书时感到比较晦涩难懂。在此，我衷心地感谢读者们以及我每日网络研讨会的参与者们给我提供的非常有建设性的意见和建议。这其中许多评论都非常深刻且颇有见解，我已经将它们融入最新版的书本当中。我也非常感激参与我在线直播交易室交流的所有交易者，他们给予我反复陈述自己观点的机会，直到我可以清晰地表达我的所见所闻、所思所想。他们还问了很多问题，帮助我找到更行之有效的沟通方式，我也把这些沟通方式运用到这些书本当中。

　　在这里我要特别感谢 Victor Brancale 和 Robert Gjerde。Victor Brancale 花了很长时间帮我校对稿件，并提供了很多非常有帮助的修改建议。Robert Gjerde 建立和管理我的网站，并帮我收集聊天室和网站上的反馈意见。最后，我想感谢《期货》杂志的团队编辑总监 Ginger Szala，她为我提供了持续发表文章和在网络研讨会上讲话的机会，并经常给我提供非常有用的建议，帮助我更加深入地参与到交易者群体中去。

目　录

术语表 ·· 1

引　言 ·· 31

第一篇　趋势反转：趋势成为反趋势 ·· 81

第 1 章　反转交易范例 ·· 133

第 2 章　反转动能的标志 ··· 141

第 3 章　主要趋势反转 ·· 147

第 4 章　巅峰反转：行情高潮后的急速反转 ······························ 187

第 5 章　楔形和其他三浪推进反转模式 ···································· 251

第 6 章　扩张三角形 ··· 295

第 7 章　最终旗形 ·· 305

第 8 章　双重顶和双重底的回调 ·· 335

第 9 章　失败 ·· 347

第 10 章　日 K 线图的巨量反转 ··· 393

术语表

所有的这些术语都是从帮助交易员理解的角度出发,通过实践经验来对这些术语做出定义,而未必是指技术分析师平常所描述的理论方面的专业术语。

总在场内(Always in)

如果你必须一直在市场中交易,不论做多还是做空,那么这就是指你当天的头寸的状态(总处于多头或总处于空头)。如果在任意时间内你感到必须决定建立新的多仓或新的空仓,且对你自己的选择充满信心,那么市场在这个时候就属于总在场内的模式。然而,几乎所有的这些交易选择都要求行情走出一个与当前趋势相匹配的快速上涨或下跌,这样交易员们才有信心完成这些交易。

铁丝网行情(Barbwire)

指一种交易震荡区间,该区间内包含数根相互重叠的K线,其中有一根或多根K线是十字星。这是一种紧凑密集型的交易区间,通常由大阳线或大阴线组成,而且上下影线相对较长。

回调K线(Bar pullback)

在上升波段中,回调K线是指该K线的最低点低于前一根K线的最低点。在下降波段中,回调K线是指该K线的最高点高于前一根K线的最高点。

熊市反转（Bear reversal）

趋势从上涨到下跌的转变。

追保账户（Blown account）

当你在交易过程中产生的亏损导致交易账户里的权益低于经纪商所要求的最低保证金标准时，在存入足够的保证金之前这个账户将不能继续交易。

突破（Breakout）

当前K线的最高点或最低点超过了之前一些关键价位，这些关键价位包括一个波动区间的最高点或最低点，先前任意一根K线、趋势线或趋势通道的最高点或最低点。

突破K线（Breakout bar or bar breakout）

形成突破的一根K线，通常是一根强劲的趋势K线。

突破模式（Breakout mode）

出现任一方向的突破后，都应该计划好后续的交易操作。

突破回调（Breakout pullback）

在几根K线实现价位突破之后，往往伴随着一到五根K线的小回调。既然你把它看作是一个回调，你就会希望行情在突破并回调后回归正轨，而这个回调正是你的入场机会。相反地，如果你认为突破将失败，你就不会把它叫作回调，而是把这一现象视为突破失败的标志。例如，如果在下跌趋势线之上出现一个五根K线的突破行情，但你却认为市场仍将继续下行，你就不会在熊市刚一被突破后就准备在回调时买入，而是会考虑在这个下降旗形中做空。

突破测试（Breakout test）

当行情突破后开始回调，并回调到接近最初的入场价位，这个入场价位是我们的盈亏平衡点。行情有可能在这个盈亏平衡点上下波动几个价位。这个波动可能一到两根K线就能完成，也有可能在持续一段时间后，延伸至20根甚至更多K线。

牛市反转（Bull reversal）

趋势从下跌到上涨的转变。

买入压力（Buying pressure）

多头强势介入，他们的买入创造了带下影线的牛市K线，以及双K线形态的牛市反转。这种影响效应是逐渐累积递增的，且通常市场都会走向更高的价格。

蜡烛图（Candle）

这是一种演示价格行为的图形，主体由开盘价与收盘价之间的区域组成。如果收盘价高于开盘价，则是阳线，显示为白色。如果收盘价低于开盘价，则是阴线，显示为黑色。在蜡烛图图形主体之外上方和下方的线称为影线（一些技术分析师也称之为尾巴或灯芯）。

图表类型（Chart type）

趋势线图、K线图、蜡烛图、成交量图、闪电图，或其他类型的图表。

高潮（Climax）

当市场朝某一个方向急剧波动，行情走得太远太快的时候，就会出现一个大的反转，这种反转可能形成原来趋势中的一个震荡区间，也可能形成一个反向趋势。在大部分高潮结束的时候，行情都会打破趋势通道，出现超涨或超跌并快速反转的现象，但大部分的反转都只是形成一段震荡行情而非新的反向趋势。

逆势交易（Countertrend）

指与当前趋势相反方向的交易（当前总在场内的方向）。这对大多数交易员来说是一个失败的策略，因为所面临的风险通常不小于预期的回报，交易员最终实现盈亏为正的可能性往往都不大。

逆势刮头皮（Countertrend scalp）

当你认为原先的趋势仍将继续，但预期会有一个小回调时，你将反手交易，企图在回调过程中捕捉这一小额利润。通常来说这都是我们应该尽量避免犯的一个错误。

日内交易（Day trade）

意图当天进场且当天平仓了结的交易。

方向概率（Directional probability）

指市场向相反方向波动到一定程度之前，行情将向上或是向下跳动若干价位的概率。如果市场向上或向下移动的距离是相等的，且50%的时间里行情都将上下徘徊，这意味着两者都是50%的机会市场将向上跳动X个价位再向下跳动X个价位，或者反过来，先向下跳动X个价位再向上跳动X个价位。

十字星（Doji）

指主体部分很短或没有主体的K线。在5分钟图上，十字星的主体部分只包含一两个价位；但在日线图上，十字星的主体部分可能涵盖十个或更多价位，但看上去仍然像是没有主体。无论多头还是空头都影响不了这种K线。所有K线要么是趋势K线，要么是非趋势K线，而这些非趋势K线，我们就称为十字星。

双重底（Double bottom）

指一种图形结构，在这种结构里，当前K线的最低点几乎与图中前低点处于同一水平位置。前低点有可能出现在前一根K线上，又或者出现在20根甚至更多K线之前。这种结构不一定收在当天的最低点，而且它通常以上升旗形的形态呈现（双重底上升旗形）。

双重底上升旗形（Double bottom bull flag）

指在牛市中的一个短暂的休整期或一个上升旗形，并形成低点接近同一水平位置的两个尖谷，然后行情再反转恢复原来的上涨趋势。

双重底回调（Double bottom pullback）

从双重底形态中产生的一个买入点，这个买入点来自双重底的深度反扑，该反扑形成了一个比双重底低点高一些的低点。

双重顶（Double top）

指一种图形结构，在这种结构里，当前K线的最低点几乎与图中前高点处于同一水平位置。前高点有可能出现在前一根K线上，又或者出现在20根甚至更多K线之前。这种结构不一定收在当天的最高点，而且它通常以下降旗形的形态呈现（双重顶下降旗形）。

双重顶下降旗形（Double top bear flag）

指在熊市中的一个短暂的休整期或一个下降旗形，形成高点接近同一水平位置的两个尖形，然后行情再反转恢复原来的下跌趋势。

双重顶回调（Double top pullback）

从双重顶形态中产生的一个卖出点，这个卖出点来自双重顶的深度反扑，该反扑形成一个比双重顶高点低一些的高点。

早期多仓（Early longs）

交易员在买入信号形成初期就开始建立多头持仓，而不是等买入信号完全成型时，才在当前最高价加一个点挂单买入等待价格突破。

早期空仓（Early shorts）

交易员在卖出信号形成初期时就开始建立空头持仓，而不是等卖出信号完全成型时，才在当前最低价减一个点挂单卖出。

优势（Edge）

交易员公式的计算结果为正的入场条件。如果在这个时间点入场，交易员能够获得一个数学上的优势。不过，这种优势都是很小的，而且机会转瞬即逝，因为你需要找到对手方来完成这些交易，而市场上恰恰不缺聪明的交易员，他们绝对不会允许你获得的优势过大，而且这种机会不会乖乖地在原地等你。

EMA

下文指数移动平均线的英文缩写。

入场K线（Entry bar）

某笔交易进场时的K线。

指数移动平均线（Exponential moving average，EMA）

在这些书本的图表当中所用的都是20—K线的指数移动平均线，但其实任何移动平均线都是有用的。

反手（Fade）

在当前的趋势上反向操作（例如，你认为某个多头突破将会失败，并反向下行，你在这个突破点上做空）。

失败的假突破（Failed failure）

在价格突破失败后，市场休整后继续原有的突破走势，形成突破回调形态。由于它是一个二次信号，所以更为可靠。例如，如果行情向上突破震荡区间，在突破之后是一根下跌反转K线，而市场跌至这根K线下方，那么这个突破就算是失败了。然后，如果市场在接下来的几根K线之内又涨回之前那个K线的高点上方，则确认突破失败是假象，突破的趋势仍在继续。这意味着这次失败的突破已经变成一个小型的上升旗形，只是突破后的一个回调形态。

失败的走势（Failure，a failed move）

指在投机交易者的利润到手之前或交易员的盈利目标实现之前，保护性止损单就被触发的价格变动。由于被套的交易员被迫止损离场，这通常导致行情开始反向波动。目前，刮头皮交易员在电子迷你合约中4个价位的盈利目标通常要求标的物发生6个价格的变动，而在股票QQQ中10个价位的盈利目标通常要求波动12美分。

假性（False）

失败的行动。

五跳失败（Five-tick failure）

指在电子迷你合约中价格突破信号K线5个变动价位后，仍然出现价格反转的行情。例如，价格突破上升旗形的上沿并且超过了5个价位，然而等待这一根K线走完后，下一根K线的低点要比这一根K线更低，价格出现了较大的反转。大部分盈利目标为1个价位的限价指令，因为市场价格不一定能超出这个止盈价位1个点而无法执行。这种五跳失败后的反转常常作为反向交易的入场条件。

空仓（Flat）

指目前没有任何头寸的交易员。

后续形态（Follow-through）

当一波走势开始启动后，比如行情突破，往往后续会延伸出一根或多根K线，以扩展当前的形态。交易员都会观察后续几根K线的走势，希望这些K线能走出一波趋势行情，使他们获得更多利润。

后续形态K线（Follow-through bar）

在入场K线之后出现的形成后续形态的K线，它通常都出现在入场K线的下一根K线上，但有时也在几根K线后才形成。

分形（Fractal）

每一个形态都是更长时间周期图表中大形态的其中一个组成部分。这意味着每一个形态都是一个建立在更长时间周期中的微小形态，同理，每一个微小形态都是一个建立在更短时间周期中的标准形态。

跳空缺口（Gap）

指图表中两根价格K线之间的区域。开盘跳空是很常见的，如果今天第一根K线的开盘价高于前一根K线（昨天的最后一根K线）最高点或低于其最低点，甚至高于昨天一整天的最高点或低于昨天一整天的最低点，这种情况就是我们所说的跳空缺口。移动平均线跳空是指某根K线的最低点高于水平或下降移动平均线，或最高点低于水平或上升移动平均线。日线图上传统的跳空（包括突破跳空、测量跳空和衰竭跳空）在日内图表上都有其对应的形态，并表现为各种各样的趋势K线。

跳空K线（Gap bar）

见移动平均跳空K线（Moving average gap bar）。

跳空反转（Gap reversal）

指当前的K线回补前一根K线所产生的跳空缺口，即使只令缺口缩小一个价位也可以称为跳空反转。例如，开盘时第一根K线跳空高开，日内交易中的第二根K线比第一根K线的最低点还低一个价位，这就叫作跳空反转。

HFT

下文高频交易的英文缩写。

更高的高点（Higher high）

当前波段的高点高于前一波段的高点。

更高的低点（Higher low）

当前波段的低点高于前一波段的低点。

更高的时间周期（Higher time frame，HTF）

指某张图表覆盖和当前图表相同长度的时间，但拥有更少的K线。例如，与一天中日内一段时间的电子迷你合约5分钟图相比，更高时间周期的例子包括15分钟图，每根线包含25000跳的闪电图，每根线包含100000张合约的成交量图（平均每天这些图表一般都少于30根K线，而5分钟图包含81根K线）。

高频交易（High-frequency trading，HFT）

也叫算法交易或黑箱交易，是程序化交易的一种类型，公司每天交易数千只股票，通过程序发送数百万条指令，以赢取每一分利润，这类交易建立在统计分析的基础之上，而并非依靠基本面。

高点/低点1或2（High/low 1 or 2）

要么是高点1或2，要么是低点1或2。

高点 1、2、3 或 4（High 1, 2, 3, or 4）

高点 1 是指这样一种 K 线，它形成于上升旗形中或靠近震荡区间的底部，其高点高于前一根 K 线。如果接下来的那根 K 线拥有更低的高点（它一般发生在一根或数根 K 线之后），在这次调整中有一根 K 线的高点高于前一根 K 线的高点，那么这根 K 线就是高点 2。第三次、第四次出现这种情况便是高点 3 和高点 4。高点 3 是楔形上升旗形的一种变形。

HTF

上文更高的时间周期的英文缩写。

双内含线（ii）

连续出现两根内含线，第二根 K 线内含于第一根内含线。双内含线出现在一个小波段的末端，它就是一个突破模型的入场点，也可以转变为一个旗形或反转形态的入场点。有一种不太可靠的版本就是"主体内包双含线"，你可以忽略它们的上下影线。这里的第二根 K 线主体内含于第一根 K 线主体，而第一根 K 线主体又内含于它的前一根 K 线主体。

三内含线（iii）

一连出现三根内含线，从某种程度上来看，这种形态比双内含线更可靠。

内含线（Inside bar）

指最高点位于或低于前一根 K 线的最高点，且最低点位于或高于前一根 K 线最低点的 K 线。

机构投资者（Institution）

也被称为"聪明的资金"，它可以是养老基金、对冲基金、保险公司、银行、经纪商、高净值个人投资者或任何其他交易量大到足以影响市场的经济实体。市场的波动是很多机构投资者进行交易的积累效应，一个单一的机构通常不会让市场走得太远。传统的机构投资者根据基本面进行交易，他们曾经是市场方向的唯一决定因素。然而，现在高频交易占据了市场一天中大部分的成交量，他们对每天的价格波动起着至关重要的影响。高频交易公司是一种特殊类型的机构投资者，他们的交易基于统计分析而非基本面。传统的机构投资者决定市场的方向和目标，但数学分析师们决定市场实现目标的路径。

内含—外包—内含线（IOI）

在三根连续的K线中，第二根K线是一根外包线，第三根K线是一根内含线。如果某个交易员想在高于内含线处买入或低于内含线处卖出，这种内含—外包—内含线通常都能给出突破模式的入场信号。

平台（Ledge）

牛市平台是指一个小的震荡区间，它的底部由两根或两根以上存在相同低点的K线组成；熊市平台是指一个小的震荡区间，它的顶部由两根或两根以上存在相同高点的K线组成。

小波段（Leg）

一波突破任意规模趋势线的小趋势，该术语仅用于当图表上至少有两波这样的小趋势的情况下。这种小趋势是一波更大型趋势的其中一部分，它可以是一个回调（反向波动），也可以是趋势行情或横盘中的一个波动，或发生在任意两个回调之间的一波顺势行情。

很可能（Likely）

至少60%的概率。

多头（Long）

指在市场上买入并持有头寸的投资者，或指头寸本身。

交易单位（Lot）

能在市场上交易的最小持仓数量。在股票中指的是股数，在电子迷你合约或其他期货合约中指的是合约数。

更低的高点（Lower high）

当前波段的高点低于前一波段的高点。

更低的低点（Lower low）

当前波段的低点低于前一波段的低点。

低点1、2、3或4（Low 1, 2, 3, or 4）

低点1是指这样一种K线，形成于下降旗形中或靠近震荡区间的顶部，其低点低于前一根K线。如果接下来的那根K线拥有更高的低点（它一般发生在一根或数根K线之后），在这次调整中有一根K线的低点低于前一根K线的低点，那么这根K线就是低点2。第三次、第四次出现这种情况便是低点3和低点4。低点3是楔形下降旗形的一种变形。

主要趋势线（Major trend line）

任意一条趋势线，它包含图表上绝大部分价格行为，且连接距离至少在10根K线开外的两根K线。

主要趋势反转（Major trend reversal）

指从牛市转变成熊市或熊市转变成牛市的反转形态。这种反转信号必须在突破趋势线后，并对原趋势的极值进行测试。

崩盘（Meltdown）

指在下降尖形或狭窄的下跌通道的抛售，过程中无明显回调，并且行情出现超跌现象，超出基本面预期。

飙涨（Melt-up）

指在上升尖形或狭窄的上涨通道的反弹，过程中无明显回调，并且行情出现超涨现象，超出基本面预期。

微小形态（Micro）

有时仅一到五根 K 线就可以组成传统形态，且对行情判断依然有效，尽管这种微小形态很容易被忽略。当它形成时，就相当于一个微小版的形态。每一个微小形态都是一个建立在更短时间周期图表上的传统形态，同理，每一个传统形态都是一个建立在更长时间周期图表上的微小形态。

微型通道（Micro channel）

指一个非常狭窄的趋势通道，通道中大部分 K 线的高点和低点都触及趋势线和趋势通道线。这是狭窄通道最极端的形式，没有任何回调或者只有一到两个小回调。

微型双重底（Micro double bottom）

连续或接近连续的几根 K 线的低点都靠近同一价位。

微型双重顶（Micro double top）

连续或接近连续的几根 K 线的高点都靠近同一价位。

微型测量跳空（Micro measuring gap）

当在强势的突破 K 线前后的两根 K 线没有相互重叠时，这是一个强有力的征兆，而且常常引出一波可测量的波动行情。例如，如果有一根强势的阳线，它后面的那根 K 线的低点位于或高于它前面的那根 K 线的高点，此低点与此高点之间的中间位置便是微型测量跳空缺口。

微型趋势通道线（Micro trend channel line）

由三到五根连续的 K 线的高点或低点连起来的趋势通道线。

微型趋势线突破（Micro trend line breakout）

在任意时间周期上，连接两根到十根 K 线的趋势线，大部分 K 线都触及或靠近这根趋势线，其中一根 K 线对趋势线发生假突破。这个假突破构造出一个顺势的入场机会。如果它在一两根 K 线失败了，那么通常就产生一些逆势交易的机会。

金额止损（Money stop）

基于固定的金额或价位来设置止损条件，比如电子迷你合约波动两个价位，或股票价格波动一美元。

移动平均线（Moving average）

在这些书本的图表当中所用的都是 20—K 线的指数移动平均线，但其实任何移动平均线都是有用的。

移动平均线跳空 K 线（Moving average gap bar, Gap bar）

指没有触碰到移动平均线的 K 线。K 线与移动平均线之间的空间就是跳空缺口。在强劲趋势中的第一波回调产生这种移动平均线跳空 K 线，该回调通常都伴随着对趋势极值的测试行情。例如，在一轮强劲的牛市中，出现一波回调，这波回调最终形成了一根高点低于移动平均线的 K 线，这往往都是一个买入信号，并对趋势高点发起冲击。

嵌套（Nesting）

有时候会有一些小级别的形态，嵌套在与之相似的大级别形态当中。例如，头肩顶的右肩，经常会以另一个小的头肩顶或双重顶的形式呈现。

新闻（News）

媒体为达到他们销售广告、为公司赚钱的目的，而产生的无用信息。这些信息与交易无关，也不可能评估其价值，我们应该无视这些信息。

外包—内含—外包线（OIO）

指某根外包线后面跟随着一根内含线，然后再出现一根外包线。

双外包线（OO）

指某根外包线后面跟随着一根更长的外包线。

开盘反转（Opening reversal）

在开盘后第一个小时左右出现的反转。

外包线（Outside bar）

指最高点不低于前一根K线的最高点，且最低点低于前一根K线最低点的K线，或最低点不高于前一根K线的最低点，且最高点高于前一根K线最高点的K线。

外包阴线（Outside down bar）

指收盘价低于开盘价的外包线。

外包阳线（Outside up bar）

指收盘价高于开盘价的外包线。

价位超越（Overshoot）

市场价格突破一个重要的价位，如峰值和谷底，又或者是趋势线。

暂停K线（Pause bar）

趋势没有延续而是暂停的K线。在牛市中，紧跟在一根大阳线后面出现，暂停K线的高点等于或低于前一根K线的高点，又或者是一根高点只比前一根K线高出1个价位的小K线。暂停K线是回调的一种表现。

点数（Pip）

外汇市场的一个最小变动价位。有些数据提供商会在报价的时候多报一个小数点后面的位数，我们可以忽略。

多头加仓（Pressing their longs）

在牛市中，市场出现飙升或者突破创新高时，多头一般会倾向于增加多头持仓，因为他们认为市场会延续前一波的趋势，继续上升到一定价位。

空头加仓（Pressing their shorts）

在熊市中，市场出现下挫或者突破创新低时，空头一般会倾向于增加空头持仓，因为他们认为市场会延续前一波的趋势，继续下跌到一定价位。

价格行为（Price action）

在任何形式的图表中或任何时间周期里，价格出现的任何变化，都可以统称为价格行为。

胜率（Probability）

成功的概率。例如，如果一个交易员回顾过去某种交易模式触发的100次交易结果，发现其中60次是盈利的话，就代表这个交易模式的胜率是60%。当然，测试无法穷尽所有的变量，因此胜率只是一个大概数字，有时候还非常具有误导性。

大概率（Probably）

至少有60%的可能性。

回调（Pullback）

趋势或者波段的某一部分出现走势暂停甚至反向，但幅度不至于超过该趋势或者波段的起点。这一段可以看作是一个小级别的区间震荡，交易者可以期待原有的趋势会在回调结束后延续。例如，熊市中的回调（我们一般称为反弹）是指在熊市下跌趋势中的震荡或上涨，但随后可能出现一波至少会考验前一低点的下跌延续。这种熊市中的回调可以是相对前一根K线的最高点创出新高，也可以是短暂的下跌趋势的暂停，例如表现为一根内含K线。

回调K线（Pullback bar）

一根反向刷新前一K线的最高或新低的K线。例如在上涨趋势中，出现一根最低点比前一根K线的最低点更低的K线。

理智的（Reasonable）

对于交易员来说，风险收益比计算结果更有利的交易才是理智的。

反转（Reversal）

市场行为变化到相反的类型。大部分市场技术分析人士都将反转指代市场由牛转熊或者由熊转牛。但实际上，区间震荡的交易行为也是趋势交易行为的另一个相反的类型。当市场从区间震荡模式转为趋势模式时，这其实也叫作反转，但我们通常叫作突破。

反转K线（Reversal bar）

与当前市场趋势相反的趋势性K线。当市场从熊市反转时，反转K

线也就是牛市趋势 K 线。一般来说，市场由熊转牛的反转 K 线一般下影线较长，但收盘价在开盘价之上，且接近最高点。熊市反转 K 线是上涨中的一个熊市趋势 K 线。一般来说，市场由牛转熊的反转 K 线一般上影线较长，收盘价在开盘价之下，且在最低点附近。

盈利（Reward）

交易员做一笔交易时希望获得的盈利价位。例如，如果交易员在目标盈利位限价离场，那么入场价和目标盈利位之间的价差就是每单位交易量获得的盈利。

风险（Risk）

交易员做一笔交易时入场价和止损价之间的价差。这是如果市场价格出现反向不利变动，交易员可能产生的最小亏损（滑点和其他因素会导致实际风险比理论风险更大）。

风险偏好下降（Risk off）

当交易员认为市场会下跌，他们会变得非常厌恶风险，卖出高波动率和高风险的股票、外汇等资产，转向投资蓝筹股等避险资产，如强生、奥驰亚、宝洁、美元、瑞士法郎等资产。

风险偏好上升（Risk on）

当交易员认为市场会上涨，他们希望承担更多的风险获得更高的收益，便倾向于投资波动率高的股票，因为这些股票一般会跑赢大盘指数，以及投资于高波动率的外汇，例如澳元、瑞典克朗等。

高风险（Risky）

当盈利风险比较不清晰或对交易不利时，该笔交易就是高风险的。当然，它也可以指代一笔交易的胜率是否超过 50%，而不用考虑潜在的盈利风险比。

刮头皮（Scalp）

只要获得少量的盈利便在市场回调前快速了结一笔交易的行为。在电子迷你期货合约的交易中，当平均的波动区间在10到15个点时，刮头皮交易一般是指盈利目标超过4个点的交易。对于标普500指数ETF或者股票，波动区间大概是10到30美分，而对于更贵的股票来说，波动区间可能在1到2美元。做刮头皮交易的人期望获得的盈利是小于潜在的风险的，因此它的胜率要求在70%以上才能长期盈利，而这对于大多数交易员来说都是不现实的目标。因此，对于交易员来说，除非自己技术非常精湛，否则应该控制自己只在盈利风险至少相当的时候入场。

刮头皮交易员（Scalper）

通常是指为了每笔很小的盈利进行频繁日内交易，止损非常严格的交易员。

刮头皮交易员的盈利目标（Scalper's profit）

刮头皮交易员一般期望获得的每笔收益目标。

持平交易（Scratch）

一笔交易的结果接近盈亏平衡，要么少量盈利，要么少量亏损。

二次入场（Second entry）

在出现第一次入场信号之后，基于同一个入场逻辑，再次出现了第二次入场机会。例如，市场向上突破牛市旗形形态的上沿，然后回调进行二次探底，出现了第二次基于牛市旗形形态的买入信号。

移动平均线跳空K线的二次入场形态
（Second moving average gap bar setup）

如果第一次出现移动平均线跳空缺口后，市场向移动平均线回调但未触及移动平均线,且后续市场继续偏离移动平均线发展,那么这时基于移动平均线跳空缺口的反转成立。

二次信号（Second signal）

在出现第一次入场信号之后,基于同一个入场逻辑,再次出现了第二次入场信号。

卖盘压力（Selling pressure）

空头非常强势,卖盘压力使得市场出现多个熊市趋势K线,这些K线带有较长的上影线,或者出现两根K线组成的熊市反转形态。卖盘压力具有累积效应,最后带来的结果就是价格不断创出新低。

入场形态（Setup）

交易员用来进行入场信号下单决策的基础,是由一系列K线组成的形态。如果入场完成,那么形态的最后一根K线就是信号K线。大部分的入场形态也就是只有一根K线。

光头光脚K线（Shaved body）

一根没有上下影线的K线。光头是指没有上影线,光脚是指没有下影线。

做空/空头（Short）

作为动词是指对股票或期货合约进行卖出开仓操作;作为名词,是指做空的人,或者做空的头寸本身。

萎缩的阶梯（Shrinking stairs）

形象地形容每次突破力度比前一次更弱的阶梯形态。如果是上涨趋势,则每次创新高的力度和价格幅度都越来越小;如果是下跌趋势,则是指每次创新低的力度和价格幅度都越来越小。这可以是一个三浪推进的形态，但不一定要像一个楔形，可以是宽幅震荡的波段模式。

信号 K 线（Signal bar）

对于入场交易的 K 线，我们一般称为入场 K 线，在此之前的一根 K 线，我们通常叫作信号 K 线。这根 K 线是入场条件的最后一根 K 线。

较小的时间周期（Smaller time frame）

与当前图表覆盖的交易时间一样，但有更多 K 线根数的图表。例如，我们看电子迷你期货的图表时，一般可能会看 5 分钟图，但也可以看更小的时间周期，如 1 分钟图，或者每根 K 线代表 500 笔交易的分时图，或者根据每 1000 手成交量一根 K 线的成交图。这些类型的图表一般平均每天有 200 根，而 5 分钟图一般只有 81 根。

聪明的交易员（Smart traders）

指交易量较大、一般能够看对市场趋势、盈利较为稳定的一批交易者。

高潮后的休整通道（Spike and channel）

市场在盘整突破进入新的趋势后，出现一段趋势动能减弱、区间震荡模式的休整通道。

阶梯（Stair）

指市场价格在带有一定趋势特征的区间震荡形态中不断突破前一高点或低点，或一系列趋势性的波段组成的类似斜坡区间的宽幅趋势通道。不同于其他的趋势区间震荡形态，阶梯形态在突破后一般会回落到之前的震荡区间内，哪怕回落不深。在这种形态中，两方力量交织导致市场的区间震荡，但一方力量偏强，带来了大家看到的斜坡阶梯模式。

STF

上文较小的时间周期的英文缩写。

强势多头或空头（Strong bulls and bears）

指机构投资者，这一群体的集体买入和卖出力量对市场趋势性方向影响较大。

成功止盈（Success）

指交易员达到了此前设置的目标价位。价格先触及了他们设置的止盈位，而不是止损位。

波段（Swing）

指打破任何趋势线的小级别的趋势。一般在图表上出现至少两个波段时，才需要用到这一词汇。波段可以出现在大级别的趋势中，或者出现在区间震荡市场中。

波段高点（Swing high）

图表上的价格波峰值，这根K线的最高价应不低于前后两根K线的最高点。

波段高点或低点（Swing high/low）

指波段的最高波峰值或最低波谷值。

波段低点（Swing low）

图表上的价格低谷值，这根K线的最低价应不高于前后两根K线的最低点。

波段峰值（Swing point）

指波段的最高波峰值或最低波谷值。

波段交易（Swing trade）

对于看5分钟图的日内交易者来说，任何比刮头皮的周期更长的交易都可以叫作波段交易。如果交易者使用的图表是更长周期的，那么波段交易的周期有可能持续几个小时甚至几天。一般来说，很多这类波段交易没有一个明确的止盈价位，因为交易者希望价格向自己有利的方向继续发展，让利润奔跑。波段交易的潜在风险与潜在盈利相当。小级别或更高频率的波段交易也被叫作刮头皮。在电子迷你期货合约交易中，当平均价格波动区间在 10 到 15 个点时，波段交易一般指盈利目标超过 4 个点的交易。

测试（Test）

当市场价格接近前一个重要价位时，可能会突破或者无法触及这个重要价位。测试失败一词对于不同的交易者来说含义可能完全不同。不过，大部分交易者还是认为，如果价格到了这一重要价位出现反转，就代表对这一重要价位的测试成功；而如果价格到了这一重要价位，仍然继续测试并突破这一测试区间，则代表测试失败，突破已经发生。

三浪推进模式（Three pushes）

在这一模式下，高点不断创新高，或者低点不断创新低。这种形态跟楔形形态很类似，可以看作是楔形形态的一种变化形式。例如，在牛市楔形旗帜形态或任何其他三角形态中，每次下跌浪的最低点并不要求一定要比前一次或者前几次低，它可以高、可以低，也可以相等。

最小变动价位（Tick）

价格最小变化的单位，也叫跳。对于大多数股票，最小变动价位是一美分，而对于 10 年期美国国债来说，是 64 分之 1 个点，而对于电子迷你期货合约来说，最小变动价位是 0.25 个点。一笔成交价是指无论价格是否有变化或者成交量有多小，只要有成交，就必须记录这一笔交易的成交价。在交易大师（TradeStation）的图表软件的分时图中，每一笔交易都算作一个 tick 数。

窄幅趋势通道（Tight channel）

趋势线和趋势通道线非常接近的一个通道我们叫作窄幅趋势通道。在这种通道形态下，回调都非常小，一般只会持续1—3根K线。

窄幅震荡区间（Tight trading range）

重叠程度较高的两根以上的K线组成的交易震荡区间。在这一区间内，任何区间上下沿的反转级别都非常小，很难通过设置止损价位入场来赚取区间突破失败带来的机会。多头和空头相对来说势均力敌。

K线周期（Time frame）

指每根K线的周期长度，例如5分钟K线图就是由代表5分钟成交情况的K线组成。当然，有些K线也不一定是用时间来划分，也可以通过成交量或者成交笔数来进行划分。

可交易的机会（Tradable）

指一种能够让我们相信拥有合理的盈利预期的交易入场条件。

交易员的等式（Trader's equation）

每次进行一笔交易时，我们肯定是认为潜在的盈利是大于潜在的亏损的，即胜率乘以目标止盈点数应该是大于失败概率乘以止损点数。这个公式的难点在于如何计算胜率。这个值永远没有确定的答案。如果我们没有足够的把握，一般建议把这个值取为50%。如果你对这笔交易的胜率很有信心，那么可以赋予60%的值。

区间震荡（Trading range）

对于这一定义的最低要求就是，任何一根K线的波动区间和前一根大部分是重叠的。市场处于这一形态中，尽管多空两方大部分时候有强有弱，但没有任何一方能够占据控制性优势。这个形态一般经常出现在回调阶段，回调的时间过长，趋势延续的可能性失去了确定性。也就是说，短期内交易者也不知道市场会如何突破，价格会反复在区间上下沿进行试探，大部分时候都会试探失败。不过最终，价格会选择一个方向进行突破，在更长的周期来看，这一区间震荡形态只是一个大趋势中的回调。

移动止盈（Trailing a stop）

随着一笔交易盈利的增加，交易员一般会将止损价位上移，以便能保护更多利润不受损失。例如，如果市场处于牛市，那么每次市场创新高时，我们可以把止损价位上移到较高的波段低点的下方一个价位。

被套，套住（Trap）

入场后还没来得及让刮头皮的交易员止盈，市场价格就出现急速反转，让交易员被套，甚至被迫止损出局。这有可能会让交易者因为过于担心亏损扩大而放弃原本很好的一笔交易。

交易被套（Trapped in a trade）

交易者入场后价格没有朝着预期的方向发展，不但没办法获得刮头皮交易的微利，还面临较大的亏损，如果价格回调幅度超出入场K线或信号K线，交易员很可能止损出局。

被洗刷出局（Trapped out of a trade）

价格的回调迫使交易员因担心亏损扩大而止损出局，但后续回调失败，价格继续向原来的方向快速发展，这时再次入场的价格已经没有原来的价位好了，从情绪上来说对交易员是比较难接受的事实。这时，他要么得追赶市场，要么只能眼巴巴踏空行情。

趋势（Trend）

由总体倾向于一个方向（牛市中上涨、熊市中下跌）的一系列价格变化组成。在这一概念下，又可以分为三个定义相对没那么严谨的小概念：波段、浪、回调。一般来说，一个价格图表上只有一两个趋势，如果有更多，那么用这些小概念来形容可能更合适一些。

趋势 K 线（Trend bar）

这一类 K 线有着较为明显的主体，要么开盘价高于收盘价，要么开盘价低于收盘价，代表价格有一定的上涨或者下跌的幅度。

趋势通道线（Trend channel line）

相对趋势线来说，趋势通道线在 K 线的另一边，同样是沿着 K 线的趋势画的一条线。它与趋势线将价格归拢在一个通道中。在牛市趋势中，趋势通道线是在最高价的上方连接、从左至右向上画的一条线。而在熊市趋势中，趋势通道线是在最低价的下方连接、从左至右向下画的一条线。

趋势通道线突破（Trend channel line overshoot）

一根或多根 K 线击穿趋势通道线。

趋势通道线脱靶（Trend channel line undershoot）

K 线朝着趋势通道线的方向发展，但还没有来得及接触或者突破趋势通道线之前，价格就掉头反转了。

趋势开盘价（Trend from the open）

市场价格从一开盘就展现出强劲的趋势特征，一天中的最初几根 K 线以及后续的几根 K 线都朝着趋势方向发展而很少回调。趋势的起点是当天价格变化最明显的一段之一。

趋势收盘价（Trending closes）

三根及以上的 K 线都展现出了趋势特征。在牛市中，每根 K 线的收盘价都比前一根 K 线的收盘价要高，熊市中则是更低。如果这一趋势形态持续很多根 K 线，当然可以允许中途有几根 K 线的收盘价不一定严格遵循这个规律。

趋势最高价/最低价（Trending highs or lows）

定义跟趋势收盘价类似，只不过价格是针对最高价或最低价而言。

趋势波段（Trending swings）

两个或以上的波段，这些波段最高点和最低点都比前一个波段的最高点和最低点要高（在牛市中）或者要低（在熊市中）。

趋势性震荡区间（Trending trading ranges）

两个或者更多的震荡区间（一般被价格突破所分离开）展现出趋势性特征，区间的上下沿比前一个区间的上下沿要高（牛市）或者低（熊市）。

趋势线（Trend line）

一条沿着 K 线趋势画的线，在牛市中，趋势线是沿着 K 线下方斜着向上的；在熊市中，趋势线是沿着 K 线上方斜着向下的。一般来说，趋势线就是波段高点或者波段低点的连接线，可以通过线性回归来画，或者仅仅基于一眼看上去的趋势。

趋势反转（Trend reversal）

趋势由向上变成向下，或者由向下变成向上，或者由单边行情变成区间震荡，都可以叫作趋势的反转。

20 根移动平均线跳空 K 线（20 moving average gap bars）

指 20 根或者 20 根以上的 K 线连续处于移动平均线上方且未与移动平均线交叉。一旦市场价格最终回落并与移动平均线交叉，这一般代表市场趋势可能接近见顶。

脱靶（Undershoot）

市场价格接近但未达到一个重要的价位，例如波段的高点或者低点，或者趋势线。

不太可能（Unlikely）

可能性不超过40%。

不合理的（Unreasonable）

交易员的公式结果不利。

一般来说（Usually）

超过60%的确定性。

真空地带（Vacuum）

买入真空地带是指，当前市场上强烈看空的空头认为当前价格还可能会继续上涨到某个价位，因此他们会等待在该价位进行大量卖空。这样的结果就是，市场预期的这个卖空价位就像磁铁一样迅速将价格吸附到这个价位，市场出现几根大阳线。然而，一旦价格达到这一位置，强烈看空的空头会大量卖出，市场迅速反转向下。卖出真空地带是指，市场上强烈看多的多头认为当前价格还可能会继续下跌到某个价位，因此他们会等待在该价位进行大量买入。这样的结果就是，市场预期的这个买入价位就像磁铁一样迅速将价格吸附到这个价位，市场出现几根大阴线。然而，一旦价格达到这一位置，大量买盘就会迅速推高市场价格。

楔形（Wedge）

在三浪推进模式中，随着每一浪的演进，趋势线和趋势通道线逐步收敛，演变成上升或者下降的三角形，而K线组成类似楔形的形态。对于交易者来说，楔形形态增加了交易的确定性，不过任何类似楔形形态的三浪推进模式都可以看作这一形态。楔形形态可以是反转形态，也可以是趋势形态中的回调（例如上升或者下降旗形）。

楔形旗帜（Wedge flag）

这是一种类似楔形的趋势回调形态，例如牛市趋势中的高点3（牛市旗形）或者熊市趋势中的低点3（熊市旗形）。由于这是一个顺应趋势的入场条件，因此出现第一次信号时我们就可以入场。

楔形反转（Wedge reversal）

让市场牛熊反转的楔形形态，因为这是一个反趋势的入场条件，因此除非信号非常强烈，否则最好等待第二次入场信号。例如，当市场处于熊市，但出现了一个下降楔形时，等待市场价格向上突破潜在楔形底部后，回调出现较高的波段低点时，才入场买入。

顺势的（With trend）

指一笔交易或者入场条件是与当前主要趋势相符的。一般来说，5分钟K线图最新的趋势可以看作是当前的主要趋势。同时，如果过去10—20根K线都高于移动平均线，那么当前入场的交易方向应该主要考虑买入。

引　言

　　市面上很少有由交易员撰写的关于价格行为的综合性书籍，是因为这项工作很浪费时间，而相比交易本身而言，其中的经济回报却是微薄的。但是，现在我的三个女儿都就读于研究生院，不在我身边了，我正好需要一些事情来打发这些时间，而写书这件事正是一个令人十分满意的项目。我原本打算修订另一本书《逐根K线解读市场走势》（Reading Price Charts Bar by Bar）的第一版，但修订过程中我改变主意了，决定详细讲讲我是如何看待市场以及如何交易的，我把这一过程比作教大家如何拉小提琴，而不是如何欣赏小提琴。所有以交易为生所需的技能，都在这本书里，就看你愿意花多少时间在学习交易上。我在我的网站（中国的读者朋友可以联系舵手图书官方客服获取相关资料）上回答了数千个来自交易员的问题，持续了一年后，我已经找到更加清晰地表达观点的方法了。因此，这一系列的丛书读起来应该比以前那本更容易理解。早期版本的重点在于解读价格行为，而这一系列丛书，重点在于如何利用价格行为去交易。鉴于这本书的字数已经比第一本书字数的4倍还多，出版社决定把它划分成独立的三本书。第一本书讲价格行为基础与趋势，第二本书讲交易区间、交易管理和交易相关的数学算法，最后一本书是关于趋势反转、日内交易、日线图、期权，以及所有时间周期中的最优交易设置。许多图表在《逐根K线解读市场走势》一书中也出现过，但大部分已经更新，对于这些价格图表的分析也已经重新撰写。《逐根K线解读市场走势》中只有5%的内容出现在这系列丛书中（而这系列书的字数是旧作的5倍），所以读者不会有内容重复的感觉。

之所以写这一系列的三本书，主要是希望告诉大家，我精挑细选的交易可以带来更高的风险回报率，并给大家展示各种从交易逻辑中获得收益的方法。我希望这些内容能激发专业交易员和商业学院学生的兴趣，我也希望，即使是刚刚入门的交易员也能从中发现有用的观点。每个人看价格图表，都是带着特定的或局限性的目的简单一瞥，但其实每一个图表都包含了多得难以置信的信息量，并可以为我们的交易带来盈利。只有花时间仔细研究每一个图表中的每一根K线，理解图表透露机构资金正在做什么，这些图表所包含的信息才能被有效地运用。

市场上90%或以上的交易都是由机构投资者完成的，这意味着市场就是机构的集合。从长期来看，几乎所有机构投资者都是盈利的，少数不盈利的很快就离开了这个行业。既然机构投资者是盈利的，他们就是市场，你做的每一笔交易，都有一个盈利的交易员（机构集合的一部分）作为你的对手方。如果没有机构投资者愿意作为交易对手方，就不能形成交易。个人投资者的小额交易之所以能成交，是因为有机构投资者愿意做同样的交易。如果你希望在某个价位买入，行情不会自动达到那个价位，除非一家或多家机构也希望在那个价位买入。你也不能在任意价格卖出，除非一家或多家机构也愿意在相同的价位卖出，因为只有当市场上某些机构愿意买入而其他机构愿意卖出时，行情才会到达你想要的价格。假设电子迷你期货合约现在的价格是1264，你持有多单，并设置了保护性的卖出止损单，止损价为1262，你的止损单只有在市场上某家机构愿意在1262的价位卖出时，才会被触发。事实上每一笔交易都是如此。

如果你交易200张电子迷你期货合约，那么相当于你正以一个机构的成交规模在交易，实际上你也算是一个机构投资者，有时候你将能够使市场价格变动一两个价位。但是，无论多么希望促成交易，大多数个人投资者并没有能力去影响市场价格。市场不会无缘无故到达你的止损价。市场可能会验证你止损单所设置的价位，但市场行为和你的止损单没有任何关系。市场之所以会验证这个价格，是因为有一家或多家机构认为在这个价格上卖出或买入有利可图。在每一个价位上，都有机构投资者正在买入或卖出，这些机构投资者都有经过验证的交易系统，这些交易系统会通过交易帮他们实现盈利。你应该一直跟随多数机构资金的动向，因为他们控制了市场的走向。

每日收盘后，当你回顾打印出来的当天的图表时，你是否能够说出这些机构投资者在这一天中都做了什么？答案很简单：不论任何时候，当行情上涨时，大量的机构正在买入；行情下跌时，大部分机构在卖出。只需要观察一下行情上涨或下跌时图表中的任意一段，并研究每一根K线，你就会注意到许多重复的形态。随着时间的推移，你会开始发现那些形态在实践中逐渐呈现出来，这会让你交易时更有信心。有些价格行为是很微妙的，我们不能遗漏每一种可能性。举例来说，当市场处于牛市时，尽管新的K线可能会出现在前一根K线的下方，但趋势仍可能持续向上，这时你需要假设大资金正在前一根K线的低点买入，而这也正是许多有经验的交易员会做的事情。当实力较弱的交易员已经止损出局或认为市场开始下跌而持有空头头寸时，有经验的交易员却恰恰正在买入。一旦你明白强烈的趋势也会有回调的时候，明白大资金正在这个点位大举买入而不是卖出的道理，你将拥有让你获得可观盈利的头寸，而在以前你却认为这样的交易是错误的。不要太过于纠结这一点。即便有时你还在犹豫是否应该将自己的多头头寸止损了结，只要看看大势，如果市场上行趋势没有大的变化，那就意味着机构投资者正在买入，你的任务就是跟随他们的动作，而不是以自己的逻辑去否认实实在在发生在你面前的事情。即便眼前的事情不符合你的直觉，也没关系。最重要的是市场处于上行阶段，机构投资者正在大量买入，你也应该做同样的事情，跟随趋势。

通常来说，机构投资者都会被认为是"聪明的资金"，这意味着他们能够在市场中存活下来，并且每天操控着大资金规模的交易。电视上依然用"机构投资者"一词来指代共同基金、银行、经纪商、保险公司、养老基金和对冲基金这些传统机构；这些公司过去包揽了大部分的市场交易量，他们主要依靠基本面交易。他们的交易控制了大盘每日、每周行情的方向，以及大量的日内波动。直到大概10年前，大多数交易决策和交易执行都由非常有天赋的交易员完成，但现在越来越多由计算机来完成，计算机具备能即时分析经济数据的程序，并能在此基础上立即完成交易，整个过程不需要人的参与。此外，其他公司基于对价格行为的统计分析，使用计算机程序进行大规模的交易——现在，计算机生成的交易已占一天成交量的70%。

计算机很擅长做决策、下棋，甚至在智力竞赛节目《危险边缘》中获胜，这比交易股票更难。加里·卡斯帕罗夫多年来一直是世界级国际象棋高手，但计算机却在1997年研究出了更好的策略，并击败了他。肯·詹宁斯一直被誉为最棒的智力游戏玩家，计算机却在2011年战胜了他。计算机将被广泛认作最优秀的机构交易决策者，一切只是时间问题。

既然程序运用客观的数学分析，在量化交易越来越盛行的当下，行情趋势的支撑位和阻力位区间就变得越来越清晰。举例来说，因为更多的成交建立在精确的数学逻辑基础之上，我们对波动进行的预测会变得更加精准。如果程序每次在日线图出现小幅回调时买入，行情可能逐步变得像一个集中的趋势通道，较为紧凑，价格变化不会太大。当然，如果足够多的程序在同一关键价位平仓了结其多头头寸或持有空头头寸，市场的抛售对价格的影响会来得更大、更快。这时候会发生戏剧性的变化吗？也许不会，因为即便没有程序化交易，手工下单的时代同样会出现类似的抛售行情，相比之下，程序化后，更多情感因素从交易过程中移除，行情走势整体会变得更加理性和模型化。随着越来越多传统的机构投资者以外的其他公司参与这个市场，而传统机构越来越多地利用计算机分析和完成他们的交易，"机构投资者"这个词汇的界限变得越来越模糊。个人交易员最好把机构投资者看作一个成交量足够大的不同的交易实体，把它看作一个对市场价格行为的重要贡献者。

　　既然这些买卖程序产生了绝大部分的交易量，它们就是每一个图表最主要的贡献者，它们为个人投资者创造了大部分的交易机会。假设思科系统（CSCO）股票的年报很好，股价在上涨，如果你是一个想持有股票几个月的投资者，那么就和传统的机构投资者们做一样的事，买入这只股票。但如果你是一个日内交易者，请忽略那些消息，去观察图表，因为这些程序会以纯粹的统计为基础生成交易模型，而不考虑基本面，但这种交易模型仍然提供了良好的交易机会。传统的机构投资者会根据基本面来确定他们未来几个月股票的交易方向和大致的目标价格，但越来越多的公司利用统计分析来做日内交易和其他短线交易，并确定实现目标的路径以及最终形成的高点和低点。即使在宏观层面上，基本面也只是达到近似的最佳效果。看看1987年和2009年的崩盘。这两次市场都发生了剧烈的抛售和反弹，但基本面并未在短暂时间内发生剧烈的变动。在这两次股灾中，市场都被拉到了略低于月趋势线以下，并急剧反转。市场下跌是因为受已经被意识到的基本面因素的影响，而下跌的幅度则取决于图表。

在所有的时间周期中，在所有的市场上，都存在一些大规模的不断重复的形态，比如趋势、区间震荡、急速拉升、狭长的趋势通道等，也存在大量基于最新几根 K 线的可交易的小形态。这套书是一个全面的指南，帮助交易员们理解他们在图表中看到的一切，给他们提供更多可盈利的交易机会，避免成为输家。

我要告诉大家的最重要的信息就是，重点关注最佳的交易机会，避免最糟糕的交易，设定一个不小于潜在亏损（风险）的盈利（回报）目标，逐步增加股票的交易头寸。我知道，我所有入场点背后每一个理由，都只是我个人的意见，我对为什么某个交易能成功的推理也许完全是错误的。然而这并不重要，重要的是，解读价格行为是一种非常行之有效的交易方法，我已经思考了很多关于某些事情会发生的原因。我很满意我自己的解释，它们给我在交易上带来信心。但其实这些解释和交易本身是不相关的，所以它们是否正确对我来说并不重要。只要我找到一个更符合逻辑的理由，或者我发现了原来逻辑中的一个缺陷，我可以瞬间改变我对市场方向的判断，我也可以改变对某个特定的形态背后的交易逻辑的看法。我之所以跟你分享这些想法，是因为我认为这些想法是有道理的，它们可能会帮助你更舒服地按某些逻辑去交易，而且可以让人从思维上感到满足和刺激，当然，做价格行为分析的不需要这个。

这一系列丛书写得很详细，但阅读难度相对比较大，主要面向希望尽可能读懂价格图表的认真的交易员，但其中的概念对于所有交易员都是有用的。书中覆盖了许多罗伯特·爱德华兹和约翰·马吉在《股票趋势技术分析》一书中以及其他人所描述的标准技术指标，但更加关注每一根 K 线提供的信息，以及如何利用 K 线分析最大程度地提高风险回报率。大多数书在一张图表上只是指出三四种交易的可能性，这意味着图表上的其他信息都是不可理解的、毫无意义的，或是有风险的。我相信每一天发生的每一个变动都有可研究之处，而且在每一张图表上除了几种明显的交易方式外，还有更多更好的交易机会；但为了找到这些交易机会，你必须理解价格行为，不能忽视任何一根看起来不重要的K线，就好比无数的手术操作都通过显微镜进行，从一些很小的事件能观察到一些非常重要的道理。

我逐根逐根K线地研究图表，寻找每一个K线告诉我的所有信息，它们全都很重要。在每根K线快结束的时刻，大多数交易员都会问自己："刚刚发生了什么？"看着大部分K线，他们得出这样的结论，这个时刻没有什么值得交易的机会，所以不需要花精力去理解这些K线，于是，他们选择等待一些更清晰的、通常来说更大的形态出现。他们似乎认为这些K线并不存在，或者他们认为这些交易活动都是机构的程序在进行，并不适合个人交易员。在这些时间里，他们并不认为自己是市场的一分子，但其实这些时间占据了一天中绝大多数的时间。如果他们看看成交量，这些他们忽略的K线所占的成交量，并不比他们用来作为交易基础的K线所形成的成交量少。很明显，大量交易正在进行，但他们不明白为什么会这样，或基本上假装这些情况并没有发生。但这是在否认现实。时时刻刻都有交易在进行，作为一个交易员，你应该让自己理解为什么这些交易会出现，并从中找到一个获利的方法。研究市场告诉你的信息，是非常耗时和困难的，但它正是你成为一个成功交易员所需要的基础。

大多数关于K线图的书籍会让读者们感到死记硬背各种形态的压力，而不同于这些书籍，我的这三本书主要着重于解释为什么某些特定形态能为交易者提供可靠的交易条件。书中使用的部分术语对市场技术人员来说有特定的含义，但对交易员来说却有不同的定义，我在写书时完全是从一个交易员的角度出发。我敢肯定很多交易员已经了解这些书中的内容，但可能不会用同样的方式来描述价格行为。成功的交易员之间是没有秘密的，他们都知道常见的几种交易逻辑，许多人还对每种逻辑有自己的特定叫法。几乎所有的人都在同一时间买入和卖出，捕捉相同的波动，他们都有自己的理由去操作一笔交易。许多交易行为来自他们个人的直觉，并不需要清晰地说明原因。我希望他们喜欢阅读我对价格行为的理解和观点，给他们提供一些见解，帮助他们改善已经比较成功的交易方法。

大多数交易员的目标都是寻求一种适合自己的交易风格，以取得交易利润最大化。我认为，交易风格与个性不相容的情况下长期获利是不可能的。许多交易员不知道自己多久才会成功，他们愿意赔钱一段时间，甚至赔钱几年。我自己就用了10年才开始成功地交易。我们每个人都有许多考虑的事情和干扰因素，所花的时间有所不同，但作为一个交易员，必须努力克服面前的障碍，并尝试令自己持续盈利。我曾有几个主要问题需要克服，包括养育三个很棒的女儿，她们总是出现在我的脑海里，我无时无刻不想着如何做一个更好的父亲。当她们长大了，越来越独立了，这些问题都迎刃而解了；然后我花了很长时间去接受自身的很多无法改变的性格特点；最后我在自信这个方面出现了问题，我总是非常自信，甚至很多事情上到了自负的地步，以至于那些了解我的人都不敢相信某些事情对我来说会是一个难题。虽然如此，在我的内心深处，我依然相信我不会想出一个永远持续盈利的交易模式，尽管我用这些方法交易了很多年。我买了很多系统，撰写并测试了无数技术指标和体系，阅读了很多书籍和杂志，参加研讨会，聘请导师，并加入聊天室。我和那些声称自己是成功交易员的人交谈过，但我从来没见过他们的交易账单，我甚至怀疑，他们虽然能说会道却不会交易。通常来说，那些懂交易的人都不怎么说话，而那些说得头头是道的人却不懂交易。

明白这个道理是非常有帮助的，因为它展示了我在成功之前必须避免的所有缺点。不是交易员的人看着图表都会一致地得出结论，认为交易是非常容易的，这正是交易吸引人的地方。当一天结束时，任何人都可以看看图表，能看到非常明确的开仓点和平仓点，但在实际交易中却非常难以做到。人们总是倾向于希望买在最低点，然后价格永远不要回落。如果价格又跌下来了，一个新手交易员就会接受目前小的损失，以避免日后更大的损失，导致一系列交易都在止损，最终亏光整个交易账户。将止损区间放宽也许能在一定程度上解决部分问题，但大部分交易员将很快遭遇更大的损失，甚至让自己陷入身负重债的境地，导致他们太害怕而不敢继续使用这种方法。

你也许会担心这些书介绍了这些交易知识给大家，市场上出现了很多优秀的价格行为交易员，大家都在同一时间做同样的事情，从而快速推动市场走向你的目标价位。这个担心是多余的，因为机构投资者控制了市场，他们已经拥有世界上最聪明的交易员，这些交易员已经懂得了这些书中的一切知识，至少直觉上是这样的。在每一个时刻，都有非常聪明的机构多头和非常聪明的机构空头在做交易对手方。既然最重要的玩家们都已经知道了价格行为这种分析方法，让更多的玩家也了解这一游戏规则，并不会打破平衡，因此我并不担心我的写作会让价格行为分析失效。由于这种平衡，任何人拥有的优势都会非常小，任何一个小失误都会导致亏损，不论他对图表解读得多么仔细。虽然交易员不懂价格行为将会很难赚钱，但光知道价格行为也是不够的。一个交易员从学会读懂图表，到学会如何交易，是一个漫长的过程，交易和读图一样困难。我写这些书是为了帮助人们更好地理解图表，更好地去交易，如果这两者你都做到了，你就能把别人账户的钱赚到手，并放进你自己的账户里。

为什么价格形态会像我们看到的那样，一步步展现出来？因为在一个有效的市场上，尽管有无数交易员由于各种不同的理由发出交易指令，大部分的成交都是基于一个合理的有效逻辑。这就是事实，而且会一直持续下去。同样的形态在世界上所有市场所有时间周期中展现开来，而想要在不同层面上瞬间操纵所有形态的发展，是不可能的。价格行为是人类行为的一种表现，实际上是一种遗传基础。如果人类不发生进化和转变，遗传基础将在很大程度保持不变，就像过去近80年来股市不变的走势图一样。程序交易也许稍微改变了图表的外观（虽然我找不到任何证据来支持这一理论），如果一定要说程序交易带来什么改变的话，它可能令图表的条线更加平滑了，因为程序是没有感情的，它也大大提高了市场的成交量。既然大部分的交易都由计算机自动进行，成交量如此巨大，非理性的感性行为只是市场上一个微不足道的组成部分，那么图表更纯粹地体现了人类的倾向性。

既然价格行为来自我们的DNA，除非我们进化了，否则价格行为就不会改变。当你看到图 I.1 的两张图时，你的第一反应就是它们只不过是两张普通的图表，但请看看底部的日期。这是道琼斯工业平均指数在经济大萧条时期和第二次世界大战时期的周线图，和我们今天看到的所有图表有着一样的形态，尽管今天的大部分交易都由计算机来完成。

如果每个人都突然变成了基于价格行为逻辑的短线抢帽客，小级别的形态可能会在一段时间内发生轻微的变化，但随着时间的推移，市场的有效性会显现出来，所有交易员的交易行为将市场价格演变成标准的价格行为形态，这是无数人类行为逻辑的必然结果。此外，交易很难有很好的结果是一个不争的事实，虽然以价格行为为基础是一个合理的交易方法，但在实战中仍然很难成功地做到。市场上的很多交易员很难把这一点做得足够好，以至于对交易形态逐渐构成显著影响。请看看爱德华兹和马吉。世界上最优秀的交易员已经运用了这些理念几十年，这些

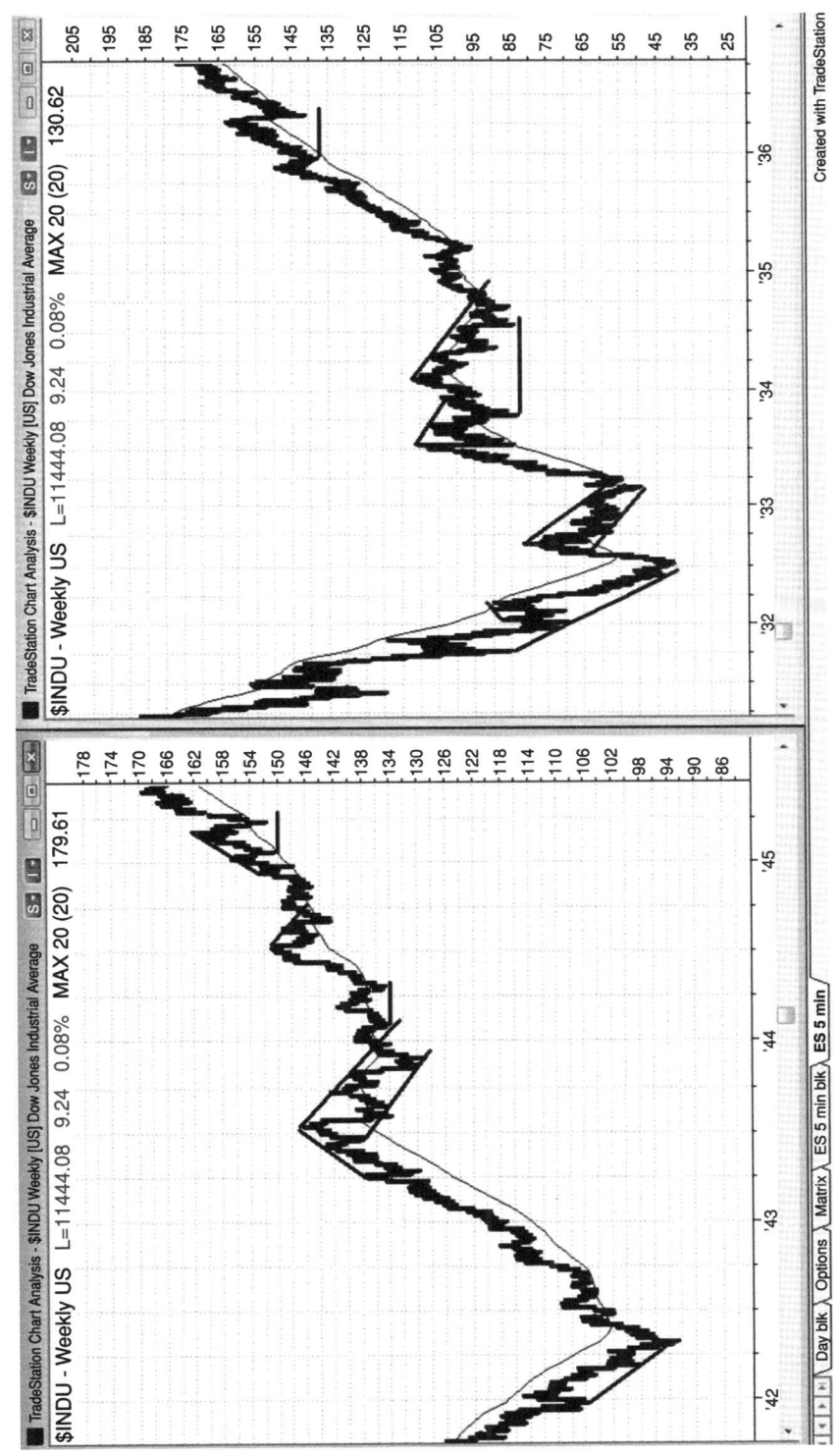

图 I.1 价格变动不会随着时间的推移而改变

理念依然有效，因为这些图表和以往一样，在这个有效市场上留下不可磨灭的印迹，这个市场拥有大量聪明的人，利用各种不同的方式和时间周期，尽他们所能赚取最大收益。比如，泰格·伍兹打高尔夫球时并没有隐藏任何秘密，任何人都可以自由模仿他，然而，几乎没有人能以打高尔夫球为生，在交易中也是一样，一个交易员可以知道书本中的一切知识却仍然亏钱，因为运用这些知识持之以恒地实现盈利，是非常困难的。

爱德华兹和马吉的书实际上过于简单，大量地利用趋势线、突破、回调作为他们的交易基础，为什么那么多商业学校仍在推荐他们的书呢？因为这些观点一直都是有效的。几乎所有交易员都有计算机，能访问日内盘中的数据，许多技术指标就可以用来做日内交易。另外，K线图提供了关于谁在控制市场的信息，这让我们能够以更小的风险更加及时地入场。爱德华兹和马吉的书重点关注总体趋势。我也会用这些相同的基础技术指标，但更加密切关注图表上的每一根K线，以提升风险回报率，并重点关注日内的K线图。

对我来说，如果一个人能够简单地读懂图表，并在趋势启动前精确的时间点入场，那么这个交易员将拥有巨大的优势，这似乎是显而易见的。这个交易员会有很高的成功率，且少数出现亏损的交易，亏损金额也会很小。我决定这将作为我的出发点，而且我发现并没什么其他的需要补充。事实上，其他任何增加的因素都是干扰项，会降低盈利能力。这听起来很明显、很简单，但却很难让大多数人相信。

我是一个日内交易者，完全依靠盘中对电子迷你期货合约图表的价格行为的判断，我认为，对所有交易员来说，解读价格行为都是一种宝贵的技能。新手们往往有一种根深蒂固的观念——要学习更多特殊的方法才能武装自己，比如一些很少用到的复杂的数学公式，更能给他们带来优势。高盛集团财力强大且经验丰富,他们的交易员必须拥有一个超级计算机和高性能的软件,令他们占得先机,打败其他交易员。他们开始寻找各种技术指标,不断地调整输入参数来优化这些技术指标,以保证它们不会出错。每一个指标都会持续生效一段时间,但对我来说,他们把简单事情复杂化了。事实上,就算不看图表,你发出一个买入指令,也能有50%的命中率!

我不是要否认技术指标和交易系统的重要性。多年来,我已经花了上万个小时来撰写和测试指标及系统,这可能比大多数人都更有经验。这些关于指标和系统的丰富经验,是我成为成功交易员的关键所在。很多指标对于很多交易员都是有帮助的,但寻找到与自己个性相匹配的交易方式,才是成功的最高境界。我的一个最大的问题,就是我从来没能完全地信任这些指标和系统。在交易的每一步设置,我都会看到需要被验证的其他可能性。我总是希望赚尽市场上的每一分钱,如果我能够做进一步优化,我就不会满足目前系统给我带来的收益率。然而,或许你可以持续优化技术指标,但市场总是在趋势和震荡区间中反复变化,而你的优化是基于最近的市场状况,当市场迈向一个新的阶段时,过度优化的技术指标将很快无法适应市场的变化。我有太强的控制欲和强迫症,容易焦躁不安,过于敏感,对用长期不变的指标和自动化系统的盈利模式不信任,在很多方面容易走向极端,大多数人并没有这些问题。

许多交易员,尤其是新手们,都比较迷恋技术指标(或任何其他高层、大师、电视评论员,认为这些人会保护他们、爱他们、认可他们,并赞助他们大量的投资资金),希望指标告诉他们每一次交易的入场时间,但他们没有意识到,绝大多数的技术指标都是基于简单的价格行为。当我发出这些交易指令时,我不可能同时消化几个指标可能告诉我的信息。如果市场正处于一个牛市阶段,回调,然后又反弹到一个新的高度,但反弹时出现很多反复震荡的 K 线，很多大阴线，几个小的回调，或者 K 线的上影线显著变长，任何有经验的交易员都会把它看成趋势在高位的弱势整理，如果牛市依然强劲的话，这些都不应该发生。市场几乎要过渡到一个震荡区间，甚至可能转为熊市。交易员们并不需要震荡指标来告诉他们这些，而且这些震荡指标往往会让交易员开始寻找反转的信号，而忽略了图表展现的价格行为。当市场出现两到三个持续数个小时的反转形态时，这些震荡指标在大多数时间里都是有效的。但如果市场处于强劲趋势，问题就来了。如果你过分关注你的技术指标，你将会发现市场的表现和技术指标背道而驰，而你自己却反复地进行逆势交易，最后造成亏损，等到你承认市场依然维持原先的趋势时，你已经没有时间去弥补你的损失了；相反，如果你只是简单看看 K 线图，就会看到市场明显走向原来的趋势，你就不会被技术指标误导而去寻找趋势反转的特征。最常见的成功反转，是第一次以强劲的势头突破趋势线，然后反抽到一定极限，直到动能减弱，如果交易员过多关注背离的信号，他们将忽略这一基本事实。没有一开始突破趋势线的逆势动能，只因为背离信号就反向操作，将是一个亏钱的策略。耐心等待趋势线的突破，然后看看市场是反抽到一定极限动能减弱，还是保持原来的趋势。一个强烈的趋势反转能给你带来高概率的盈利机会，或至少可以做一个短线的刮头皮交易，这不需要技术指标来告诉你，而且反转几乎会伴随一个背离信号，何必把技术指标放在你的计算里，把事情复杂化呢？

　　一些专家会建议将时间周期、技术指标、数浪和斐波那契回调线、扩展线相结合，但在实际交易时，他们却只关注好的价格行为入场点，而且，当他们看到这个好的入场点时，他们开始寻找背离信号、不同时间周期的移动平均线、波浪数、或斐波那契参数，来对这个入场信号进行确认。事实上，他们都是价格行为的交易员，只依靠一个图表上展示的价格行为来交易，却不愿意承认这个事实。他们把他们的交易复杂化了，以至于错过了很多很多交易机会，因为他们花了太多时间去过度分析，并且强制等待下一个入场条件。逻辑并不是用来把简单的事情复杂化的。考虑的信息多可以让人做出更好的决定，而且很多人能够在处理很多输入性数据时决定是否进行交易。因为一个过于简单化的理论而忽略任何数据，是不明智的。我们的目标是赚钱，交易员们尽他们一切的努力使自己的盈利最大化。但就我个人而言，当我需要精准地发出我的交易指令时，我根本没办法很好地同时消化多个技术指标和多个时间周期，我发现认真解读一个图表对我来说更有利可图，而且如果我依赖于技术指标，在解读价格行为时我就会变得懒惰，常常会忽略了最明显的机会。价格行为比任何其他信息都重要得多，如果你牺牲了价格行为告诉你的东西，而从其他渠道获取信息，你很可能会做出一个错误的决定。

对于刚刚入门交易的新手来说，最令人沮丧的事情莫过于认为自己交易的依据太过于主观。他们希望拥有一套清晰的规则来确保自己持续盈利，非常讨厌一个技术形态今天起作用明天又失效了。然而，市场是高效的，因为有着无数的聪明的人们跟你一起玩这个"零和游戏"。一个交易者要赚钱，就必须持续地战胜至少一半以上的对手。在这个市场上，大多数对手是盈利能力强大的机构投资者，因此我们需要更加优秀，才能拥有立足之地。我们获得的优势，经常会转瞬即逝。要记住，我们的任何一次开仓交易，都必须有对手盘才会成交。对手不需要太长时间就会发现你的交易系统的逻辑，一旦他们发现你的逻辑，你就失去了赚他们的钱的机会。交易的一部分魅力在于，这是一个零和博弈的市场，市场机会是公平的，没有人拥有一招制胜的优势，而发现和捕捉一些极为微小而又转瞬即逝的盈利机会，是从智商和财务角度都非常让人满足的事情。尽管如此，这还是一件需要刻苦努力和坚持纪律的工作。纪律，简单来说，就是做我们不想做的事。从人的本性角度来说，我们都充满好奇心，本能地希望尝试新鲜和不同的事物，但最好的交易员就必须克服这一本性的诱惑，坚持纪律、克服情绪，而且还需要耐心等待最好的交易机会出现。每天交易结束后，对着 K 线图复盘，做到这些看起来很简单。然而，如果我们在真实的交易中，观察一根根 K 线、等待下一步走势，却非常难以做出决定。一旦好的交易机会出现，我们有可能被分散了注意力，或者陷入自我满足的状态，从而错失机会，被迫需要等待更久。如果我们能培养耐性和纪律，完全遵守一个好的交易系统，获利的潜力将非常大。

在股票和电子迷你期货合约上通过交易获利的方法很多，但基本上都需要市场有大行情，当然，除了卖出期权合约外。如果你学着解读 K 线图，你每天能发现一大批盈利的交易机会，而你并不需要了解为什么某些机构投资者会进行某些交易、推动某些趋势的形成，也不需要理会各类指标的含义，你不需要这些机构的分析软件或者分析师便可知道他们的行踪，因为一切都会通过价格图表展现。你要做的，就是在他们入场时入场，爬到他们的"背"上，让他们背着你获利。通过价格行为分析，你能够判断这些机构投资者的动向，尽可能早地发现入场机会，使你的止损控制在比较严格的幅度内。

事实证明，做交易时我考虑的因素越少，赚钱的概率越大。我只需要一台手提电脑、一幅 K 线图。除了 20 日指数加权移动平均线（EMA20）外无须其他任何指标，无须过多分析，也能清晰地发现很多交易机会。有些交易员会看成交量指标，因为熊市接近结束时的反弹一般伴随着成交量的大幅增加，此后出现的一两波下探便是买入的良好机会。有时候在日内出现过度抛售时，成交量也会显著上升。但对于我来说，成交量指标还没有达到值得我信赖、值得关注的程度。

很多交易员只有在出现背离信号和趋势回调时，才考虑价格行为分析。事实上，很多使用技术指标的交易员也需要看到一根标志性的 K 线才会入场，很多时候即便没有出现背离信号，只要有一根标志性的 K 线出现，大多数交易员仍然会入场交易。他们通常希望看到一根反转的 K 线，收盘价显示出强烈的反转信号，但事实上这是很难的。对于价格行为分析来说，最实用的工具是趋势线和趋势通道线、此前的高点和此前的低点、成功的突破和失败的突破、K 线的主体和上下影线的比例、当前 K 线和此前几根 K 线的关系；也就是说，通过观察当前 K 线的开盘价、最高价、最低价和收盘价与前几根 K 线的这几个价格的变化情况，就能看出市场下一步的走势。事实上，通过观察图表，我们可以看出谁到底在控制整个市场走势，而这一点是很多交易员没有意识到的。几乎每一根 K 线都给了我们很多市场下一步走势的提示，如果交易者把它当作噪音忽略掉，就会错过很多获利的机会。在我的这一系列书里，有很多关于价格行为分析的观察举例，这些可以直接指导我们的交易，不过也有一些是对价格行为倾向的简单好奇猜测，还不足以作为交易的逻辑基础。

我交易电子迷你期货合约或者股票时，主要看 K 线图，当然，其他很多种图表都可以看出很多交易信号，即便是最简单的线型图。我比较喜欢用 5 分钟的 K 线图来解释我的基本交易原则，但我也会用到日线图和周线图。我的交易还涉及了股票、外汇、国债、期权等，因此我在这本书里面也会提到如何将价格行为交易法用在这些品种上。

作为交易员，我倾向于不要把每件事情过早定性，任何事物的发展都有无限的可能性。如果一个形态正在形成，尽管形态并不完美，但根据我们的交易经验认为这一形态相对可靠，那么很大概率上这个形态就会构建成功——结局一般相差不大。如果一个形态跟教科书上类似，那么很大可能行情会根据教科书上这个形态来展开。这就是交易的艺术，而需要数年的时间才能习惯如何在不确定性中交易。每个人都希望自己有一套完善的、清晰的规则或者指标来规范自己的交易，又或者有专家、消息、热线咨询电话又或者导师来精准指导自己的交易，最大程度减少风险、获取收益的最大化，但这些路子长久来说都行不通，你必须为自己的决策来负责，但首先你需要学会如何做决策，也就是如何在迷雾中为自己导航。不是所有事物的界定都像白天黑夜般清晰，多年的经验告诉我，无论事情看起来多么不可能发生，它依然可能发生。这就像量子物理学，任何事件都可能发生，甚至是连我们都没有想象过的事。这不是情绪化的结果，而事件发生的原因已经不重要。例如，我们经常会关注美联储降息，但其实这是浪费时间，因为不管美联储做什么动作，都有利好和利空的一面。我们只需要关注市场的反应，而不是关注美联储的动作。

　　我们知道，交易就是一场零和博弈，那么就不可能有一种策略会持续有效，因为如果这一策略有效，就会很多人开始使用，那么就没有了对手盘。当然，一些基本的原则是非常有用的，不过的确没有一个持续可靠的策略能让你一劳永逸，这对于交易新手来说是非常困扰的一件事。新手交易员一般认为，只要他们找对了策略，学会了游戏规则，就能够盈利颇丰。事实上，任何策略在特定的时候都会有效，这容易造成你的错觉，认为只要稍加改善，这个策略就能够一直有效。每个人都希望找到自己的交易圣杯，又或者是交易保护神，但这样却将自己陷入错误的思维方式，希望为交易这个复杂而艰苦的游戏找到一劳永逸的轻松解决方案。要知道，我们面对的是这个世界上最聪明的对手，如果你能够找到一个持续盈利的交易策略，那么他们也能，那么还有谁会亏钱呢？这又面临了零和博弈的困境。亏钱的人逐步离开市场，总有人会变得不赚钱。你必须足够灵活，才能掌握市场方向，顺势而为。市场比我们想象中更灵活，更善变。市场经常会出现反复震荡很长一段时间，超出我们的忍耐极限。最后，市场可能会出现意料之外的走势。永远不要因此而沮丧，学会接受这个事实，把它当作交易的魅力。

市场一直都在围绕着不确定性来开展：大部分时候，市场上涨和下跌的概率都是50%，也就是说，即便我们不看价格走势图，以你的入场价格加减一定价位来下一个选择性委托单（OCO），止盈和止损的概率各占50%。这意味着，如果我们买入了一只股票，在任意时点设置一个相同幅度的止损和止盈单，只要幅度不要过大导致止损价接近0（一般股票跌到0的概率是极低的），一般触及止盈和止损价位的概率都是差不多的。

大部分时候，市场都是充满了不确定性和任何的可能性，很难对走势做出理性和确定的判断，这也是区间震荡的标志。当我们不确定的时候，我们就当市场处于区间震荡。当然，也有一些时候，市场的趋势较为明朗，某一方向的趋势概率大大超出另一方向。当趋势非常强烈时，延续这一趋势的概率会由50%增加到60%甚至70%，但这不会持续很久，因为当多头和空头逐步对价格达成一致时，市场价格走势最终会回归50%的概率。当一段确定性很强的趋势过后，市场逐步会在支撑和阻力位中间来回震荡，回归不确定性，至少短暂休整。

不要在开盘期间看新闻。如果你希望了解一则消息代表的意义，你眼前的K线图会告诉你答案。新闻报道者认为消息是世界上最重要的东西，任何市场走势都应该与正在发生的某一事件有关。新闻记者在这一行，他们必须以新闻为中心，为金融市场的任何变化寻求解释。当2011年3月中旬股市大跌时，新闻将这一大跌归因于日本地震。他们并不知道，市场早在3周前就已经开始下跌，主要是因为以前的过度上涨。我在 2 月底就在新闻录音室跟观众们提到过,市场已经连续 15 个交易日出现大幅上涨行情,回调的概率非常大。我当时并不知道地震会在几周内发生,而且我也没必要知道。图表告诉我很多交易者在离场,他们开始进行清掉多头仓位,甚至做空。

电视上所谓的专家对我们的交易也毫无益处。几乎是千古不变的现象,当市场出现大行情时,电视台会找到一些成功预测了这一走势的、自信满满的专家,对这些专家进行采访,让观众相信他有着非凡的能力,能够预测市场。这位专家便继续做出一些预测,而天真的观众可能会被吸引,然后影响自己的交易决策。但事实上,也许这位专家曾经预测错误无数次,而且市场上有些专家就是专门看空,某些专门看多,他们都坚持一个观点,而总有一次会被他们撞对。如果因为他们某次的预测刚好符合了行情走势,就迷信于这位专家,不仅对交易没有帮助,反而还是有害的。只有找到符合自己特点的交易方法和逻辑,才能真正了解交易的真谛。在大方向的判断上,没有人能够保证自己的正确率持续在 60% 以上。某些专家或者大咖可能非常有理有据,但并不代表他们的结论就一定可靠。一个观点的背后,总有相反的观点同样有理有据,只是可能这一声音没有被市场炒作而已,就好比在辩论比赛中,如果我们只听一方的辩论,也许对方的辩词非常令人信服,但偏听一方容易被误导,往往得出的结论也是有失偏颇的。

市场上一直存在着众多机构多头和机构空头,他们的博弈让市场走势充满不确定性。即便是市场没有任何大的新闻,经济频道一直都在采访各种专家,记者们撰写各种报道。这些专家的预测结果正确率依然在 50%。如果你决定根据某个专家的观点去做交易,当专家告诉你下午市场会出现暴跌,但结果下午市场还在持续上涨,你会做空吗?如果这个专家是华尔街某个大机构的首席交易员呢?这个专家可能年薪百万,依靠的就是他的交易判断能力，或许他很有一套，能够预测大势，但更多时候，他不是一个日内交易者，不可能做到精准判断点位。如果你因为他管理的资产的年化收益率超过15%，就简单相信他的观点，那是非常愚蠢的。即便他有这个能力，他也很难预测市场在接下来两三个小时的表现。我们算个数就知道了，如果他有精准的点位判断能力，那么他一天能够赚1%而且做几个来回，一年就可能赚10倍。显然这是不可能的。他的交易周期可能是几个月，而你的交易周期可能是几分钟。他可能不擅长日内交易，如果你的交易周期跟他不匹配，为什么你要根据他的观点来交易？另外，即便你的交易周期能够跟他匹配，简单希望听他的观点去交易也是愚蠢的，因为他今天的观点，几周后有可能会变化，而你并不知道。对于我们学习交易的人来说，持仓和开仓一样重要。如果你想跟随这个明星交易员一年获得15%的年化收益，而复制他的策略，你必须清楚地知道他的投资组合情况，来持续管理你的持仓，而在现实中这是不可能的。是的，也许你偶尔会赚上一笔，但你任意买一只股票也有可能赚。交易成功的关键是，你在100笔交易中整体是赚钱的，而不在于前面几笔。也许你经常会跟你的孩子说，不要相信电视里面说的，无论看起来有多么真实，建议你也经常提醒自己一下。

我前面提到过，有些专家会认为某个新闻是利空，而也有一些专家认为这个新闻是利多。记者选择采访某个专家，这个专家的观点就会展现在观众面前。这完全随机取决于记者的判断力。你会让新闻记者帮你来做交易决策吗？这简直是疯了！如果记者会交易，他能够赚比当记者的薪水高出无数倍的钱。那为什么你要让记者的选择影响你的交易呢？要么是你没有自信，要么是你希望找一个交易方面的依靠。不管怎样，如果你的交易决策轻易受到记者的影响，那你还是不要做交易比较好，因为即便记者采访的这个专家某次预测正确了，这个专家也不会持续帮你管理资产,你的持仓最终可能在一次回调中止损出局。

　　财经新闻节目的存在不是为了提供公共服务的,他们是为了赚钱,这意味着他们需要尽可能多的观众,以最大限度地提高广告收入。是的,他们希望他们的报告能提供准确的信息,但他们的首要目标依然是赚钱。他们充分地意识到,只要节目办得足够精彩,就能使他们的观众数量最大化。他们得请一些有趣的嘉宾,包括对行情作夸张预测的专家,喊口号给人加油鼓劲的教授,或者有一些人只是上节目秀秀身材,大多数嘉宾都需要有一些娱乐价值。虽然有些嘉宾是优秀的交易员,但他们并帮不到你。例如,他们采访世界上最成功的债券交易员,对方通常只会笼统地讲讲未来几个月的趋势,他会讲这些是因为他早在几周前就已经把自己的交易部署其中了。如果你是一个日内交易员,这些根本帮助不了你,因为月线图上的每一个牛市或熊市,在日内K线图中都有很多上下波动的时候,每天都有做多或做空的交易机会。他的时间周期和你的非常不一样,他的交易也和你所做的事情没有关系。财经新闻节目也会采访来自华尔街大公司的价格图表解读专家,虽然对方的资历不错,会根据周线图提供他的专业意见,但观众们只是想在几天内就把盈利赚到手。即使市场在接下来几个月内下跌10%,对于解图专家来说,牛市不变,他的买入建议也依然不变,但对于观众来说,可能在这之前已经止损了,再也不能从几个月后迟来的行情中重新获利。除非解图专家是根据你特定的目标和时间周期来发表他的观点,否则他说什么对于你来说都是没有意义的。当电视节目访问一个日内交易员的时候,他会分享一些他已经做过的交易,而对你来说这些信息都已经太迟了。当他正在接受采访的时候,市场很可能已经走向相反的方向了。如果他讲的是当天正在做的交易,他将在他短短几分钟的采访结束后才去处理自己的持仓,而不会在电视直播时就做这些事。即使你正在做和他一样的交易,当市场反向时，你考虑是否止损出局，或当市场同向时，你考虑是否获利了结，他都不会给你从旁指导。在任何情况下，即使在一个非常重要的报告出来后，你想通过观看电视来获得投资建议，注定是一个赔钱的方法——你在任何时候都不应该这么做。

只通过研究图表，就能获得你想知道的信息。图表是能让你赚钱或亏钱的关键所在，它是你在交易过程中需要考虑的唯一因素。如果你在交易所场内交易，你甚至不能相信你最好的朋友。他可能会卖给你很多橙汁的看涨期权，却悄悄地通过一个经纪商以低于当前的市场价去买10倍数量的橙汁看涨期权。你的朋友只是想在市场上营造一个抛售的恐慌气氛，使市场价格下跌，那样他就可以通过代理经纪商在一个更好的价位上大量进货。

朋友和同事都会随意给你提供意见，你可以忽略他们。有些交易员偶尔会告诉我，他们有一个很好的入场点，并希望和我讨论，我总是告诉他们我不感兴趣，因此经常惹他们生气，他们就会马上认为我是自私顽固的，思维封闭，而在交易的时候，我确实如此，甚至可能更严重。对于外行的人来说，你赚钱的技能通常都被视为缺点。为什么我不再阅读关于交易的书籍或文章？或者不再和其他交易员交流他们的观点？正如我所言，图表已经告诉了我所需要了解的一切信息，其他任何事情都是干扰因素。有些人曾被我的态度激怒，我认为部分原因是因为他们给我展示一些对我有帮助的东西，同时希望我给他们一些指导作为回报，而我拒绝了他们。当我告诉他们我不想听到其他任何人的交易技巧时，他们就会感到沮丧和愤怒。我告诉他们，我甚至还没熟练掌握自己的那套交易技能，也许永远都达不到炉火纯青的程度，但我相信，与其尝试将非价格行为的交易方法融入我的交易体系中，还不如将自己的方法加以优化完善，这样能令我获取更大的利润。我问他们，如果长笛大师詹姆斯·高威（James Galway）递给马友友一支美丽的长笛，并坚持让马友友学吹长笛，因为自己在演奏长笛上赚了很多钱，马友友是否应该接受他的提议？很明显不应该接受。马友友应该坚持演奏他的大提琴，这样会让他比开始演奏长笛赚更多的钱。我不是高威或马友友，但本质上是一致的。价格行为是我想运用的唯一工具，我坚信，比起将其他成功交易员的交易思维并入我的交易体系中，通过价格行为的方法更能让我获得更大的盈利。

　　图表，而不是电视上的专家，将确切地告诉你如何从机构投资者交易行为的角度来解释这些新闻。

　　昨天，好市多（Costco）股票的季度报表上显示，利润较上季度上涨32%，高于分析师的预期（见图Ⅰ.2）。好市多开盘后跳空高开，在第一根K线上回补缺口，然后直奔向上，20分钟内上涨超过1美元，最后回落到昨天的收盘价。它曾经有两次反弹突破了空头趋势线，但都失败了。这形成了一个下降旗形双重顶（K线2和3）或三重顶（K线1、2和3），然后市场价格下跌了3美元，低于前一日的最低位。如果你不知道昨天的报告，你就会在K线2和3上，当价格试图突破下跌趋势线失败时做空，并在K线4以下做更多卖出交易，K线4是突破昨天低位后随之而来的一个短暂的反弹。你将在K线5这根反转的大阳线上反手做多。K线5是反向突破昨日最低价以及陡峭的下跌趋势通道线底部的第二次尝试。

　　另外一种情况，就是你看了利好报告后在开盘价买入，然后开始担心为什么股票价格不是如电视节目中分析师所说的一路飙升，而是一直在下跌，你可能就会在K线5股价第二次跳水时，把你的多头头寸平仓了结，每股亏损2美元。

　　任何一波趋势，如果很少的几根K线内覆盖了很多价位，这意味着

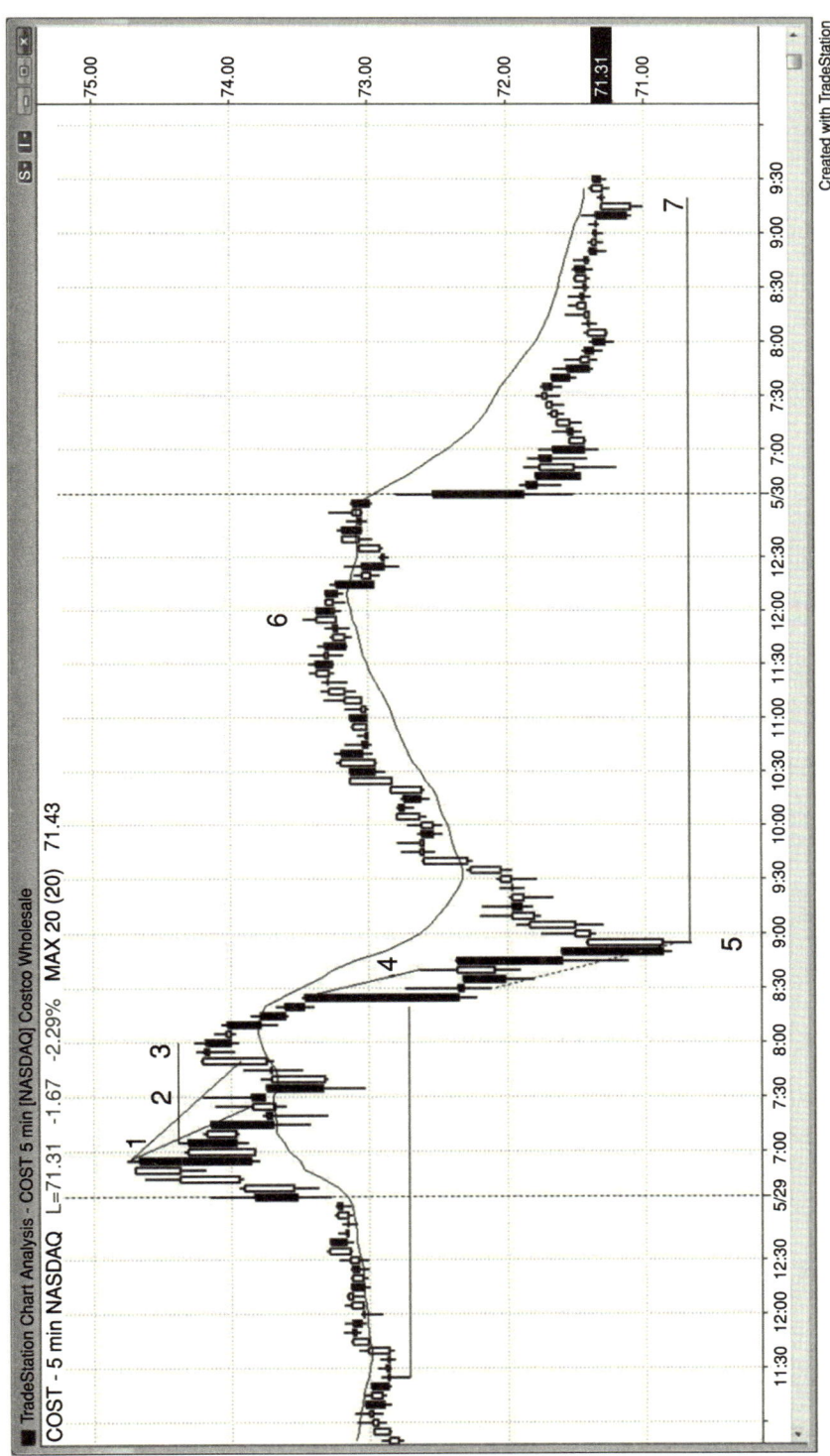

图1.2 市场无视了这条利好新闻

出现了几根急速上涨或下跌的 K 线，而且彼此相互重叠的区域比较小，这种情况下回调是不可避免的。这样的趋势拥有强劲的动能和发展势头，市场在回调后将大概率延续之前的走势，然后开始冲击这一波趋势的极限值。只要市场在回调过程中没有形成反向的新趋势，没有越过原先趋势的启动点，趋势的新高/新低通常就会被改写。一般来说，如果一个回调/反弹回调了 75% 以上，这个回调/反弹会回到趋势之前最低位/最高位的概率是很低的。从某种程度上说，在一个空头趋势的反弹过程中，交易员最好把这个反弹看成是一轮牛市的开始，而不是原先熊市中的一个反弹。图 I.2 中行情在 K 线 6 时只回调了 70%，市场在 K 线 7 的下一个交易日开盘继续测试此前下跌趋势的最低点（K 线 5）。

  只因为一个利好消息市场就跳空高开，并不代表股价会一路上扬，不论消息的利好程度有多高。

  如图 I.3 所示，两张雅虎（YHOO）的图表（左为日线图，右为周线图）上，在 K 线 1 出来之前，新闻报道微软正考虑以每股 31 美元的价格收购雅虎，市场直接跳空到接近 31 美元。很多交易员推测，这应该是一个已经成交的交易，因为微软是世界上最优秀的公司之一，如果它想收购雅虎，就一定能成功。不仅如此，微软拥有充足的现金流，只要他们愿意，肯定可以达成协议。雅虎的 CEO 也表示他的公司价值更接近每股 40 美元，微软从未发表过反对意见。然而，随着雅虎股价的下跌，这桩交易不了了之。10 月份，股价相比于这单买卖公布之前的价格，已经回落了 20%，相比于公布当天，市值更是蒸发了 50%，而且目前股价仍在继续下跌。一个重大利好的基本面，和一个重要公司的收购邀约，最后的结果也不过如此。对于一个价格行为的交易员而言，熊市中的大涨有可能只是一个下降旗形，除非后续的波动跟随着一系列越来越高的低点和越来越高的高点。它也有可能会出现一个上升旗形，然后再反弹，

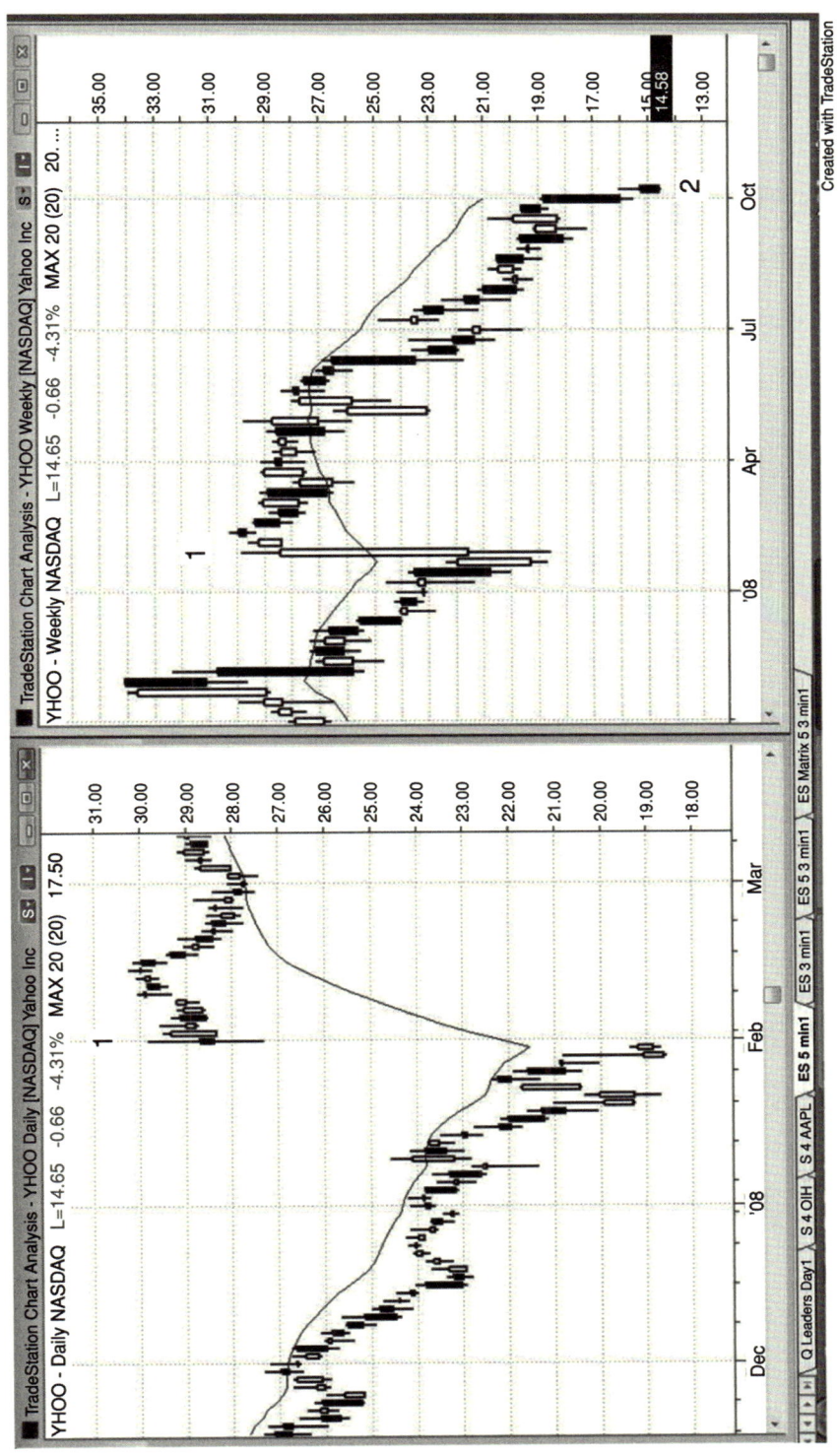

图 I.3 市场可能因利好消息而下跌

但除非牛市确立，否则还是关注周线图中的趋势更重要。

　　交易过程中唯一关键的因素是图表。如果你无法读懂图表中的信息，就不要做交易，应该等待更清晰的信号——机会总是会到来的。一旦机会到来，按照你的计划去交易，并设好止损。不要转到1分钟图，不要收窄你的止损空间，因为那样你肯定会亏损。1分钟图的问题在于，它会根据一些小K线发出很多入场信号，当然，止损幅度也更小，但你没办法抓住1分钟图提供的所有入场机会，你就会开始"捡樱桃"，最终导致账户亏光，因为你"捡了太多的烂樱桃"。当你采用5分钟图时，你的交易是基于你对5分钟图的分析，而并不知道1分钟图是什么样子的。你必须依靠5分钟图来设置你的止损和目标盈利价位，1分钟图会令你频繁地止损，请接受这个现实。如果你看1分钟图，就没办法全神贯注地盯着5分钟图，一个优秀的交易员就会把你账户里的钱赚走，并放进他的账户。如果你希望在竞争中求胜，你必须把干扰项和所有输入参数减到最少，并相信能从中获利。这给人感觉有些不可思议，但却绝对真实。永远不要质疑这种方式。只需要保持事情简单化，并遵循自己的规则。持续做一件简单的事情是极端困难的，但在我看来，这却是交易的最佳方式。到最后，当一个交易员对价格行为的理解越来越透彻时，交易将变得轻松自如，虽然枯燥无味，但却盈利颇丰。

　　虽然我从来不赌博（因为赔率、风险和回报的组合总是和我作对，我可不想和数学对着干），但在那些不交易的人看来，交易和赌博总有一些相似性。赌博是一个概率的游戏，不过我更希望把赌博定义为概率对我们参与者不太有利的一种游戏，长期来说，我们会输钱。为什么？因为如果不加以区分，单纯从运气成分以及我们可能面临全部赔光的风险的角度来看，每一次投资就是一场赌博，即使你投资房地产，建立一个家庭，开始经商，买蓝筹股，甚至购买国债（政府可能会选择让美元贬值来减少对我们的负债，这样你从那些国债中获得的美元购买力就会大大少于最初购买债券的时候）。

有些交易员会使用一些简单的博弈论，在几次失败的交易后增加他们的持仓头寸（这就是所谓"马丁格尔套利策略"）。扑克游戏21点的算牌就和震荡区间交易很相似。算牌者试图计算出某种可能性出现的数学概率是否过高，他们尤其想知道荷官牌盒里剩下的牌中比已经出现的牌的点数是否更大，当算出这个概率较大时，他们就会基于这一概率开始下注；与之相仿，做区间震荡交易的交易员一直在寻找交易机会，当他们认为市场已经沿着某个方向走得太远时，他们就会反向做一笔交易。

我曾经有几次在网上玩扑克游戏，不用真钱，尝试找出赌博和交易的相似性和不同点。我很快就发现，自己赢钱的希望落空了：由于运气这种玩意儿天生存在不公平，我就会持续感到焦虑，我从来都不希望运气成为我成功的重要组成部分。这是赌博和交易之间一个巨大的区别，也让我明白两者是有本质不同的，尽管在大众的眼光里两者具有相似性。在交易过程中，每个人手上都是同样的牌，游戏总是公平的，你能收获回报还是遭遇惩罚，完全取决于你作为一个交易员的交易技巧。有时候会出现你的交易方式是正确的但依然亏损的情况，而且这种情况会一连发生几次，这完全是概率曲线在作怪。也许存在一些你会一连亏损10次甚至100次以上的超低概率事件，但我印象中没有看到过连续四个良好的交易信号失败的情况，所以这是一个我愿意把握住的交易机会。如果你的交易方法是正确的，随着时间的推移你必然会赚钱，因为这是一个零和游戏（不计交易佣金，如果你选择了一个可靠的经纪商，交易佣金应该不会太多）。如果你比大多数其他交易员更优秀，你将会把他们的钱赚到手。

不同于纯粹赌概率的游戏，有两种类型的赌博和交易比较相似。在体育博彩和扑克游戏中,赌客赢的是其他赌客的钱,而不是和赌场对赌,因此,如果他们显著优于他们的竞争对手,就可以为自己创造更多的机会。但赌客支付的所谓佣金要比一个交易员多得多,尤其在体育博彩行业,通常是10%的高额利息,所以像比利·沃特斯这种异常成功的体育博彩行家是非常罕见的:为了达到盈亏平衡,他们至少要比他们的竞争对手优秀十分之一以上。成功的扑克玩家会更常见,我们经常可以在电视扑克节目上看到这些人。然而,即使最优秀的扑克玩家赚的钱,也比不上一个最优秀的交易员,因为他们实际的交易规模要比交易员的小得多。

我个人觉得交易的压力并不大,因为运气在其中所起的作用小得不值一提。但交易和扑克游戏有一个共通点,即持之以恒的耐心对两者来说都非常重要。在扑克游戏中,如果你耐心等待在拿得一手好牌时下注,你会赢得更多的钱,交易也是一样道理,交易员们想获取更大的利润,就必须耐心等待最优的交易机会。对我来说,在交易过程中这种旷日持久的等待并不是一件难事,因为在这段时间里我可以看到其他所有的"牌",寻找微妙的价格行为现象的过程,是一种对交易员思维的启发和拓展。

在赌博中有一句重要的格言:"所有的努力都是真实的,除非你有一手好牌,否则永远都不要下注。"在交易中也是一样,等待一个好的入场条件再操作一笔交易。如果你没有交易纪律,也没有合理的交易方法,一味只靠运气,以及你对盈利的奢望,那毫无疑问,你的交易也是一种赌博。

在不是交易员的人眼里,所有日内交易员,甚至所有市场交易员,都是上了瘾的赌徒,而且都有某种精神疾病。这是一个不光彩的比喻。我也怀疑确实很多人都沉迷其中,从某种意义上说,他们做交易,更多是为了寻求一种兴奋感，而不是为了赚钱。他们愿意付出低盈利概率的赌注，并亏掉大笔大笔的钱，因为他们被之前偶尔的盈利冲昏了头脑。大部分成功的交易员，本质上也是投资者，就如商业房地产或小企业投资者一样，和任何其他类型的投资唯一真正的区别，在于交易的时间周期更短，而杠杆更大。

新手们偶尔存在赌博的心态是很常见的，这会导致他们总是亏钱。每一个成功的交易员，都严守自己的交易规则。每当交易员因为某些原因偏离了他们的交易规则，他们其实是凭自己的愿望在交易，而不是凭交易逻辑，这也可以算是一种赌博。新手交易员经常发现，自己在亏损几次后就开始以赌博的方式做交易，他们急切希望用赌博碰运气的心态扳回损失，他们会做一些通常来说不值得做的交易，因为他们非常渴望把自己刚刚亏出去的钱赚回来。这些交易员们由于先前的亏损而感到焦虑和悲伤，他们会做一些他们认为低概率盈利机会的交易，其实这样就是在赌博，而并非交易。在赌输之后，他们的感觉会更糟糕。不仅他们当天的账户权益更少了，他们还因为自己没能严于律己，没能坚持自己的交易系统而感到伤心难过，他们很清楚，纪律恰恰是迈向成功的最关键因素之一。

有趣的是，神经金融研究员发现，即将做一笔交易的交易员的大脑扫描图像，和吸毒者们毒瘾即将发生时的大脑扫描图像并没有明显区别。他们发现一个雪球效应，不论他们的行为结果如何，人性的欲望依然不断增强。只可惜当交易员们面临亏损时，他们愿意承担更多的风险，最终导致亏光他们的交易账户。我们从沃伦·巴菲特的言论中可以看到，在不了解神经科学的情况下，沃伦·巴菲特却清楚地意识到这个问题，他说："只要你拥有正常人的智商，你需要做的就是控制自己的冲动和暴躁的脾气，并让别人陷入投资困境"。优秀的交易员都会控制他们的情绪,并持之以恒地遵循自己的交易规则。

关于赌博的最后一点,即我们会自然而然地假定没有什么事是一成不变的,任何行为都会实现均值回归。如果我们已经在交易市场上出现了三到四次的亏损,那么下一次交易很可能会是一笔盈利的买卖。这就像抛硬币一样,不是吗?可惜这并不是市场行为。当市场处于一个大趋势时,大多数尝试做逆势交易的人都会失败。当市场处于震荡区间时,大多数企图突破区间的人也会失败。这是抛硬币的反面例子,抛硬币的概率总是50/50,而在交易中,市场一次又一次地重复之前发生过的事情是一个大概率事件,这个概率甚至在70%以上。由于这个抛硬币的逻辑,大多数交易员已经在某种程度上开始考虑博弈论的运用。

马丁格尔套利策略在理论上很有用,但在实际操作中,数学和情绪的冲突使得其难以发挥作用。这就是马丁格尔悖论。一旦你上一笔交易赔了钱就反手,且每一次交易都是前一次交易仓位的两倍或三倍,理论上你是会赚钱的。尽管对于电子迷你期货合约的 5 分钟 K 线图来说,连续四次失手的可能性很小,但可能性依然是存在的。别说连续四次,连续十几次都是可能出现的,尽管我没见过。假设,你平常习惯的下单手数是 10 手,你从 1 手开始交易,计划一失误就反手而且每次仓位翻倍,当你连续四次失误后,你下一笔交易的手数是 16 手。如果你连续八次失误,下一笔交易手数就是 256 手!对于大多数人来说,在连续四次甚至更多次失利后再做出大大超出自身承受能力范围的开仓动作,是不可能的,而能够承受 256 手单量的人,不可能一开始只下 1 手。这就注定了马丁格尔套利策略存在着无法解决的内在缺陷。

由于交易本身有一定的竞技乐趣,人们将它比作游戏也是很自然而然的事,因为又涉及金钱,赌博一词就是人们第一时间在脑海里联想到的。不过,我认为把交易比作下棋更为贴切。在下棋时,你可以清晰地看到对手的动作，赌场里你并不知道对手的牌，你手中的牌都是单纯靠运气得来的，而在棋局里，每个棋子所处的位置全部都是你的决策的结果，棋局里没有隐藏的棋子，结局取决于你和对手谁的棋技更高一筹。对于象棋选手来说，读懂对手棋局的能力，以及预判对手下一步行动的能力非常重要，而对于交易员来说，类似的能力也是一样重要。

不懂交易的人总是担心市场遇到一次大的崩盘，因为这个担心，他们更容易把交易和赌博联系起来。在日线图出现崩盘式下跌，是很少见的现象。不懂交易的人担心在市场出现情绪性崩盘事件时自己没有能力很好地应对。虽然日线级别的崩盘很少出现，更多的是类似1927年和1987年的日内闪电式崩盘，但这其实也是价格形态的另一种表现形式。交易者只需要遵守自己的规则，不受情绪的影响，便可以很好地操作。如果把时间和价格轴从图表中去掉，我们可以在日内分时图中频繁看到经典的崩盘行情中出现的情景。如果我们能超越情绪的影响，就可以从崩盘行情中获利，因为任何图表都有可以交易的价格形态。

图I.4展示了市场在任意周期都可能出现崩盘行情。左边的图表是通用汽车在1987年崩盘行情中的日线图，中间的图表是好市多批发（COST）股票在年报超预期后的5分钟K线图，右边是电子迷你期货合约的1分钟K线图。尽管"崩盘"一词大部分时候都用于形容日线图上短时间内跌幅超过20%的行情，而且正如我之前提到的那样，在过去100年里只广泛地用过两次，但对于价格行为交易员来说，日内图表上类似的价格急剧下挫的形态，却是非常常见。因此，我们也不需要用到"崩盘"一词，而是从交易的角度把他叫作可交易的下跌波段价格形态。

顺便提一下，同样的形态可能在几乎所有的周期出现，这使得分形数学理论可能在交易系统设计中发挥作用；也就是说，每一种大级别的

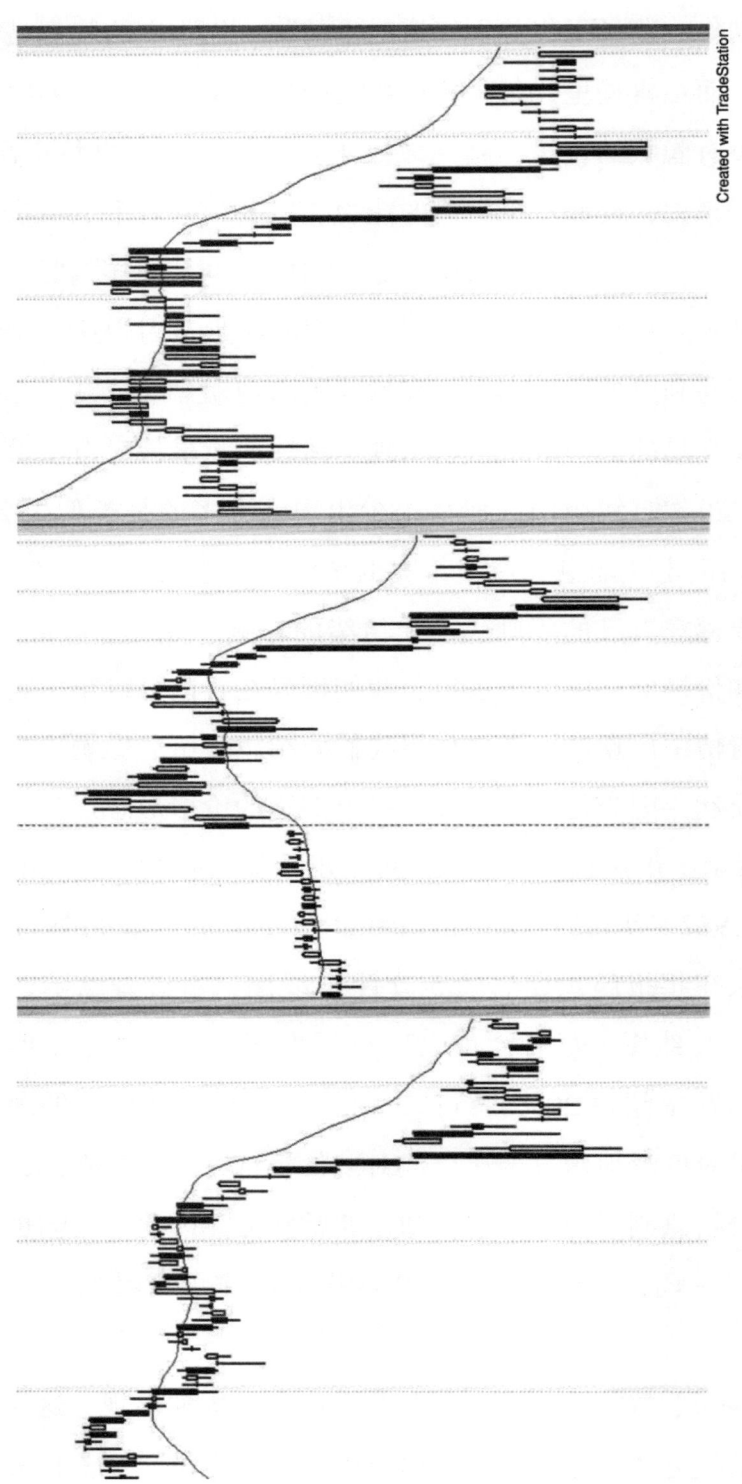

图1.4 崩盘是很常见的

形态都可以细分到更小的时间周期的标准价格形态。因此，基于价格行为分析的交易决策在任何周期都是有效的。

如何读懂这一套书

我努力将3本书的内容通过一个系列的形式展现给读者，希望这样更加清晰。

第一本：《高级趋势技术分析：价格行为交易系统之趋势分析》

- 价格行为和K线图的基本知识：市场要么处于趋势，要么处于震荡状态。无论在任何时间周期这都是真理，甚至是一根单独的K线，也可以被叫作趋势K线或震荡K线。
- 趋势线和趋势通道线：这些是用于展现趋势和震荡区间的基本工具。
- 趋势：这是任何图表中最引人注目而且充满盈利机会的部分。

第二本：《高级波段技术分析：价格行为交易系统之区间分析》

- 区间突破：这是从区间震荡转为趋势的转折点。
- 跳空：区间突破一般会带来多种形式的开盘跳空，给交易员带来获利机会，但这种跳空只有在你不纠结于其定义时才较为明显。
- 磁石效应、支撑位和阻力位：一旦出现价格突破，趋势启动后，市场会被某些特定的价位吸引，推动价格贴近这一价位，最终这个价位带来趋势的终结和反转。
- 回调：这是趋势通过区间震荡形式进行的短暂休整。
- 区间震荡：这是价格图表上出现震荡的区域。每一次震荡的来回都是一个小的波段，但从大周期的价格形态来看，区间震荡整体被看作是趋势的回调。

- 交易管理和仓位管理：对于交易员来说，掌握越多的交易技巧和工具越好。他们需要理解"刮头皮"的高频日内交易、波段交易、大笔开仓和平仓的技巧，以及如何入场和通过设置止损止盈离场。
- 交易的数学知识：任何交易都需要数学基础，当你明白交易的原理后，就不会感觉压力过大。

第三本：《高级反转技术分析：价格行为交易系统之反转分析》

- 趋势反转：一般能够抓住趋势反转机会的交易，都有着绝佳的风险回报比，但因为成功率太低，我们需要谨慎。
- 日内交易：我们学会了价格行为分析后，日内交易就变得简单。书中通过几个章节讲述了日内交易、开盘1小时的交易方法，通过具体的例子进行手把手展示。
- 日线图、周线图和月线图：这些图表中的价格形态能够带给我们很多可靠的交易机会。
- 期权：价格行为分析同样可以应用到期权的交易中。
- 最佳交易模式：对于新手来说，一些成熟的交易模式值得重点学习。
- 交易原则：一些非常重要的概念帮助我们集中精力完成交易。

如果你在书中遇到不熟悉的词汇，可以在书的最前面术语表中查询它的定义。

有些书里面的价格图表标记了市场所在的时区，我认为在交易电子化和全球化的当前，这并不重要了。我在加州交易，我的时区是太平洋标准时间，我书中的图表都是由美国网络证券经纪商 TradeStation 提供。鉴于每张图表都有着大量值得研究的价格行为事件，在书中对每张图表进行了简单的讨论后，我会接着在《深度图表分析》栏目中进行详细解读。也许第一次读的时候你不太懂，但第二次读你就会开始明白其中的含义。我们见识的标准价格形态的变化形式越多，在实际交易中识别这些形态的能力就越强。我也会在图表中指出一些主要的交易机会。如果你不希望第一次阅读本书时被太多信息干扰，可以选择先忽略我补充的深入讨论部分，在完成全书阅读之后，再来细读，这时候会更加容易理解。鉴于这些交易都是非常重要的概念，尽管这些概念或许没有进行详细解释，读者在再次阅读时会非常感激有这些讨论。

在本书出版时，我正在舵手读书会针对电子迷你期货合约每日进行盘后分析，并在盘中进行实时价格走势的解读。

本套书中的所有图表都能够联系舵手图书官方客服（微信扫描封面二维码）获取。网站上的图表都可以进行放大、下载和打印。书中有些图表的解释和评论长达几页，如果能够把图表打印出来对照阅读，会更加方便。

强势信号：趋势、区间突破、反转 K 线、反转形态

在趋势很强时，通常会有以下一些特征：

- 开盘跳空。
- 有明显趋势的波段。
- 大多数 K 线走势跟当前趋势相符合。
- 连续 K 线之间的重叠非常少。例如在牛市中，很多 K 线的最低价

只会比前一根K线的收盘价低1个成交价位或者是持平。有些K线的最低点刚刚好或者高于前一根K线，因此，很多试图在昨日收盘价限价买入的交易员，会面临指令没办法成交，不得不继续追高的情况。

- K线图的上下影线非常短或者没有，代表市场趋势的急速。例如，在牛市中，如果大阳线的开盘价就是最低价，收盘价就是最高价，那么代表市场非常急切地希望买入，他们担心如果收盘前买不到，他们可能要付出更高的价格，因此愿意尽可能早地买入。

- 偶尔会出现K线之间有跳空现象（例如一根K线的开盘价可能会比前一根K线的收盘价高）。

- 在趋势启动时，一根跳空，且趋势性很强的K线代表着区间突破。

- 在区间突破后，跳空的缺口并没有被突破后的回调休整K线所填补。

- 市场出现一根趋势性很强的K线，与前后两根K线之间都有跳空缺口。例如，一根趋势性的K线的最低点在前一根K线的最高点之上，而紧接着下一根K线继续在这一K线的最高点之上。这意味着市场出现强烈的跳空动能。

- 价格没有出现特别大级别的趋势性走势。

- 市场没有出现较大的阴线或者阳线，更不用说趋势性的K线。有时候，最大的一根K线反而是与趋势相反方向的，这很容易诱使交易员做出趋势反转的判断和交易，毕竟这个时候，反转交易的止盈止损设置带来的盈利风险，要比顺势交易来得更好。

- 没有出现明显的趋势性通道线，小型的趋势通道线只能识别出横盘整理形态。

- 在趋势通道线突破后，出现横盘整理形态。

- 楔形反转形态失败，以及其他反转形态失败。
- 连续出现20根K线没有触及移动平均线。
- 很少有机会能通过反趋势交易获利。
- 有一些小级别、不频繁的回调，而且回调主要以横盘整理为主。例如，电子迷你期货合约的平均波动区间是12点，回调可能少于3到4点，而且市场可能连续出现五根以上的趋势性K线而中途没有回调。
- 市场的趋势较为急切。如果你希望等待回调买入的好机会，可能一直都等不到，市场仍然处于上涨趋势。
- 回调是买入良机。一般来说，牛市中的回调会有一根由回调转入趋势的标志性K线。
- 在最强的趋势中，回调一般都不明显，很多交易员可能都不会留意到，他们会继续追随市场。例如，在熊市中的反弹通常只是几根很小的阳线，很多入场信号的K线已经恢复趋势。
- 二次回调巩固一般是趋势性交易入场的好时机。
- 两根连续的K线的收盘价不可能在移动平均线的两边。
- 趋势非常强烈，突破了很多个阻力位，如移动平均线、前一个波段高点、趋势线，并且超出阻力位很多个价位。
- 与原来趋势反向波动的反转尝试在成型时没有后续形态，直接形成反向趋势的旗形。

如果市场尝试向上的区间突破时，出现了下列特点，将意味着向上成功突破的概率大幅增加：

- 区间突破的那根K线上涨趋势强烈，上下影线非常短或者没有。K线主体越长，则代表突破的成功率越高。

- 区间突破的那根K线对应的成交量比近期高出10到20倍，市场追涨的可能性很大。

- 区间突破后趋势非常强烈，突破了很多个阻力位，如移动平均线、前一个波段高点、趋势线，并且超出阻力位很多个价位。

- 区间突破的那根K线大部分时候在最高点附近，回调幅度很小（小于K线主体的四分之一）。

- 市场的趋势较为急切。如果你希望等待回调买入的好机会，可能一直都等不到。

- 区间突破后的2到3根K线的长度不能小于近期上涨和下跌的几根K线的平均长度，即便它们的K线主体较小，或者上下影线较长，但只要整个K线足够大，突破成功概率还是比较大的。

- 区间突破后来连续5到10根K线都在上涨，回调不超过1到2根K线。

- 连续的几根K线之间很少有重叠价位，至少有一根K线的最低点只在前一根K线的收盘价附近或者稍低一个点的价位。

- 至少有一根K线的开盘价在前一根K线的收盘价之上。

- 至少有一根K线以当天的最高价附近，或者稍低一个点的价位附近收盘。

- 在区间突破K线之后的那根K线的最低价，与突破前的那根K线的最高价相同或者在其之上，出现一个小型跳空缺口，这代表着突破力量。这些缺口有时候会变成逃逸缺口，又或者叫衡量缺口。虽然这个缺口对交易来说意义不大，但根据艾略特波浪理论，这相当于一个小周期的五浪上升形态中的第一浪上升浪的最高点与第四浪回调浪的最低点之间的空间，二者可以触及，但不能相互重叠。

- 整个趋势大背景与突破成功的方向一致，使得突破的概率大幅增加。例如，上涨趋势在回调结束后延续时，市场在向上突破下跌趋势线后的深度或浅度回踩。

- 市场近期整体趋势向上。
- 在区间震荡形态中，买方力量不断增强，通常大阳线增加，阳线的主体明显大于阴线的主体。
- 一般区间突破后会有超过三根K线继续向上，之后才会出现明显回调。
- 突破后的第一次回调一般只会持续1到2根K线，而且回调的第一根K线不会出现强烈的牛转熊的反转信号。
- 突破后的第一次回调不会触及突破的关键价位，也不会触及买入成本价。
- 价格突破的那根K线创近期收盘价和最高价的新高。例如，当一根大阳线出现，市场向上突破下跌趋势通道，这根K线的收盘价和最高价与过去5根、20根甚至更多K线的收盘价和最高价相比较，看创下多少根K线的新高。收盘价创新高比最高价创新高的意义更大。

如果市场尝试向下的区间突破时，出现了下列特点，将意味着向下成功突破的概率大幅增加：

- 区间突破的那根K线下跌趋势强烈，上下影线非常短或者没有。K线主体越长，则代表突破的成功率越高。
- 区间突破的那根K线对应的成交量比近期高出10到20倍，市场杀跌的可能性很大。
- 区间突破后趋势非常强烈，突破了很多个支撑位，如移动平均线、前一个波段高点、趋势线，并且超出支撑位很多个价位。

- 区间突破的那根 K 线大部分时候在最低点附近，反弹幅度很小（小于 K 线主体的四分之一）。
- 市场的趋势较为急切。如果你希望等待反弹做空的好机会，可能一直都等不到。
- 区间突破后的 2 到 3 根 K 线的长度不能小于近期上涨和下跌的几根 K 线的平均长度。即便他们的 K 线主体较小，或者上下影线较长，但只要整个 K 线足够大，突破成功概率还是比较大的。
- 区间突破后连续 5 到 10 根 K 线都在下跌，反弹不超过 1 到 2 根 K 线。
- 熊市向下突破至前一显著波段的低点，这一低点之下的行情波动足以让刮头皮交易员做一笔盈利的交易，这笔交易的止损价比这个波段低点低一个价位。
- 连续的几根 K 线之间很少有重叠价位，至少有一根 K 线的最高点只在前一根 K 线的收盘价附近，或者稍高一个点的价位。
- 至少有一根 K 线的开盘价在前一根 K 线的收盘价之下。
- 至少有一根 K 线以当天的最低价附近，或者稍低一个点的价位附近收盘。
- 在区间突破 K 线之后的那根 K 线的最高价，与突破前的那根 K 线的最低价相同或者在其之下，出现一个小型跳空缺口，这代表着突破力量。这些缺口有时候会变成逃逸缺口，或者叫衡量缺口。虽然这个缺口对交易来说意义不大，但根据艾略特波浪理论，这相当于一个小周期的五浪下跌形态中的第一浪下跌浪的最低点与第四浪反弹浪的最高点之间的空间，二者可以触及，但不能相互重叠。
- 整个趋势大背景与突破成功的方向一致，使得突破的概率大幅增加。例如，下跌趋势在反弹结束后延续时，市场在向下突破上涨趋势线后的强势或弱势反弹。

- 市场近期整体趋势向下。
- 在区间震荡形态中，卖方力量不断增强，通常大阴线增加，阴线的主体明显大于阳线的主体。
- 一般在区间突破后会有超过 3 根 K 线继续下跌，之后才会出现明显反弹。
- 突破后的第一次反弹一般只会持续 1 到 2 根 K 线，而且反弹的第一根 K 线不会出现强烈的熊转牛的反转信号。
- 突破后的第一次反弹不会触及突破的关键价位，也不会触及做空的成本价。
- 价格突破的那根 K 线创近期收盘价和最高价的新低。例如，当 1 根大阴线出现，市场向下突破上涨趋势通道，这根 K 线的收盘价和最低价与过去 5 根、20 根甚至更多 K 线的收盘价和最低价相比较，看创下多少根 K 线的新低。收盘价创新低比最低价创新低的意义更大。

最常见的信号 K 线是反转 K 线。牛市反转 K 线的基本特征是收盘价在开盘价之上，或者收盘价在 K 线的主体一半以上。最好的牛市反转 K 线拥有以下特点：

- 开盘价在前一日收盘价附近或者稍低一定价位，但收盘价在开盘价之上，且在前一日的收盘价之上。
- 下影线占整个 K 线高度的三分之一到二分之一，上影线很短甚至几乎没有。
- 与前 1 根或几根 K 线几乎没有重叠。
- 信号 K 线之后的 K 线不是 1 根被包住的十字 K 线，而是 1 根非常强烈的入场信号K线（上下影线都很短的大阳线）。

- 收盘价和最高价创过去多根K线的收盘价和最高价的新高。

熊市反转K线的基本特征是收盘价在开盘价之下，或者收盘价在K线的主体一半以下。最好的熊市反转K线拥有以下特点：

- 开盘价在前一日收盘价附近或者稍高一定价位，但收盘价在开盘价之下，且在前一日的收盘价之下。
- 上影线占整个K线高度的三分之一到二分之一，下影线很短甚至几乎没有。
- 与前1根或几根K线几乎没有重叠。
- 信号K线之后的K线不是1根被包住的十字K线，而是1根非常强烈的入场信号K线（上下影线都很短的大阴线）。
- 收盘价和最低价创过去多根K线的收盘价和最高价的新低。

以下是强势牛市反转中常见的特点：

- 出现上下影线都很短的大阳线。
- 接下来的2到3根K线都是阳线，且大小跟近期K线相当。
- 上涨趋势持续5到10根K线，但回调不会超过1到2根K线。
- 至少有1根K线的最低点只在前1根K线的收盘价附近或者稍低一个点的价位。
- 至少有1根K线的开盘价在前1根K线的收盘价之上。
- 至少有1根K线以当天的最高价附近或者稍低一个点的价位附近收盘。

- 整个趋势大背景与突破成功的方向一致，使得突破的概率大幅增加。例如，上涨趋势在回调结束后延续时，市场在向上突破下跌趋势线后的深度或浅度回踩。
- 一般在区间突破后会有超过 3 根 K 线继续向上，之后才会出现明显回调。
- 突破后的第一次回调一般只会持续 1 到 2 根 K 线，而且回调的第 1 根 K 线不会出现强烈的牛转熊的反转信号。
- 突破后的第一次回调不会触及买入成本价。
- 趋势非常强烈，突破了很多个阻力位，如移动平均线、前一个波段高点、趋势线，并且超出阻力位很多个价位。
- 区间突破的那根 K 线大部分时候在最高点附近，回调幅度很小（小于 K 线主体的四分之一）。
- 市场的趋势较为急切。如果你希望等待回调买入的好机会，可能一直都等不到。
- 本次信号 K 线是过去一段时间的第二次尝试反转。
- 本次反转是通过打破原有趋势通道线而开启。
- 突破一个明显的波峰或波谷后的反转，例如，先是突破一个大幅下跌的最低点，然后转头向上。
- 高点的回调有牛市反转 K 线作为信号 K 线。
- K 线的每一个细节都跟趋势表现一致：收盘价、最高价、最低价和 K 线主体。
- 回调非常小，偏于区间震荡。
- 之前有突破过熊市趋势线，代表这已经不是第一次市场展现出上涨动能。
- 回调探底的行为缺乏动能配合，下跌的 K 线重合现象较多，大部分是阳线。

- 回调探底一般会在移动平均线或者旧的趋势线附近受到支撑。
- 价格突破的那根 K 线创出近期收盘价和最高价的新高。例如，当 1 根大阳线出现，市场向上突破下跌趋势通道，这根 K 线的收盘价和最高价与过去 5 根、20 根甚至更多 K 线的收盘价和最高价相比较，看创下多少根 K 线的新高。收盘价创新高比最高价创新高的意义更大。

以下是强势熊市反转中常见的特点：

- 出现上下影线都很短的大阴线。
- 接下来的 2 到 3 根 K 线都是阴线，且大小跟近期 K 线相当。
- 下跌趋势持续 5 到 10 根 K 线，但反弹不会超过 1 到 2 根 K 线。
- 至少有 1 根 K 线的最高点只在前 1 根 K 线的收盘价附近或者稍高一个点的价位。
- 至少有 1 根 K 线的开盘价在前 1 根 K 线的收盘价之下。
- 至少有 1 根 K 线以当天的最低价附近或者稍高一个点的价位附近收盘。
- 整个趋势大背景与突破成功的方向一致，使得突破的概率大幅增加。例如，下跌趋势在反弹结束后延续时，市场在向下突破上涨趋势线后的强势或弱势反弹。
- 一般在区间突破后会有超过 3 根 K 线继续向下，之后才会出现明显反弹。
- 突破后的第一次反弹一般只会持续 1 到 2 根 K 线，而且反弹的第 1 根 K 线不会出现强烈的熊转牛的反转信号。
- 突破后的第一次反弹不会触及买入成本价。

- 趋势非常强烈，突破了很多个支撑位，如移动平均线、前一个波段低点、趋势线，并且超出支撑位很多个价位。
- 区间突破的那根 K 线大部分时候在最低点附近，反弹幅度很小（小于 K 线主体的四分之一）。
- 市场的趋势较为急切。如果你希望等待反弹卖出的好机会，可能一直都等不到。
- 本次信号 K 线是过去一段时间的第二次尝试反转。
- 本次反转是通过打破原有趋势通道线而开启。
- 突破一个明显的波峰或波谷后的反转，例如，先是突破一个大幅上涨的最高点，然后转头向下。
- 低点的反弹有熊市反转 K 线作为信号 K 线。
- K 线的每一个细节都跟趋势表现一致：收盘价、最高价、最低价和 K 线主体。
- 反弹非常小，偏于区间震荡。
- 之前有突破过牛市趋势线，这代表已经不是第一次市场展现出下跌动能。
- 反弹探顶的行为缺乏动能配合，下跌的 K 线重合现象较多，大部分是阴线。
- 反弹探顶一般会在移动平均线或者旧的趋势线附近受到阻力。
- 价格突破的那根 K 线创出近期收盘价和最低价的新低。例如，当一根大阴线出现，市场向下突破上涨趋势通道，这根 K 线的收盘价和最低价与过去 5 根、20 根甚至更多 K 线的收盘价和最低价相比较，看创下多少根 K 线的新低。收盘价创新低比最低价创新低的意义更大。

数 K 线基础知识：高点 1、高点 2、低点 1、低点 2

如果要定义一个在牛市中回调结束或在区间震荡市中下跌波段的结束的可靠标志，一般来说，至少当前的 K 线的最高点要超出前一根 K 线的最高点一个价位。这就引出了一个"数 K 线"的概念。在区间震荡市，或者在牛市中的回调过程中，第 1 根最高价超过前一日最高价的 K 线，我们称之为"高点 1"，这也代表着这一下跌浪的结束，尽管这一下跌浪有可能只是更大一波回调的第一浪。如果市场不能够反转为上涨趋势，而是继续区间震荡或者下跌，那么就把下一次出现最高价超过前一日最高价的 K 线标记为"高点 2"。高点 2 标志着第二浪的结束。

牛市中的高点 2 和熊市中的低点 2 被称作"ABC 三浪回调模式"。第一浪就是 A 浪，高点 1 或低点 1 的方向性转变我们称为 B 浪，最后的一次回调我们称之为 C 浪。从 C 浪反向突破高点 2，则代表牛市中 ABC 浪回调做多的机会，反之亦然。

如果牛市回调在第三次回调浪结束，那么在高点 3（第三次出现最高价超过前一日最高价的 K 线）进行买入是比较好的选择。这一般会出现牛市楔形旗帜；如果熊市反弹在第三次回调浪结束，那么在低点 3（第三次出现最低价超过前一日最低价的 K 线）进行买入是比较好的选择。

有时候，牛市中的回调可能会进一步延续，进而出现高点 4。一般来说，当高点 4 形成前，会出现高点 2 的反弹失败，市场继续回调，前面的 ABC 浪合并为一个更大回调浪，然后在更大周期的反弹浪会出现大周期的高点 2。也有一些时候，高点 4 之后仍然出现一波下跌，进而进入下跌趋势通道。如果高点 4 没有延续上涨趋势，而是进一步下跌，那么市场有可能不再是牛市中的回调，而是可能进入了熊市下跌趋势，这时，我们需要更多的价格行为来确认市场所处的状态,所以暂时观望而不要轻易下单。

当市场处于熊市或区间震荡市的反弹过程中时,第一次创前一根 K 线最低价的新低时,我们称之为"低点 1",它代表着第一波反弹的结束,这一波反弹有可能只是 1 根 K 线。随后出现的创前一根 K 线最低价的新低,我们分别称为"低点 2""低点 3""低点 4"。如果低点 4 并没有延续下跌趋势,市场出现进一步上涨,那么价格行为表明空头可能失去了控盘优势,或者市场转为区间震荡形态,多空交替控盘,多头逐渐获得优势。无论怎样,空头需要突破多头趋势线才能再次展现其控盘能力。

第一篇

趋势反转：趋势成为反趋势

一个交易员所能掌握的最重要的技能之一，就是能够准确判断一个突破行情是成功引出一波新的趋势，还是最终突破宣告失败使得行情反转。请记住，每根趋势K线都是一次突破，无论这根K线多么强势，无论它是阳线还是阴线，在每根趋势K线的顶部和底部，总存在买方和卖方。突破行情在任何情况下都如出一辙。市场上总有一些交易员坚信这次突破将成功走出一波新的趋势行情，也有另外一些交易员看法相反，认为突破将最终失败并形成趋势反转。在15分钟图上单一K线之后出现的反转，在1分钟图上看来可能经历了很多根K线，同理，持续10到20根K线才形成的反转，在120分钟图上只仅仅用了一根K线的时间。反转的过程在所有时间周期上都是一致的，不论这期间经过了多少根K线。在一波突破行情之后，如果交易员们可以成功判断接下来市场大概率的走向，而练就这种本领对交易员们来说就是一个优势，他们将根据自己的判断顺势而为。

正如第二本书第5章所讨论的，反转信号是很常见的，每根趋势K线都是一次突破，而且市场上令突破失败并最终导致反转的尝试很快随之而来。如果突破比反转尝试来得更强势，那么反转的努力将付之东流，这种反转尝试就会形成新趋势中一个旗形的起点。例如，如果在震荡区间里多头突破了，上升尖形由两根影线很短的大阳线构成，而下一根却是十字星阴线，这个十字星阴线就是令突破失败令行情反转回归熊市的一次尝试。既然突破比反转尝试更强势，很可能在这根十字星阴线之下，市场上买方要比卖方多，而空头的入场条件就会变成价格向上突破后的回调型买入信号。换言之，趋势反转不但不会成功，突破后的行情回落，更可能只是上升旗形的起点，给后续的行情带来一个新的小波段。如果反转的力量看起来比突破强得多，那么市场更可能出现反向行情，此前的突破也将以失败告终。第二本书第 2 章讨论了如何衡量在突破行情中多空双方的力量。简而言之，当前的征兆显示突破的力量越强，市场就越可能成功突破，突破后的反转尝试便形成一个价格突破后的回调型入场条件。

机构投资者的交易都是由主观交易员和计算机来完成的，而且计算机程序化交易的重要性正在日益突显。机构交易基于机构投资者对基本面或技术面的分析，或两者结合，并通过交易员和计算机去完成。一般情况下，大多数主观交易员主要通过基本面消息做出交易决策，而大部分计算机交易则依赖技术数据。但由于目前市场上主要的成交量都来自高频交易公司，大量交易都建立在价格行为和其他技术数据的基础上，因此大部分程序化交易都以技术分析为主导。20 世纪末，一个单一的机构投资者运行一个大型程序就可以影响市场，这种程序化交易通常会形成一个微型通道，交易员们见到这种通道，就能判断出市场背后有一个程序正在运行。现在大部分交易日里，在电子迷你期货上我们都能看到十几个这样的微型通道，市场上超过 10 万张合约在交易。目前电子迷你期货在 1200 点左右，相当于 60 亿美元的成交金额，这可比一个单一机构投资者的一笔小型交易的规模要大得多。这就意味着一个单一的机构投资者不可能对市场产生非常深远的影响，图表上的所有波动都是很多机构在同一时间同一方向交易的结果。与此同时，高频交易的计算机会分析市场上的每一个价格跳动，并一整天持续不断地交易。当它们探测到一个交易程序时，就会顺着程序的交易方向进行投机，在微型通道（程序化交易）形成期间，他们的交易量占据了绝大部分的成交量。

以技术面信息为基础进行交易的机构投资者，很难一直推动市场往一个方向发展，因为在某些价位上，市场也同时向基于基本面交易的机构投资者提供有价值的基本面信息。如果技术型机构投资者把价格拉得太高，基本面机构投资者和其他技术型机构投资者就会抓住这个卖出多仓并且建立空仓的机会，他们会压倒技术型交易的多头，并驱使市场下行。当技术型交易使行情出现一个下跌趋势时，在某些价位上，市场价格在基本面及其他技术型机构投资者眼里就会明显偏低。此时买方入场压倒在市场上抛售的技术型机构投资者，从而扭转行情。各种时间周期中的趋势反转都发生在支撑位和阻力位上，因为技术型交易员和交易程序都把支撑区间或阻力区间看成他们获利平仓的信号，还有很多甚至开始在这些区域做反手交易。市场上70%的成交都来自计算机算法交易，占到机构投资者成交量的80%，能够比较容易就知道他们的行踪。机构投资者中的基本面交易员也会关注一些明显的技术信号。他们把图表上的关键支撑位和阻力位视为价值区间，并在这些区间里做反手交易。做价值交易的程序也会重视这些区域，不论用什么标准来衡量，主要的支撑位和阻力位都是至关重要的。大部分程序化交易都是以价格为主导的，这没有任何秘密可言。当一个重要价位出现时，全市场都能看见，和他们运用哪种交易逻辑没有关系。基本面交易员（不论是人还是计算机）会伺机而动，一旦确认行情与市场基本面相匹配，则重仓出击。他们希望在市场价格足够低的时候买入，在市场价格过高的时候卖出。例如，如果行情正在下行，跌至一个机构投资者认为足够低的价格水平，他们就会突然杀出并大举买入。这些情况往往非常戏剧性地发生在开盘时的反转行情中（这里所说的反转，可以是向上反转，也可以是向下反转，稍后会在本书关于开盘交易的章节中讨论到）。空头会把自己的空仓买回来平仓获利，多头则会开始建立新的多仓。没人能够准确地指出市场是否在某个方向上走得过远，但大多数经验丰富的交易员和交易程序通常都对自己的判断相当有信心。

机构投资者都等着市场明显超卖时再买入，这时在可能的市场底部上方会出现一个买方真空区域，这时市场将加速下滑至机构投资者认为足够低的价格区间。有些机构依靠交易程序来判断买入时机，有些则由交易员自主决定。一旦足够多的机构投资者买入，市场通常都会向上反转，至少形成两个回合的上升小波段，并持续10根或更多的K线，无论在什么时间周期的图表中，都将是这种情形。当市场下行时，机构投资者会一路做空下去，直到价格达到目标价位，并且不太可能跌得动了，他们就开始平仓获利了结头寸。市场超卖越严重，就有越多的卖出交易以技术面为基础，因为基本面的交易员和交易程序都认为此时市场价格已经过低，很快就会有人买入，他们不会在超跌严重的情况下参与做空。当市场接近一个关键的支撑位时，买方相对缺乏，常常导致市场加速下滑至支撑区间，通常的结果是出现卖方真空，抛售的高潮吸引市场跌至支撑位以下，然后在这个点位上急剧反转。大部分支撑位都阻挡不了熊市（大部分的阻力位也阻挡不了牛市），但当行情最终反转上行时，市场必然处于一个明显关键的支撑水平，如长期趋势线。底部的下跌和反转通常都伴随着非常大的成交量。在市场下跌的过程中，会出现很多涨至压力位的反弹，和回落到支撑位的下跌，当足够多的机构投资者认为市场已经超跌了，且提供了让交易员反方向做多的理由时，反转就会发生。当足够多的机构投资者在同一价格水平采取一致行动时，一个主要的趋势反转便会出现。

　　基本面分析和技术面分析都可以用来判断支撑位。它可以通过计算的方法来预测，比如算出标普500指数市盈率倍数的理论值是多少，但这些计算的精确度并不能让足够多的机构投资者认同。然而，传统意义上的支撑区间和阻力区间要比计算来得更直观，对许多机构投资者来说判断这些区间更不是一件什么难事，他们更清楚市场在什么价位应该反转。在1987年和2008到2009年两次崩盘中，市场都急剧下滑至略低于月趋势线以下然后反转上行，形成了一个重要的底部。行情依然持续上扬，直到触碰显著的阻力位，这期间价格多次向下试探。只有这时机构投资者才有信心卖出自己的多头头寸并反手做空。市场便开始反转下行。

基本面因素（买入或卖出时的实际价值）决定了整个市场的总体走向，但技术面因素决定确切的转折点。价值决定价格，市场价格总是在不断地、甚至过于频繁地探索其真正价值，并围绕价值上下波动。技术面的转折点总是发生在支撑线和阻力线上。报告和新闻事件在任何时候都可以使基本面（价值认知）发生改变，足以令市场行情在接下来的几分钟甚至几天时间内持续上涨或下跌。维持数月的反转形态都是基于基本面的，它们开始或结束于某个支撑位或阻力位上。这种现象无论在哪个市场哪种时间周期都是真实存在的。

当市场已经开始从一个重要的顶部反转下行时，新闻报道的基本面依然是看涨的，当市场已经从一个重要的底部反转上行时，新闻报道依然看跌，意识到这一点是很重要的。机构投资者不会仅仅因为新闻对市场看涨或看跌就改变自己的想法。交易依靠的是图表而非新闻。价格才是真理，市场总是领先于新闻。事实上，新闻在市场顶部总是最看涨的，在市场底部总是最看跌的。记者们陷入狂喜或绝望的状态，满世界寻找评论员来解释为什么市场趋势如此强烈，这种行情还能持续多久。他们会无视最聪明的交易员，甚至可能连他们是谁都不知道。那些交易员的兴趣是赚钱，不是新闻，他们不会去寻求记者的帮助。当记者打车上班时，司机告诉他自己刚刚卖掉所有股票，抵押了自己的房子，以便购买黄金，记者一下就兴奋起来，迫不及待地找到一位看涨的评论员并播出看涨的消息，以确认自己对黄金牛市的深刻见解。"想想看，市场竟然如此强劲，连我的的士司机都在购买黄金！因此每个人都会卖掉他们的其他资产并买入更多的黄金，黄金市场会在未来几个月内持续上扬！"对我而言，连最弱的交易员都最终进入市场时，就再也没有人充当买方了。市场需要一个更大的傻瓜愿意在高位接盘，这样你才能卖出获利。当再没有人买入时，市场只有一条路可走，它的方向与新闻告诉你的恰恰相反。当电视上声情并茂的专业评论员一直旁征博引，反复地给你灌输黄金不可能下跌且实际在上一年之后价格会再次翻倍的思想时，这种无尽的诱惑我们是很难抵抗的。然而，你必须认识到，他们只是在自我强化和娱乐大众。电视网络需要娱乐来吸引观众，并赚取广告费。如果你想知道机构投资者此时此刻真正在做的事，你只需要看看图表。机构投资者的交易量和资金规模过于大型，无法隐藏起来，如果你懂得如何阅读图表，就会看到他们在做什么，市场的方向在哪里，而这一切通常与你在电视上看到的毫不相干。

  一个成功的趋势反转，能将多头市场转变为空头市场，或将空头市场转变为多头市场，需要切记的最重要的一点是大部分趋势反转的尝试都将无功而返。市场是有惯性的，这意味着市场对正在发生的事情有强烈的倾向，并且不会轻易接受变化。结果就是根本不存在所谓的趋势反转形态。当市场处于一波趋势行情时，所有的形态都是持续整理形态，但偶尔某个持续形态会破产。大多数技术分析师都会把破产的持续整理形态定义为反转形态，但大部分情况下这些形态都不会引起价格反转，市场趋势依然延续，因此把它看作持续形态应该更为准确。一波趋势就如一艘巨轮，需要巨大的力量与时间的推移，这些力量才能改变巨轮行驶的方向。在某一方的交易员掌控市场之前，通常都要求双向交易量有所增加，这种多空胶着的现象就表现为震荡行情。正因为如此，大部分反转形态都是震荡区间，但由于八成概率反转形态都会破产，你应该预期某次震荡区间的突破更可能是顺势突破。有时候突破会发生在逆势的情况下，或者顺势的突破很快失败并出现反转。当发生这些情况时，大多数交易员都会把震荡区间标记为反转形态，比如双重顶、头肩形，或最终旗形。所有能够引起一轮反向趋势的反转形态都列在本书第一篇中，但同时它们也许只是引出一段震荡行情，随后很可能恢复原来的趋势。在这种情况下，反转形态只是牛市中的一个上升旗形或熊市中的一个下降旗形。

当趋势发生反转时，有可能在瞬间就急剧反转，而且在早期市场态度就表现得非常坚定，也有可能缓慢地推进，并持续在十几根K线以上。当反转发展缓慢时，市场通常看起来只是在形成另一个旗形，但你会发现回调继续深入，最终在某些价位上顺势而为的交易员放弃抵抗，这时就出现了一个反趋势方向的突破。例如，假设有一波正开始回调的下跌趋势，它形成低点1的入场条件，但市场立即在这个信号触发后反转上行。然后它形成低点2的入场条件，同样触发后在一两根K线内反转上行。这时，假设市场要么突破下降旗形的顶部，要么再形成一波上涨，触发一个楔形下降旗形，入场条件失效，然后市场向上突破。趋势反转在某种程度上使绝大多数交易员相信总在场内的头寸已经翻转，这种情况几乎总要求某种类型的突破出现。这些将在第15章中详细讨论，但这说明你必须一直在市场中交易，不论做多还是做空，总在场内的头寸就是指你当前的头寸。对于任何突破而言，其特征都是相同的，我们在第二本书第一篇中关于突破的内容中讨论过。在这种情况下，市场走出一轮新的趋势，交易员们也跟着反转他们的思维模式。当牛市反转为熊市时，交易员不再在K线上方挂条件单做多，也不在K线下方以限价指令买入，而是开始在K线上方以限价指令卖出，或者在K线下方挂条件单做空。当熊市反转为牛市时，交易员不再在K线下方挂条件单做空，也不在K线上方以限价指令卖出，而是开始在K线上方挂条件单做多，或者在K线下方以限价指令买入。关于趋势行为的更多内容，请见第一本书第三篇。

每一波趋势都包含在一条通道内，通道边界由趋势线和趋势通道线构成，尽管快速地往图表上一瞥，通道可能不是十分明显。这几本书中一个最重要的原则就是，你绝对不能在通道被突破之前就考虑逆势交易，这意味着我们必须等待突破越过重要的趋势线。此外，你只有在出现强劲的信号K线时，才能做反转交易。你需要证据表明逆势的一方足够强大到去把握掌控市场的机会。即便如此，你仍然应该寻找顺势交易的机会，因为在第一波逆势的浪潮后，市场几乎总是会回归原来的趋势，来测试旧趋势的极值。只有在极少数情况下趋势线突破拥有如此强劲的动能，测试过程中没有任何刮头皮的机会。如果在旧趋势极值附近测试失败，那么市场已经两次在这个极值水平上铩羽而归，每当市场两次尝试两次败北时，它通常都会做出相反的尝试。在对旧趋势极值测试失败后，只有当一个脱离旧趋势极值的良好的反转入场条件出现时，你才应该开始寻找逆势波段交易的机会。

区分反转交易与逆势刮头皮交易非常重要。反转交易符合"总在场内"的反手交易逻辑，但逆势刮头皮不是反转交易，它的交易员盈亏方程式结果一般不理想，而且大部分逆势刮头皮交易机会都在价格通道内形成。通道总是看起来好像要反转了，引诱交易员们挂条件单进行逆势交易。这些交易员很快被套其中，不得不止损认输。例如，在上升通道内，每一次突破新高之后，通常都跟随着一个看起来很像下跌反转的K线或内含线。新手交易员看到目前的价格距离移动平均线还有一定空间可供刮头皮做空，因此他们在K线下方挂条件单卖出建仓。他们将有70%或更高的概率会在逆势刮头皮交易中亏钱，其平均亏损将大于平均盈利。他们做空是因为他们急于交易，并且大部分买入信号看起来很弱，常常迫使交易员在距离通道顶部只有几个变动价位的时候买入。逆势交易的入场条件往往是有一个很好看的信号 K 线，使交易员们在相信自己是在等待不错的买入信号时，能顺便巧妙地做一笔空头刮头皮交易。他们把先前所有的下跌反转和回调都看作是卖盘力量占优的表现，他们是正确的。只可惜，大部分空头刮头皮交易最终都只形成一个微型的卖出真空，将市场吸引下跌至某个支撑位，如通道底部附近，或一个小的更高低点的下方。一旦价格到了这些支撑位，强势的多头便开始大举买入，推动市场价格上涨。当市场创新高时，很多人会在高位获利了结，从而创造出下一个卖出信号，但这些卖出信号如早前所有的信号一样都将失效，因为趋势还在上涨。高频交易公司支付微不足道的佣金，就可以在一两个变动价位之间获得盈利，而你却不能这样做。虽然行情产生了一根看起来不错的反转 K 线，但这些都不是可交易的好的反转机会，交易员们不应该进行这种交易。只要信号没能将总在场内的方向翻转为空头，我们就只能顺势而为。机构投资者正在那些信号阴线的低点下方买入。如果你想在通道成型过程中交易，你只能像机构投资者那样以限价指令在低于早前 K 线的下方买入，或者在高点 2 信号 K 线上方买入，空头通常都在这些位置平仓了结他们亏钱的空仓。不过这对很多交易员来说操作起来都比较困难，因为他们会发现通道内有大量多空胶着的双向交易，明白在通道顶部买入往往只是一种使盈亏方程式略大于零的策略。

趋势反转，或者我们所称的"反转"一词，并不一定是实际的趋势反转，因为这一术语的意思包括市场从一种行为向另外一种相反的行为转变。我们一般会把这种转变看作从牛市转变到熊市，或从熊市转变到牛市，这也是第一篇讨论的主题。震荡区间的行为可以算是趋势行为的对立面，如果一个震荡区间突破进入趋势行情，那也算是市场行为的一种反转，不过，市场更普遍地把这种反转描述为突破。回调可以是小型震荡区间或者是一波与大趋势相反的小规模趋势，当回调结束时，小规模趋势便会反转回归原来的主趋势。大部分趋势反转都是更长时间周期上的趋势回调，这意味着这种趋势反转最终形成一个大型的震荡区间；但有些反转会走出一波强劲持久的反向趋势。即使反转最终形成一段震荡行情，但根据反转信号入场也能让我们赚到一笔波段交易带给我们的行情。

大部分趋势反转尝试的结果并非是强劲的反向趋势，而是区间震荡。严格地讲，市场行为已经反转为一种反向类型的价格行为（从单向交易转变为双向交易），但趋势并未反转进入相反的趋势。交易员绝不可能事先知道当前的反转是否会走出一轮新的趋势行情，因为进入一个震荡区间的反转往往和进入一轮新趋势的反转在十几根 K 线的时间里看起来是一样的。正因为如此，在经过很长时间后，交易员才能判断出当前的反转是走出一波新趋势还是仅仅过渡为一个震荡区间。这就是为什么大部分回报比风险大很多倍的交易的胜率一开始都很低的原因。随着走势越来越明确，剩余的盈利空间越来越小，回报也变得越来越小，而风险却变得越来越大，因为理论上波段交易理想的建仓位应该是在最近一次上涨或下跌行情的起点处（在牛市中低于最近更高的低点，或在熊市中高于最近更低的高点，可能距离当前的价位都比较远）。从交易员的角度来看，这些都关系不大，无论反转演变为新一轮的强劲趋势，抑或仅仅变成几个大的逆势波段，交易员进行反转交易的方式都是一样的。是的，他们会从没怎么回调至其盈亏平衡点的巨型波段中获得巨大利润，但他们也能够在市场停滞不前横盘整理并形成大型震荡区间的过程中赚不少钱。然而，比起波段交易，交易员在一个震荡区间里的刮头皮交易盈利更丰。震荡行情和回调已经在第二本书中讨论过。在一个真正的趋势反转行情中，新的趋势可能持续很长时间，交易员们应该重锤出击波段交易。

如果市场真的反转进入一个反向趋势，新的趋势也许会被延伸，也许只局限在一根 K 线的时间之内。一两根 K 线之后，市场也可能转向横盘整理，然后趋势才再次恢复，或者向上或者向下。很多技术分析师不会用反转这一术语，除非事后行情呈现了一系列趋势性的高点和低点。可惜这对交易并没什么帮助，等待事后行情呈现的情形再做交易决策，会导致交易员的盈亏方程式结果不理想，即盈利风险比太低，趋势起作用的时间越长，就越可能出现显著的回调（更大的浮亏）。交易员一旦开始了反向趋势的交易，就表明他相信市场趋势已经开始反转了，即使行情尚未达到严格的反转标准。例如，如果交易员在熊市中买入，就表明他们相信市场很可能不会再下跌甚至一个价位；否则他们会继续等待。由于他们的买入基于市场将走高的信念，他们认为目前的趋势是向上的，反转已经成型，至少行情高走的幅度足以令他们的交易有利可图。

很多技术分析师不接受这种定义，因为它不要求行情波动出现一些趋势的基本要素。大多数人认为对于趋势反转必须满足两个要求。第一个是必须的要求：行情波动必须突破原来趋势的趋势线，即打破原来的趋势通道。第二个要求在大部分时间里都能满足，但它却不是必要的：突破趋势线后，行情回归并成功测试旧趋势的极值。在少数情况下，可能一开始就出现一个持续很久的高潮反转，而且行情不再接近旧趋势极值。

任何反转的先后顺序都是一致的。每一个趋势都是在通道内运行，当行情突破趋势线时，市场也就打破了所在的通道。这种越过趋势线的突破，之后都伴随着回归原来趋势方向的波动。趋势交易员们都希望这是一次无功而返的反转尝试，并期待行情走向恢复原来的趋势。如果他们是正确的，那么新的趋势通道就会变宽，坡度也会没那么陡峭，这表明市场失去了一些动能。当趋势趋向成熟时，这些都是很正常的。他们把这种趋势线的突破简单看作是一个旗形的开始，随后趋势便会进一步延伸。

而逆势交易员们都希望在突破之后，回归旧趋势方向的这个反转是一次突破测试，然后反趋势走出第二个小波段。在一个成功的突破中，原来的趋势不会复辟，对旧趋势测试后行情会再次反转，那么这次测试就变成新趋势的一次突破回调行情，或者是一次大型的调整。举例而言，在熊市中，行情向上突破下跌趋势线，在某个点位上反转有可能尝试失败，然后跌至一个更低的低点，一个双重底，或一个更高的低点，这些都是对熊市低位的试探。如果成功，这次试探就会变成之前市场向上突破下跌趋势线后的一次突破回调，新的牛市将会恢复，至少再形成一个上升小波段。当这次反转结果进入一轮新趋势时，向上突破下跌趋势线的这个反弹，就是多头力量开始掌控市场的时候，即便这次多头突破的回调跌出一个更低的低点。大多数交易员把这个更低的低点视为牛市的起点，但多头往往在行情向上突破下跌趋势线期间就开始抢占市场。你认为这一轮牛市以上升尖形的底部为起点，或者以更低低点的反转底部为起点，这都没有关系，交易方法都是一样的。当市场从更低的低点（或双重底，或更高的低点）反转上行时，你就会寻找买入的机会。接下来的反弹可能成为一次含两个小波段的大型调整，一段震荡行情的起点，或一轮新的牛市。不论结果如何，多头都能获得一个收益不小的交易机会。如果测试失败，市场将继续下行进入一个新的下降波段，交易员们不得不寻找另一个向上突破下降通道的机会，并等待下一次对新熊市低点的试探，然后才考虑在底部买入。这种说法反过来也成立，在牛市中，行情向下突破上涨趋势线，然后大幅反拉至一个更高的高点，一个双重顶，或小幅反抽至一个更低的高点。空头往往在行情向下突破趋势线期间就开始掌控市场。即使超过了前高，对牛市高点的冲击仍然只是一开始空头突破上涨趋势线后的一个回调。

一旦产生了一波强劲的逆向走势，回调就是对多空双方的一次考验。举例而言，假设在牛市中出现了一轮强势的向下波动行情，价格跌穿了已经持续 20 到 40 根 K 线的趋势线；然后市场在 20 根 K 线的时间里继续下行，并远远低于 20 根 K 线的移动平均线，甚至跌破了这轮牛市最后一个更高的低点；这种情况下空头展示了其不容小觑的力量。一旦第一回合的下降小波段元气耗尽，空头就会开始兑现部分盈利，多头也开始建立多仓。两边的买入操作都把市场推向更高的价格，双方都非常谨慎地观察这波行情。下降小波段太过强势，多空双方都认为它的低点很可能会被再次试探，然后市场才能突破走向新高。因此，随着市场反弹，如果向上的动能缺乏强劲的势头，新的多头将开始获利了结，空头也会积极地加仓做空。与此同时，持仓熬过抛售期的多头也会趁这次反弹开始卖出平仓。他们本想保持做多，但看到强势的空头展示出令人印象深刻的实力，这些多头会抓住任何反弹的机会退出市场。这代表了整个市场的供给，并限制了反弹幅度，增加了另一个下降小波段的可能性。反弹很可能会包含很多阴线和影线，这些都表明多头力量薄弱。这次反弹后的价格下行，将在潜在的新一轮熊市中创造第一个更低的高点。无论如何，出现第二回合下降小波段的概率相当高，多空双方都是这么预期的，他们也会根据行情进行相应的交易。

市场上仍然存在一些在早前更低位就建仓的多头，他们依然希望牛市能把握每一个复辟的机会。交易员们都知道大部分的反转尝试都将无功而返，很多吃着一轮大趋势而上的投资者不会轻易平掉他们的多仓，除非空头展示出能够将市场猛烈下推的实力。许多多头都会买入看跌期权，以求在迅猛的反转行情中自保。看跌期权允许他们继续持有多仓，以便抓住牛市每一个可能恢复的机会。他们知道不管市场跌得多深，看跌期权都能有效减少他们的亏损，但是一旦看到这种难以忽视的抛压时，他们便会寻找反弹的机会最终了结自己的多仓，并且在市场重新上扬时平掉他们的看跌期权锁定利润。此外，他们大部分的看跌期权会在几个月内到期，一旦到期了，交易员们不再拥有下跌保护。这意味着他们不能再持有多头头寸，除非他们不断买入越来越多的看跌期权。如果他们认为市场将来很可能进一步下行，并且在未来很多个月内都不会再次反弹，那么不间断地买入看跌期权来保护自己的多仓就不合理了。相反，他们会伺机平仓。他们的平仓限制了反弹的幅度，他们的卖出加上激进空头的做空，还有之前把下跌期看作买入时机的多头获利兑现，这一切构成了第二回合的下降小波段。

这些坚定的多头在市场下跌时期都有自己能承受的心理价位，如果行情触碰了这些底线，他们就会在下一次反弹时平仓离场。随着市场持续走低，越来越多的多头会认为牛市在短时间内不会恢复，而且趋势有可能已经反转进入下跌期。这些剩下的顽固派多头会耐心等待在下降波段中的一次回调，以了结他们的多仓，他们的头寸代表着供给，给市场带来卖盘压力。他们在最近一个波段的高点下方卖出，因为他们怀疑市场是否能够超过前一个波段的高点，能在高于最近低点的任意价格处离场，他们就感觉很满意了。空头也会等待新低回调时加仓或建仓。最终结果就形成了一系列更低的高点和一系列更低的低点，这就是熊市的定义。

典型的情况是，最初的波动将突破趋势线，然后形成一个回调来测试旧趋势的结尾，交易员们在行情测试之后开始伺机建立逆势（从新趋势的方向来看实际上是顺势的）头寸。大多数交易员都希望突破趋势线的波段和测试趋势极值的波段在持续两三根 K 线以上。持续 5 根 K 线足够了吗？还是 10 根？一切都取决于当前的行情。一次只包含一两根特别长的 K 线的趋势线突破足以令交易员预期行情至少有第二回合的下降小波段。双 K 线回调是否足以对旧趋势极值进行测试呢？大多数交易员倾向于看到行情至少走出 5 根 K 线，但有时候仅持续两三根 K 线的趋势线突破和回调依然能够说服交易员们趋势已经反转。如果其中一个小波段只有几个 K 线，大多数交易员都不会在新的趋势方向上积极交易，除非另一个小波段持续了更长的时间。正因为如此，在仅仅只有双 K 线的趋势线突破和双 K 线的旧趋势测试后，新一轮趋势很少会就此启动。就算新趋势启动了，也会大概率在 10 根 K 线之内面临大幅度的回调。

趋势线突破之后的行情测试可能高于或低于原先趋势的极值，但不会离得太远。交易员在进行任何逆势交易的过程中，还是应该坚持以强势的信号 K 线为标志，没有强势的信号 K 线，成功的概率就会低很多。举例而言，在熊市中，有一波迅猛的行情上扬并远远超过下跌趋势线，交易员们准备在第一次回调时买入，并希望它形成一系列更高低点中的第一个低点。入场前他们希望市场出现一个强力的牛市反转 K 线或双 K 线反转。然而，有时候回调会跌破熊市的低点，使得新进的多头纷纷触发止损。如果这个更低的低点在几个 K 线内反转上行，那么它可能会引出一波强势的上升波段。反过来说，如果这个更低的低点远远低于前一个低点，我们最好假设熊市已经开始形成另一个下降波段，在再次做多之前，我们应该等待下一次趋势线突破，上行动能涌现，以及一次对低点浅度或深度的行情回踩。

尽管交易员都喜欢在一轮新的牛市中第一个更高的低点处买入，在一轮新的熊市中第一个更低的高点处卖出，但前提是这轮新趋势是稳定的，稳定的趋势会形成一系列呈趋势变化的波段回调（牛市中呈现更高的高点和更高的低点，熊市中呈现更低的高点和更低的低点），并且每一次回调都可能提供一个绝佳的入场机会。回调可以是一个强势的下降尖形，但只要交易员们认为当前趋势上行，他们就会在强力阴线的收盘价附近买入，并期待阴线之后没有后续的下跌，空头反转以失败告终。多头把这个强势的下降尖形看成一次短暂的、非常有价值的交易机会。而不幸的是，新手们把它看成一轮新的熊市的起点，无视先前多根K线所展现的多头力量，只把注意力放在了这一两根K线的下降尖形上。他们恰恰在强势多头买入的位置上做空。多头预期空头的每一次努力尝试都将付诸东流，并抓住每一次买入的机会。他们会在每一根阴线的收盘价附近买入，就算这是一根大阴线，并且收在其最低点，他们也不在乎。他们也会在市场跌破前一根K线的低点时买入，或在前一任意的波段低点处买入，以及在任意的支撑水平如趋势线处买入。他们还会在每一次市场尝试走高时做多，比如在某根阳线的高点附近，或市场超过前一根K线的高点时，以及阻力位之上，他们都可能进行买入操作。这和交易员们在强烈的熊市中的交易手法恰恰相反，交易员们会在K线的上方和下方卖出，在阻力位和支撑位的上方和下方卖出。他们在K线（包括强劲的阳线）上方（以及各种类型的阻力位附近）卖出，是因为他们把每一次向上的波动看成是趋势反转的尝试，并且大部分的趋势反转尝试都将无功而返。他们在K线下方（以及各种类型的支撑位附近）卖出，是因为他们把每一次向下的波动看成是熊市复辟的尝试，并期望大部分的复辟尝试都将得偿所愿。

市场反转上行进入新一轮牛市之后的第一次回调，通常是对熊市低点的试探，但可能距离这一低点不会太近。这一次回调，和之后所有在新的牛市中的回调一样，也可能是对关键点位突破的一次测试，关键点位比如：最近的信号K线的高点或入场K线的低点、趋势线、前一个波段、一个震荡区间，或移动平均线。在市场上行至第一回合上升小波段的高点上方后，多头会移动其保护性止损价至略低于这个更高低点的下方。他们会持续跟踪并调整其止损价，并在每个新的更高的高点形成后，他们将止损价移动至略低于最近的更高低点的下方，直至他们认为市场双方的力量足以启动一波含两个小波段的向下调整行情。一旦他们确信市场将会走出第二回合的下降小波段，而且这一次将会跌破第一回合下降小波段的低点（最近的更高的低点），他们就会坚决伺机退出多头，比如某根阳线出现在位于、高于，或略低于趋势高点的地方，或低于前一根 K 线的低点，多头就在这根阳线的收盘价附近平仓离场。只要他们认为市场将会到达最近一个更高的低点，那他们在这个点位下方退出是不合理的。相反，他们将会在较高的价位上离场，并在这个更高的低点附近再次买入。如果这个上升旗形将发展成横盘整理的态势，它可以是一个简单的高点 2，一个三角形，或一个双重底；它也可以形成一个更低的低点，并进一个传统的 ABC 调整。

所有的趋势都在通道内运行，大部分趋势都以趋势通道的突破为终点，但这种现象可能在你所看的时间周期图表上并不明显。举例而言，一轮牛市有两种典型的结束方式。第一种方式是行情突破通道上方，尝试构建一波更为陡峭的牛市。但这极少机会能成功，通常在一到五根 K 线之内就构建失败了。然后市场反转下行并穿过趋势通道线下方，最低目标是刺穿通道底部的趋势线。这种情况通常形成含两个小波段的横盘走势并向下调整，最终引出一个趋势反转或一段震荡行情。从第一回合下降小波段开始的回调通常形成一个更低的高点，而第二回合的下降小波段通常延伸至某个可测量的波动幅度，比如小波段 1 的下降幅度等于小波段 2 的下降幅度，或上升通道内某个下降尖形或某段震荡区间的高度所做的投影。

另一种方式是市场在没有向上击穿趋势通道线的时候就先跌破了上涨趋势线。这种情况下的突破可能表现为一个迅猛的下降尖形，或横盘整理走出一段震荡行情。不论哪种情形,行情回调并冲击牛市高点时,可能大幅反拉形成一个更高的高点或小幅反抽一个更低的高点;它们发生的概率都是均等的。由于三分之二的概率会形成至少两个回合的下降小波段,那么更高的高点后面应该伴随两个回合的下降小波段,更低的高点后面应该伴随一个下降小波段,因为在更低的高点出现之前第一个下降小波段已经发生了。另外剩下三分之一的概率就是反转尝试无功而返,牛市复辟或震荡区间形成。

如果在冲击旧趋势高点的过程中市场形成了更高的高点,最佳的交易策略之一是在第一个更低的高点处寻找做空的入场机会,而这个更低的高点就是对之前那个更高的高点发起的冲击。在熊市中,当上行动能以凶猛之势向上突破主要下跌趋势线时,交易员们会在第一个更高的低点处买入。他们的买入拉高了市场价格,并给每个人强化灌输了新一轮牛市也许即将启动的思想。

一轮趋势持续的时间,要比大多数交易员想象的更长久,这点是比较重要的。正因为如此,大部分反转形态都以失败告终并演变成持续整理形态,而大部分持续形态最终成功恢复原先的趋势。交易员们在基于反转形态进行逆势交易时必须格外小心,但以价格行为为判断依据的入场条件大大增加了交易盈利的概率。

由于大部分反转尝试都空手而回,许多交易员都会顺着原来的趋势进行交易。例如,在牛市中出现了一根收在其最低点的大阴线,大多数交易员预期这次反转尝试也会无功而返,他们中的很多人就会在这根阴线的收盘价处买入。如果下一根 K 线是一根阳线,他们还会在这根阳线的收盘价处甚至最高点上方买入。第一盈利目标为之前那根阴线的高点处,第二盈利目标为一波可测量的上涨行情,盈利幅度和那根阴线的高度一致。有些交易员会把他们的保护性止损幅度设置为这根阴线所覆盖的大致变动价位数，而其他交易员则依然沿用他们一贯的止损方式，比如电子迷你期货合约跳动两个点。

如果你发现自己在一轮趋势期间画了很多条趋势通道线，并看到很多楔形反转的入场条件，你可能太急切地想找出反转信号，以至于错过了很多很好的顺势交易机会。此外，由于大部分趋势通道线都会被行情击穿，反转在一轮强劲趋势中显得影响较小，而且大部分都以失败告终，你就会在反转交易中亏损一笔又一笔，并开始产生疑问：为什么这些看起来很美妙的形态总是一次又一次地失效。在寻求逆势交易的机会之前，一定要等待对趋势线的有力突破；随着顺势交易的入场条件开始成型，观察那些被击穿的小级别的趋势通道线，然后在输家止损的位置入场。这将会使你更幸福，更轻松，更富有，你将会因这些直观上看起来不起作用的入场条件原来这么有效而感到有趣。

在强劲的牛市中反弹做空对一个新手来说非常具有诱惑力，其中一个原因就是行情在高位中徘徊了很长时间，他们所期待的回调似乎永远都不会出现，越等越失去耐心。而且从屏幕顶部的图表看起来市场再也没有多少走高的空间，他们就自然而然地想象着行情回落的情景。市场如此过热，回调已经迫在眉睫，它必须以一个反转的形式回归其真正的价值区间，而这波回调，足以让刮头皮交易员盈利一回。在等待市场回调期间，新手交易员们开始认为自己不能干等着，必须做点什么，而作为交易员，他们能做的事就是入场交易。然而他们没有意识到，作为交易员，他们的任务是赚大把大把的钱，而不是进行大把大把的交易。由于他们害怕在高位买入，该来的回调也迟迟未到，他们便开始做空，预期当市场开始回调时他们就能开始盈利。大部分时间里，市场的确会出现小幅的回调，然后却反转上行。回调的幅度并不足以令他们的逆势空头刮头皮交易获利，于是他们只能止损了结。牛市在一个快速的突破中复辟，他们却在场外既难过又可怜地观望着。在以上整个过程中，经验丰富的交易员则选择站在交易的另一边。很多人会在弱势的空头信号K线低点处设置买入限价单，而另外一些人会在小幅回调中高于前一根K线的高点的一个价位处设置条件单做多。当这波回调引出一个做多的入场条件时，新手们却依然固执地只盯着导致这波回调的市场顶部，他们担心行情可能会进一步下跌。或者他们依然做空，希望市场再回落一些，他们可以从空头刮头皮交易中获利。当然，肯定有一笔空头刮头皮的交易会成功的。他们在最近的四次做空中都亏损了，他们认为市场必须意识到行情对他们来说很不公平，总得给点甜头来弥补他们。只可惜市场就是市场，一切都是有数学基础的，并不受所谓的公平和情感所摆布，而他们并不接受这样的事实。经历了数月甚至数年的亏损，他们终于下定决心，以后再看到牛市出现的话，他们一定不会再做空。他们下定决心的这一天，就是他们开始停止输钱的时候。然后又经历了几个月的时间，他们又下定决心，以后再看到牛市出现的话，他们只会在回调时买入，不进行其他操作。这个时候他们终于开始赚钱了。

在牛市中，买方持续不断地买入，直到他们认为盈亏方程式不再如他们希望的那么有利，他们会在这个时点上开始兑现部分盈利。随着市场持续上扬，他们继续平仓获利，而且并不急于再次买入，直到行情出现回调。与此同时，在市场持续上行的过程中空头也被步步进逼，他们的空头头寸被迫平仓出局。在某个点位上，他们将会覆盖掉他们所希望买回的全部空头持仓，然后他们就会停止买入。此外，还存在另一种类型的交易员，只要市场表现出良好的动能，他们就会持续不断地买入，一旦势头放缓他们就会迅速平仓获利。趋势一般在回调过后会延续上涨，直到第二浪的涨幅超过了第一浪。多头和空头从来都不可能确定什么时候概率是50%，也不知道趋势会延续到何时，或者什么时候概率上更倾向于价格下行。当市场处于中性状态时，方向是不明朗的，而市场过热时趋势的方向反而比较容易被发现。这种现象总是发生在一些磁力地带，但由于很多区间都能产生磁力效应，我们很难分辨哪些区间能够真正产生作用。通常来说，在一次回调形成之前，市场必须产生一个磁力汇集的区域。有些公司会基于一个或多个磁力地带来设置其交易模式，而其他公司则会利用其他不同的磁力区间；一旦预期行情会回调的公司数量达到某个临界点，市场便会翻转。当卖压大于买压时，预期行情回调的空头力量更大，这个临界点就会到来。市场上不再缺乏卖出的报价，不再要求市场走高以寻找多头的对手方。相反，交易员们会迅速在卖出价处挂单做空。事实上，他们甚至会在买入价处就开始做空了，以至于市场不得不走低，以便找到更多的买方来吃掉市场上庞大的卖单。这些卖方，有的是多头卖出平仓，有的是空头卖出开仓。

那么，到底是谁在牛市顶部买入或者在熊市底部卖出呢？是无数个陷入恐慌状态的小型交易员们共同刺激的结果吗？他们要么在交易中做反了方向，面对急剧扩大的亏损被迫平仓出局，要么在一波迅猛的趋势中踏空，匆匆地希望赶上末班车。如果我们真能有这么大的影响力就好了！这种情况只可能发生在很久以前，但绝不会出现在今天的市场上。如果在一天的最高位和最低位产生了那么大的成交量，而大部分成交都是由机构投资者完成的，为什么他们这种专业的投资者还会在一天的最高位买入呢？一天中最主要的成交都是由以统计学为基础的数学算法驱动的，其中一些模型在清晰的趋势转变信号出现之前都会不停地买入，只有当趋势方向发生明显转变时，他们才会开始反手做空。由于交易系统的设计者已经认定这种方法将使他们的盈利实现最大化，这种动能型的程序将在牛市中不停买入直到行情涨至最后一跳，在熊市中不停做空直到价格跌至最低的底部。请记住一点，趋势是有惯性的，而且不会轻易完结，所以打赌认为趋势将延续下去会是一个不错的选择。由于他们的成交量如此巨大，市场上并不缺乏买单来对抗行情顶部巨大的卖单（在行情底部也是同样道理）。

机构投资者专业且成交量巨大，并不意味着他们每天能获得5%的利润。事实上，最优秀的机构投资者每天的净利润也不到1%，其中一些机构投资者认为，即使在一天中的最高点处买入，他们的利润也已经通过持续不断地买入实现最大化了，因为他们总是相信市场至少会往上再跳动一两个价位。很多高频交易（HFT）算法都设计成每一笔交易只赚取微小的利润，如果这些专门做量化交易的公司通过运行测试得知在最高点处继续买入可以让他们多赚一点，他们就会继续买入。很多公司还有更加复杂的交易策略，这些交易策略包含了期权和其他金融产品，我们不可能清楚地了解到每天在最高点或最低点处发挥作用的所有因素。例如，他们可能预期行情反转下行，做一个delta中性的套利，这个期权组合里，他们买入200张电子迷你期货合约，同时买入2000张SPY的平值看跌期权。他们只有当市场在一段非常窄的震荡区间里横盘整理若干天时才会亏损。如果市场上行，看跌期权会亏钱，而电子迷你期货会赚钱，且赚钱速度大于看跌期权的亏钱速度。如果市场下行，看跌期权会增值，增值速度大于电子迷你期货多头的亏损速度，他们的delta中性的套利越来越接近一个空头操作。这种组合策略能够使他们在市场上涨或下跌时都实现盈利，即使他们在当天的最高点买入了电子迷你期货。而你所需要知道的，就是每天最高点或最低点处伴随的巨大成交来自机构投资者，有些机构正在最高点处买入同时，有些机构正在此处卖出。

顺便提及的是，想要说明基于数学算法由计算机生成的交易量的活跃程度，可以从另外一个常见的特征中判断出来。我们只需要观察相关的市场，比如电子迷你期货和所有与之相关的交易所交易基金（ETF），如 SPY，你会发现它们的价格跳动基本保持一致。其他的相关市场也存在同样的现象。如果这些交易都是纯人工完成的，相关市场的价格不可能天天都对应得那么完美。此外，图表的形态也不可能在所有的时间周期上都展现得如此完美，甚至细微到闪电图也不例外，除非由计算机生成巨量的交易指令才能达到这种效果。人们不可能仅凭人手的力量就在这么多市场中同一时间快速地分析行情并发出交易指令，所以这种完美的契合程度肯定是计算机生成交易指令的结果，它们构成了市场绝大部分的成交量。

当一轮趋势的势头非常强劲且没有形成明显的回调时，人们往往开始寻找一些小型的反转形态，常识告诉我们，当顺势交易员开始兑现部分盈利，且足够多的逆势交易员开始建新仓时，市场最终不得不回调。均值回归的逻辑在日常生活中无处不在，在交易中也应该如此。事实上这一逻辑在交易中确实生效了，只不过市场通常在价格走得更深更远后才回归均值，这种行情幅度远远超出了大多数交易员的预期。此时交易员必须做出选择，是伺机做一笔逆势刮头皮交易还是等待回调结束时顺势而为。如果当前趋势的势头强劲，通常来说最好是等趋势反转信号明确时才进行逆势操作，比如价格先突破原趋势线，然后走出一波测试行情并以一根强势的反转 K 线结束。然而，保持入场交易的诱惑力对交易员来说是不可抗拒的，他们开始转向更小时间周期的图表，比如 1 分钟图或 100 跳动图。当大趋势继续推进时，如果更小时间周期的图表正在形成一些小型的反转，毫无疑问，绝大部分的小反转都将以失败告终。但交易员总能为他们的逆势交易找到貌似合理的解释，比如他们认为 1 分钟图拥有时间更短的 K 线，所面临的风险可能只有四个价位的幅度，但如果当前的小反转恰巧发生在整个大趋势的最顶部，潜在的收益将是相当可观的。因此，他们觉得承担几次小额亏损是值得的。可通常的结果都是，这种小额亏损的次数最终达到六七次，当天剩余时间里交易所得的盈利也覆盖不了这六七次亏损加起来的总和。就算交易员们幸运地捕捉到一轮大趋势的终点，他们也只会采用刮头皮的交易方式，赚几个价位就平仓离场，而不是如他们一开始计划的那样踩着趋势顺势而行。从数学概率的角度来看，这是一条走向毁灭的道路。买在熊市的低位或空在牛市的高位，都足以让你沾沾自喜，但如果你十有八九的交易都是亏损的，这将导致你一步步走向破产边缘。一般而言，在牛市回调时买入以及在熊市反弹时卖出，对大多数交易员来说是一个更为明智的方法，这样才能产生更多的交易机会，获得更高的胜率。

如果你因为一段扩展的趋势踏空了而变得焦躁不安，觉得自己需要重新进入到交易的环境中去，你就会开始转去观察1分钟图，那些1分钟图的反转形态提供了非常诱人的赚钱机会。只不过要实现这些盈利，我们就必须提高警惕以防被表象所迷惑。等待1分钟图的反转形态触发逆势交易的入场条件，但你不要在这个时候逆势操作，而应该考虑如果自己真的逆势入场了会把保护性止损价设在哪里。然后，在这个预想的止损价上挂条件单准备顺势交易。当行情到达这一价格时，逆势交易员将止损出局，而你的条件单也将被触发使你得到一个与市场趋势一致的头寸。没有人准备在这个价位上逆势入场，而且本轮趋势将会走得更远以让顺势交易员盈利一把，在下一个的逆势交易入场条件开始形成之前，很可能不再有人打算尝试逆势操作。这是一种赢面非常大的顺势刮头皮的交易方法。

最为可靠的逆势交易模式实际上是在更长时间周期上的顺势交易。回调行情就是与当前大趋势方向相反的小规模趋势，当你逆着回调的方向操作时，其实你就进入了当前大趋势的浪潮之中。一旦做回调的交易员弹尽粮绝时，做趋势的交易员就会再次展现他们的决心，一举突破包含这波回调的趋势线，在这个突破过程中，任何对这次突破进行测试的小幅回调行情都是我们良好的突破回调入场机会。这个入场机会与回调的方向背道而驰，却与主趋势方向不谋而合，通常情况下至少能走出一波对趋势极值的测试行情。趋势线突破的动能越强，这笔交易盈利的可能性就越大。例如，如果行情出现一个上升旗形，你可以在上升旗形的底部买入，或者在上升旗形突破时买入，还可以在突破之后的小幅回调处买入，预期行情将对牛市高点发起一波冲击。

反转的动能可能表现为几根大的趋势 K 线，或一系列呈趋势性的普通 K 线。动能的标志显现越多，反转就越可靠。在第二本书第 2 章关于突破的强弱以及第一本书第 19 章关于趋势的强弱中，我们对此都做了深入的探讨。在理想的情况下，反转第一回合的小波段将会延续很多根 K 线，大幅击穿移动平均线，并且新趋势方向上的 K 线绝大部分都是大阳线或大阴线，延伸并超过原来趋势的波段高点或低点（假设原来的趋势是牛市，如果新一轮熊市的第一回合的下降小波段跌破且收在原来牛市至少一个更高的低点之下，那么这种现象就是反转动能强势的体现）。

资金雄厚的交易员在趋势正急速成型的过程中建仓毫不手软，即使在他们入场后行情立即回调，他们依然预期市场将沿着刚成型的趋势方向坚持下去。如果回调真的发生了，他们会在此刻增仓。例如，一波强势的多头突破行情持续了几根 K 线的时间，随着每一次价格跳动都创出新高，越来越多的机构投资者都会认为市场总在场内的状态已经转变多头行情，带着市场将继续走高的信念，他们开始做多。这使得行情上涨变得更加迅猛。他们有很多种方法可以建仓，比如以市价买入，在一两个价位的回调处买入，高于前一根 K 线处挂条件单买入，或向上突破前一波段高点时买入。他们具体的入场方式并不重要，真正的关注点在于他们至少已经开始建仓，并在之后行情走高或回调时将继续伺机加仓。

他们随着市场上涨不断加仓，这段时期的上升尖形持续了很多根 K 线。新手交易员们看到这波仍在继续的上涨行情，开始奇怪为什么会有人在这么剧烈波动的顶部买入。他们不了解的是，机构投资者已经非常确信市场将很快涨得更高，为了不至于在等待回调时踏空，于是他们就一路买上去推高价格。新手们也担心他们的止损价需要设置在这波上涨行情的底部，或至少在中部，但这都离他们的开仓价实在太远了。机构投资者也清楚这一点，他们就会通过调整持仓比例以降低自己的风险，使面临的潜在亏损幅度和其他类型的交易保持一致。在某些价位上，早期的多头开始兑现部分盈利，市场随着回落一点。而当市场一出现小幅回调，希望加大自己头寸的交易员就会迅速买入，从而使回调行情的幅度变小。

虽然最佳的反转形态拥有强劲的动能并且持续很长一段时间，但它们通常都启动得非常缓慢，可能初期只是几根很小的 K 线，然后才开始剧烈波动。这就导致大部分的趋势反转的入场条件只有低于 50% 的成功率。例如，新一轮牛市初期反转上行的行情通常都表现为疲弱的反弹走势，伴随着很多反复震荡的 K 线和多次的回调，让很多交易员都误以为这只是熊市正在形成另一个下降旗形。第一次回调就是低点 1 做空入场条件。但交易员们不应该在低点 1 就做空，除非当前的市场处于一轮强劲且清晰的熊市之中，否则这个低点 1 的反转尝试很可能会失败。激进的交易员反而会在低点 1 这根信号 K 线的底部或下方买入，预期这个低点 1 会反转失败。接下来通常会出现低点 2 的做空入场条件。但如果你认为趋势已经反转上行，那么这个低点 2 的反转尝试同样会以失败告终，激进的多头会在低点 2 这根信号 K 线的低点处或低点下方挂限价单再次买入。一旦低点 2 也反转失败，交易员们会把它看作为一个破产的下降旗形，它通常都会引出一波强势突破的上涨行情。而这个下降旗形将成为这轮熊市中的最终旗形，尽管它向下突破的幅度甚至没超过一两个价位。有时候在上涨突破成型之前，市场会向上再推一波进入楔形下降旗形。

如果你早在几根 K 线行情首次反转上行时就已经入场了，那么这个下降旗形你可以认为是市场正在尝试把你的多仓震出局，之后，你就不得不继续追逐价格上扬，为新一轮牛市添薪加柴。某个失败的做空信号往往很快转变成一根强势的外包阳线。这一切发生得太快，以至于很多想在失败的低点 1 或低点 2 买入的多头都呆住了。他们原本希望出现一个低调的买入信号 K 线，其高点位于低点 2 信号 K 线底部附近，而现在他们却被迫匆促做出决定。他们是否希望在一根外包阳线上买入？而这根外包阳线却有可能是这个下降旗形的顶部。大多数交易员都会犹豫不决，等着回调时买入，但在这个点位上每个人都相信空头已经认输，市场将持续走高。他们并不知道接下来的几根 K 线是否会回调，但他们确定一旦真的回调，随后形成的上升小波段将创出新高。而这种总在场内的心理占据主导时，价格在走得更高之前通常都不会回调。这就是为什么我们应该等待回调之前先至少买入部分小头寸的重要原因。关于上升尖形的数学分析在第二本书第一篇讲突破时讨论过，在第二本书第 25 章又进行了更细致的讨论，但请牢记，如果你被市场洗出去了，那么就在市价或一两个价位回调时再次入场，至少先持有部分小头寸，然后设置一个非常宽松的止损幅度。这种交易设置从数学的角度分析对你非常有利。

低点 1、低点 2，或楔形下降旗形会把弱势的新多头震出局，并迫使他们在新的上涨趋势中以更高的价位入场。某些最强劲的趋势就发生在这期间，这些陷阱告诉交易员们最后一批空头交易员已经认输离场，市场上没有人再沿着原来的趋势做空。另外还告诉我们，弱势的多头交易员刚刚离场，现在正追逐新的上涨趋势，在新的方向上准备挂单入场。

这些信息将大大增强交易员们的信心。这种令人激动的反转行情发生在趋势线突破和对趋势极值测试之后，新一轮趋势通常至少持续 10 根 K 线，然后将沿着旧趋势方向回调较大幅度。

即使在 5 分钟图上没有出现回调 K 线，我们在 1 分钟图或 3 分钟图上发现趋势启动初期有回调也是很常见的，而这种现象正好把交易员们震出去。有时候交易员们会基于 5 分钟图的信号入场，并认为利用更小时间周期的图表来设置止损位是明智之举。然而，当 5 分钟图的信号很强烈时，这种止损操作一般都是错误的做法。与其利用更小时间周期所设定的止损位离场，不如再忍耐几根 K 线的时间且看后续发展情况，否则你将会频繁地被市场洗出大趋势之外。

如果交易员极早入场了，但市场却在几根 K 线上表现迟疑（例如出现反复震荡的 K 线），我们大可不必担心，尤其当那些 K 线大部分都与大趋势方向波动一致的时候。这是动能的体现，每个人都注视着，并等待势头突显后大举进场。一个优秀的价格行为交易员常常在动能显现前就已经入场，然后在趋势启动不久时就将其止损位移至盈亏平衡点，使自己能够以最小的风险博取更多的利润。如果你对自己的读图能力非常有信心，不必担心众人皆醉我独醒的情况，尽管放心进行交易。其他人最终也将看到你之前所看到的东西。即使有时候你会在盈亏平衡点上止损被踢出一两次，也要确保自己在趋势启动前已经半仓甚至满仓。

那么最佳的反转入场条件是什么呢？最佳的反转入场条件出现在回调行情的末端，当短期的逆势波动即将结束，行情正反转回归主要趋势方向的时候。换言之，最佳的反转入场时机是牛市中的上升旗形正突破上行时，或者熊市中的下降旗形正翻转下行时。主要的趋势反转是不太常见的，因为大部分反转尝试都最终败北而变成旗形。反转交易可以以传统反转形态为基础，在趋势线突破并对极值进行测试之后，都有一次强烈的逆势波动导致总在场内的状态翻转为相反的趋势方向。如果这一切发生在趋势线突破之后，往往会出现一个二次入场机会。如果原来的趋势很强劲，通常来说最好的办法是等待二次入场机会；但如果二次入场机会没有出现，市场将很可能走出一波足够强烈的逆势波动，使大多数交易员都相信总在场内的头寸已经反转。举例而言，在牛市中，如果交易员们正在寻找反转的迹象，但反转的入场条件并不十分坚定，他们应该再等一等，看市场在接下来的五根K线附近是否再次小幅或大幅向上反拉，在此过程中提供二次入场机会。如果市场并没有向上反拉，而是继续下跌了四五根K线，打破了传统的反转形态，然后在接下来的K线里走出了后续行情，那么这种空头力量的展现足以令大多数交易员确信总在场内的头寸已经翻转为空。他们将在市价或价格反抽时卖出做空。

大部分的这些内容都在第二本书关于震荡区间的章节里讨论过，但和这里所说的内容也是相关的，因为人们普遍误以为反转形态是可靠的。趋势在发展过程中持续不断地产生反转形态，除了最后一个反转成功外，之前的反转形态都以失败告终，因此将这些经常讨论的形态看作反转形态是一种颇具误导性的做法。更准确来说，应该把它们看作是极少破产的持续整理形态，但如果持续形态破产了，那么随之而来的就会是行情反转。把每一个顶部或底部视为绝佳的反转入场条件是错误的，如果抓住每一次反转的机会进行逆势交易，你的绝大部分交易都将亏钱，而偶尔几笔赢钱的交易并不能弥补你的损失。不过，如果你有选择性地伺机而行，耐心寻找趋势可能反转的其他证据，那这些将可能成为有效的入场条件。

所有头肩顶和头肩底实际上都是头肩形持续整理形态（旗形），因为它们都属于震荡区间，也正如所有的震荡区间一样，它们更可能沿着趋势方向突破，很少能让趋势反转。对双重顶和双重底来说也是如此。例如，如果在牛市中出现一个头肩顶，向下击穿颈线的突破行情通常都会失败，市场接下来最有可能反转上行，并顺势突破右肩继续上行。这种形态构成一个三角形，一个三重底，或一个楔形上升旗形，三次下推分别为左肩、头部、右肩后面的下降小波段。其他多头把从头部跌至颈线的波段看成为上升旗形，把反弹形成右肩的波段看成为对这个上升旗形的向上突破。从右肩跌至颈线的波段就是突破后行情的浅度或深度回踩，如果市场反转上行了，多头就把这次反转看作做多的入场条件。

右肩形成了更低的高点，空头把它看作新一轮熊市的首次反弹，因而反弹至右肩的波段就是一个下降旗形。如果价格向上超越右肩，那么这个下降旗形就宣告失败，市场通常就会反弹走出一波可测量的上涨行情，反弹幅度为右肩的高度，或者整个头肩顶形态的高度。此外，如果熊市期间行情反复震荡，而且这个震荡区间的形状近似于一个头肩顶的形态，那么向下突破颈线的行情就是一次对下降旗形的顺势突破，市场很可能下探至更低的价格。

同理，头肩底也是一种顺势的入场条件。在熊市中的头肩底通常形成一个三角形或楔形下降旗形，行情应该会向下突破至右肩下方。在牛市中的头肩底是一个上升旗形，行情应该会向上突破至颈线上方。而右肩本身就是一个小级别的上升旗形，如果价格在其下方运行，那么这一形态就已经宣告失败，通常情况下一波下跌行情便会随之而来。

大部分反转形态在至少80%的时间里都以失败告终，如图 PI.1 所示的道琼斯工业指数月线图中的大级别头肩顶形态，很可能也会破产，变成一个大级别的楔形上升旗形，或者其他类型的上升旗形。下探至 K 线 13 的这波下跌高潮非常强势，很可能会以一个更低低点的形式被测试，形成一个楔形上升旗形，并在一二十年之后创出新高。从 K 线 13 开始的反弹，便是在 K 线 13 与 K 线 9 构成的双重底处启动的一波反弹行情。

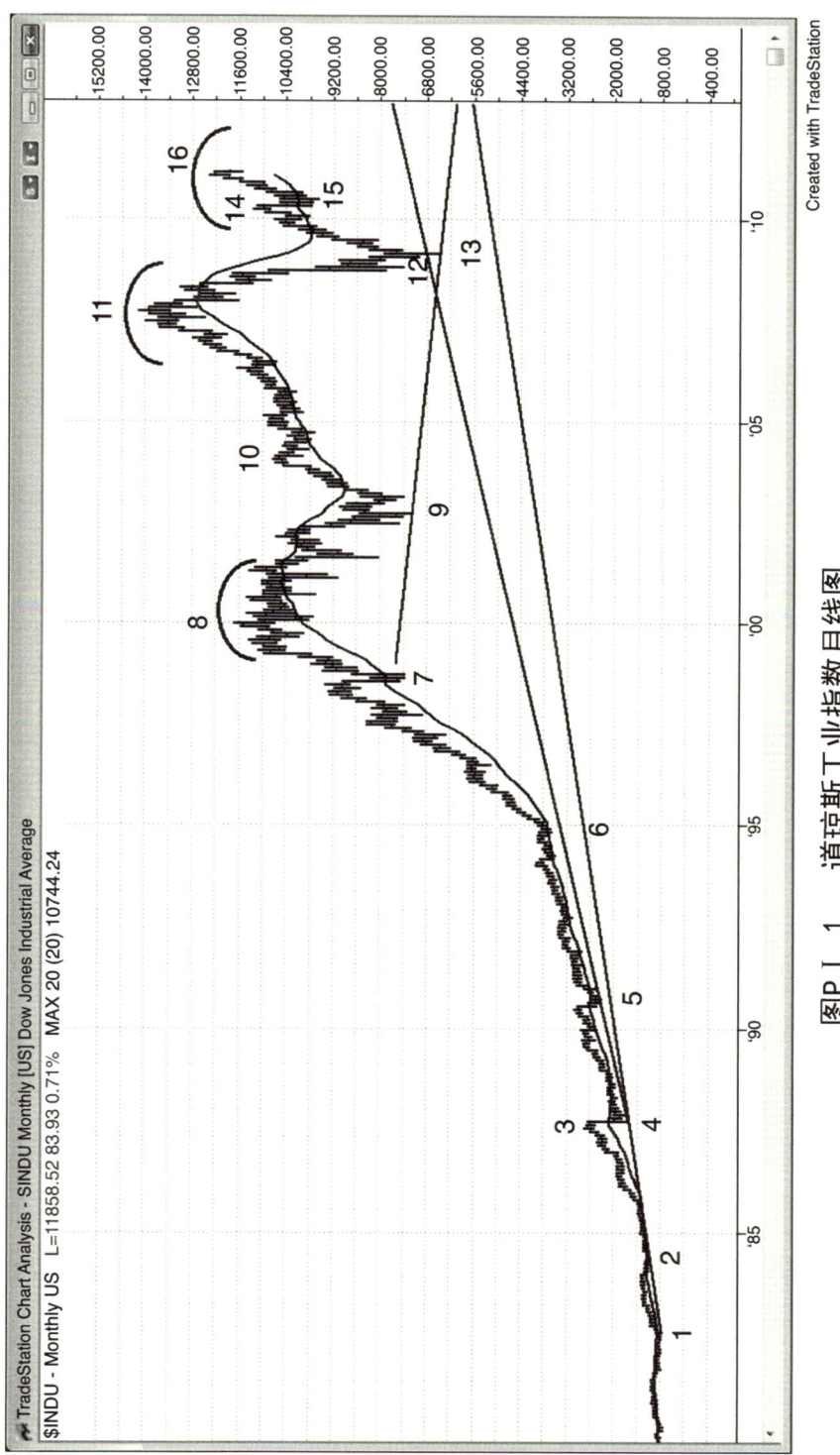

图PⅠ.1 道琼斯工业指数月线图

K线8是左肩的顶部，K线11是头部，而右肩在K线16处开始成型，如果市场准备反转下行的话，那么在此之前，行情可能会达到一个新高度，并形成一个扩张三角形顶，或突破进入一个新的上升波段，然后继续上扬，完成一波基于震荡区间高度的可测量上涨行情。这波上扬的幅度，可以是K线9低点到K线8或K线11低点之间的高度，或者K线13低点到K线11高点之间的高度。

靠销售恐慌为生的时事通讯作者们，通过吓唬人们大赚一笔，使大家相信道指将会跌至1000点下方，但他们并不理解这只是牛市中的一波区间震荡行情，因此有80%以上的概率暗示这个震荡区间在远远跌破K线13之前会先突破上行。对一个交易员来说，下注于拥有80%成功率的事件才是明智之举，但时事通讯作者仅依赖于制造市场恐慌，虽然只有20%甚至更低的准确率，却能赚更多的钱。他们需要罕见的灾难性事件来引起市场恐慌，使人们开始担心自己的资金安全。如果行情崩盘非常常见，人们就能从中学会如何应对及如何交易，市场也不会弥漫太多的恐慌情绪以供这些作者们获得敛财之机。

在K线1、K线2和K线4低点下方绘制出上涨趋势线，这条上涨趋势线运行期间有可能被价格击穿，在K线9和K线13低点下方绘制出趋势通道线，这条趋势通道线是头肩顶的颈线，市场很有可能在上涨趋势线和趋势通道线附近形成"决斗线"底部。顺便提一句，我们连接K线4和K线5低点画出一条上涨趋势线，注意看2008到2009年的崩盘行情，价格向下突破这条上涨趋势线后，从K线7与K线9组成的双重底下方开始反转上行。这种情况是很经常发生的。行情在K线7附近就开始反复震荡，大部分试图突破震荡区间的尝试都最终无功而返。市场是有惯性的，并倾向于维持它原来的状态。这也使得大部分趋势反转的尝试都空手而回。

空头把头肩顶的右肩看作新一轮熊市中的更低的高点，以及行情的首次反扑。因此它是一个下降旗形。如果市场明确地向下突破这个下降旗形，然后反转上行，并反弹至右肩顶部上方，不论这期间行情是否向下突破过头肩顶的颈线，这个形态也将宣告失败。反弹行情通常能上行达到一个可测量的盈利目标幅度，这个幅度等于或高于右肩高度或整个头肩顶形态的高度。有些交易员把颈线看成是一条穿过头部及右肩（此处指 K 线 13 低点）之间底部的水平线，而其他交易员则把它看成是一条连接头部两侧低点的趋势通道线（此处指 K 线 9 和 13）。

跌至 K 线 13 的波段势头强劲，它很可能会被测试，由于跌势凶猛，接下来的测试行情很可能会深度回踩，形成一个更低的低点。这种情况应该能把空头套进来并把多头震出去，然后市场从一个楔形上升旗形中反转上行的概率将大大增加。如果发生这种情况，价格最有可能向上突破 K 线 11，并走出一波可测量的上涨行情，但这中间也许需要经历一二十年的时间。

在价格向 K 线 13 崩盘低点行进的交易日里，一个熟悉"决斗线"形态的交易员可能已经看到行情反转上行的潜力，尤其在早前几根 K 线形成了小级别的最终旗形之后，市场出现连续的卖出高潮，以及大级别的扩张三角形上升旗形（K 线 7、8、9、11 和 13）。

如果市场真的从 K 线 9 前后的一个更低的高点开始下跌，价格可能会在连接 K 线 1 和 K 线 4 低点的趋势线附近找到支撑。这是一条特别重要的趋势线，因为它包含了 1987 年崩盘行情的低点，而 1987 年的崩盘也是自经济大萧条以来股票市场中最具戏剧性的事件。如此重要的事件会让交易员们心生敬畏，并密切关注与之相关的任何技术形态。

之所以叫作市场龙头股，是因为这些股票往往不仅在价格上领先于大盘，在时间上也领先于大盘。如图 PⅠ.2 所示，注意观察下方苹果

高级反转技术分析
价格行为交易系统之反转分析(上册)

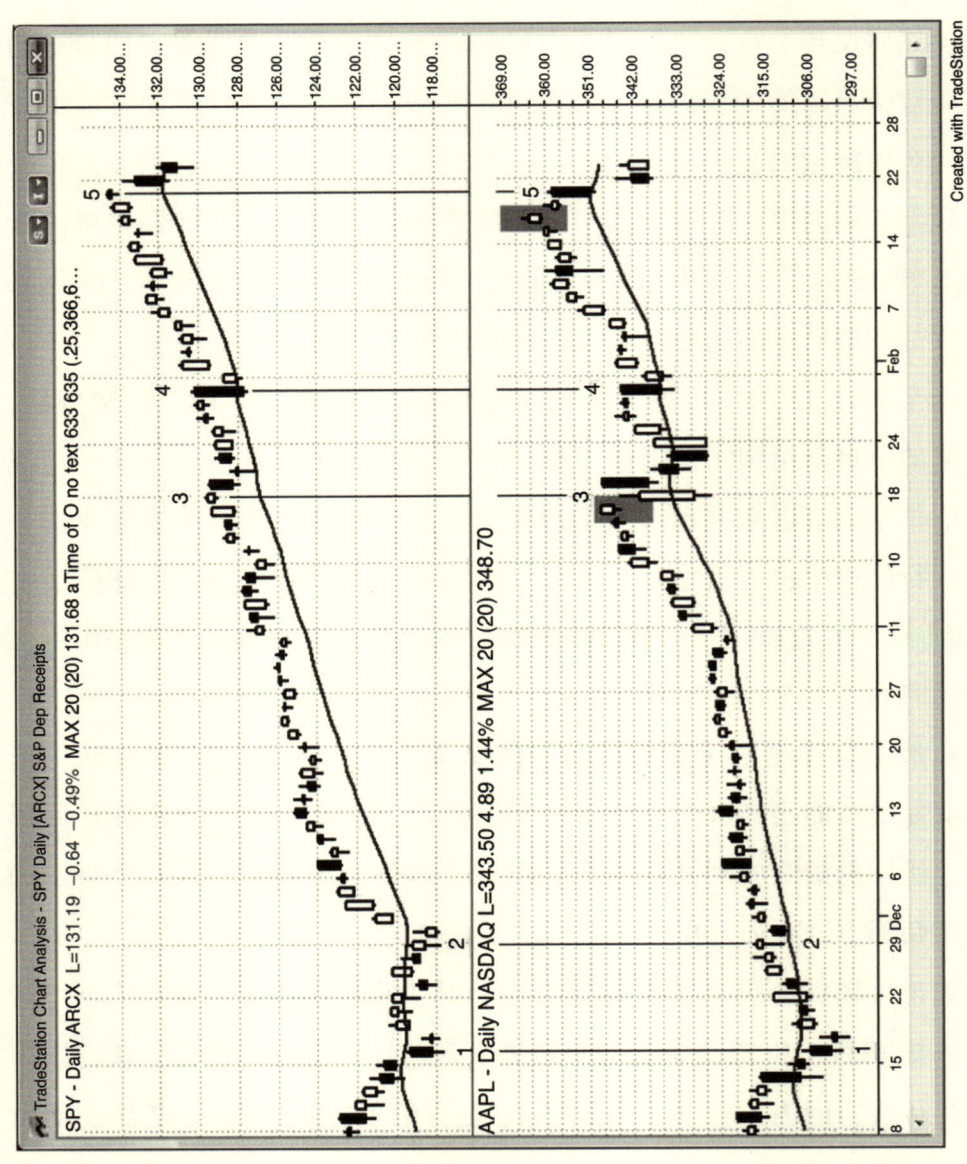

图P I.2　市场龙头股往往领先于标普指数

（AAPL）的日线图，在 K 线 3 或 K 线 4 处股价先于标普指数（SPY）见顶。当市场龙头股开始反转下行而大盘还没反应时，这常常是一个大盘可能即将调整的征兆。交易员们从风险偏好型的股票转向风险规避型的股票，风险偏好型的股票在强市中涨势迅猛，风险规避型的股票更加稳定，在弱市中下跌幅度相对较小。当交易员们认为市场深度调整迫在眉睫时，他们会把账面浮盈最多的股票先卖掉，这些股票通常就是龙头股。即使苹果的小幅下跌仅仅是因为他们将投资规模从超额持有转变为常规持有，这也可以表明市场正预期大盘即将面临调整。

顺便提及的是，大部分反转尝试都是无功而返的，很多交易员都伺机在反转处做反手交易。当他们看到在上涨趋势中有一根阴线收在最低点，如 K 线 4，尤其最低点位于移动平均线附近时，激进的多头就会在阴线的收盘价处买入，并试着在其低点下方继续做多。他们初始的止损幅度和首个止盈目标可能与这根阴线的高度一致，然后再预期市场走出一波可测量的上涨行情。如果接下来是一根阳线，如图所示，交易员们将在其收盘价及其高点上方买入。他们等着像这样的大阴线出现，把它们看作是以更低价位买入的短暂的好机会。空头刮头皮交易员同样喜欢这些大阴线，当多头正趁着回调买入时，空头在此处获利了结，平掉他们的空头头寸。

当针对图表的讨论持续几页时，记住你可以联系舵手图书官方客服获取并观看图表，或把它打印出来，这样你就可以一边看图一边阅读书上对图表的描述，而不必反复翻页查看图表。

如图 PⅠ.3 所示，电子迷你期货的日线图发生了很多趋势变化，所有这些变化都遵循了标准的价格行为规范。

K 线 2 是一个最终下降旗形反转（将在第 7 章中讨论），引出了一波强势上扬，价格涨至 K 线 3，并超越了下跌趋势最后一个更低的高点。

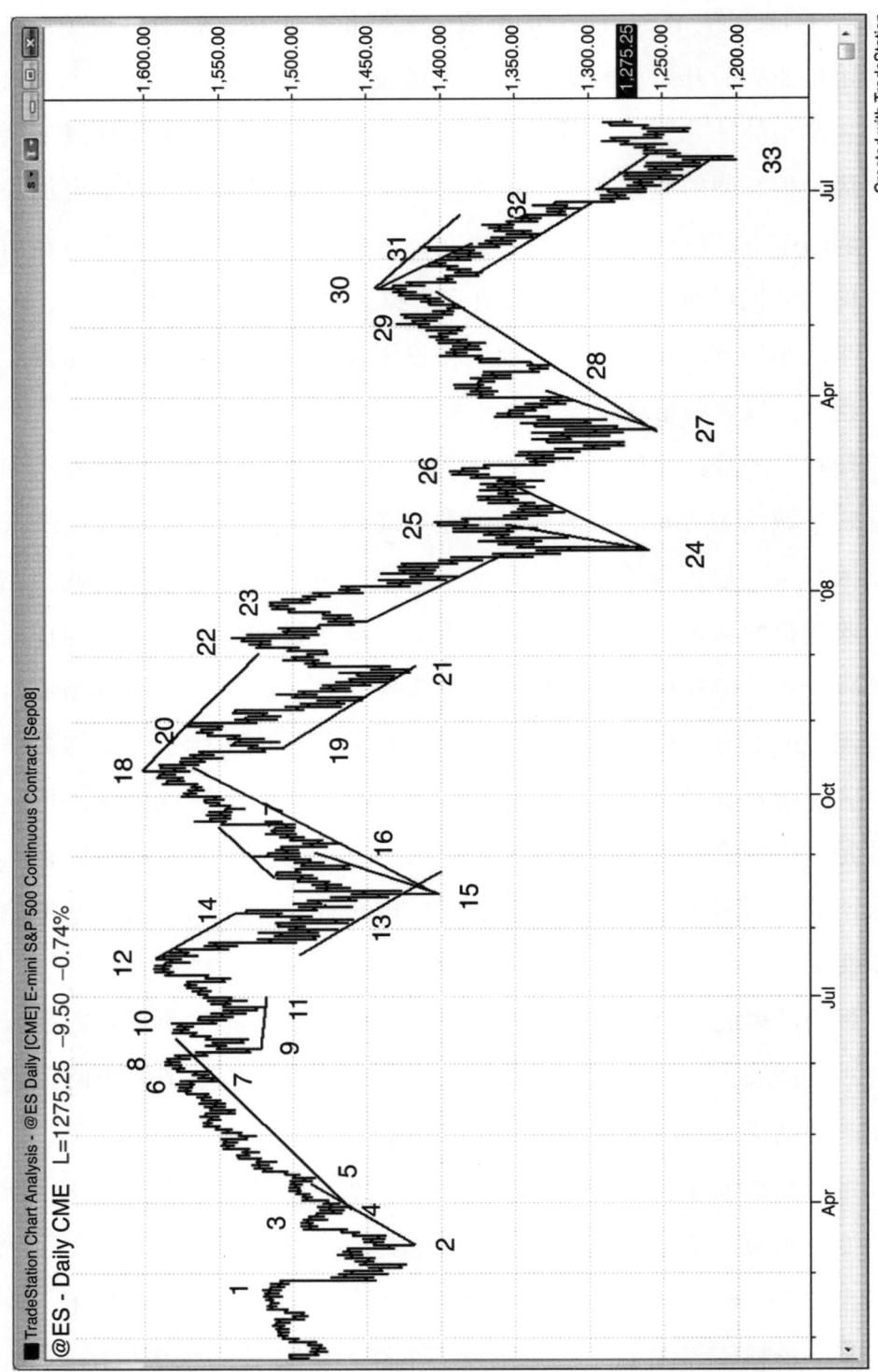

图P I.3 电子迷你期货合约日线图中的反转

在任何时候市场走出一个波段新高，都是一种动能的体现，即使这个高点出现在前一波下跌行情中，而不属于上涨趋势中一系列更高高点的其中一个。

K线4形成了一个更高低点的做多入场条件，我们可以利用它画出一条上涨趋势线。它也是行情向上突破下跌波段最后一个更低高点后的一次回调。

K线5回调至趋势线下方，然后立即反转上行，构成一个失败的楔形下降旗形做多入场条件（K线2前面的波段高点是三推模式的第一次上推）。不过，现在这里产生了一条较为平坦的趋势线。

K线6是一个小级别的楔形顶，价格回调至K线7生成了一条新的趋势线。

K线8价格开始下行，是K线6楔形顶之后的向下反转，而楔形反转通常引出两个回合的下降小波段。它是行情向下突破楔形顶部信号K线6之后的一次大幅反拉，并形成一个更高的高点。

跌至K线9的小波段猛烈跌破上涨趋势中最后一个更高的低点（K线7），展现了空头的力量。

涨至K线10的双波段反弹势头强劲，并形成了一个更低的高点对趋势高点的冲击，它和K线8组成了一个可能的双重顶。它是从K线9下降尖形开始的一次反弹，并很可能引出第二回合的下降小波段，对K线9下降尖形的低点进行试探。此后伴随的也许是一条下降通道或一个震荡区间。

K线11在小幅跌破K线9后反转上行，所以这很可能是原先上涨趋势双波段调整的末端。它和K线9构成了一个双重底。但是，这次调整打破了从K线2低点开始的主要趋势线，这意味着市场冲击了K线8高点后可能会反转下行。有些交易员可能会采用连接K线4与K线7低点的上涨趋势线，而其他交易员则采用连接 K 线 2 与 K 线 7 低点的上涨趋势线。

价格向下突破上涨趋势线后，走出了一波含两个小波段的反弹行情，并在 K 线 12 处形成了一个更高的高点。如果这里引发趋势反转，那么新一轮下跌趋势应该至少包含两个回合的下降小波段。K 线 12 这里也是对 K 线 8 与 10 构成的双重顶的一次失败的突破。无论什么时候，当向上突破双重顶以失败告终时，便形成一个三推顶。这里的头两推是指双重顶中的 K 线 8 和 K 线 10 的顶部。此外，它也是一个小级别的扩张三角形顶（K 线 6、7、8、11 和 12）。

跌至 K 线 13 的第一回合下降小波段非常强势，远远跌破从 K 线 8 到 K 线 11 之间的上升旗形。而一个强势的尖形波动通常都会引起之后第二回合幅度可测量的行情走势，这个可测量的幅度通常等于第一回合的波动幅度，在这个例子中第二回合跌至 K 线 15 的下降小波段（从 K 线 14 到 K 线 15）的跌幅，略大于第一回合跌至 K 线 13 的下降小波段。

K 线 14 更低的高点一旦成型，就可以用来绘制趋势线和趋势通道线。

K 线 15 从它的趋势通道线突破点处反转上行，因此它应该能走出两个回合的上升小波段，并向上突破下跌趋势线，事实上也正是如此。

K 线 16 向下突破了第一条上涨趋势线并反转上行，与六根 K 线之前的更高低点组成一个双重底上升旗形。

价格向上突破了上涨趋势通道线后在 K 线 17 处发生回调，同时 K 线 16 前面两个波段高点组成了双重顶，K 线 17 也是向上突破这一双重顶之后的回调。有些交易员会把这个双重顶看作一个楔形顶，由 K 线 15 低点之后的三次小的上推构成。

这次反弹在 K 线 18 处的一个小级别楔形中结束，它形成了一个所谓的新高和一个扩张三角形顶（K 线 8、11、12、15 和 18）。K 线 18 也是上升尖形（K 线 17 回调之前紧挨着的尖形）之后的上升通道顶部。

K 线 19 跌破了上涨趋势线，因此是对趋势线的一次向下突破。价格在此处反转上行，尝试破坏这次向下突破。而这次尝试并未能使上涨趋势恢复，价格反抽至 K 线 20 后回落，演变成一次价格向下突破上涨趋势线后的反弹行情，并形成一个更低的高点。要记住，任何未能令趋势复辟的失败突破都成为价格突破进入新趋势后的一次回调。

K 线 20 这一更低的高点可以用来绘制出下跌趋势线和趋势通道线。

K 线 21 跌破了趋势通道线，并形成了以 K 线 19 为第一次下推的楔形底。它也是从 K 线 20 开始两个小波段下跌后一个小级别楔形下降通道的底部。K 线 21 与 K 线 15 构成了一个双重底，并测试了由 K 线 2 和 K 线 15 低点连接而成的震荡区间底部。

反弹至 K 线 22 的波段向上突破了下跌趋势中最近一个小高点，以及一个小级别的双重顶和下跌趋势线。对 K 线 22 高点的冲击在 K 线 23 处失败了（价格没有超越 K 线 22），因此很可能形成另一个下降小波段。

价格跌破趋势通道线，并突破了大型的震荡区间，然后在 K 线 24 处反转上行。这里可以构建出一个位置较低的震荡区间，该图可能变得类似于一个行情反复震荡的交易日里的 5 分钟图。这次价格下探几乎是一次精确的可测量下跌行情，测量基准为 K 线 20 高点到 K 线 21 低点。这个下降尖形出现了数根大阴线，跌势凶猛，是一次抛售高潮，在此后行情上行之前可能需要两个波段的时间进行横盘整理。而这个双波段调整以 K 线 26 为结尾。抛售高潮并不一定带来反转。它只是意味着市场走得太远太快了，需要一段休整期，让交易员们冷静下来思考并决定下一步应该怎么做。

反弹至 K 线 25 的波段突破了陡峭的下跌趋势线，并测试了上文提到的震荡区间的底部。

K 线 26 没能超越 K 线 25 的第一次上扬，这个更低的高点或双重顶下降旗形很可能引出一波下跌行情，要么形成一个新低（示例上正是如此），要么形成一个双波段回调的上升旗形。

价格在 K 线 25 处向上突破下跌趋势线后，走出了一波含两个小波段的回调行情，并在 K 线 27 处形成了一个更低的低点。第二回合的下降小波段以 K 线 26 为开端。这里可能是一个趋势反转的入场条件，或者至少是展开一段长期的调整行情的前兆。跌至 K 线 24 的向下突破，可能正在构建一个位置较低的震荡区间，高度近似于上文提到的 K 线 15 低点至 K 线 18 高点之间的震荡区间。

K 线 28 是两个回合上升小波段后的一次回调，它形成了第二个更高的低点，因此接下来的行情至少可能走出另外两回合的上升小波段。从 K 线 27 到 K 线 28 的波动所覆盖的 K 线太少，所涵盖的价格区间过窄，不足以让足够多的交易员相信调整行情已经结束。此外，K 线 27 低点后面还有一个比 K 线 28 略低的波段低点，K 线 28 与这个低点一起组成了一个双重底上升旗形。

K 线 29 是一个小级别楔形的第三推，但从 K 线 28 开始的那波上涨足够强势，会让交易员们在积极做空前三思而行。

K 线 30 是价格向下突破小级别楔形后反弹的一个更高的高点，它也是一个大级别楔形的顶部，这个大级别楔形以 K 线 28 低点前面的那个高点为第一次上推。行情在 K 线 30 处为突破进入过去几个月所形成的上方的震荡区间做第二次尝试，同样无功而返，每当市场为了达到某种状态两次尝试两次败北时，通常都会尝试相反的事情。这里，接下来的这波下跌使价格向下突破了以 K 线 27 低点为底部的下方震荡区间。

价格突破了上涨趋势线后，在 K 线 31 处形成了一个双重顶下降旗形。这是可能的下跌趋势恢复过程中一个更低的高点，因此是一个很强的做空入场条件。

K线32测试了楔形下跌趋势通道线，并尝试与K线28或它前面那个更高的低点一起构成一个双重底上升旗形。市场很可能在这里反转上行或暴跌。交易员们把K线32看作尝试向下突破K线28后的一次反弹。他们以低于K线32一个价位的价格挂条件单做空，还有在前一根K线那个波段低点的下方做空，这个波段低点也是楔形的低点。

价格在跌穿下跌趋势通道线后，在K线33处反转上行，并引出一波上穿趋势线的小规模反弹行情。K线33也是大级别扩张三角形的底部（K线24、25、27、30和33）。

上涨趋势中的回调是一个小规模的下跌趋势，比如跌至K线16的调整。反弹至K线19的波段向上突破了下跌趋势线，并提醒交易员们，试探了K线16低点后，市场可能出现主要趋势向上反转。K线20就是一根信号K线。这里说的"主要"二字容易给人一种错误的印象，让人以为特殊的事情一定会发生，但实际情况通常并非如此。它只是一个相对的说法，意思是趋势正在尝试反转。如此例所示，当每个小波段持续20根以上的K线时，交易员们一般不用"主要趋势反转"这一术语来表达，而采用其他的描述方式。交易员们习惯用术语来描述面前图表上正在发生的事情。如果他们用15分钟图来交易，K线28就会是一个双重顶的趋势向下反转，它在K线20向下突破上涨趋势线后冲击了K线7的趋势高点。

连续的买入高潮之后通常伴随着一波至少含两个小波段的延伸的调整行情。如图PⅠ.4所示，高盛（GS）股价图中的K线7比昨天的低点高出10%，随后的回调行情吞噬了连续两天的涨幅。从K线3到K线7的涨势非常强劲，很可能在回调后被测试。K线3这个大阳线，以及从K

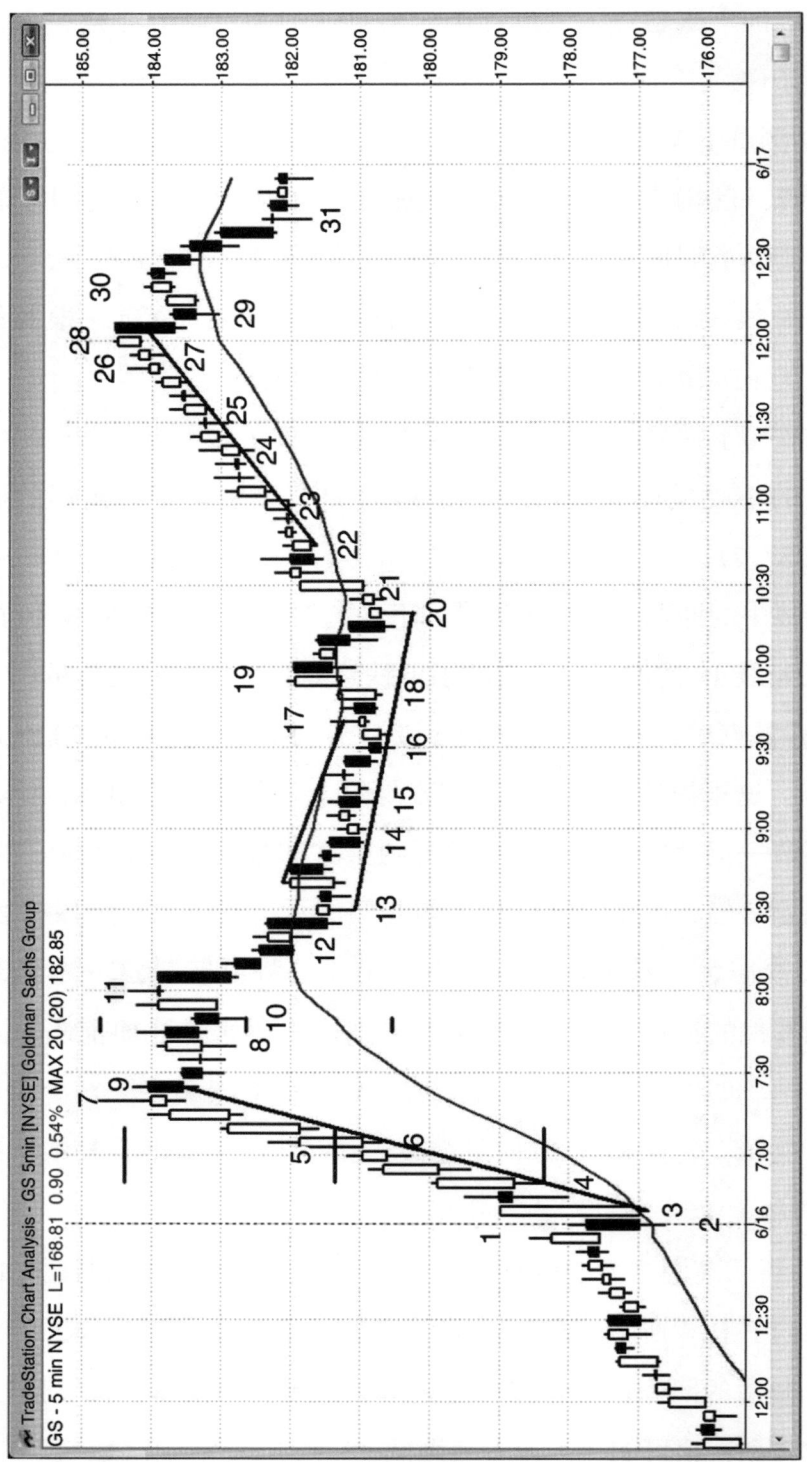

图P I.4 连续的买入高潮与深度调整

线 4 开始的连续三根阳线，都是一个买入高潮。这几根阳线的主体逐渐变短，这表明动能正一步步消耗。

然而，市场非但没有调整，而且还在 K 线 6 处进一步突破，趋势进入加速上涨期，并以四根 K 线涨至 K 线 7 后结束。在连续三次的买入高潮之后，市场很可能走出一波最短维持 10 根 K 线并至少含两个小波段的调整行情。此外，从 K 线 2 低点开始的九根 K 线拥有一系列更高的低点和一系列更高的高点，而且其中八根 K 线以更高的价位收盘。相邻的 K 线之间几乎没有相互重叠的区间。这是一种难以持久的现象，因此我们把它定义为高潮现象，事后市场很可能开始调整。K 线 3 是一个上升尖形，从 K 线 4 到 K 线 7 的波动是这个尖形和高潮上涨趋势中的一条高潮型通道。

K 线 6 使这轮趋势进入一个加速上涨期，因此它算是一个突破，交易员们会开始预期出现一个测量跳空缺口，以及其他类型的可测量波动，他们可以在这些价位上获利了结，甚至寻找可能的做空机会。K 线 6 向上突破了 K 线 5，而 K 线 5 是第三根连续逐渐变短的阳线，因此这些阳线的主体连起来形成了一个楔形的形状，市场也可能出现一些楔形行为。一旦 K 线 6 收盘时比 K 线 5 高点高出很多个价位，它就更有可能成为一个突破的起点，并在接下来的几个 K 线里走出一波后续行情。下一根 K 线收盘后，它的低点高于 K 线 5 的高点，K 线 6 就成为一个跳空缺口，而且可能是一个测量跳空。K 线 5 顶部是破产的楔形顶的突破口，在行情没有立即回调的情况下，突破后的第一根 K 线低点就是一次突破测试。这个跳空缺口可以看作测量跳空缺口，K 线 4 开始的上升小波段，从其起点的最低点处到测量跳空缺口中点之间的距离，向上投射所达到的价位，仅比 K 线 7 高点略低。这一区间可能存在其他的磁力效应，不同的公司依赖于不同的磁力区间作为其平仓获利或做空的标志，这些磁力地带的累积效应导致市场开始进入调整期。

当价格跌至 K 线 8 时，市场突破了陡峭的趋势线。由于调整期要持续至少 10 根 K 线以上的时间，因此在 K 线 8 的高点 1 或 K 线 10 的高点 2 处买入都是错误的操作。以上两个买入条件都失效了，市场在 K 线 11 处形成了一个更低的高点，并构建出一个双重顶下降旗形。一旦市场向下突破 K 线 10，该双重顶的高度向下投射在 K 线 13 的低点附近。跌至 K 线 13 的这一波走势较为陡峭，市场很可能将进一步下探。

K 线 16 算是一个尚可接受的双波段调整的末端，第一回合的下降小波段结束于 K 线 10。这次调整跌破了移动平均线，并持续了 10 根 K 线以上的时间。这种情况足以让很多交易员开始伺机买入，预期行情将测试 K 线 7 这一上涨趋势高点。K 线 16 是一个楔形上升旗形的终点，该楔形上升旗形以 K 线 13 或 K 线 14 为三次下推中的第一推。有些交易员把 K 线 13 当作楔形的第一个小波段，而其他交易员则认为 K 线 14 才是第一个小波段。

K 线 17 突破楔形上升旗形时显得比较疲弱，这表明这波调整可能还没结束。K 线 18 是一个可接受的价格向上突破后的回调型做多入场条件，但价格突破楔形后却再次在 K 线 20 处深度回踩并形成一个更低的低点。这是趋势线突破（涨至 K 线 19 的波段向上突破了下跌趋势线）后的更低低点，可能也是这轮大规模上涨趋势中回调行情的末端。信号 K 线为一阳线，并收在其最高点。风险回报率对多头来说非常不错，因为这根 K 线的高度只覆盖了 64 美分，交易员们在此处买入，预期价格将会测试当天高位，而当天的高位比当前的价格高出将近 4 美元。由于他们在震荡区间的底部买入，成功率至少为 60%，这意味着他们有 60% 的机会赚 4 美元，相对应的潜在亏损只有 66 美分。潜在亏损之所以比信号 K 线的高度多了 2 美分，是因为他们以条件单的形式在 K 线上方高一个价位的地方买入，而他们的保护性止损价要比信号 K 线的低点低一个价位。一个强势的上升尖形在 K 线 21 处成型之后，多头开始把他们的止损价移至比 K 线 21 的低点低一个价位的地方，这里刚好位于盈亏平衡点附近。虽然你不必去看其他时间周期的图表，但一轮强烈趋势的第一次大型回调通常都会测试 15 分钟的移动平均线。这是一次几乎分毫不差的测试，但这种信息并不能给交易创造条件。当某个价格行为的做多入场条件像这个例子所显示的那么好时，我们应该注意观察，为什么入场 K 线是一根小的阳线。此时市场尚未意识到这根入场 K 线的价值。在一只重要的股票上，你把握自己认为是绝佳的机会进行交易，感到紧张是很正常的，但这时其他人还没有看到它的价值所在。这种情况时不时都会发生，市场先出现几根小的 K 线，通常为阳线，然后人们才察觉到牛市反转已经发生了。而这种普遍的察觉通常发生在出现大阳线的时候，比如 K 线 21。K 线 21 涨势强劲，动能充足，没有上下影线，这意味着多头极其激进，价格将继续走高。随着 K 线 21 这一上升尖形出现的是一条强势、狭窄的上升通道，行情一路上扬至 K 线 28，交易员们可以在价格超越 K 线 7 高点时实现盈利兑现。

上涨趋势中的回调是一轮小规模的下跌趋势，比如跌至 K 线 16 的这波调整。反弹至 K 线 19 的波段向上突破了下跌趋势线，并提醒交易员，在行情测试 K 线 16 低点后，可能会出现一个主要趋势向上反转。不论你把它称为一个更低的低点或者双重底（由 K 线 20 和 K 线 16 组成），K 线 20 就是一根信号 K 线。关键的是，你把它看作行情向上突破下跌趋势线后对趋势低点的测试。这样就构成了一个主要趋势反转。这里说的"主要"二字容易给人一种错误的印象，让人以为特殊的事情一定会发生，但实际情况通常并非如此。它只是一个相对的说法，意思是趋势正在尝试反转。如果趋势不是特别大规模，相应的反转也可能不太让人印象深刻。这里，市场走势为下跌趋势，也是上涨趋势中的一次回调，接下来的上涨也仅仅只是为了测试 K 线 7 这一趋势高点。回调至 K 线 16 的波段大幅跌破了上涨趋势线，反弹至 K 线 28 的波段则测试了趋势高点，并且成为一个主要趋势向下反转的入场条件。如此例所示，当每个小波段持续 20 根以上的 K 线时，交易员们一般不用"主要趋势反转"这一术语来表达，而采用其他的描述方式。向上反弹至 K 线 28 的波段持续了很多根 K 线，让交易员们有理由相信这是一轮新的趋势，而价格回落至 K 线 29 的波段跌破了上涨趋势线，然后向上反抽，并在 K 线 30 处形成了更低的高点，构成一个主要趋势向下反转。交易员们习惯用术语来描述面前图表上正在发生的事情。如果他们用 15 分钟图来进行交易，K 线 28 就是一个双重顶的主要趋势下行，因为它在 K 线 20 向下突破上涨趋势线后测试了 K 线 7 的趋势高点，15 分钟图上的每个小波段都包含 10 根以下的 K 线，这就不足以让交易员们相信新的趋势已经成型。

　　市场是有惯性的，并倾向于维持它原来的状态，这也使得大部分趋势反转的尝试都空手而回。大部分合理的主要趋势反转入场条件仅有 40% 到 50% 的成功率，如果入场条件十分坚定可靠，那么成功率也能达到 60% 以上。由于今天没有太大的买压（见图 PI.5），价格至 K 线 22 的过程中抛压一直很强，K 线 22 处是一个双 K 线反转，反弹至 K 线 16 的波段并不足以将总在场内的头寸翻转为多头，K 线 22 这一更低低点成功引起反转的概率在 40% 左右。仅凭价格向上突破下跌趋势线，然后回踩形成一个更低低点，并不足以让反转交易获得更高的成功率。多头试图在 K 线 28 处构建一个双重底，并形成一个更高的低点，但这样的入场条件力度不大。K 线 28 以阴线收盘，虽然下一根 K 线构成了双 K 线反转，但却迫使多头在震荡区间的顶部买入，这种操作手法成功率不高（这里所说的震荡区间包括从 K 线 26 开始的小型震荡区间，以及从 K 线

第一篇 趋势反转：趋势成为反趋势

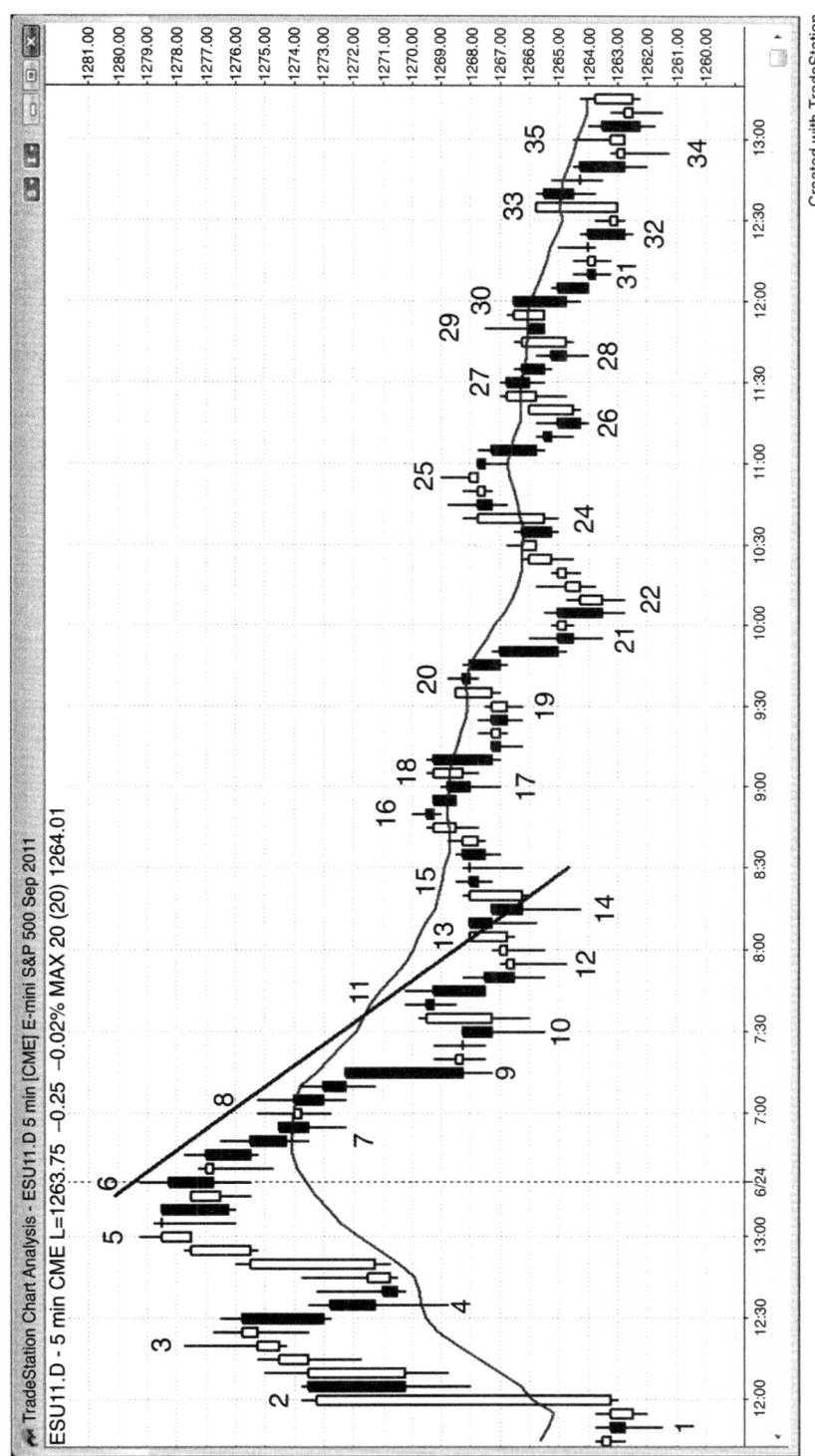

图P I.5 主要趋势反转入场条件的不确定性

10 开始的大型震荡区间）。

对多头来说，另一个问题是空头的立场很坚定。K 线 2 是一根巨大的阳线，伴随着巨大的成交量（98000 张电子迷你期货合约），但市场甚至没能使 K 线 6 第三次上推的高点超越 K 线 5 的二次上推。令上涨趋势复辟的尝试开盘后便在昨天高点处宣告失败，然后市场就反转下行了。一旦市场突破至 K 线 9 下方，交易员们将认为当天行情要么呈反复震荡的下跌走势，要么急速向下波动后形成一个下降趋势通道。无论哪种情况，K 线 9 都可能成为一个测量跳空缺口，并引出一波可测量的下跌行情。跌至 K 线 10 的波段出现了很多大阴线，只有三根为阳线，而且这三根阳线都非常短，开盘价和收盘价之间只相距一个价位。尽管下跌过程中行情反复震荡，但跌至 K 线 10 或 K 线 14 的波段强劲程度足以让很多交易员把它视为一个下降尖形。这让他们认为当天的行情可能出现三次下推，并在价格急速向下波动后形成一个下降趋势通道。他们在 K 线 16 这一缺口 K 线下方卖出，预期行情出现二次下推。交易员们在市场跌破 K 线 14 时买入，这表明空头并不急于做空。空头没有在新低处卖出，而是开始买入平仓获利了结。多头认为由于涨至 K 线 16 的波段向上突破了下跌趋势线，K 线 22 这一更低的低点有可能成为主要趋势反转的起点，因此也在此处做多。这期间的阳线，以及价格向上突破移动平均线，都显示出多头力量正在增强。

在价格反弹至 K 线 25 期间，多头有很好的理由相信行情即将出现主要趋势反转，并希望价格在 K 线 22 更低低点之后形成一个更高的低点。而空头则认为当天行情将在急速向下波动后形成一个下降趋势通道，第三次下推依然会到来。多空双方的依据都很充分，立场也很坚定，这意味着接下来市场将呈现区间震荡，事实上也正是如此。多头希望震荡区间会变成一个向上突破的底部，与此同时，空头则把震荡区间看作一条开盘后跌至 K 线 14 的尖形所引出的宽幅下降通道。空头在 K 线 25 下方再次做空，因为这次反弹所到的价位依然低于行情第一次下推后价格反拉至 K 线 16 的位置，K 线 25 和 K 线 20 组成了一个双重顶。虽然 K 线 25 比 K 线 20 高了一个价位，触发了一些止损单，但大多数基于先尖形后通道理论进行波段交易的空头会把他们的止损价设置在 K 线 16 上方，K 线 16 也是行情第一次下推后的一次反弹。他们在 K 线 29 下方低点 2 处再次做空。K 线 29 也是空头突破三角形的一根信号 K 线，在这个三角形中，K 线 24 的前面那根 K 线为第一次下推，K 线 26 和 28 为接下来的第二和第三次下推。

多头认为 K 线 28 和 K 线 26 组成了一个双重底，其中 K 线 28 为更高的低点，但他们担心的是 K 线 28 是一根阴线。尽管接下来是一根阳线，并出现一个双 K 线反转的做多入场条件，但在震荡区间的顶部（K 线 27 就是这个小型震荡区间的顶部）买入并非一个好的选择。大多数多头会在反转阴线 K 线 29 处平仓离场。这是一个低点 2 卖出信号，一次三角形的失败突破。K 线 31 后面那根 K 线是一个十字星阳线，它跟在三根阴线之后，对多头来说并不是一个好的买入理由。自 K 线 31 后面双 K 线最终旗形之后，K 线 32 后面那根内含阳线又是一个最终旗形反转入场条件，但从 K 线 29 开始的微型下降通道振幅过窄，从而降低了在此处做多的成功率。虽然 K 线 33 强势向上突破了这个微型通道，但后续行情并没有延伸下去，因此多头在 K 线 33 后面那根内含阴线下方，或在低于接下来那根十字星一个价位处卖出平仓。多头有时候能够接受一根 K 线的走势与其头寸方向相反，但当原先的买入信号比较疲弱，而且 K 线 33 向上突破后行情并没有进一步延伸时，大多数交易员都不愿意看到他们开仓后连续两根 K 线都为阴线。

在这个例子中，多空双方都有波段交易的入场条件，并使其交易员等式趋于正数。在 K 线 22 这一更低低点处买入的多头拥有 40% 左右的成功率，其潜在亏损大约为 2 个点，而潜在收益为 6 到 10 个点（价格向上突破震荡区间并走出一波可测量的上涨行情）。空头如果在跌至 K 线 14 的尖形中做空，或者在 K 线 16、20 以及 25 下方卖出，便有 50% 到 60% 的机会在行情第三次下推时盈利一把，其潜在亏损大约为几个点，而潜在收益为 4 到 6 个点，如果市场不是呈下降阶梯走势，而是实现空头突破，并走出一波可测量的下跌行情，空头的盈利将更加丰厚。

跌至 K 线 14 的尖形比较疲弱，很多交易员预期接下来的行情会出现一个震荡区间，或一段弱势的下降通道。他们放弃做波段交易，而进行一整天的刮头皮操作，每笔盈利二到四个点位，当他们认为当天处于多空较量、行情反复的双向交易局面时，很多交易员都会这么做。

大多数交易员都不会进行反转交易，他们要求行情至少出现一个双重顶或双重底，一个微型的双重顶或双重顶，或一个最终旗形，才会考虑反转交易，而不管产生的形态多么微小。例如，K 线 6、8、18、20、25 和 29 就是双重顶或微型双重顶，K 线 4、10、12、14、17、19、22、28 和 32 就是双重底或微型双重底，K 线 3、6、10、12、14、16、18、19、22、25 和 32 就是最终旗形反转（有些来自单 K 线最终旗形）。

第1章 反转交易范例

当交易员进行反转交易时，他们希望当前的趋势回调能促成一笔大的波段交易，甚至形成一轮反向趋势。正如我们在前两本书中讨论过的，入场条件、保护性止损、止盈设置与其他的波段交易、趋势交易一致。尽管交易员们期待在反向交易中市场出现一波大的走势，但成功的概率往往不高于50%。在风险既定的情况下，一般来说，潜在收益越大，通常意味着成功概率越低。因为在交易过程中，每个人的机会都是均等的，边际优势很小，如果某个交易机会存在很高的成功率，交易员们便会迅速中和它，机会在几个K线内转瞬即逝，结果只能在这笔交易中获得微小的盈利。即便如此，由于趋势反转交易的收益可能高几倍于它本身的风险，足以使交易员的盈亏方程式趋于正数。

当交易员收盘后对着图表复盘时，我们会发现反转交易其实并不像表面看到的那么简单。一旦出现趋势线强势的突破，然后一个反转测试趋势的极值，交易员此时需要一根强力的K线作为其反转交易的入场信号。但此时的市场显得非常情绪化，起伏不定，新手交易员们也许会认为原先的趋势将有效持续下去。他们很可能在当天早些时候已经做了几笔亏损的逆势交易了，不想再继续赔钱。这种心态令他们错失了最早的入场时机。然后他们开始等待评估后续形态的强弱。后续形态通常表现为由几根强劲的趋势 K 线构成的大规模且急速地上涨或下跌，迫使交易员们必须在瞬间决定自己是否愿意以比平时冒更大的风险来完成自己的交易。他们往往最终选择等待市场回调。即使他们通过降低持仓比例以减小自己的风险，使亏损幅度和其他类型的交易保持一致，但一想到有可能要在这种交易中承担几次这样的亏损，他们就会望而生畏。而在回调时入场其实也是很困难的，因为回调就意味着又一个小型反转的开始，他们就会担心当前的回调有可能是原先趋势的复辟。最后的结果就是他们一直等待，一直观察，直到当天接近收盘时才终于承认新的趋势确实已经形成；可惜这时留给他们的时间已经所剩无几。市场趋势将竭尽所能把交易员排除在外，这样才是令交易员们一整天都被市场行情牵着鼻子走的唯一途径。当入场信号简单而清晰时，当前的波动通常是小型且快速的。如果当前的波动将持续长久，那它相应的入场信号必然模糊不清且难以捕捉，如此才能使交易员们一直保持观望，并迫使他们一直被市场的趋势带着走。

如图 1.1，在 Caterillar 公司（CAT）这只股票上，当天交易员有几种方法进行反转交易，其中有一种是我一位朋友使用的方法，我认为值得花时间来研究一下。几年前我和这位交易员朋友进行过长时间的讨论。他专攻主要反转的交易。他通常一天只做一两笔交易，在他去寻找反转的入场机会之前，他总是希望市场先走出一个强有力的趋势线突破行情。举例来说，如图中所示的上涨趋势，他不会在 K 线 3 下方就开始做空，因为前面的行情没有突破上涨趋势线；他也不会在 K 线 7 这阴线上做空，同样前面的行情也没有出现重要的趋势突破。K 线 3 下的下跌仅仅维持了一根 K 线，价格甚至没有碰到移动平均线。

从 K 线 7 开始走出连续三根阴线，向下突破了上涨趋势线，并显示出抛压信号时，但这次的空头力量并没有那么坚定，行情也没有触碰移

第1章 反转交易范例

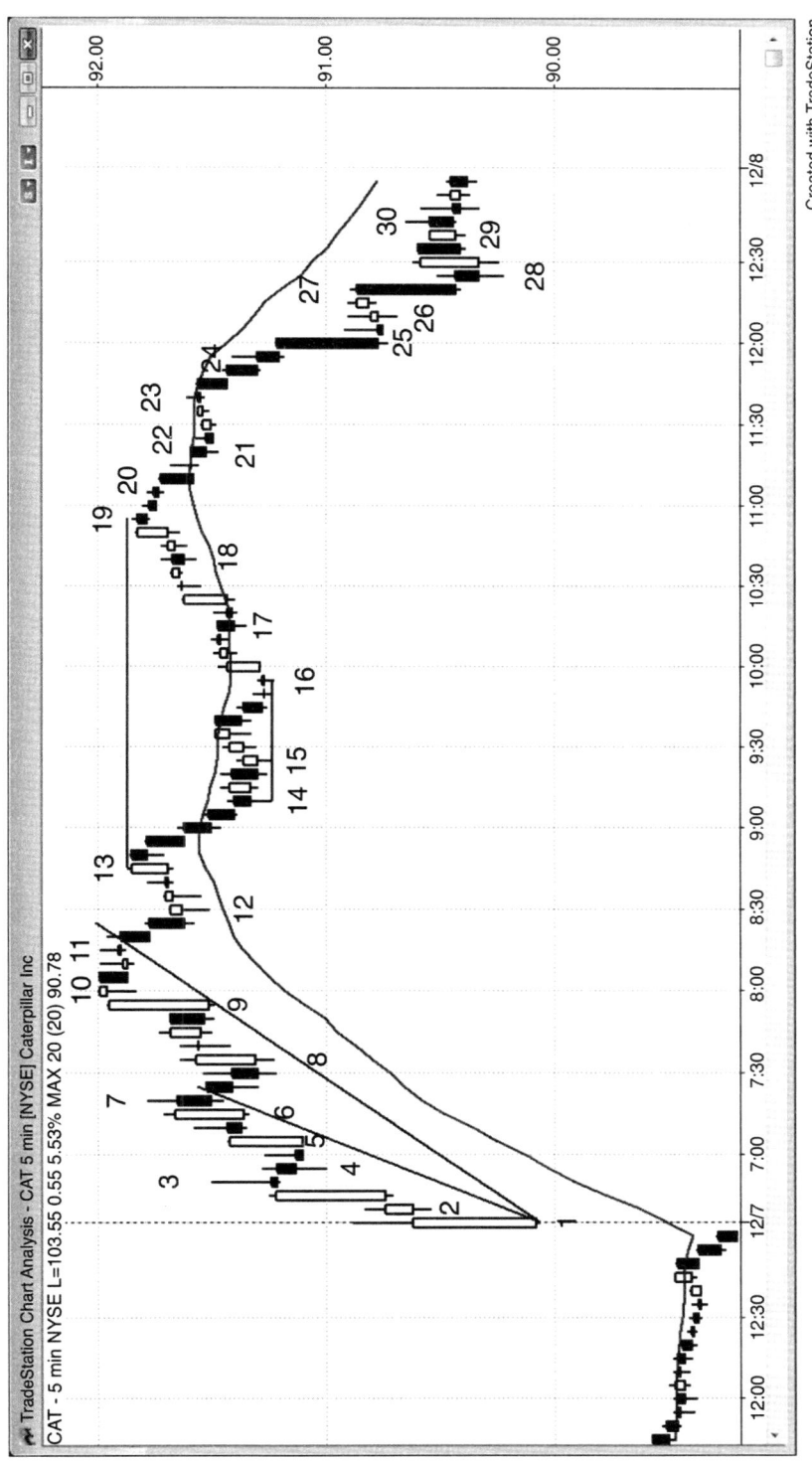

图1.1 主要反转的交易

动平均线。然后他开始研究尝试超越 K 线 7 这一趋势高位的小反弹。这里有两个小波段，这意味着这一时段多空双方正在较量，并且空头的力量逐渐显露出来，这是当天第三次行情上推。由于重大的反转一般发生在开盘后第一个小时左右，他很可能会在 K 线 11 下方做空，K 线 11 是第二个做空机会，但他也很可能并不预期行情在这个时间点开始反转。由于当时处于一个尖形的位置，且行情形成了一个通道内的上涨趋势，空头也许正在上升通道的启动点 K 线 4 处试探价格，这里市场有可能形成一个双重底然后再反弹。因为这个上升通道是一个楔形（有三次上推行情），它很可能形成两个小波段使市场横向发展，并最终下行。我的朋友是一个波段交易员，只要他认为自己原先的假设依然成立，他就会允许反弹出现。因此他会在信号 K 线的上方止损，或 K 线 11 后面的那根大阴线上方止损，然后等待市场反弹到 K 线 13，并期待第二回合的下降小波段出现。如果他这时候还没有开空仓，他会在 K 线 13 这一双 K 线反转形态做空，K 线 13 这里出现了主要趋势反转中更低的高点，它是对向下突破 K 线 11 之后的突破测试。

　　K 线 11 后面的两根阴线可能会使大多数交易员开始怀疑总在场内的头寸是否已经向下翻转，到以 K 线 14 为结尾的五 K 线下降尖形出现时，大多数交易员会认为趋势确实已经反转下行了。在这种情况下，如果他决定继续持有空头，他会缩紧保护性止损的幅度，使其略高于 K 线 13 之后的下降尖形的起点。更有可能的是，由于已经发生了两个回合的下降小波段（行情跌至 K 线 12 为第一个小波段），他会在 K 线 16 上方买回其大部分空头持仓，K 线 16 和 K 线 14、15 组成了一个双重底，这里是移动平均线跳空缺口第三次做多的入场机会（K 线 16 的最高点低于移动平均线，并且是行情强反弹至 K 线 10 之后的第一次回调）。如果他买回其空头持仓，他将会观察从 K 线 16 开始的反弹，并评估当中多空双方的力量。如果多头相对较弱，他将会在市场冲击 K 线 10 趋势高点时再次寻找做空的机会。这种冲击可以表现为一个更低的高点，一个双重顶，或一个更高的高点。

从 K 线 16 到 K 线 19 的反弹有三个小波段，所以是一个楔形下降旗形。由于这是强势突破上涨趋势线后的一次反弹，它很可能会成为行情更大调整的一部分，这波调整至少会再形成一个下降小波段。市场很可能会走出一段震荡行情，或趋势反转的行情。这次反弹并没有包含两根连续的大阳线，所以多头力量也并没能够收回市场的控制权。K 线 19 和 K 线 13 组成了一个双重顶，由于目前形成了一轮可能的下跌趋势，这个双重顶即是一个双重顶下降旗形，与该上涨趋势的最高点 K 线 10 相对比来看，它也算是一个双重顶或更低高点的主要趋势反转。K 线 19 也是一根下跌反转 K 线，这对于寻找市场顶部相当重要。这是一天中最强烈的趋势反转入场条件，因为跌至 K 线 14 的下降尖形说服了大多数交易员：目前总在场内的头寸已经变为空头，只要反弹超越不了从 K 线 13 开始的下降尖形的高点，空头力量就已经占据了市场主导地位。很多交易员认为只要价格达不到 K 线 13 上方，空头力量就依然控制市场，在可能的新下跌趋势中，市场或许正形成一个更低的高点。空头把他们的保护性止损置于略高于 K 线 13 之上，因为他们预期市场会出现一个双重顶或更低的高点，但如果两种情况都没有发生，他们就会退出市场并等待另一个卖出信号。在 K 线 10 和 K 线 13 买入的许多多头会在 K 线 16 下跌期间坚持持有多仓，并持续观察空头力量。行情突破了趋势线和移动平均线，并持续了很多根 K 线，多头会认为空头力量是强劲的，行情涨至 K 线 19 的那波反弹并未强到足以使他们预期上涨趋势在没经过至少一轮调整的情况下创出新高。

这些是最坚定的多头（在 K 线 16 之前持续的下跌过程中，他们依然愿意持有多仓），一旦他们放弃看涨，便没人会在这个价格上买入。市场必须下探至更低的水平，直到多头回归、空头平掉他们的空仓。从K线16开始的上升过程中，没有出现连续的大阳线，也没有其他强有力的买入征兆，这让多头更不愿意买入，空头变得更激进。由于多头相信市场很快会下行，他们会利用反弹至K线19的机会平掉自己几乎没什么盈利甚至小亏的多仓。失望的多头在卖出平仓，加上激进的空头在重仓做空，试图阻止行情越过K线13上方，导致市场在K线19处反转下行。虽然多头愿意在更低价位时买入，但他们需要一个市场即将扭转向上的迹象。在经历七根K线的下跌后，行情横盘整理至K线23并不是一个很强的底部，大多数多头不愿意在此刻买入，除非价格进一步下行。空头愿意在任何时间内获利了结，但只有出现合理的底部征兆时，空头才会买回自己的空仓。没有底部征兆，多空双方都不愿意买入。同时，剩余的多头继续卖出他们的持仓，增加了市场上的抛压。从K线23开始的下跌过程中，空头看到市场上不断增加的抛压，他们也继续卖出。结果导致市场出现了一个强有力的趋势反转，行情在K线16处向下突破了上涨趋势线后，在K线19处形成了一个更低的高点。正如所有强劲趋势的情况一样，交易员们不断加仓增强空头力量，市场以尖形的形式急速下滑至K线25的低点以及K线28的低点，这时空头开始平仓获利。所有趋势K线都是尖形、高潮、突破和跳空缺口。K线25是一根空头突破的大阴线，并且很可能伴随一波可测量的下跌行情，测量基准为震荡区间的高度。K线25本身很可能成为一个测量跳空，缺口的中点为K线16的最低点（缺口顶端）和K线27的最高点（缺口底端）之间的中点。这个可能在当天或第二天引出一波可测量的下跌行情。

反弹至K线19的波段是一个双重顶下降旗形，一个楔形下降旗形，和下跌趋势中两个回合的上升小波段（K线15和K线16之间的双波段高点是第一回合的上升小波段），它符合优秀的交易员盈亏方程式的标准。风险就是价格超过了 K 线 19 的高点，大概在 10 美分左右，回报至少 50 美分，价格低于 K 线 16 的低点，市场可能形成一个双重顶和一个大三角形或一个上升旗形。由于市场处于熊市或至少是一个震荡区间的顶部，成功的概率最低达到 60%。60% 的成功率，加上 10 美分的风险和 50 美分的回报，这是一笔很不错的交易。如果一个交易员做十笔这样的交易，将赚 3 美元，亏 40 美分，平均每笔交易盈利 26 美分。

交易员们认为如果市场跌破 K 线 16，就很可能从双重顶开始下跌一个可测量的幅度，事实也正是如此。K 线 16 的区域是对突破跳空的一次突破测试，突破跳空是指 K 线 1 到 K 线 3 的上升尖形。行情在这次测试中反弹之后，多头不希望价格跌破这个测试水平，因为跌破了则表明市场多头力量疲弱。就像空头不希望反弹至 K 线 19 的那波行情价格高于 K 线 13 所形成的更低的高点一样，因为如果超过了这个更低的高点，就可能走出一波可测量的上涨行情，多头也不希望从 K 线 19 开始的那波下跌行情价格低于 K 线 16 所形成的更高的低点，因为如果跌破了这个更高的低点，就可能走出一波可测量的下跌行情。由于我的朋友会把从 K 线 19 开始的这一轮下跌看作是一个趋势交易的机会，他会以趋势交易的方法来操作（第一本书讨论了如何进行趋势交易）。初始风险只有 10 美分，赢面也比较大，最小的目标是市场可能会试探 K 线 16 的低点，所以如果在这个试探过程中出现暂停 K 线，他可能会平掉一半仓位。由于行情并没出现休整，就没有明显的获利了结行为，他可能会等到 K 线 28 附近才平仓了结其头寸。这是出现在抛售高潮 K 线之后的一次休整，而这次抛售高潮之前是一个潜在最终旗形（以 K 线 27 为结尾的三根 K 线）。他可能会在这里平掉一半持仓，获利 1.2 美元，然后在收盘前的一两分钟内了结剩余的持仓，将 1.3 美元落袋为安。

顺便提及的是，在超涨的上涨趋势中，强势的多头和强势的空头都喜欢看到一根大阳线出现，因为它通常会引出一波含两个小波段并跌破移动平均线的回调行情，就如这里的 K 线 9。预期的调整为多空双方提供了短暂的交易机会，尽管这些不算是趋势反转交易。K 线 9 是在没怎么调整的情况下出现的第三次连续的买入高潮（第一次是 K 线 1 到 K 线 3，第二次是 K 线 5 到 K 线 6）。它更可能是一次衰竭跳空而非测量跳空（它更可能是一波调整的起点，而非一轮上升小波段的起点）。在这种情况下，强势的多头和强势的空头都会在 K 线 9 的收盘价处，或最高点上方，或下一两根 K 线的收盘价处（尤其在 K 线 10 之后的那根 K 线是一根大阴线），以及前一根 K 线最低点的下方卖出。多头在这里卖出多仓获利了结，空头这里卖出建立空仓。大多数空头都会设置其保护性止损单，止损幅度小于产生买入高潮的阳线所覆盖的变动价位，如 K 线 9 所覆盖的价位。在含两个小波段的调整行情结束之前，如 K 线 14 到 K 线 16 的区域（跌至 K 线 12 是第一个下降波段），多头不会再次买入，空头也不会平仓获利。在行情对 K 线 10 的趋势高点进行弱势或强势的高点冲击之后，抛售的力量足够强大，以至于多空双方都认为市场可能会进入一个熊市的趋势反转。

第 2 章　反转动能的标志

强有力的反转形态，和其他强烈的形态，如强势的突破或强劲的趋势一样，在本质上拥有相同的特征。以下是强力牛市反转中一些常见的特征：

- 出现上下影线都很短甚至没有影线的牛市反转大阳线。
- 接下来的两三根 K 线都是阳线，且大小跟近期 K 线相当。
- 上升尖形持续五到十根 K 线，期间回调不多于一到两根 K 线，反转持续很多根 K 线，走出了一个波段高点，一个先前下跌趋势的下降旗形。
- 尖形中一根或多根 K 线的低点与前一根 K 线的收盘价持平或只比它稍低一个价位。
- 尖形中一根或多根 K 线的开盘价在前一根 K 线的收盘价之上。
- 尖形中一根或多根 K 线以其最高点或比最高点稍低一个价位收盘。
- 整个趋势背景使反转成为可能，比如行情向上突破下跌趋势线后浅度或深度回踩，试探熊市低点。
- 突破形态的第一根或第二根 K 线的收盘价高于之前多根 K 线的

高点。

- 在突破持续超过至少三根K线之后才出现第一次明显的回调。
- 突破后的第一次回调仅持续一两根K线，而且回调的第一根K线不会出现强烈的牛转熊反转信号。
- 突破后的第一次回调不会触及盈亏平衡点（买入价）。
- 上升尖形非常强烈，突破了数个阻力位，如移动平均线、先前的波段高点、趋势线，并且超出阻力位很多个价位。
- 当反转的第一根K线正在成型时，行情大部分时候都在最高点附近徘徊，且回调幅度小于K线主体的四分之一。
- 行情给你带来一种紧迫感。你希望等待回调买入的好机会，但却一直等不到。
- 本次信号K线是过去一段时间的第二次尝试反转（二次信号）。
- 本次反转通过行情击穿原有趋势的趋势通道线而开启。
- 行情反转于一个显著的波段高点或低点（例如，行情先是向下突破早前一个强势波段的低点，然后反转上行）。
- 高点1和高点2的回调以牛市反转K线作为信号K线。
- K线的每一个细节都跟趋势表现一致：收盘价、最高价、最低价或K线主体。
- 回调幅度非常小，偏于横盘整理。
- 之前有突破过下跌趋势线（这代表这已经不是第一次市场展现出多头的力量）。
- 回调探底的行为缺乏动能配合，K线相互重叠的现象较多，而且大部分是阳线。
- 回调探底会在移动平均线或旧的下跌趋势线附近受到支撑。
- 本次突破创出近期收盘价和最高价的新高。例如，在下降通道内出现一根大阳线，这根突破 K 线的最高价和收盘价高于过去 5 根、20 根甚至更多 K 线的最高价和收盘价。这根阳线的收盘价创新高比它的最高价创新高的意义更大。

以下是强力熊市反转中一些常见的特征：

- 出现上下影线都很短甚至没有影线的熊市反转大阴线。
- 接下来的两三根 K 线都是阴线，且大小跟近期 K 线相当。
- 下降尖形持续五到十根 K 线，期间回调不多于一到两根 K 线，反转持续很多根 K 线，走出了一个波段低点，一个先前上涨趋势的上升旗形。
- 尖形中一根或多根 K 线的高点与前一根 K 线的收盘价持平或只比它稍高一个价位。
- 尖形中一根或多根 K 线的开盘价在前一根 K 线的收盘价之下。
- 尖形中一根或多根 K 线以其最低点或比最低点稍高一个价位收盘。
- 整个趋势背景使反转成为可能，比如行情在向下突破上涨趋势线后弱势或强势反弹，冲击牛市高点。
- 突破形态的第一根或第二根 K 线的收盘价低于之前多根 K 线的低点。
- 持续突破超过至少三根 K 线之后才出现第一次明显的反弹。
- 突破后的第一次反弹仅持续一两根 K 线，而且反弹的第一根 K 线不会出现强烈的熊转牛反转信号。
- 突破后的第一次反弹不会触及盈亏平衡点（卖出价）。
- 下降尖形非常强烈，突破了数个支撑位，如移动平均线、先前的波段低点、趋势线，并且跌破支撑位很多个价位。

- 当反转的第一个 K 线正在成型时，行情大部分时候都在最低点附近徘徊，且反弹幅度小于 K 线主体的四分之一。
- 行情给你带来一种紧迫感。你希望等待反弹卖出的好机会，但却一直等不到。
- 本次信号 K 线是过去一段时间的第二次尝试反转（二次信号）。
- 本次反转通过行情击穿原有趋势的趋势通道线而开启。
- 行情反转于一个显著的波段高点或低点区间（例如，行情先是向上突破早前一个强势波段的高点，然后反转下行）。
- 低点 1 和低点 2 的反弹以熊市反转 K 线作为信号 K 线。
- K 线的每一个细节都跟趋势表现一致：收盘价、最高价、最低价或 K 线主体。
- 反弹幅度非常小，偏于横盘整理。
- 之前有突破过上涨趋势线（这代表这已经不是第一次市场展现出空头的力量）。
- 反弹探顶的行为缺乏动能配合，K 线相互重叠的现象较多，而且大部分是阴线。
- 反弹探顶会在移动平均线或旧的上涨趋势线附近受到阻力。
- 本次突破创出近期收盘价和最低价的新低。例如，在上升通道内出现一根大阴线，这根突破 K 线的最低价和收盘价低于过去 5 根、20 根甚至更多 K 线的最低价和收盘价。这根阴线的收盘价创新低比它的最低价创新低的意义更大。

有些反转形态能导致整个市场趋势的反转，而其他的有些反转只是形成了小规模的反向波动。在反转的前后仔细分析价格行为，能帮助交易员衡量他们应该持多大比例的仓位，以及预期的波动幅度有多大。当市场处于一个强劲的趋势时，交易员不应该逆势交易，而应该等待趋势线被突破，或至少趋势通道线被反转击穿的情况。然而在震荡行情中，交易员可以双向交易。

一个强有力的反转形态，拥有很多特点，越多特点展现出来，逆势交易就越有利可图，交易员们在决定他们的持仓比例时就越激进。在趋势反转中，对原先趋势线的突破越有力，该反转形态就越加分，且持续越久，并更可能形成两个回合以上的小波段。最强劲的趋势线突破，都伴随着凶猛的势头，这种行情以波涛汹涌之势穿过移动平均线，而且通常都会超过原来趋势的波段高点或低点。

原先的趋势越强，就越需要一个强大的反转，才能使交易员从逆势交易中获利。强劲趋势的特征在第一本书的第 19 章中已经讨论过，并列在了本书开始的简介位置。例如，如果交易员想在一个非常强势的牛市中做空，他们就希望能捕捉尽可能多的强力反转标志。相反，如果当前的牛市走得比较反复，他们就敢于在相对较弱的反转信号中做空。如果市场只是在一个震荡区间里反弹到顶部，他们也许根本不需要反转 K 线就开始做空了。最后，如果市场处于一个楔形上升旗形当中，而他们正在寻找一个行情回归牛市的契机，他们甚至可能在一根阴线上方就买入了。

顺便提及的是，如果市场是一个零和游戏，为什么95%的参与者都是盈利性的机构呢？因为这不是一个真正意义上的零和游戏。我们的经济不断增长并不断创造财富。市场的总价值大于 10 年前的市场，更远大于 100 年前的市场。这些公司都在竞争中尽可能多地获取新的财富，在多数年份里，这些新的价值足以令几乎所有公司都盈利。虽然在经济紧缩的年份里，大多数公司都赔钱，但他们会在经济扩张的时候赚更多的钱，使自己实现总体盈利。

第 3 章　主要趋势反转

很多做长期投资的机构投资者，都把每一次强势击穿上涨趋势线的突破视为一个买入机会，因为他们知道虽然空头时不时就想反转趋势，但八成以上的概率都以失败告终。即使下跌行情规模巨大且势头凶猛，且远远跌破趋势线和移动平均线，他们也会买入。他们希望自己的买入能起到一个引导作用，让其他交易员看到他们的动作也跟风做多。他们预期这批买入引起的反弹能最低限度冲击市场高点下方的突破口。一旦行情到达预期，他们再判断趋势是否已经反转。如果趋势确已反转，他们便会停止做多，并且把他们在这次反弹中新建的多仓以及之前一路买上来的其他多仓全部平掉。他们大部分的头寸都是盈利的，因为他们在很早之前就已经建仓，建仓价比最近这次在反弹期间的买入价还要低得多。但是，由于他们在市场一路上扬时持续买入，有些多仓买在了牛市的最高位，这些多仓在他们离场时不得不止损出局。由于这些做长期投资的机构投资者是之前每一次迅猛下跌时都还屡次做多的交易员，所以一旦他们都认为市场正在下行，趋势即将反转，市场上就再也没有人会在势头凶猛的下跌行情中买入了。他们将耐心等待市场下滑至一个有长期投资价值的价格区间，比如月线图中的趋势线等这些长期的支撑区间。一旦价格到达这些区间，他们将再次大举买入，每当空头企图延伸下跌趋势时，他们都会与之对抗。在某些价位上，其他机构投资者也会看到这些正在形成的支撑位，他们也会跟风买入。市场很快形成一个势头强劲的上涨行情，再回落对熊市低点进行试探，然后反转进入一轮新的牛市。

每一个反转形态都是某种形式上的震荡区间，先是多空双方胶着对战，行情反复，然后市场态度逐渐清晰，逆势交易的一方获得控制权。"主要趋势反转"这一术语对不同的交易员来说有不同的含义，没有人能够明确地告诉你市场已经反转了，除非行情的反向波动已经持续了至少一段时间，总在场内的头寸在大多数交易员眼中已经改变了方向。然而，单凭这点不足以把一波反转行情称为"主要"趋势反转。对很多交易员来说，在5分钟图上，总在场内的头寸方向在每一个可交易的波段上都会发生变化，也就是说在大部分交易日里，这些头寸方向一天改变很多次，而大趋势的方向却通常保持不变。不论是牛市反转为熊市还是熊市反转为牛市，一个主要趋势反转会在你面前的图表上呈现两波趋势，并在两波趋势之间有一次反转。这种类型的反转与很多图表中上蹿下跳的反转不一样，这种反转的波动幅度足以让我们完成一笔交易，但还没能够改写主要趋势的方向。而且，不管当前行情是否存在一个明显的走向，这种小型反转都有可能出现。

大部分主要趋势反转的最早的信号都不太可能反转成功，但却提供了一个收益最丰厚的交易机会，而且回报常常比风险大好几倍。市场在反转初期往往都在横向整理，反复地反抽或回调，但如果趋势真的正在反转的话，新一轮的趋势将会很快显现。很多交易员倾向于在趋势已经明确的时候再寻找入场时机。这些交易员只在至少有60%以上成功率的时候才进行交易，他们宁愿少赚点（他们在趋势已经成型的时候才开始入场）以换取更高的成功率。既然两种方式都能使交易员的盈亏方程式趋于正数，只要适当地利用，两种方式都是可行的。

在主要趋势反转行情中以下四点是必要的：

- 当前的行情必须是一轮趋势性的走势。
- 一个反向的波动（一次反转）必须足够强势，并突破趋势线和移动平均线。
- 对趋势的极值进行测试，然后开始二次反转（趋势的极值包括在牛市顶部的一个更高的高点，一个双重顶，一个更低的高点，以及熊市底部一个更低的低点，一个双重底，一个更高的低点）。
- 二次反转必须走得足够深远，其波动幅度使市场达成一个趋势已经反转的共识。

首先，当前必须是一轮趋势行情，反向波动必须足够强势，并突破趋势线，最好能突破移动平均线。其次，原趋势恢复并对旧的趋势极值进行测试，然后市场开始二次反转。例如，在牛市中，行情强势突破上涨趋势线后，交易员们开始关注接下来的反弹。如果市场从原来的高位区间（一个更低的高点，双重顶，或更高的高点）再次翻转向下，那么这次测试成功，交易员们就开始怀疑趋势可能已经在反转。最后，大幅度的二次反转使交易员们认为市场已经进入熊市。如果这轮下跌表现得势头凶猛，并走出了很多根连续的大阴线，市场上每一个人都会把当前的行情看作一轮熊市。然而，市场往往在很宽的下降通道内运行，持续波动50根或更多K线，这期间并没有足够的证据令交易员们确信趋势确实已经真正地反转下行。他们可能开始怀疑，价格走势是否已经演变成一波震荡行情，而这种可能是时常发生的。市场不出现十分强有力的下跌行情，就不会得到强有力的共鸣，他们就不敢十足相信趋势已经反转，直到行情持续了十几根 K 线，并形成了一系列更低的高点和更低的低点。而在这个点位上，市场可能已经远低于原先牛市的高位，而这轮熊市也可能离结束不远了。

通常投资者对一波反转行情形成共鸣需要很长时间，市场在什么时候就行情达成一致意见其实并没有太大关系，因为在这个下跌过程中存在很多交易机会。如果向下波动的趋势不明显，多空胶着行情反复，交易员们会以双向市场的手法来操作，在两个方向上寻找交易机会。如果是一轮非常强势的熊市，交易员们几乎只会选择做空。既然在一路下行的过程中都存在交易机会，为什么交易员还要考虑市场是否处于主要趋势反转当中呢？那是因为，如果在市场冲击旧趋势高点后开始翻转向下时，交易员趁此时及早入场，收益将会非常丰厚。回报往往比风险大好多倍，即使只有四五成的胜率，结果也是非常乐观的。大部分反转最终引出一波震荡行情，但这种交易依然有利可图。

实际上，所有的主要趋势反转都以趋势线突破或趋势通道线击穿为开端的，当市场出现反转时，趋势线最终都会被突破。举例而言，如果一轮牛市在一个头肩顶形态中结束，从头部的向下波动通常都会跌破支撑整轮牛市的上涨趋势线，而在头肩顶形态中反弹形成头部的 K 线，并将这些 K 线低部连接起来绘制出小级别的趋势线，这种趋势线也总是会被突破。当从头部下滑至左肩的回调区域时，多头开始买入，试图创造出一个双重底上升旗形。随着行情反弹至头部，价格超过了左肩，很多空头开始做空，然后在头部下滑至左肩回调区域时开始平仓获利，以防市场进入一个震荡区间，或形成一个双重底上升旗形。空头把形成右肩的反弹看成是价格突破后反抽形成一个更低高点的做空入场条件，并开始做空而空头需要看到趋势线被突破之后，才能倍感自信地建立其逆势头寸（在牛市中做空），因为趋势线突破预示着趋势的突破，以及一轮可能的主要趋势反转的开始。与此同时，在前高处（头部）买入的多头，预期行情走出另一个上升小波段，他们持仓观察从头部这波下跌的力量强弱。一旦他们认为空头的力量足以令市场跌破趋势线，就会利用这次反弹的机会平仓，以小亏离场。多空双方的抛盘导致市场再次下行并形成更低的高点（右肩）。一旦市场下滑至颈线（一条穿过形态底部所绘制的大致水平的趋势线，连接从左肩、头部、右肩下跌的最低点），多空双方都会评估下跌过程中两边的力量。如果卖方的力量占优，空头不会再想着市场仍然处于震荡行情之中，也不再仅仅满足于小打小闹的刮头皮交易。相反，他们预期市场将出现一轮主要趋势反转，他们坚持持有自己的空仓，甚至进一步加仓做空，尤其在行情突破颈线时和突破后。多头见识了卖方的力量，在市场稳定之前他们不再愿意买入，他们预期至少几根K将很可能走出一波可测量的下跌行情，然后市场才能稳定下来。

相反地，如果从头部到颈线的抛售力量较弱，多空双方都会在对颈线的试探过程中买入。多头买入是因为他们把整个形态看作是牛市中的一波震荡行情，当前的下跌只是一个大级别的上升旗形。他们在预期的上升旗形的底部买入，这里可能形成一个近似的三重底（在颈线上的第三次向上反转）。有些多头会在震荡区间的中间位置或行情冲击其顶部时做一些刮头皮交易，其他的则会持仓观望，等待多头突破并走出一个上涨波段。空头在这个时候会买入了结头寸，并且不准备再次卖出，除非有更好的价位。他们希望反弹保持在右肩下方，如果行情确实没超过右肩，或者与右肩一起形成一个双重顶，他们便会再次做空，期待这个形态最终变成拥有两个右肩的头肩顶，而拥有两个右肩的头肩顶形态也是很常见的。如果市场向上突破了右肩，空头也会买入平仓，并且短时间内不准备再次卖出，他们认为整个形态已经演变成一个大级别的上升旗形，而这次突破反弹很可能至少走出一波可测量的上涨行情。多头知道这个时候空头正在平仓，并且短时间内不会做空，于是他们也在市场向上突破右肩时买入做多。他们也和空头一样，预期市场将走出一波可测量的上涨行情，在新一轮上升旗形推进过程中，他们将会加仓做多。

这种情形同样适用于双重顶或更高的高点的形态中。在经过一番迅猛的抛售之后，市场回归前高区域，在旧趋势高点处买入的多头在这次猛烈的抛售中被打击地体无完肤，他们趁着这次反弹平仓离场。这意味着他们也变成卖方（他们抛出自己的多仓），在市场大幅下跌之前他们不会再次买入。市场上没有人敢在当前的价格买入，多空双方都在卖出，市场自然随之下行。

在市场底部也是一样道理。一旦出现一波强有力的反弹向上突破下跌趋势线（要么是阻挡整轮熊市的下跌趋势线，要么仅仅是下滑至头部这一波段上方的阻力线），随着市场向下突破左肩，空头预期行情走出另一个下降小波段，并在市场底部做空，而这波从头部向上的反弹令他们对行情非常失望，并开始预期行情在对下方进行试探后至少会走出另一个上升小波段。交易员们把下一个下降小波段看作是对空头力量的试探。如果下跌趋势很强劲，在一段时间后市场终究要向下突破旧趋势的低点（头部），并形成另一个下降小波段。如果趋势正在反转，激进的多头就会在旧趋势的低点附近买入，从头部开始强势的反弹，和对熊市低点弱势的试探，这些都将给在旧趋势低点处卖出的空头以沉重的一击，他们将利用这些短暂下探的机会在盈亏平衡点附近买回自己的空仓。多空双方都在买入，而且空头不会在这个价格水平附近再次卖出，市场自然反弹上行。这次对熊市低点的试探，可以和前低一起形成一个完美的双重底，这个新的低点可能是更高的低点，也可能是更低的低点。这都没关系，它们只是同一个过程的不同表现形式。如果这个新的低点形成了一个更高的低点，有些交易员就会把它看作是一个头肩底的右肩，并往前寻找合理的左肩。如果找到合理的左肩，他们就会更加确信这是一个趋势反转，因为他们认为很多交易员都能识别出这个形态并且开始买入。不过，是否存在一个清晰的左肩对大多数交易员来说并不重要。重要的是要有一个强势击穿下跌趋势线的突破，再对熊市低点进行试探，然后反转上行进入一个上涨波段或一轮牛市。

无论市场顶部来自一个更高的高点，一个完美的双重顶，还是一个更低的高点，这都没有关系，因为他们都代表着相同的市场行为。市场冲击旧趋势高点，以衡量多空双方的力量，来判断是向上突破还是向下反转。在顶部有两次上扬：第一次是原趋势上行至本轮高点，第二次是在市场向下跌破上涨趋势线后对这个高点发起冲击。市场并不在乎这个双重顶有多完美；无论外观如何，所有对高点的冲击都会被认为是双重顶的变形。在市场底部也是一样道理。市场形成了一个趋势低点，然后一波强有力的反弹向上突破下跌趋势线。这个低点便是双重底的第一个底部。在市场向上突破下跌趋势线（价格因此走出了下降通道）并再次下行试探第一个低点后，市场反转上行，这个新的低点就成为双重底的第二个低点，这第二个低点有可能高于或低于第一个低点，也有可能和第一个低点持平。

传统的头肩顶或头肩底与它们在更高时间周期的微型版本的关系，对于所有微小形态来说都是相同的。例如，交易员在 5 分钟图上看到的双重底，在更高的时间周期图表中这两个底部仅仅相距两三根 K 线，构成了一个微型双重底。同样道理，如果交易员在 5 分钟图上看到的微型双重底，两个底部仅仅相距两三根 K 线，那么在足够低的时间周期图表上就会是一个完美的趋势反转形态，第一个底部之后的反弹向上突破下跌趋势线，第二个底部就是对前低的试探。事实上，每张图表上大部分可交易的反转形态，即使是小规模的刮头皮交易，都以微型的双重底或双重顶为开端，除非市场呈现出一个双重底或双重顶，否则大多数交易员都不会进行反转交易。一个微型的双重顶是在牛市中一次失败的突破，它不是一个失败的高点1、高点2，就是一个三角形买入信号，而一个失败的双重底就是一个失败的低点1、低点2或一个三角形卖出信号。这意味着这些反转是小级别的最终旗形反转（在第7章中讨论）。事实上，最终旗形是双重顶或双重底的变形。例如，在一个震荡行情的交易日中，行情出现一波含两个小波段的反弹，然后形成一个双内含线形态，交易员们就会开始警惕起来，市场可能形成一个最终旗形突破并且反转下行。在双内含线之前的上升尖形是第一波上扬，小规模的多头突破是第二波上扬。由于市场出现了两波上涨行情，即使两个高点不在同一水平位置，它也只是一个双重顶的变形。

预期市场行情将反转下行的交易员们会在某次突破的信号K线的高点处或高点之上做空，这次突破预期将成为一个最终上升旗形。当这个突破是一个微小形态时，他们会在信号K线的高点处或略高于高点上方限价做空。当这个突破是一个大级别的形态时，在更高时间周期的图表上就会呈现一个微小形态，有些交易员会把他们的限价单设置在这个更高时间周期图表上的信号K线的高点处或高点上方。随着市场一步步走出大家所认为将形成的最终上升旗形，其他交易员，还可能包括很多机构投资者，都会在这期间逐步做空。在市场底部，如双重底或微型双重底，他们的操作正好相反，因为他们预期这些双重底将变成下降小波段的最终旗形，并引出一波反转上行的行情。

请记住，所有的趋势都在通道内运行，除非出现一个对趋势通道的强势突破，否则最佳的选择是与任何试图突破趋势线的力量做对抗。除非行情强势突破了趋势线，否则大多数交易员都会把任何逆势交易视为一种简单的投机行为。在没有对趋势线突破的情况下，市场中强劲趋势仍然起着举足轻重的作用，交易员们会确保自己抓住每一次顺势交易的入场机会，并不在乎自己错过偶尔出现的逆势刮头皮交易。最大的胜算和最高的收益都存在于顺势交易当中。真正的 V 形底或 V 形顶没有击穿趋势通道线或没有引发行情反转是非常罕见的，所以我们不必要去考虑这些形态。交易员们应该把注意力集中在常见的形态中，如果他们错过某个偶然罕见的事件，市场总会有一波回调行情让他们有机会随着新的趋势启动交易。

单凭趋势线的突破并不能反转市场。它仅仅是第一个显著的特征，只表明逆势交易员的力量正逐渐强大起来，你得意识到你可能很快就得跟上他们的交易方向。但是，你首先应该继续顺势交易，因为在突破趋势线之后，还有一波对旧趋势极值的测试行情。在这波测试行情中，价格有可能略高于或略低于旧趋势的极值。只有当反转的入场条件在这次测试过程中有所发展时，你才能考虑进行逆势交易。如果反转的入场条件真的进一步成型了，逆势波动就应该形成至少两个小波段，甚至走出一轮新的反向趋势。

在牛市中，超越前高的行情一般引出三种结果：更多买入，获利了结，或做空。当趋势强劲的时候，强势的多头会通过在原先高点上方做多来推动他们的多仓，市场会走出一波可测量的上涨行情。如果行情在突破后上涨的幅度足够大，让交易员在回调之前有机会至少做一笔刮头皮交易，那么我们基本上可以认为有一批新的买方在高点处买入。如果行情开始一路横盘整理，那么就假设有人在这个位置上获利平仓，并且多头正在等待更低的价位来做多。如果市场猛烈地反转下行，那么我们就认为空头主宰这一轮新高，市场很可能下行至少持续 10 根 K 线以上的时间，并形成几个下降小波段。

有些交易员喜欢在市场呈现最早期的反转迹象时就入场交易，比如行情刚刚突破趋势通道的时候。但是，这些属于低胜算的交易风格。没错，虽然巨大的回报能够弥补所承担的风险及低概率的赢面，但大多数交易员最终只会因小失大，一边"捡着樱桃"一边又错过了"最好的樱桃"。面临所有的突破，我们都最好先等一等看看这个突破到底有多强势。如果是强势的，就伺机在回调时入场交易。这一理念适用于所有的趋势反转，甚至小规模的趋势，如大趋势中的回调，微型通道，尖形之后的通道，以及在宽阔通道内运行的趋势等。如果逆势的突破是弱势的，就伺机在反转尝试空手而回的时候进行顺势交易。如果突破非常强烈，并持续了很多根 K 线而且没有回调，就把它当作任何强势的突破一样，在市场新的趋势方向进行交易，又或者等待小型的回调，我们在第二本书第一篇讨论过。

如果没有发生一些罕见的轰动性的新闻事件，交易员们不会突然从极端的多头转向极端的空头。从多头到空头的转换是一个循序渐进的过程。交易员先是变得不太看涨，然后态度中立，再开始看跌。一旦足够多的交易员完成了这种转换，市场就反转进入一个深度调整行情或进入一轮新的熊市。每一个机构投资者都有其衡量市场是否过热的标准，在某些价位上，就会有足够多的机构投资者觉得市场已经走得过远。他们认为如果现在停止在原来高点上方买入的话，几乎不存在错过大幅上涨行情的风险，于是他们只在回调的时候买入。如果市场在原来高点上方表现得犹豫不决，出现了多空双方较量的局面，那么强势的多头就会利用新高开始兑现他们的持仓盈利。

获利了结意味着交易员们依然看涨，并且正在等待机会准备在回调时买入。大部分新高都伴随着获利了结的行为。每一个新高都是一个潜在的顶部，但大部分反转尝试都将无功而返并成为一个上升旗形的起点，它仅仅只是为了引出另一个新高。如果冲击高点的反弹行情在上升小波段中出现了几个小幅的回调，而大量反复震荡的 K 线，几根大阴线，K 线的上影线很长，大部分的阳线都显疲弱，那么市场就日益成为双向市场。多头们正在 K 线顶部获利了结，而且只在 K 线底部买入，而空头们开始在 K 线顶部做空。同样道理，多头们在接近牛市顶部时兑现盈利，而空头们却在这个时候加仓做空。如果市场继续创出新高，很可能就会出现更多平仓获利的多头和卖出的空头，市场便逐渐形成一段震荡区间或一个反转形态。

大多数交易员都不喜欢行情反转，如果他们预期将出现一个反转信号，他们更倾向于退出多头并等待这个信号到来。而这些多头在趋势最后上升小波段的退出使得冲击最终高点的反弹更加弱势。如果在市场向上突破原来高点之后就来一波强势的反转下跌行情，那么我们可以认为至少在短期内强劲的空头力量正占据着市场的主导地位。一旦发生这种情况，原本希望在小幅回调时再次买入的多头们就会认为市场将进一步下行。他们只有在行情出现更大幅度回调时才考虑再次做多，因此买方缺席助长了空头力量，他们带动市场下行陷入一个更深的调整，持续十几根 K 线的时间，而且通常包含两个回合或更多的下降小波段。

有一种情况是，牛市突破会常规性地遇到激进的空头，而这些空头通常都掌控着市场。回调是与当前大趋势反方向的小规模趋势，交易员们都预期它会很快结束并让大趋势复辟。而当强劲熊市发生反弹时，市场在小规模上涨趋势中往往会走出两个回合的上升小波段。当价格超过第一个上升小波段高点时，它就相当于向上突破了小规模上涨趋势中前一个波段高点。然而，由于大多数交易员都会把这波上涨行情看成是熊市的反弹并很快结束，在突破中占据主导地位的交易员通常都是激进的卖方，而非激进的新买方，或获利了结的多头，在反弹过程中向上突破第一个或第二个波段高点后，这个小规模上趋势将反转下行重新进入当前主要熊市的下跌浪潮之中。

情况在熊市创出新低时也是一样道理。当熊市很强劲时，强势的空头就会通过增仓做空使价格突破至新低，市场则进一步下跌直到触及某些可测量的盈利目标价位。随着趋势逐渐弱化，价格行为在新低处的目的变得没那么明显，这也意味着强势的空头正在利用这一新低区域兑现他们的做空盈利，而并非在这个区域中卖出增仓。随着熊市进一步丧失动能，最终强势的多头会把这个新低看作为建仓的好价位，并构建出一个反转形态和一波显著的反弹行情。

当趋势成熟的时候，行情通常都会转入区间震荡，但第一段震荡区间之后通常都会延续原来的趋势。强势的多空双方在趋势成熟时是如何操作的呢？在牛市中，当趋势强劲时回调幅度都很小，因为强势的多头都希望在回调时加仓买入。由于他们都认为市场在走得更高之前可能不会回调，他们开始持续不断地分批建仓。市场上有这么多大型投资者，他们在这个过程中寻找任何支持他们买入的理由，因此对应每一个可以想象得到的理由都有一些买入操作。他们利用限价单在价格下跌几个价位后买入，或者在前一根K线低点附近买入。他们利用条件单在前一根K线高点上方买入，或向上突破之前任意波段高点时买入。他们还会在任意阳线或阴线的收盘价处买入。他们把阴线看作是能够在更低价位买入的短暂的好机会，把阳线看作是市场将迅速上行的标志。

强势的空头也很聪明，他们很清楚市场目前的状况。和强势的多头一样，他们也认为不久之后市场将进一步走高，这时候不适宜做空。他们在一旁观望，并等待机会在更高位卖出。那么问题来了，价格要涨到什么程度才算过高呢？每个机构投资者都有其衡量市场是否过热的标准，一旦市场到达某个价格水平，足够多的空头机构投资者都认为行情可能不会再继续上涨，他们就会开始做空。如果大多数交易员都在同一个价格水平附近卖出，图表上便形成更多更大的阴线，而且很多 K 线都带上影线。这些都是抛压的征兆，它们告诉全市场多头力量已经逐渐减弱，而空头力量正在逐步增强。强势的多头最终在最近的波段高点上方停止买入，相反的是，它们趁着市场走出新高的契机开始获利平仓。他们依然是看涨的，但只会在回调时有选择性地买入。随着多空双方的较量渐渐激烈，下跌行情带来更多阴线而且持续更长时间，这时强势的多头就希望只在发展中的震荡区间底部买入，顶部伺机获利卖出。而强势的空头则开始在新高处做空，并且愿意逢高增仓。如果他们认为市场有可能反转上行并突破创出新高的话，他们也许会在发展中的震荡区间靠近底部附近兑现部分盈利，但依然坚持寻找在新高处做空的机会。在某些价位上，市场达到某种均衡状态，多空双方势均力敌，谁也不掌握主导权；慢慢地，空头占据上风，一轮熊市开启，行情沿着相反的方向铺展开来。

一轮长期的趋势往往拥有一波异常强大的突破行情，但这次突破有可能是一个衰竭型的高潮。举例而言，在一轮长期的牛市中，强势的多空双方都喜欢看到一两根大阳线出现，这些阳线越长越好，他们认为这是一个转瞬即逝的不同寻常的绝佳机会。一旦市场接近某个多空双方都想卖出的价格，比如一个可测量的盈利目标价位附近，或趋势通道线上，值得注意的是，如果这个波动是第二或第三次连续的买入高潮，他们就会在一旁观望。缺少来自最强势交易员的卖出操作，市场上产生了一个卖出真空，使行情出现了一两根相当长的大阳线。这个上升尖形恰恰是强势交易员们正在等待的信号，一旦出现这种信号，他们就会从四面八方涌现并开始卖出。多头们卖出平仓获利空头们卖出开仓，双方都和突破行情对着干。双方都在 K 线的收盘价处、或其高点上方、接下来的 K 线收盘价处（较弱的 K 线更甚）大举卖出，尤其这些 K 线都是阴线的时候他们的卖出动作更加激进。他们也在前一根 K 线的低点下方做空。当他们看到一根强劲的阴线，他们就会在这根阴线的收盘价处或其低点下方做空。多空双方都预期出现一波大型的调整，在调整行情持续至少 10 根 K 线并走出两个小波段之前，多头们不会考虑再次买入，即便行情真如他们所想的调整到位了，他们也会只在抛售力量看起来较弱的时候买入。而空头们也预期同样的抛盘现象，并不急于过早兑现盈利。

　　弱势的交易员们却对这个大阳线的看法正好相反。弱势的多头一直在场外观望，希望在一个单纯的回调处买入，却看着市场价格离他们越来越远，尤其看到这根 K 线那么强势而当天的交易时间就快结束的时候，他们很希望能确保自己赶上下一个上升小波段。而弱势的空头则过早地做空，还可能逐渐加仓，然后看到这根阳线上价格急剧飙升并突破新高，他们开始恐慌起来。他们担心买方在后续行情中仍然坚持不懈地买入，也跟着买回自己的空头头寸。这些弱势的交易员凭借自己的感性思维在交易，并与计算机程序做对抗，而计算机程序的算法里却没有感情因素这一变量。由于计算机控制着市场，弱势交易员的情绪化操作注定让他们在一轮超涨的牛市末端的某根大阳线上吃大亏。市场正在反转，但并没有成功突破。

　　一旦强劲的牛市开始了一些幅度相对较大的回调，这些回调总是表现为多个小型的震荡区间，因此看起来更像是震荡行情而非上升旗形。突破的方向变得没那么明确，交易员们也开始认为行情无论上涨或者下跌都是 50 到 50 的概率。新的高点是行情向上突破震荡区间的一次尝试，但大概率上它将会突破失败。反之亦然，一旦强劲的熊市开始了一些幅度相对较大的反弹，这些反弹看起来更像是震荡行情而非下降旗形；因此，新的低点是行情向下突破震荡区间的一次尝试，但大概率上它也将突破失败，并延续原来的震荡行情。

每一段震荡区间都处于牛市或熊市之中。一旦双向波动的行情构成一段震荡区间，多空双方的较量持续拉锯时，当前的趋势就不再强劲了。但最终在震荡区间里总会形成一次突破，如果突破上行且势头凶猛，则市场处于一轮强牛市当中。如果突破下行且势头凶猛，则市场处于一轮强熊市当中。

如果空头们有足够的力量将一波回调行情推至上涨趋势线和移动平均线之下，他们将有理由相信市场很可能不再继续走高，并且在原来高点上方积极地做空。而这个时候，多头们已经决定只在深度回调时才买入。于是一种新的思维定式在新高处占据主导。新高处已经不是做多的好价位，因为它不再代表多头的力量。是的，多头们在这个地方获利了结，但大多数实力雄厚的交易员却把新高看作是开始建立空头头寸的大好机会。市场已经到达临界点，大多数交易员已经不再寻找回调买入的机会，而是开始伺机在反弹时卖出。空头们掌握主导权，强势的抛售将很可能引出一波大型的调整行情甚至趋势反转。在下一波强势下推之后，空头们开始寻找更低的高点来再次卖出加仓，而原本习惯在回调处买入的多头们则开始考虑趋势可能已经反转，或至少会走出一波更大幅度的回调行情。他们不再期待出现一个新的牛市高点以了结他们的多头头寸，而是现在就开始在更低的高点处获利平仓，大型调整结束前他们不再准备买入。多头们知道大部分的反转尝试都将无功而返，除非空头们展示出能够将市场猛烈下推的实力，否则很多踩着趋势的浪潮一路直上的交易员并不会退出他们的多仓。一旦这些多头们见识到市场上令人印象深刻的抛压，他们才最终寻找反弹的机会退出多头。他们的卖单限制了反弹的幅度，他们的卖出，加上激进空头的做空，以及把之前第一回合的下跌看作是买入机会的多头在此处获利平仓，这一切行为将构成第二回合的下降小波段。

如果市场进入一轮熊市，上述过程将会反转。当熊市很强劲时，交易员们会在先前的低点下方做空。随着趋势逐渐弱化，空头们在新低处获利了结，市场很可能进入一段震荡行情。行情强势反弹至下跌趋势线和移动平均线上方之后，强势的多头在此处大举买入并试图控制市场。结果引出一波更大规模的熊市反弹行情甚至可能反转进入牛市。

当行情出现一波大的回调走势并且让交易员们怀疑趋势是否已经开始反转时，类似的情形也会发生。在牛市中出现一波深度迅猛的回调行情时，交易员们开始考虑市场是否已经开始反转。他们看着先前波段低点下方的波动，但这只是在牛市中的一次回调而非新一轮熊市。他们将观察市场跌破先前波段低点会发生什么情况。市场是否会下探至更深的空间，使之前以条件单形式在波段低点下方入场的空头获得盈利？在新低处卖方是否比买方多？如果确实是这样，那么这就是一个空头强势的迹象，而这波回调也很可能进一步下行。趋势甚至可能已经反转下行。

突破至新低后的另一种可能性就是市场进入一段震荡区间，这表明空头正在获利了结，而多头的买入热情也并不高涨。最后一种选择就是市场在突破新低后反转上行。这意味着强势的多头正在波段低点下方等着行情试探这一新低。这种迹象也表明突破至新低的下跌只是当前牛市的一个大幅回调。在上方较高价位入场的空头在此处获利平仓，因为他们相信趋势依然向上。强势的多头在此处大举买入，因为他们相信市场不会进一步下跌并将反弹冲击牛市高点。

任何跌破波段低点的突破行情，交易员们都会认真观察，寻找多头回归或空头掌权的证据。他们需要知道在新低处哪方的力量才是最强大的，并让市场行为做出决定。如果此次突破是强势的，那么新的卖出占据主导地位。如果市场的波动方向含糊不清，则空头获利了结，多头的买入热情也并不高涨，市场很可能进入区间震荡。如果突破后行情强势反转上行，则多头积极的买入操作是最重要的影响因素。

强有力的趋势通道线反转来自过分延伸的趋势，并且价格在反转穿过趋势通道的另一边并击穿趋势线后，行情往往能走得很远。反转后的第一次回调幅度通常很浅，市场正处于一个情绪化阶段，每个人都迅速达成共识，认为趋势已经反转。带着这份信心，交易员们变得大为激进，即使在最短暂的休整期也大胆加仓且不兑现盈利，从而使回调幅度一直保持很小的空间。

当行情强势突破了趋势线，通常在回调后都会有第二回合与突破方向一致的小波段。回调常常把价格拉回原来的趋势线附近，并对原趋势线进行测试，但你几乎总能找到基于价格行为的理由，以支持你尝试赶上回调期的第二个小波段，或甚至赶上新的趋势。击穿趋势线的波动越有力，回调后发生第二回合与突破方向一致的小波段的可能性就越大。如果对趋势线的突破并没能触及移动平均线，那么这次突破的力量就不足以反转趋势，所以先不要开始寻找趋势反转的交易机会。尽管价格突破了趋势线，但趋势依然强劲，你应该只做一些顺势交易。

趋势在反转中结束，逆势的行情波动突破趋势线，然后再对最终的趋势极值进行测试。测试过程中有可能出现行情超跌或超涨的现象，比如在新一轮牛市中深度回踩形成一个更低的低点，或在新一轮熊市中大幅反拉形成一个更高的高点，也有可能行情回踩或反拉的幅度不足，即在新一轮牛市中浅度回调形成一个更高的低点，或在新一轮熊市中小幅反抽形成一个更低的高点。测试行情形成一个完美的双重顶或双重底的情况是很罕见的。严格来说，超跌或超涨的波段是旧趋势的最后一个下降或上升小波段，因为这波下跌或上涨形成了原趋势真正的最低点或最高点。而回踩或反拉的行情则是新趋势第一回合上升或下降小波段之后的回调。测试行情经常由两个小波段组成（例如空头突破的双波段反弹）。

如果超涨或超跌的幅度太大，并处于一个过于狭窄的通道内，你就不应该考虑反转的可能。趋势很可能已经恢复了，而不再处于反转的过程中。相反，应继续等待另一次趋势线的突破，以及接下来对趋势极值的测试行情，再来寻找反转交易的机会。

对趋势极值的测试行情通常表现为某种类型的通道，当市场可能处于反转过程中时，通道的强弱程度显得尤其重要。例如，在强劲的牛市中，价格强势下行并大幅跌破上涨趋势线，交易员们将仔细研究接下来的反弹走势。他们想确定这波反弹是仅仅对牛市高点的测试行情，还是会强势突破高点并引出牛市中另一个有力的上升小波段。其中一个最重要的考虑因素就是冲击牛市高点的动能强弱。如果反弹在非常狭窄陡峭的通道内运行，没有回调，连续的K线之间几乎没有相互重叠，而且反弹在休整或回调之前就远远超过了牛市高点，就表明它的动能很强，牛市复辟的概率也随之增加，尽管前期价格强势下行并跌破上涨趋势线。相比之下，如果反弹过程中出现很多反复震荡的K线，几个大的阴线，两三次明显的回调，或者出现楔形形态，反弹的斜率明显小于原来牛市的上涨斜率及前期的下跌斜率，那么这次对牛市高点的冲击大概率会形成一个更低的高点或略高的高点，然后市场开始尝试另一轮抛售。市场可能正反转进入一轮熊市，或最低限度进入一段区间震荡的行情。

行情是有惯性的，一般趋向于维持原来的状态。这就导致大部分趋势反转都将以失败告终。就算真的成功反转了，市场也更可能形成一段震荡区间，而非进入反向趋势，因为震荡区间所需的推动力更小。在震荡行情中，以原趋势为交易方向的交易员们依然强势，但会受到反方向交易员的力量抵抗。比起市场主导权在多空双方手中发生快速转换的情况，这种逐步转变的可能性更大。但是，即使在震荡行情中，也存在大规模的可交易的逆势波段，交易员们经历十几根 K 线之后才能确定市场是已经反转进入反向趋势，还是形成当前趋势中的一个大旗形。

由于在趋势线突破后的逆势波动通常都包含两个回合的小波段，如果牛市反转形成一个更高的低点以试探熊市低点，这个更高的低点将成为第二回合上升小波段的起点。但是，如果它形成了一个更低的低点来试探熊市低点的话，那么这个更低的低点将成为牛市第一回合上升小波段的起点；在这个小波段之后，市场很可能发生回调，然后才是第二回合的上升小波段。在熊市反转中也是同样道理，更低的高点是第二回合下降小波段的起点，而对高点的冲击形成的更高的高点则是第一回合下降小波段的起点。

行情一切的波动都和展示在你面前的图表息息相关，而且在不同时间周期的图表上看起来不一样。如果脱离趋势线去测试趋势极值的小波段在 5 分钟图上只维持了两根 K 线的时间，交易员们不会把它视为主要的趋势反转，虽然这些小波段在 1 分钟图里持续了 10 根 K 线，并构建了一个完美的主要趋势反转形态。同样道理，如果一波上涨趋势持续了 60 根 K 线，然后出现了回调和测试行情，也用了至少 20 根 K 线的时间，它们可能在 15 分钟图里构建了一个主要趋势反转形态，但这波回调和测试行情在 5 分钟图里也用了至少 60 根 K 线，交易员们就不会把它称为"主要趋势反转"了。他们会寻求其他的形态。例如，如果突破上涨趋势线的回调行情经历了 30 根 K 线，那么交易员们会把它看作是一波下跌趋势（在上涨趋势中的所有回调都是小级别的下跌趋势），并等待行情向上突破下跌趋势线，然后主趋势上行。如果反弹行情也经历了 30 根 K 线，他们则把它看作是一波新的上涨趋势，并等待行情向下突破上涨趋势线，然后主趋势反转下行。他们意识到这些小波段在 15 分钟图上只占了 10 根 K 线并形成了主要趋势反转形态，但却不是在他们交易所用的图表上形成，所以他们所使用的术语仅适用于他们当前所用的图表。

每个入场条件平均下来大约有 40% 的机会能引出一个有较大盈利空间的波段，有 30% 的机会导致小幅亏损，30% 的机会产生小幅盈利。大部分入场条件的结果都是震荡区间而非反向趋势，但仍然有 70% 的概率能带来小幅利润。最佳的入场条件则有 60% 的概率能为我们带来有利可图的波段交易机会。

图 3.1 中所示的是一个主要趋势反转，其他很多例子会在本书的其他图表中给出。

上涨趋势线被突破后（主要趋势反转下行），如果趋势在更高的高点处反转下行，那么通常都会形成一个更低高点的主要趋势反转，为交易员提供第二次做空的机会。苹果（AAPL）这只股票的图表中既有更高高点的趋势反转，又有更低高点的趋势反转。一个主要反转通常都在趋势线被强势突破之后发生，这也是反向交易的力量愈发强大的证据所在。跌至 K 线 4 的弱势的下降小波段几乎没有突破趋势线，也远没有接近上涨趋势中最近一个更高的低点（K 线 2）。它甚至没能坚持把价格控制在移动平均线下方。但是，行情依然持续了很多根 K 线进行横盘整理，这表明空头的力量足以让上涨趋势休整好长一段时间。

K 线 6 就是趋势线突破后更高高点的做空入场条件，但由于跌至 K 线 4 的波段并不是那么强势，因而第二次下跌行情走到 K 线 9 就戛然而止了。

K 线 9 变成一个楔形上升旗形或一段上升通道的底部，并且是一个高点 4 的做多入场条件，它和 K 线 5 一起构成了一个双重底上升旗形。这里引出了涨至 K 线 10 的反弹。但上扬至 K 线 10 的这一段动能较弱，

第 3 章 主要趋势反转

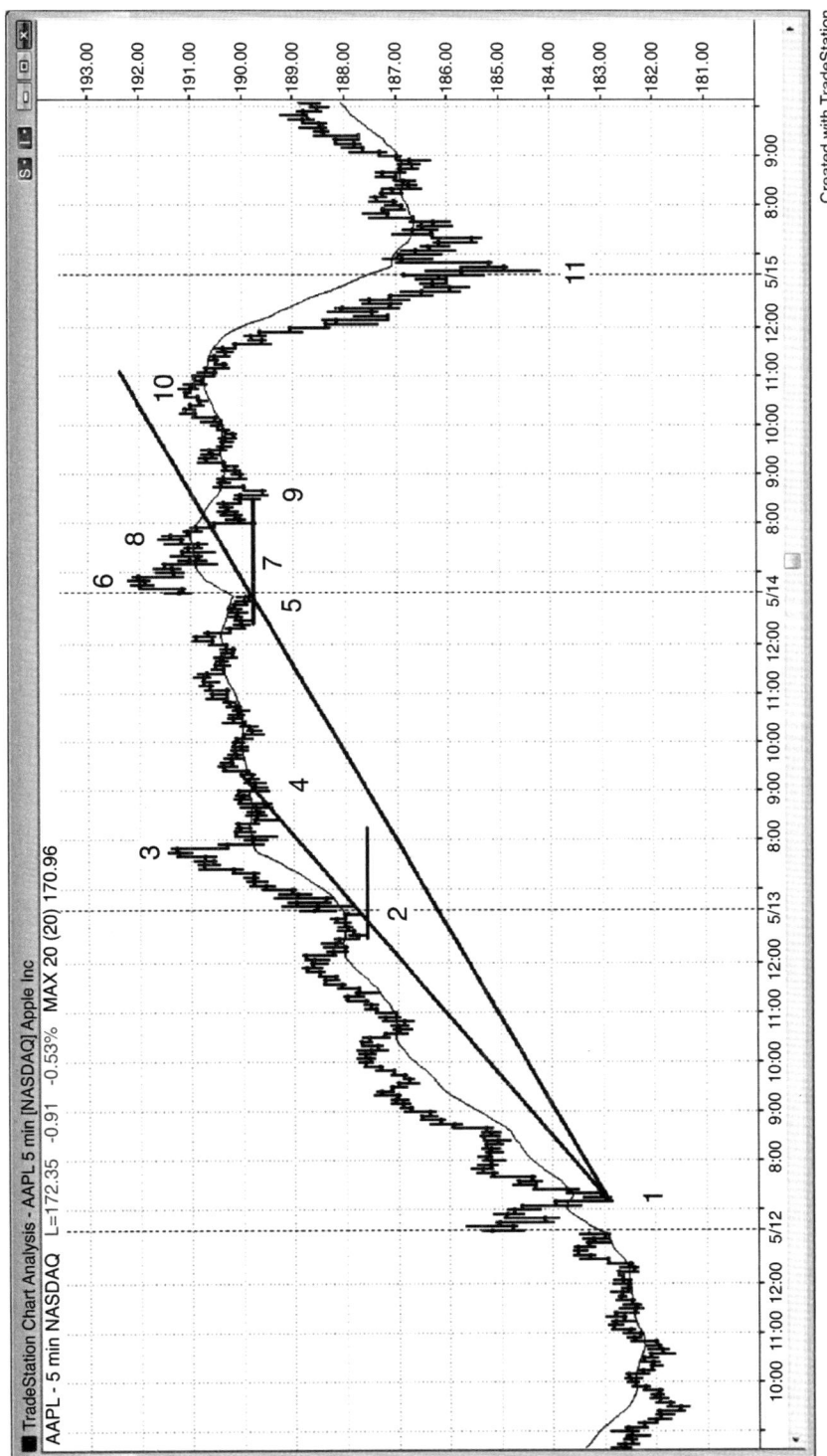

图3.1 更高的高点之后伴随更低的高点

是一个低点4的做空入场条件，也是一个楔形下降旗形，这个楔形下降旗形的第一波上推形成了在K线9低点之前的一个更低的高点。这也是一个头肩顶形态的右肩，但大部分头肩顶形态都以失败告终并演变成三角形或楔形上升旗形。但在这个例子中，它已经成为趋势线突破后的第一个更低的高点，并对上涨趋势的高点发起一波更低高点的冲击。

跌至K线9的下降小波段明确地向下突破了一条更长的趋势线、移动平均线和上涨趋势中最近的一个更高的低点（K线5），而在此之前还出现了一次急剧的趋势反转尝试（跌至K线4）。同时，这波下跌也没有接近上涨趋势线下方，或接近第一回合下降小波段中K线8的第一次回调，并没有对两者进行测试。所有这些都是趋势线突破足够强势的表现，并增加了再形成至少一个回合的下降小波段甚至一个真正趋势反转的概率。在上涨趋势的K线6顶部附近买入的多头，交易员见识了使价格跌至K线9的空头力量的强势，也看到了反弹至K线10的多头力量的疲弱，他们对这种价格行为感到失望。他们把这次价格涨至K线10的弱势反弹看作小亏退出多头的机会，他们也不愿意再次买入除非价格进一步下探。多头们在买入之前希望看到有力的信号，但却希望落空，他们只好坐在场边观望，看着市场一步步跌至K线11。

有些交易员喜欢看到行情反弹至更低的高点时出现61.8%的斐波纳契回调比例。然而，61.8%的回调比例从来都不是一个令人信服的精确数字，它很可能并不比60%、63%或70%的回调比例更靠谱，而且在交易日趋计算机化的今天，它也许更加失去了本身的价值。例如，如果有个交易员认为行情正处于一个下跌波段中，并在反弹50%时卖出，那么他可能面临价格涨至新高（K线6上方）的风险，其回报是获得试探K线9底部的做空利润。他的回报与风险均等，由于他把反弹看成是下跌趋势的回调，他的空头头寸至少有60%的成功率。如果市场回调至更高价位，则有一种观点认为67%的回调比例比61.8%更重要。一旦回调型的反弹比例超过50%，下跌趋势恢复的概率就会降低，比如说变成50%。胜率一旦低于50%，交易员们在做空交易中就需要更高的收益。由于他们把止损价设置在K线6高点上方，他们可能希望所得的回报至少是所承担的风险的两倍。这意味着他们也会在67%的回调比例处做空，因为对K线9低点的试探行情所创造的收益将可能是风险的两倍。

　　电子迷你期货的走势形成了一个更低的低点，然后走出一个更高低点的主要趋势反转形态（请见图3.2）。反弹至K线1的行情突破了下跌趋势线，而K线3对趋势低点的试探行情形成了更低的低点。试探更低的低点之后通常引出至少两个回合的逆势小波段，正如此图所示（以K线3为起点的上涨波段及以K线9为起点的上涨波段）。K线9是昨天突破主要下跌趋势线（被涨至K线1的反弹行情所突破）之后的一个更高的低点，它也是第二回合上升小波段的启动点，该回合完整的上升小波段有可能是整个上涨行情的终点。震荡行情比起反转进行反向趋势，是一个更常见的结果。

　　下降至K线7的通道（从K线5或K线6开始）比较强势。很多交易员在买入之前倾向于先等等看这波突破到底有多强势。K线7之后是两根相当长的大阳线，影线很短，在很多交易员眼中就算是很强的突破信号。在这个点位上，很多交易员认为市场已经转变为总在场内的多头状态，并等着在回调时买入。K线8之后的那根阴线尝试令跌至K线7的高点2上升旗形突破失败（第一个下降小波段在K线5之后的三根K线中结束）。空头们希望由K线6和K线8组成的双重顶能引出一波下跌行情。多头们则预期空头的希望落空，交易员们在对K线7低点的试探行情中买入，并在价格强势涨至K线5（K线4以及K线3之后的那根K线都足够强势，以至于让交易员们认为很可能发生第二回合的上升小波

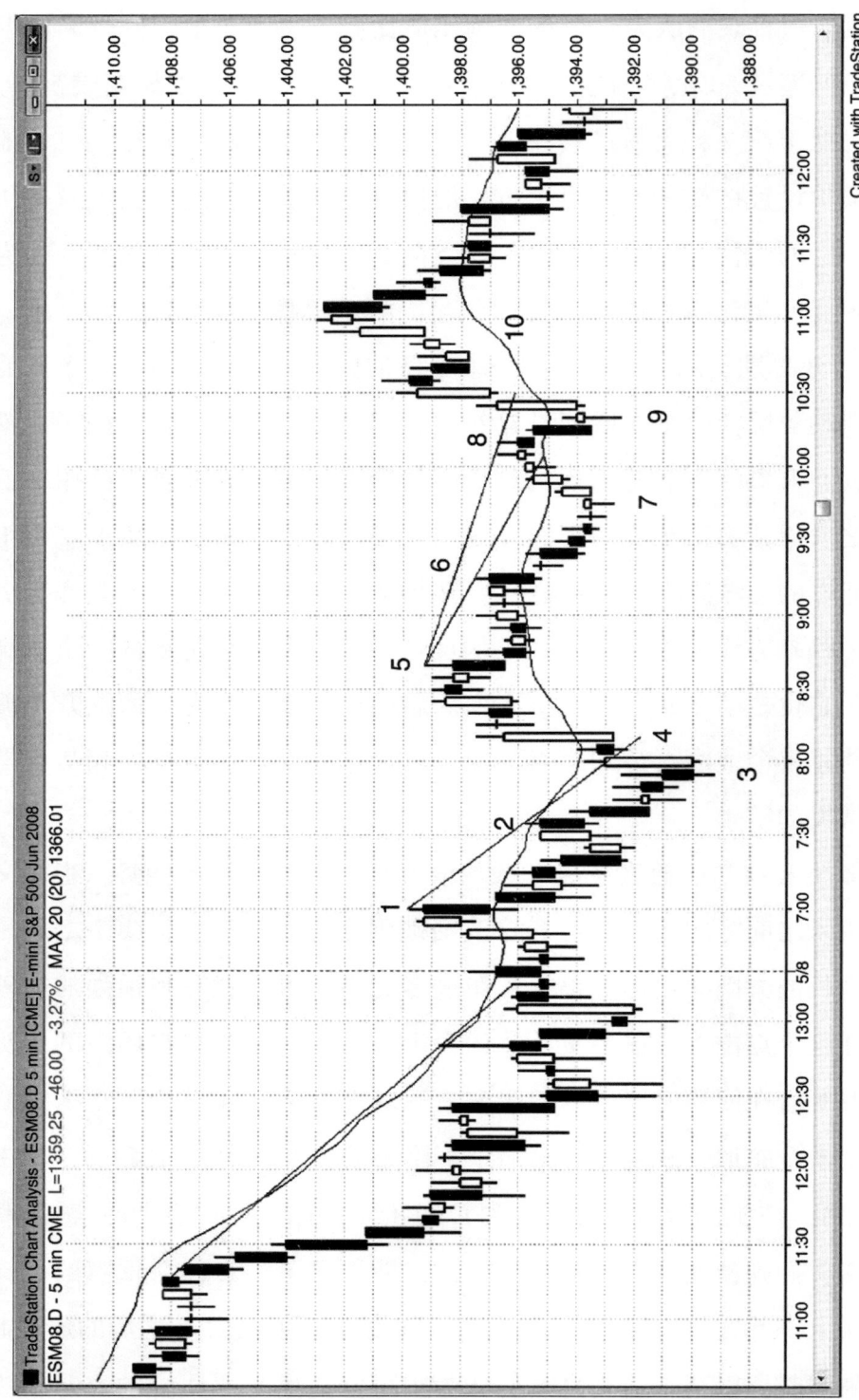

图3.2 更低的低点之后伴随更高的低点

段）之后形成一个更高的低点。K线9是一个更低的低点，行情向上突破后的回调型做多入场条件（与K线7组成一个双重底上升旗形），而多头们通常在K线9处大举买入。

K线9后面的那根阳线一举收复失地，超过了之前很多K线的最高价和收盘价，这是一个上涨趋势强力反转的迹象。它的收盘价与最高价分别高于自K线6起每一根K线的收盘价和最高价。这根阳线修复的K线越多，就表明上涨趋势的反转越强劲，行情持续上扬的可能性越大（买方愿意在更高价位买入）。

在主要趋势反转中最早期的入场机会往往看起来不是很强，比如K线3和K线9。这表示成功率常常低于50%。但潜在的回报却是最丰厚的，交易员盈亏方程式的结果通常为正。交易员们可以在买入前等待清晰的总在场内的多头反转，这样做通常能把成功率提高到60%以上。从这个角度来说，剩余的利润空间较小，而且风险通常会更大（保护性止损幅度在这个时候设置得更大），但交易员盈亏方程式的结果通常仍然趋向正数。例如，多头们可能会在K线3后面的那根阳线上方等待买入机会以完成一笔波段交易，或者在K线4的收盘价处做一笔刮头皮交易。他们也可能在K线9后面的第一根阳线及第二根阳线的收盘价处买入。

这是一个典型的主要趋势反转尝试很好的实例，它所展示的入场条件及行情背景都比较容易被人所接受，但整个向上反转的过程并不强势，所以最终形成一段震荡行情，而非牛市反转，这正符合市场上70%以上的情况。K线3这一更低的低点引出一波对K线1高点的测试行情，而K线1的高点很可能是这段正在演变的震荡区间的顶部。有些交易员在这里兑现部分或全部盈利，而有些交易员则继续持有，并预期行情形成另一回合的上升小波段，并在K线10处突破震荡区间失败后（阴线翻转向下，跌破K线10低点）离场。K线3这一更低的低点为刮头皮交易员带来一笔刮头皮利润,他们在 K 线 5 价格翻转向下时离场,K 线 3 也为趋势交易员创造了一次波段化收益(这个回报至少是风险的两倍),他们在 K 线 10 之后价格反转下行时离场。K 线 7 处做多怎么会亏损呢?作者说的应该是做空的情况吧?K 线 9 是一双重底的更高低点(高于 K 线 3),也是从 K 线 5 至 K 线 7 这一小规模下跌趋势(上升旗形)反转上行的更低低点,在 K 线 9 处买入的交易员们,在部分或全部平仓时能够实现至少高于两倍的风险的收益(波段利润)。

像这样的典型入场条件,实现波段化盈利的机会为 40%左右,有 30%的概率获得小幅利润,30%的概率触发止损价(小幅亏损)。从最终的结果看,它依然是一个有利可图的交易策略。在最强的入场条件里,实现波段化盈利的机会在 60%或以上,保护性止损单被触发并导致小幅亏损的概率可能只有 30%到 40%。由于交易员的盈亏方程式非常有利,所以这对所有交易员甚至新手来说都是一个绝佳的入场机会。

行情向下突破上涨趋势线,然后创出新高,在这种情况下寻找做空机会并不总是明智的。如果趋势线被突破后,创出更高高点的行情在原来牛市高点上方运行了至少五根 K 线的时间,交易员们在做空之前,通常应该等待价格向下击穿上涨趋势线的另一次突破,以及突破后冲击牛市高点的测试行情。如图 3.3 所示苹果(AAPL)股票的日线图,股价向下突破了上涨趋势线(实线 C)并跌至 K 线 11。然后行情在 K 线 13 处又反弹至新高。但这波上涨在非常陡峭的上升通道内运行(虚线 D 上涨趋势线是这个通道的底部),交易员们想做空的话得再等一等。不在第一次突破上升通道时做空是比较明智的选择。观察一下行情是否大幅或小幅反弹,是否形成一个更高的高点或更低的低点。市场横盘整理,在 K 线 14 处形成了一个双重底上升旗形(高点 2),一直没有出现突破后价格反弹的做空入场条件。价格推进至 K 线 13 的波段,是一个驱使牛市恢

第 3 章 主要趋势反转

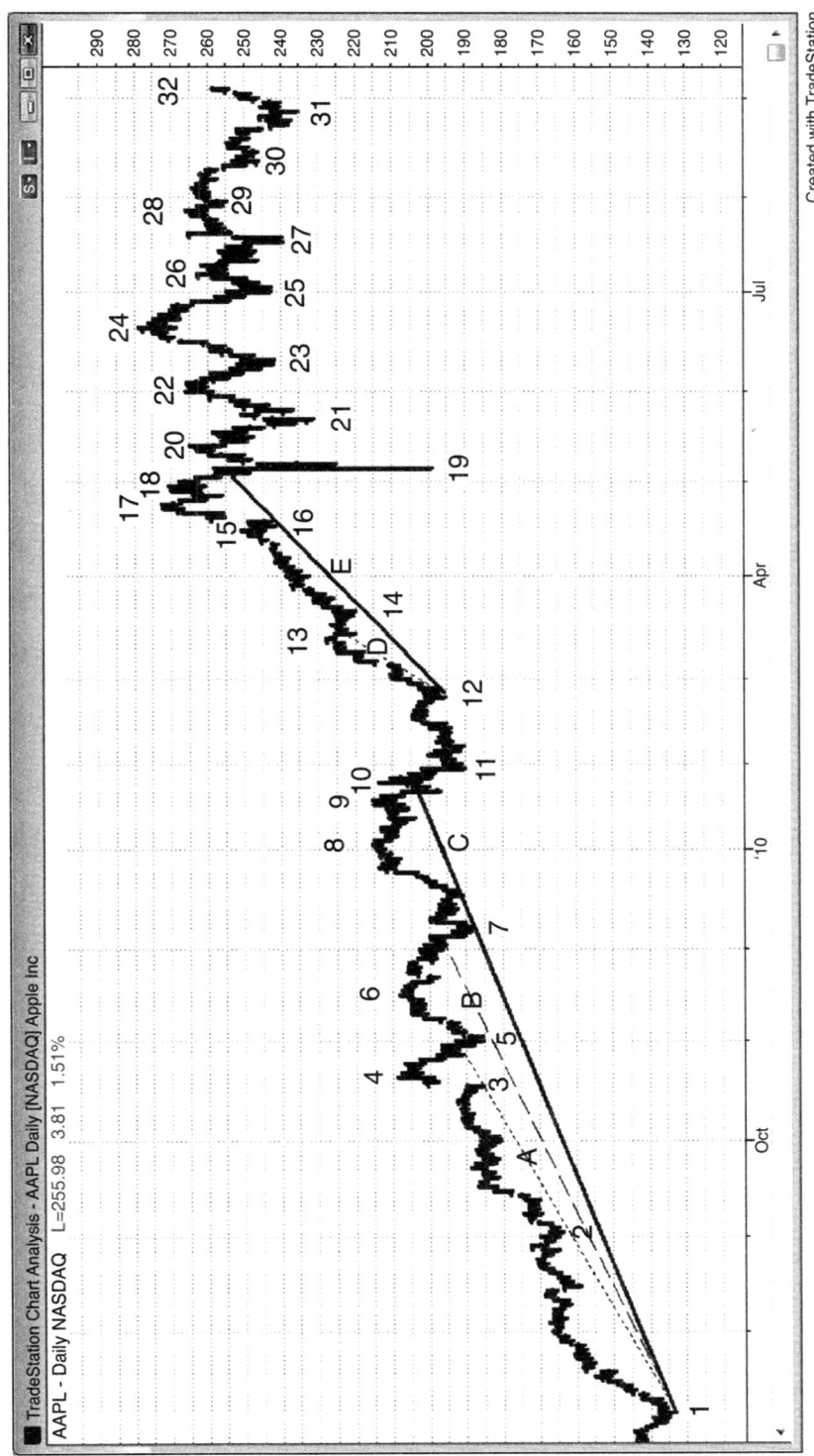

图3.3 仅仅只有趋势线突破并不足以构成反转

复的成功突破，而不是一个导致行情反转的失败突破。

从K线3到K线11，市场一直处于多头震荡行情，而从K线12到K线13的强势上扬突破了震荡区间这一大级别的上升旗形。这个创新高的波段坡度陡峭，K线之间几乎没有重叠，大概率会形成一个成功的突破，并走出一波可测量的上涨行情，而非趋势反转。一旦发生这种情况，我们又可以开始寻找反转的信号了。等待趋势线突破，比如下探至K线19的那波下跌，然后等待行情反弹至一个更高的高点构成双重顶，或一个更低的高点以冲击牛市高点。虽然从K线19开始出现了几个可交易的波段，但K线19本身就是一个向上的反转高潮（价格急速跳水又剧烈飙升），反转高潮之后通常伴随着一段震荡行情。这段区间震荡正是多空较量之地，造成K线19处急速跳水的空头继续在震荡区间里做空，并试图建立一个下降通道，而在K线19低点处买入的多头继续在震荡区间里做多，尝试构造一个上升通道。顺便提一句，在多头眼里，K线19只是市场向上突破K线8和K线9之后的一个大规模突破测试行情。K线19跌破了K线9的突破点，突破缺口被回补，但由于后来市场又快速反弹向上，因此它依然算是某种类型的突破跳空。

跌至K线5的波段突破了虚线趋势线A。K线6是一个合理的双重顶做空入场条件。

跌至K线7的波段突破了虚线趋势线B。涨至K线8的波段是一个陡峭的上升通道，所以我们最好等待行情向下突破趋势通道，并观察是否出现反弹以便做空。

K线9处的双波段上扬构成双重顶，这是一个可接受的做空机会。

K线10是一个双重顶下降旗形，是另一个做空入场条件。

K线19很明显是由某些新闻事件（2010年的闪电崩盘）导致的，但这并不重要。更重要的是这期间和这之后哪一方掌控市场。K线19是对

K线4和K线12之间这一震荡区间中点测试的一部分（同时也测试了从K线11开始到K线17这一通道底部）。很多交易员都预期突破行情会得到测试，市场一旦开始快速朝测试的方向发展，如K线19所展示的那样，最强势的多头就会开始认为市场可能会下探至震荡区间的底部。那么认为市场会进一步下跌时他们应该怎么做呢？如果能在更低的价位买入，那么在K线19刚开始时就买入是不合理的。这种买方缺席的情况导致市场被快速卷入一个卖出真空当中，多头们相信跌到一定程度价格会碰到某个支撑位。即使认为市场下行时期依然存在做多的价值（你知道这点是因为市场之后会快速反转上行，飙升的价格几乎覆盖了整根K线），他们也会等待市场进一步下跌直至触及某个支撑水平。当看到市场提供重大利多的时机将转瞬即逝，多头们就会立刻涌现出来，以波涛迅猛之势大举买入。空头们同样看到这种现象，于是迅速买入平仓获利了结。当再没有人卖出时，市场便开始强势反弹。专门捕捉市场动能的交易程序加速了行情的下跌和反弹，它们探测到市场上很强的动能，并在动能前进的方向上不懈地交易，直到动能放缓才开始获利离场。类似这样的尖形在趋势中很常见。但是，正如图3.3中所示，对通道底部的测试通常引出一段震荡行情。价格的急速跳水和剧烈飙升，容易造成市场局面非常混乱，最终导致行情在多空双方的较量中反复震荡。

如果对低点的试探行情动能过强，那么市场将形成另一个下降小波段的可能性要比反转上行的可能性更大。在图3.4中，GS的股价向上突破了下跌趋势线A，但从K线11开始的这一波下跌在一个陡峭的下降通道内运行，它同时试探了K线8的趋势低点。比起尝试在K线13或K线14上方买入并期待行情下探失败进而发生趋势反转，交易员们更应该考虑GS的股价是否已经成功突破下行至更低的区间。跌至K线13和K线14的两波行情都表现为陡峭的下降通道，而不是低动能的回调式下跌。

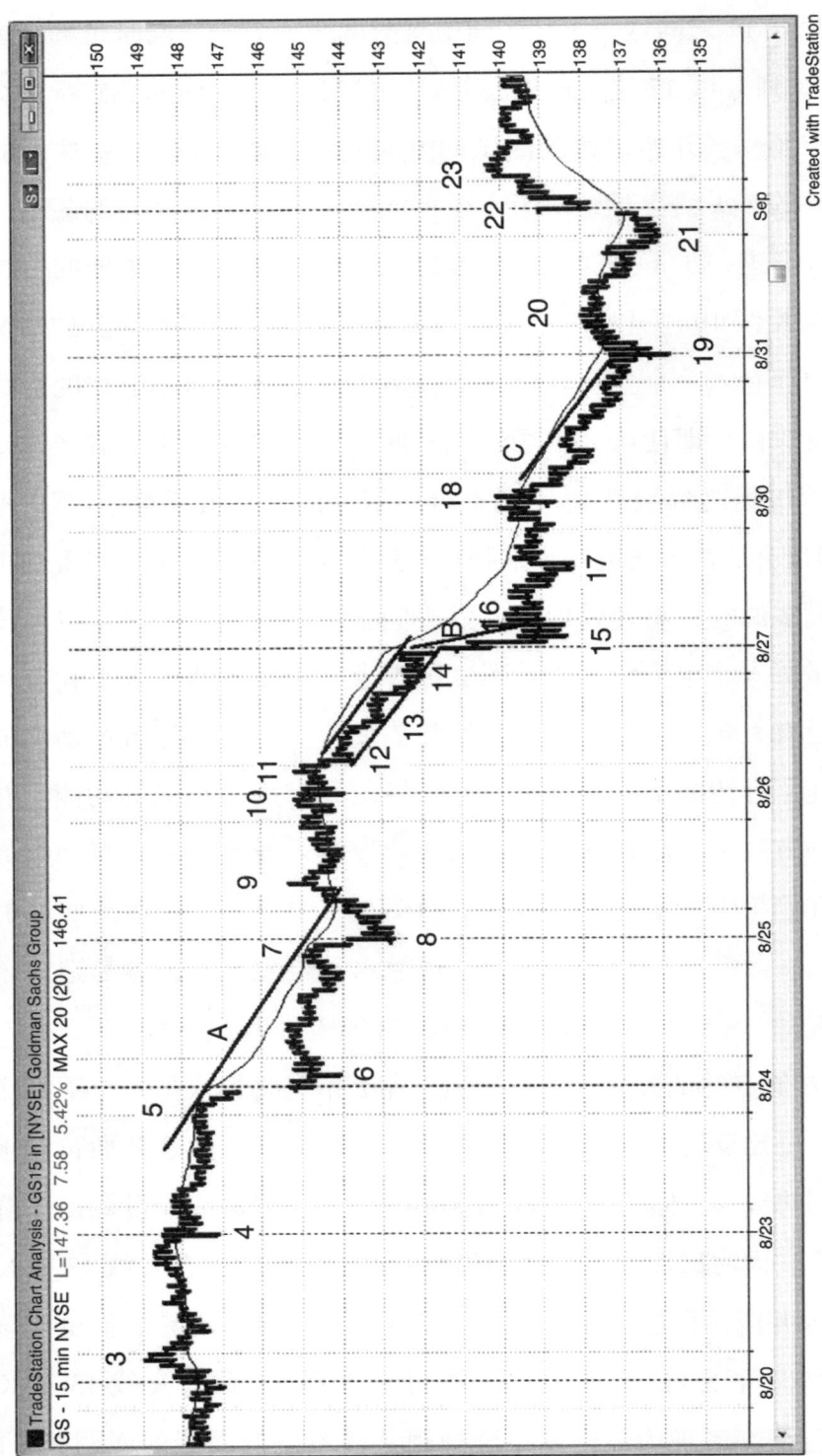

图3.4 如果测试行情过于强势,则继续等待

一旦出现这种现象，我们最好是等待价格下一次向上突破下跌趋势线，然后看看是否形成突破后的回调。如果是，那么它就是一个浅度或深度回踩低点的趋势反转上行的做多入场条件。

一旦市场跌破 K 线 14 的楔形（K 线 12 和 K 线 13 就是价格跌至 K 线 12 之后这个下降通道内的头两次下推），价格就快速跌至 K 线 15，这期间跌幅可测量出来（跌幅与从 K 线 12 到 K 线 14 的楔形高度一致）。

价格推进至 K 线 18 的震荡区间突破了陡峭的趋势线 B，但市场再次在一个陡峭的下降通道内逐步下行，而不是以低动能的形式试探 K 线 17 这一趋势低点。

反弹至 K 线 20 的波段突破了下跌趋势线 C，并在 K 线 21 处形成更高低点的做多入场条件。跌至 K 线 21 的这波下行是由三个小波段和很多反复震荡的 K 线构成，这表明市场多空双方正在此处较量。这段时间动能较低，行情更容易尝试走出一个更高低点的主要趋势反转形态，而不是突破下行形成另一个下降小波段。

当市场处于一轮强趋势时，3 分钟图上将出现很多反转尝试（如图 3.5），1 分钟图上我们还能看到更多这种尝试。在 5 分钟图上出现明确的反转信号之前，如果你选择观察 1 分钟图或 3 分钟图，那么你应该将每一个反转尝试当作顺势交易的入场条件来对待，比如上图所标示的下降旗形就是我们所说的反转尝试。这张 3 分钟图上的五次反转尝试，每一次都能吸引多头的买入热情，他们想着自己所冒的风险很小，而且万一捕捉到一个 V 形底反转高潮的底部，就能获利非常丰厚，然而，天上掉馅饼这种事十分罕见。与其加入他们的行列，不如想想他们在哪里不得不止损出局，然后在这个价位上挂一个卖出条件单入场做空。你将成功地把他们账户里的钱源源不断地转到你的账户中去，这恰恰正是我们交易的主要目标。例如，只要多头们在 K 线 1 前面那根反转阳线上做多

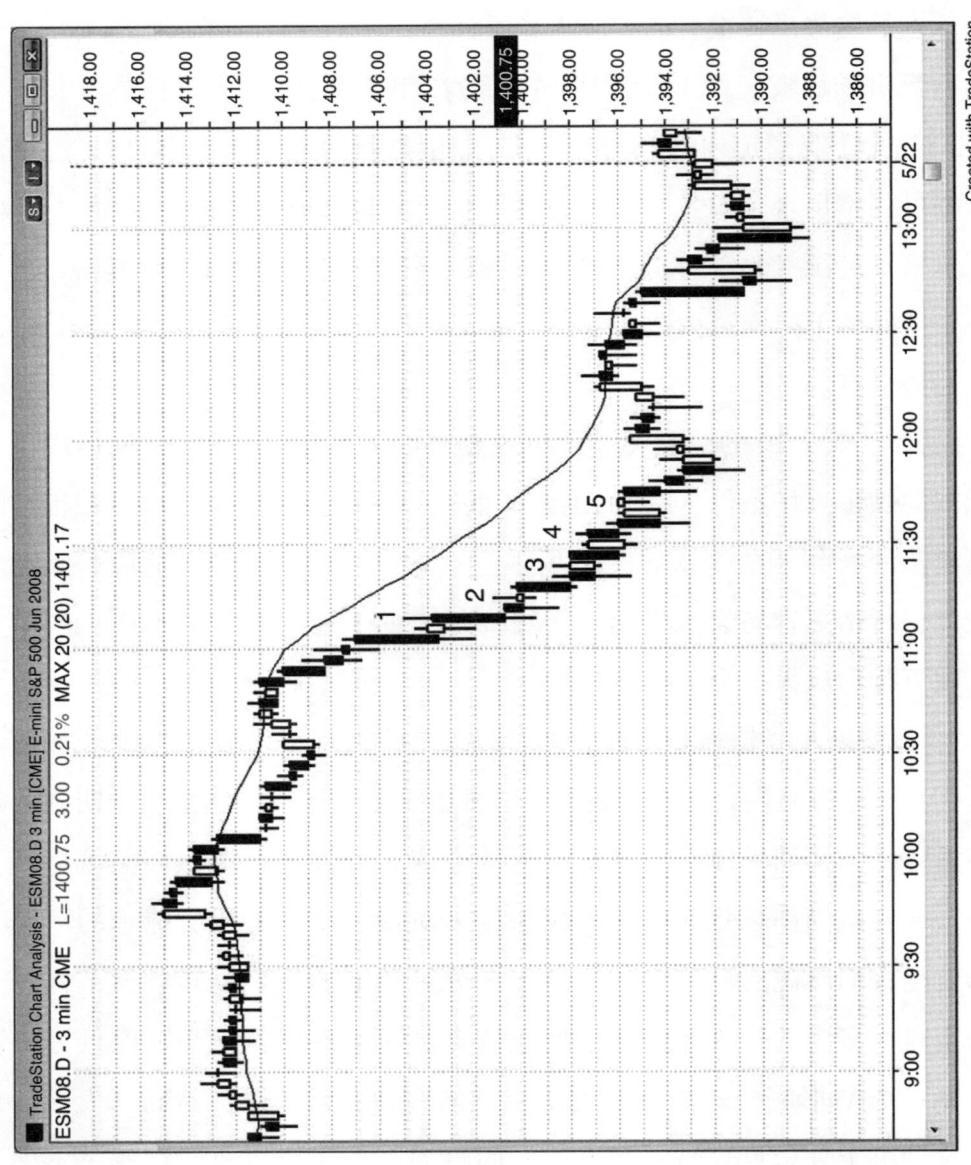

图3.5 切勿在更小时间周期的图表上寻找反转机会

（这波跳水式的下跌行情没有出现原趋势线的突破，我们不应该考虑介入多头），聪明的交易员就会在这根信号 K 线下方低一个价位的地方以条件单的形式做空。和所有下降通道的操作手法一样，你也可以在前一根 K 线的高点处挂限价单做空。如果限价单没有成交，就应该改挂条件单在每一根回调 K 线的低点下方，以确保自己的空头入场。

K 线 4 上的做空条件位于多头入场的阳线下方，因为这根入场 K 线收盘时，多头们会收紧他们的止损幅度。这根多头入场阳线就是空头的信号 K 线。当前正呈现趋势性行情，空头们的大部分仓位将都获得波段化盈利。

K 线 5 是一个双内含线形态，它往往作为一个反转形态出现（但前提是要求前期行情突破趋势线），而且通常是在含两个小波段的逆向走势之前形成的一个最终旗形，如图中的例子所示。这种形态代表了多空双方的力量天秤，而行情突破则是这种平衡被打破的表现。市场上一般来说都存在一股强大的力量把价格拉回之前的平衡状态，而且通常还使天秤倾向另外一边。但由于整个过程没有出现趋势线突破，那么这里能成为有效入场机会的唯一突破只有空头突破。不过，双内含线形态的宽度刚好足以突破小级别的趋势线，所以之后在几根 K 线内的任何向上反转行情都是一个有效的多头入场机会。

有些激进的交易员转向更小的时间周期图表以寻找让他们顺势交易的入场条件。例如，如果交易员正在交易电子迷你期货，看到 5 分钟图上出现迅猛的抛售行情，想要去寻找做空的理由，他可以转去观察如图所示的 3 分钟图。一旦看到行情走出五根或以上的连续阴线，他预期在急速下跌后的第一次反转尝试将空手而回，于是在前一根 K 线的高点处挂限价单做空。当价格超过前一根 K 线的高点时，他就在 K 线 1 上成功建立空头头寸了。

图 3.6 是图 3.5 所示下跌行情的 1 分钟图，K 线的编号和图 3.5 一致。K 线 C、D 和 E 都是两个下降小波段和小规模的趋势线突破后有效的逆势交易入场条件；每个入场机会都是一笔可盈利的做多刮头皮交易。虽然这些都是可能的交易机会，但我们很难再去看第二张图表并如此快速地发出交易指令，如果你只用 5 分钟图进行趋势交易，很有可能获得更丰厚的收益。当一天的交易结束后，整个图表展现在你面前时，一切看起来都似乎非常容易，但知易行难，真正实战操作时并没有那么简单。如果你准备基于 1 分钟图来进行做空，那么所标号的五根 K 线就提供了顺势（与 1 分钟图和 5 分钟图的趋势方向一致）做空的入场机会，让你的持仓获得波段性的盈利。

K 线 1 是小级别的尖形顶部，但由于它形成于下跌趋势之中，行情没必要对其进行测试。不像 C 和 D 这两个尖形底部需要测试。下跌趋势中的尖形底部通常都会得到测试，而我们从图表看出事实也正是如此。

价格推进至 K 线 4 的横盘整理行情包含了两个小波段，并突破了连接 K 线 1 和 K 线 2 高点的下跌趋势线。为什么交易员们不能在行情试探 K 线 C 低点的时候买入呢？因为下跌趋势线应该被价格强势向上突破才更有效。而走向 K 线 4 的这次横盘整理行情很弱势，它甚至没有触碰移动平均线。如果它触碰了移动平均线，就可能形成一个 20 根跳空 K 线的做空入场条件。下跌趋势对于希望做多的交易员来说太过强劲，交易员们应该在这段时期以做空为主。

以 1 分钟图来交易可以让你的止损幅度更小，但风险降低并不代表某笔交易值得我们去做。请牢记交易员的盈亏方程式。风险减小意味着获得盈利的机会也随之降低，事实上成功率下降带来的损失大于小幅的风险；总而言之这是一个赔钱的策略。

第 3 章　主要趋势反转

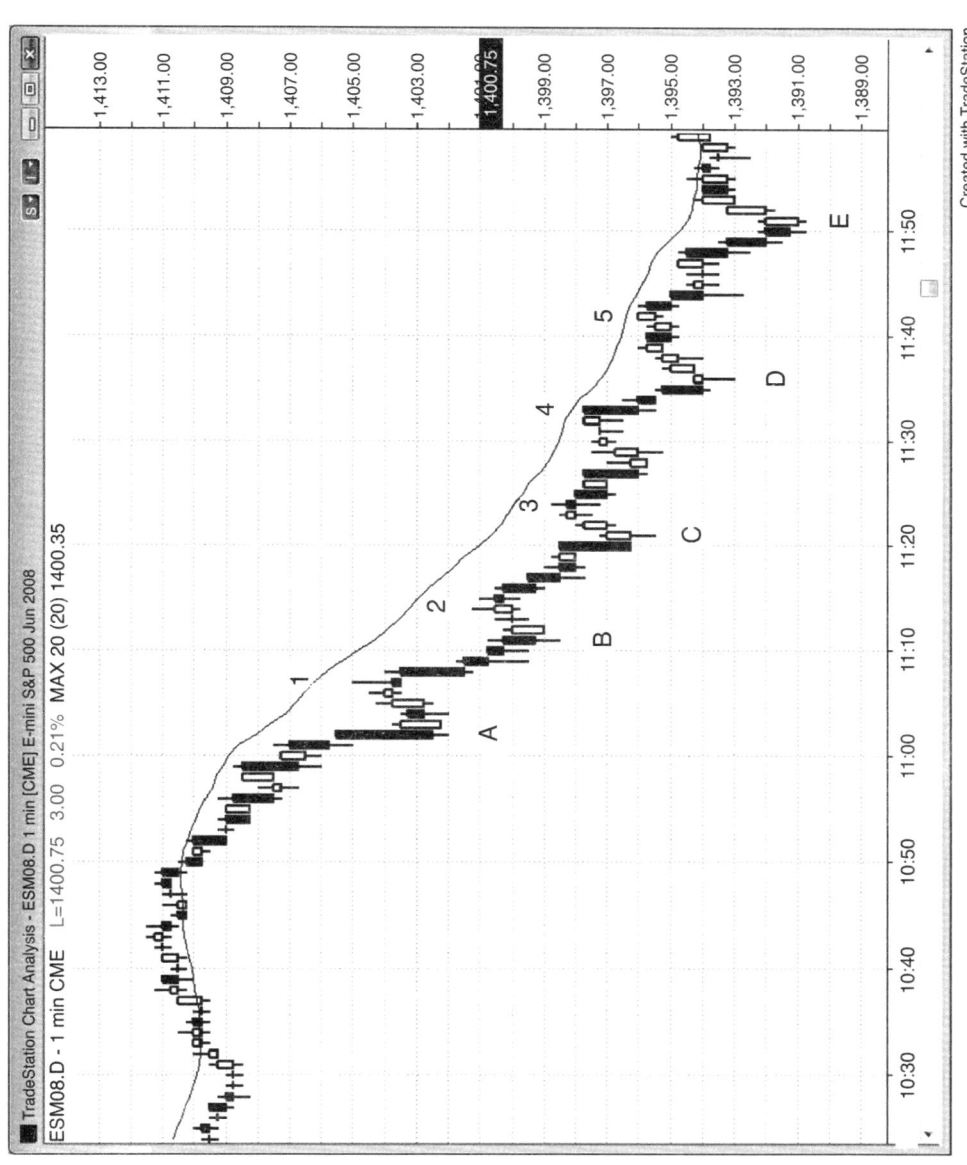

图3.6　更小时间周期的图表只适用于顺势交易

图 3.7 是 5 分钟图（未给出图表）上一波强烈上涨趋势的 1 分钟图。在这个图形上做空是很困难的（六个做空的入场条件，没有一个能产生 4 个价位以上的收益）。不去看 1 分钟图，只在 5 分钟图上寻找顺势交易机会会更加有利可图，且心理压力不会太大。观察 1 分钟图上的做空信号唯一说得通的理由，就是寻找顺势交易的入场机会。一旦触发做空信号，就看看保护性止损价应该设在哪里，然后把买入的条件单挂在那里，因为被套的空头在买入止损时会把市场推向你多头头寸的目标盈利价位。

大部分存在交易机会的反转形态都至少以一个微型双重底或双重顶、传统双重底或双重顶、最终旗形反转为开端，而最终旗形也可以被看作是某种类型的双重底或双重顶。如图 3.8 所示，预期行情将反转下行的交易员如果认为某根信号 K 线将变成上升小波段中的最终上升旗形，不论当前的入场条件是高点 1、高点 2 还是三角形，他们都会在这根信号 K 线及其上方挂限价单做空。当他们预期行情将从下降小波段中反转上行时，他们就会在某根信号 K 线及其下方挂限价单做多，他们认为这根信号 K 线很可能成为下降小波段的最终下降旗形（低点 1、低点 2，或三角形）。微型双重底的示例在图中为 K 线 1 和 2、K 线 5 和 6、K 线 16 和 17（K 线 15 和 16，但入场信号没有被触发），以及 K 线 19 和 20。微型双重顶的例子为 K 线 3 和 4、K 线 10 和 11，以及 K 线 13 和 14。K 线 8 是 K 线 7 单 K 线最终旗形之后的反转，并与 K 线 4 组成了双重顶，它也是下降通道内更低的高点，以及三角形中的低点 2（K 线 6 是低点 1）。

行情从震荡区间上部下跌了一段可测量的距离后，K 线 17 的低点在这里形成了一个小级别的楔形，在这个点位上，当天很可能会是一个价格呈趋势震荡的交易日。K 线 17 也是市场向下突破 K 线 15 后面的双内含线最终旗形后所形成的一个双波段更低低点，它与 K 线 23 组成了一个双重顶。

第 3 章 主要趋势反转

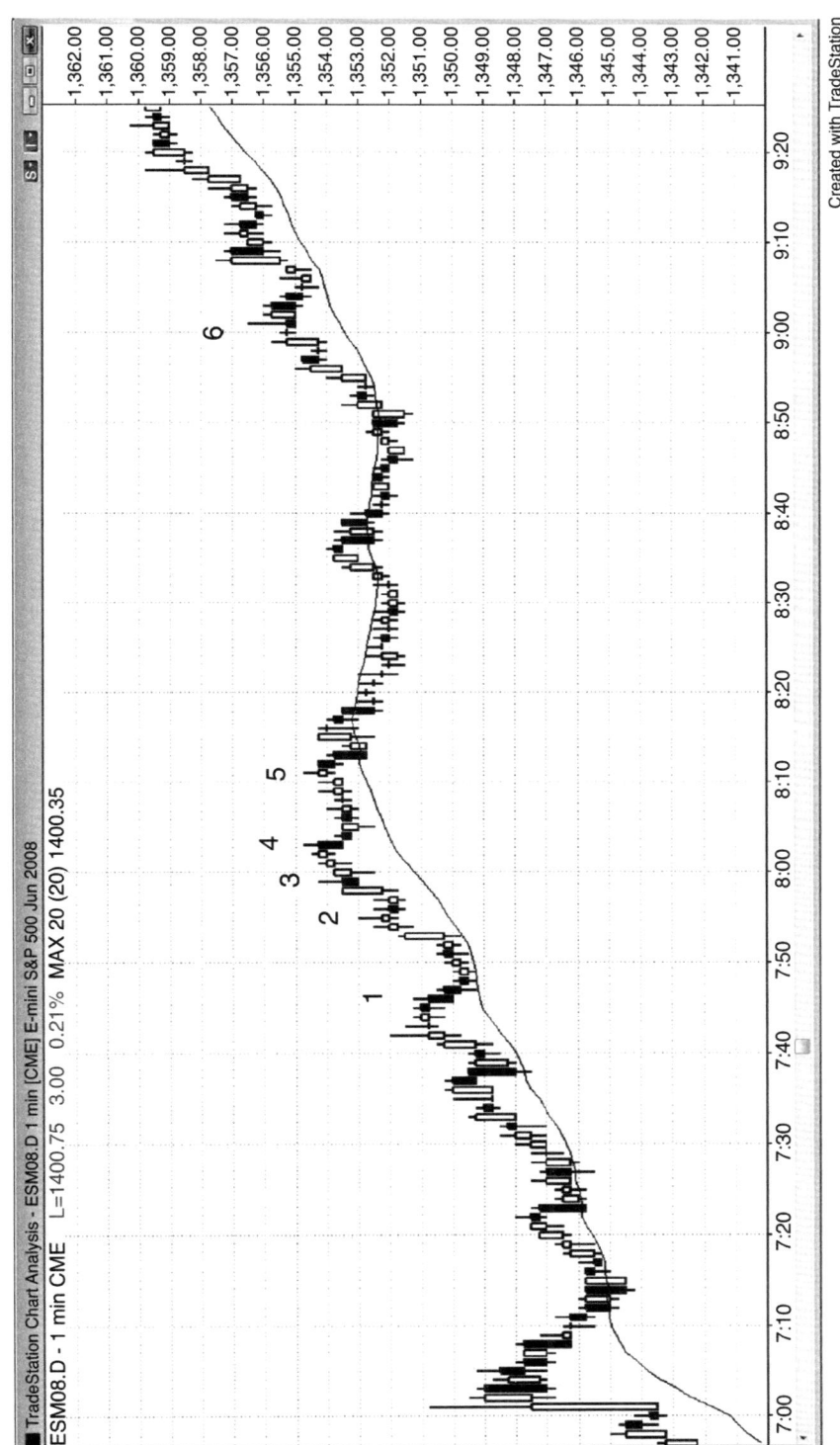

图3.7 更小时间周期的反转都是无效的

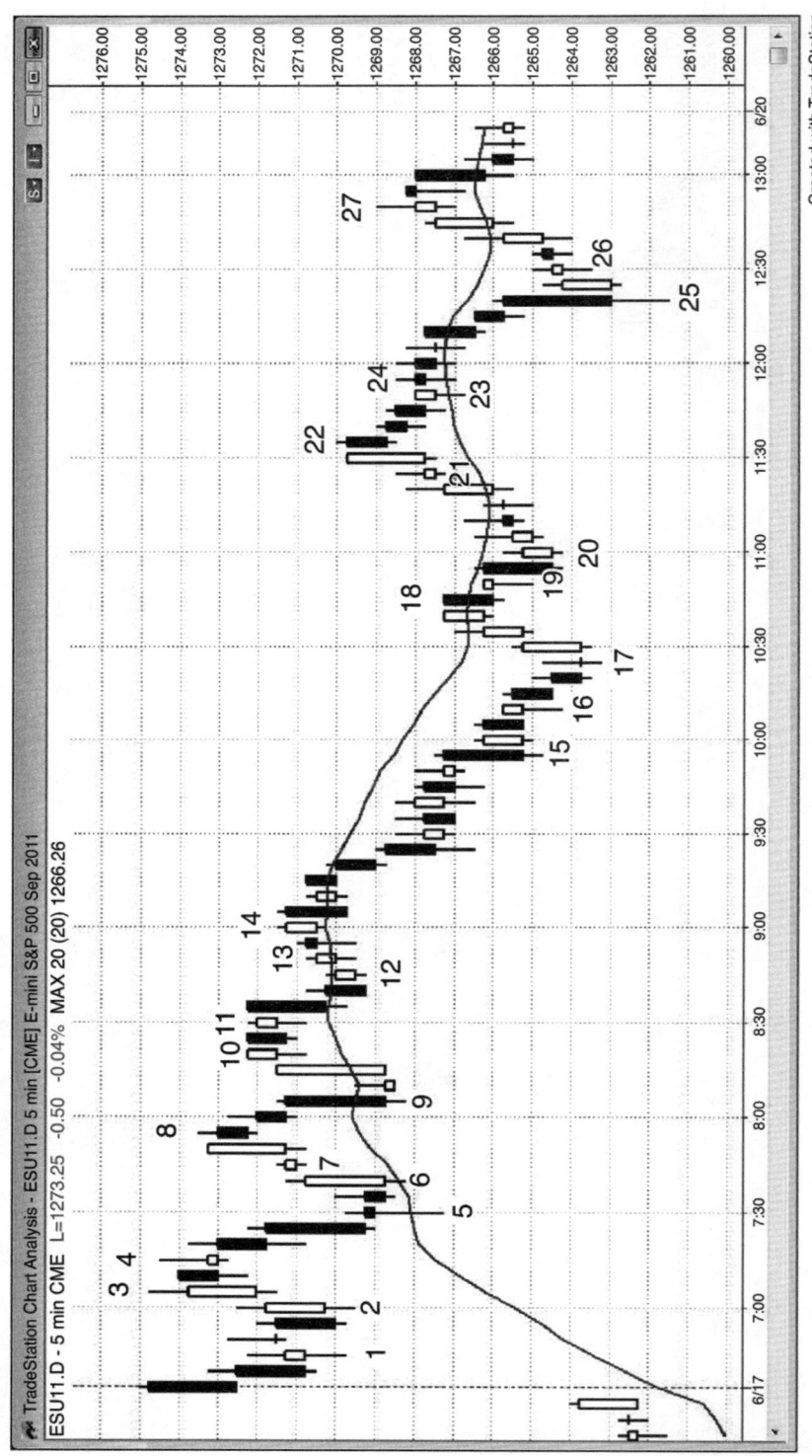

图3.8 微型双重底和双重顶

日内反转往往来自更大级别的形态，而不只是来自微型双重顶和双重底。K 线 22 是一个包含了两个回合上升小波段的反弹高点，它测试了三角形的顶点（这个三角形出现这个趋势震荡交易日的震荡区间上部，被 K 线 14 后面的四根 K 线所突破）。K 线 25 是一个抛售高潮，也是一个双波段突破至 K 线 22 后的回调行情，并形成了更低的低点，涨至 K 线 22 的波段突破了以 K 线 17 为结尾的上升旗形（从开盘下跌至 K 线 17 的整个过程是昨天一个大型向上跳空和一波巨型反弹之后的回调，因此整个波动只是一个大级别的上升旗形）。

价格跌至 K 线 9 后，与 K 线 6 构成了一个双重底上升旗形。K 线 27 与 K 线 24 构成双重顶，双重顶的第二回合上升小波段以 K 线 25 的低点为起点。K 线 27 是一个微型双重顶的第一根 K 线，因为它后面的那根 K 线下影线很长，这表明市场先下跌，再上涨。这个十字星内含线的顶部与 K 线 27 的高点形成了一个微型的双重顶，激进的空头在它的下方做空，这是预期行情将向下突破微型双重顶的交易员的入场机会。

尽管 K 线 25 的抛售高潮非常引人注目，但它只是一个更高时间周期图表上的微型双重底（在 60 分钟图上，它是一个三 K 线长的微型双重底）。当 K 线 25 正在形成的时候，尤其是它向下突破了 K 线 17 的低点，机构投资者预期市场触底，并逐步增持多仓。他们认为突破将以失败告终，因此市场提供了短暂的机会以便在非常好的价格买入。他们控制了市场方向，如果足够多的机构投资者都预期市场已经见底，他们的买入便会使市场真正形成底部。涨至 K 线 22 的双波段反弹向上突破了下跌趋势线，K 线 25 的抛售高潮形成了更低的低点，它成为主要趋势反转上行的底部。这波反弹又持续了两天时间。

仅凭市场形成了一个双重底或双重顶，并不足以构成进行反转交易的理由。交易决策必须以大的行情背景为基础。例如，在 K 线 27 处的双重顶前面是六根向上的 K 线和一波强力的抛售高潮，所以预测市场可能很容易进入横盘整理的行情。

有几个小级别最终旗形反转的例子，这些小级别的最终旗形反转跟在低点 1 和高点 1 入场条件后面，结果形成了微型双重顶和双重底。多头们把 K 线 1 后面的十字星 K 线看作是弱势的低点 1 价格向下突破后的反弹型卖出信号。他们在这个十字星的低点及其下方买入，预期行情形成一个多头开盘反转和当日低点。这个十字星成为下降小波段中的最终下降旗形，K 线 2 与 K 线 1 低点则形成一个双重底。

K 线 3 后面的内含阴线是一个高点 1 的买入信号，但很多交易员认为如果市场一直把价格维持在开盘时的双 K 线下降尖形的顶部下方，就可能形成一个双重顶，然后向下突破。空头们在这根内含阴线的高点处做空，并预期它将会是一个失败的高点 1，同时也是一个单 K 线最终旗形和一个双重顶。

K 线 5 后面的内含阴线是一个价格向下突破后再反弹的卖出信号 K 线。多头们认为对移动平均线的测试行情将会稳定在移动平均线之上，而这根内含阴线将变成一个单 K 线最终下降旗形，并引出一波从移动平均线开始的双重顶反转上行行情。于是他们在这根下跌信号 K 线的低点处买入。

第4章 巅峰反转：
行情高潮后的急速反转

市场总是在不断地寻找新的突破机会。然而，在新的突破出现之后，市场又试图使每次突破以失败告终。这是我们做出每笔交易时都必须面临的基本事实，也是我们做交易所围绕的核心事实。每一个趋势K线都代表着突破，如果突破行情得以延续，突破就很可能成功；而如果突破失败，行情接下来就很可能反转。即便是V型反转这一类的急速反转行情，也可以简单地解释为突破尝试以及尝试失败的结果。对一个交易者来说，他评估一个突破会成功还是失败的能力，是影响他以交易为生的生涯成功与否的一大因素。这个突破会成功吗？如果答案是肯定的，那就朝着这个方向进行交易。如果不是（如果它是一个失败的突破，随后行情将会出现反转），那就往相反的方向进行交易。所有的交易都可以用这种方法来进行决定。

许多人将高潮的定义局限在一个大趋势的结束时的趋势性行情的反转。然而对于交易者来说，更有意义的一个宽泛定义是，任何一种即将不可持续的行情都可以叫作高潮，不管接下来是否会有趋势的大反转出现。高潮的级别可以多小呢？就像我在这一系列的第一本书的第二章所说，但任何一根趋势K线都可以当作一个小高潮，虽然很多小高潮都不会带来大的行情反转。但任何一根趋势K线或者几根趋势K线的组合中，K线主体相对较大，这就是高潮，虽然大部分的交易者不会这么想。当市场强烈的趋势行情遭遇哪怕一点中断，例如出现暂停K线或是反转K线，这时高潮就结束了。一根大的趋势K线也可以当作是一段小高潮。大部分的高潮行情后都会出现一根或几根K线的区间震荡形态，极少会出现急速反转行情，而且一般来说，趋势倾向于在震荡休整后持续。"巅峰反转"一词用来形容高潮过后行情立即出现反向大反转的情况，它标志着突破的全面失败。例如，如果在牛市中出现了区间震荡，然后市场开始从顶部下跌，下跌浪形成了一个下跌趋势通道，也可以看作是牛市中的上升旗形。此时，如果市场出现了一根甚至多根向上突破下跌趋势通道上沿的K线，那么牛市中的上升旗形突破信号形成。这时，如果市场再度出现下跌，即便这次开始下跌的点位比前一次来说较低（这一次的买入高潮并没有创前一次的新高，市场仍然处于震荡区间内），这次也仍然可以叫作巅峰反转。当市场进入高潮行情，基本面的交易者经常会把这个市场当作是一个拥挤的交易市场，这意味着他们相信太多的人已经入场持有仓位，所以将不会有太多的交易者留下来继续推动这个市场向这个趋势继续移动。举一个例子来说，如果整个市场的上涨趋势呈现出抛物线特征，则基本面的分析者则会认为参与这个市场的交易者太多了，所以他们认为需要等待市场回调的机会再买入。不过，他们并不会马上做空，即便他们知道接下来的回调幅度并不小。买入狂热推动市场出现巅峰反转的例子还有2006年的美国房地产泡沫，2000年的科技泡沫，以及1637年发生的郁金香狂热事件。这些例子都是关于投资的傻瓜理论的证明，你在一个高点买入，同时期望着有人会比你更傻地在更高的点买入，这样你就可以在卖出头寸的时候获利。但一旦这个市场上不再有这样的傻瓜了，市场将只会向另一个方向发展，而且经常是以非常快的速度发展。现在来看，中国和巴西有可能会形成这样的市场泡沫，因为他们的市场发展速度非常惊人，而这种速度是不可持续的。在目前来说，这些国家市场上涨速度惊人的很大原因是因为动能交易者的驱动，而并没有得到基本面的足够支撑。一旦市场开始获利了结，行情的反转将会非常迅速和深刻。当巅峰反转发生的时候，投资者将会变得非常的恐慌，因为那时他们只想着在离开的时候可以保住哪怕最小的利益，并希望避免较大的损失，而这正是跟其他所有的巅峰反转行情出现的情况一样。

有些时候，当市场处于一种非常强劲的趋势的时候，经常会出现趋势性的K线，这种K线的主体非常大，波动的价格范围也非常大，而且通常是从一个最低点或者最高点开盘，然后收盘价在K线的另一端。举例来说，假设现在市场开始抛售，一个下跌的趋势K线开始形成，它的开盘价是当日的最高价，收盘价是当日的最低价，K线的主体和价格范围都是下跌趋势中最大的一部分，是其他下跌K线的平均两倍以上。这根K线可能代表着最后一批多头的绝望。这时，他们已经没有耐心等待反弹机会离场，而是市价卖出离场。他们最后还是决定放弃，愿意以任何价格离开。当最后一批多头离场后，市场上的新增空头也逐步减少了。机构参与者将不会留在这个点位卖出，因为他们已经以更高的价格卖出了。实际上，他们已经在这根趋势K线的底部获利了结，甚至开始反手做多。一旦交易者开始反应过来现在已经没有新增做空力量后，那么这个市场将会在接下来的几根K线开始大幅度的反转上涨。不过，如果这根下跌的趋势K线代表着一个或多个支撑位的突破，那么在大反转之前，价格会继续向下移动一定幅度。

巅峰反转的重要组成部分之一是因为市场突然缺少了多空某一方的力量所造成的真空效应。举个例子来说，如果这个市场正在加速向上涨趋势通道的上沿进攻，有一些机构空头认为市场可能很快出现反转，但也许市场在多转空之前，价格还会继续上涨甚至突破趋势通道线。所以，可想而知，如果他们明知市场会突破上方的趋势通道线，他们怎么会在当前的时间点做空呢？他们知道市场会走高，有更好的做空价位，所以他们此时做空是不明智的。他们到底会怎么做呢？他们会等待，而对于机构多头来说也是同样的道理。他们的目标是部分甚至全部抓住这一上涨趋势产生的利润，因此如果他们认为市场还会上涨，那么在市场到达一个无法突破或者至少是当时无法突破的阻力位时，他们才会开始卖出。这意味着市场上有一些强大的做空交易者并没有在做空，而一些很强的做多交易者也没有获利平仓，这种暂时没有卖盘的情况会给市场带来一种真空的状态，并一直促使市场的上涨，直到某个点位，这时空头认为可以做空，而多头也开始希望获利平仓。程序化交易一般会在一开始检测到这种快速趋势的时候就迅速不断买入，直到这股上涨趋势开始衰减。因为这些程序会持续地且不受阻碍地发出买单，并将市场推向最高价位，所以上涨趋势将会更加强势和快速。但是如果一旦市场到达了一个点，在这个点上做空交易者认为做空是有价值的，而做多交易者则认为市场不可能再上升的更高，回调即将出现，例如在突破趋势通道线上方几个点后。这时将会发生什么呢？在这个时候，市场上强劲的机构做空者将会坚决而有力的卖出自己手中的头寸，而一直坚持做多的强劲的做多交易者也会在这个时候卖出他们持有的头寸，因为他们认为现在的时点卖出可以得到不错的收益，而程序化的购买程序也会捕捉到之前向上的势头的衰退，从而卖出他们手中持有的头寸。既然这个点是一个非常好的获得收益的卖点，它就不会持续太长的时间，所以做多交易者和做空交易者都会抓住这个短暂的机遇疯狂地卖出手中持有的头寸。正如他们预想的，接下来市场将出现更低的价格。鉴于目前市场上大部分交易者都在卖出，整个市场将会急转而下，并持续至少 10 根 K 线和一些小波段。在新的点位上他们会判断回调是否已经结束，如果他们认为回调已经结束，做多交易者会继续买回他们的头寸，而做空交易者会平仓获利，而如果他们认为市场还会进一步回调，那么他们就不会买入，市场还是会继续下跌。

与强势的机构交易者不同，处于弱势的交易者经常进行相反的操作：当市场快速上涨时，一直空仓的弱势多头交易者最终追涨进去了，而亏损很厉害的弱势空头交易者实在是无法忍受亏损，平掉他们的空头头寸，不切实际地担忧市场会进一步上涨。而有经验的交易者可以像机构交易者一样的交易。比如，他们可以在一个很强的上涨趋势 K 线的收盘价卖空，或者比这根 K 线的高点更高，例如在接下来的一到两根 K 线的收盘价卖出。这种情况下，有经验的交易者一般会设置与这根趋势 K 线主体大小一样的止损幅度。如果他们等待着一个熊市反转，并且在下跌趋势 K 线的低点还要低的地方挂条件单卖出，那么他们就会在这根下跌趋势 K 线的高点处面临着止损风险。当然，他们也可以通过适当地放宽几个点位来获得更宽的止损点位，但是如果他们这样做的话，他们需要适当地减少他们头寸。

强势的做多交易者在上涨加速时也会继续加仓，因为他们也相信整个市场会继续上升。但是，在某些点位上，他们知道市场涨幅过大，太迅猛了，只有一个很短暂的时间窗口能让他们卖掉手中持有的头寸从而获得暴利。如果他们没能及时卖出，则一开始市场小幅的回调可能会变成彻底的反转，从而他们将会失去以很高的价格离开这个市场的机会。所以，他们一定会抓住这短暂的机会卖出他们手中的头寸。在他们疯狂地获利了结的同时，大的机构做空交易者也在疯狂地卖出头寸，这将会使整个市场将迅速下滑一两个，甚至几个区间段，而这就是一个巅峰大反转。市场上的做多交易者还是想在价格低处买回自己的头寸，如果他们预期这次的反转将会失败，但是如果他们没有能力将市场拉回到原来的上升趋势时，他们会再一次卖出他们手里的头寸。已经在更高的点位卖出头寸的做空交易者依然会在这个点位继续卖出，他们和做多交易者在交易的两侧相互博弈以图决定接下来的市场走向。如果空头交易者胜出，市场将会出现一个大转折点，并从市场的顶部区域形成一条熊市的趋势线急转而下。如果多头交易者胜出，市场将会出现另外一种通向牛市的转折点，并向多头行情的巅峰高点进发。

　　市场价格的峰值经常是一种趋势力量与反趋势力量的博弈的测试。向上的多头趋势也是由一系列的高点和低点构成，而这些点都可以由峰值构成。如果市场在多头趋势发展时出现加速上涨，然后出现一段抛售性回调，由于目前市场趋势是向上的，那么市场很可能会挑战前一个波段的高峰值，但回落时并不会挑战波段的低点峰值。牛市中的上涨浪只是趋势向上的一个波段，之后出现的回调，也一般会演变成牛市旗形并且只是一个比前一低点相对较高的低点，一旦牛市的趋势开始延续，市场价格将不会再度下探这些低点。这些道理也同样适用于在熊市中的趋势，这些趋势由较低的高点和低点构成。最近形成的新的低点，不管它是不是某种意义上的峰值，都将在经历一波回调之后被市场检验并超越，而任何的反弹，不管它是否会变成大牛市中的峰值或者只是平稳的向上发展，都有可能会演变成为熊市的标志，或者是另外一个更低的高点，而这些价位通常都不会被市场再度向上触碰。很多人往往会认为在熊市的趋势中才会发生最强的反弹，而只有在牛市的趋势中才会引发最大的抛售，这个想法被广泛接受，但实际上并不正确。但是，虽然它并不正确，但它却给了我们一个很重要的启示，即与趋势相反的回调往往会非常的强劲以至于让许多的交易者都相信整个趋势都已经开始反转。所有的回调，不论是向上的还是向下的，不论是在牛市的趋势中，还是在熊市的趋势中，甚至只是在震荡区间，都仅仅是一种考验趋势交易者和反趋势交易者决心的工具。市场的回调通常好似要将趋势拉向相反的方向，但它们通常缺乏持续性。大的交易者往往会希望这些看似要反转的尝试，因为他们知道这些尝试大多数都是会失败的。一直到反趋势交易者创造出一个趋势交易者大量参与并强烈反击反转的市场点位时，趋势交易者通常才会取得成功。他们认为这些迅速的反趋势的价格变化将是创造趋势交易的最好的时机，这个在市场中短暂而迅速的回调时机，将带给他们最优惠的价格来进入市场。

每一次市场的小回调都是一个小的市场趋势，甚至从拉开时间的长幅来看，所有的趋势又何尝不都是一次小小的回调呢？包括1987年与2008到2009年的股市崩盘时期，也不过是每月的多头趋势线上的一次回调而已。所有的逆趋势的转折点都应该被看作是有着真空效应的回调，而这些回调一般都会伴随着试图改变当前趋势的反趋势K线的出现而结束。比如，如果市场在牛市上涨行情中的5分钟K线出现了一个很强烈的熊市回调，但是市场又很快反转为牛市趋势，不管你是否会立即发现，但这就会在市场的低点形成一个支撑区域。多头交易者一直在观望等待市场重新达到一个他们认可的点，而且在这个点购买的机会将是稍纵即逝的。他们清楚地知道，大部分的反转尝试都是枉然的，而且很多反转的尝试伴随着强烈的熊市趋势信号K线。他们打赌因为市场上的交易者对于反转交易已经充满信心所以后续不会再卖出，所以他们会在一个趋势区间结束而另一个趋势区间形成的时候疯狂买入头寸。因为市场上已经没有做空的交易对手方，所以市场会上升好几个价位区间，结束回调并重新开始进入牛市的趋势，而聪明的做空交易者也会察觉到这个规律，从而利用这个机会获利了结。

市场总是尝试着反转（虽然大部分的尝试都将以失败告终），一次成功的反转需要交易者们坚持确信市场上的一贯趋势确实出现了反转。市场上有一些拐点总是因为没有得到交易者足够的坚持，而最终没有形成真正的反转点。但是这些点往往会让交易者怀疑市场一贯的趋势将会反转，但是如果后续交易者的坚持与跟进不足，市场上这些反转的尝试依然会失败。多头交易者将这些回调的点视为一个买入的最好时机，而已经在熊市趋势区间的市场底部区域或者更高的区域卖出的做空交易者也会意识到整个反转正在朝着失败发展，所以他们会迅速地买回做空的头寸，在重新获得市场的控制权之前他们会选择一直在场外观望。结果就是在五分钟的K线图上你可以看到一个市场的底部，这个底部像所有的发生在高位的支撑处的底部一样，会像一条牛市趋势线，也可能会像移动平均线，甚至会像沿着牛市的底部衍生出来的一条熊市的通道线。你必须记住，如果这个五分钟的反转非常强烈，那么交易者将会在这个反转的区间大量购买，无论他们是否在日线或者时线图上看到了支撑的力量。但是即使他们在时间更长的K线图上看到了支撑的力量他们也不会在低点处再购买，除非他们在5分钟的K线图上发现有证据表明正在形成一个底部。这意味着他们其实并不需要通过看不同的时间趋势图来找到支撑区域，因为5分钟的K线图已经告诉了它们这个区域会在哪里。但是如果他们愿意去分析多种时间长度不同的图，他们就可以在市场趋势之前看到支撑和阻力水平，并且在市场朝着趋势发展的时候就在5分钟的K线图上找到可以行动的点。但如果他们仅仅依靠5分钟的K线图来行动的话，图表的信息也已经足够。

股市交易者经常会认为牛市中的加速下跌带来的峰值有着很大的价值，并经常在此处大量购买。虽然他们在购买股票之前也会寻找支持他们买入的一些市场价格行为依据，但他们依然喜欢在股票出现大幅急速下挫后的底部买入，特别是当市场下跌到牛市趋势线的支撑位，或是其他技术上的支撑区域时，比如震荡区间的底部区域。他们之所以购买这些股票是认为这些因为一些新闻事件影响的股票只是暂时的被市场低估了，而他们相信这些股票不会长期的偏离市场价值。他们并不介意这些股票的价格跌得更多一些，因为虽然他们也不确定市场回调的底部在哪里，但是因为他们相信市场很快就会纠正错误，股价马上就会反弹，所以他们才愿意在市场抛售的时候购买股票。

高潮，简单的定义，就是在交易者看来超买或者超卖了的行情。高潮可以是一根趋势K线，也可以是由一系列较少重叠的趋势K线组成的线，它可以在市场出现突破时或者趋势开始时出现，也可以在趋势开始一大段之后出现。市场价格会在高潮之后出现暂停，随后趋势可能会持续，也可能会反转。如果在一个较大的趋势之后立即出现急速反转，那么这个市场正在尝试着反转，这种巅峰反转可能体现在两根相反的趋势K线上，而这两根K线可能只在更高或者更低的时间图表上才能看到。举个例子来说，如果有一个已经持续了20多个K线的牛市趋势，迎来了整个趋势中最大的一根牛市趋势K线。交易者将会认为这是结束趋势的一个高潮信号（一次冲顶回落）。如果在趋势反转向下的过程中出现了一根或两根很强的牛市趋势K线，这根熊市K线与之前在行情高潮的时候最后出现的1根或几根趋势K线将形成一个两根趋势K线的反转，不管在最后出现的牛市K线和熊市K线中间是否有许多别的K线将他们分离开来。在更高一些的时间趋势图上，交易者可以很清楚地看到这是一个简单的两根K线的反转。只要你明白了市场的运作，你就没有必要通过看不同的时间趋势图来找到一个完美的两根K线的反转点。你知道这个反转在你面前的任何时间图上存在的样子，而你所需要做的不过是进行交易而已。

当第二个或第三个中间没有被过多回调的连续的多头高潮行情到来的时候，做多交易者和做空交易者都会在这个时点卖出，而这次的卖出将会带来一次高潮反转。做空交易者认为接下来会有一波抛售性下跌行情，因此他们开始开空仓，而做多交易者也会把最后的一根或两根牛市趋势K线当作获利了结的最好时机，因为他们也相信这看起来像是一个趋势的短暂结束，将会开始一次深度回调，或者是一段区间震荡，或者是完全相反的趋势。他们预计市场将会下跌10根K线和两个波段，而且他们很害怕牛市的趋势很可能会结束，之前的高点将难以超越。当在第二次购买高潮之后紧接一个反转点时，做多交易者和做空交易者都会怀疑市场正在形成一个最后的旗形反转（在最初的购买高潮之后的回调形成了最后的旗形）。当市场在第三次推高之后形成了一根反转信号的K线，交易者们将认为市场形成了一个楔形顶部。当交易者寻找可能的最后的旗形和楔形底部时，股市形成了连续的卖出高潮之后形成的真正的反转。

当卖出高潮已经非常明显而且时机比较正确的时候，交易者们将会卖出他们手中所有的多头头寸。如果他们认为市场只会下降几个点位，他们就不会离开他们的多头位置，甚至会在市场点位较低的时候再买一些头寸。他们暂时的退出只是因为他们将有能力以低于退出价格的价格买回这些头寸，并且多余的利润将足以覆盖交易费用。他们也担心市场将会反转成熊市的趋势，或者至少是一次较深的回落，使他们等不到他们一直希望看到的创新高的上涨K线。由于这批人在市场价格下跌到一定幅度之前不会买入，所以市场上暂时会缺乏买方。同时，强大的做空交易者将会在市场下跌的时候继续做空。因为市场上的卖方强于买方，所以一次简单的回调可能会加剧并最终演变成为一次趋势反转。如果市场在他们退出之后开始走高，他们将会在再次走高时追高买入或者回调的时候再次购买。如果市场开始下行，他们将会设置条件单以更低的价格买入，但通常会加上一个条件，即买入时点不会超过 10 根 K 线。如果在 10 到 20 根 K 线之后没有出现购买的时点，那么整个趋势就可能会反转向下，那么市场上的交易者将不会再寻找买入时机。但是如果在 10 根 K 线和 2 个下跌波段过后出现了购买的时点，那么做多交易者将会恢复做多，而做空交易者将会获利了结。

连续的高潮将增加市场修正的机会。举个例子来说，如果市场在一个购买的高潮（通常由 1 根或数根大的牛市趋势 K 线组成）之后只是出现了一个短暂的停滞或者很小的回调，在此之后又出现了第二次购买的高潮，那么接下来出现一个大幅的修正或者行情反转的机会将会更高。如果市场在接下来又出现了一次小幅回调并迎来了第三次购买的高潮，那么市场通常会开始一个持续两主浪的修正并且至少会持续 10 根 K 线。此时，市场的行情暂停线可以是任何一根牛市趋势 K 线以外的 K 线，阳线十字星或阴线十字星，或者下跌趋势 K 线，都可以看作是市场的暂停 K 线。尽管市场上的暂停 K 线的高点有时候会比第二次的买入高潮的 K 线更高一点，但是依然扮演着一根 K 线的最终旗形形态，从而带来第三次高潮之后的反转。第三次高潮通常只能持续 1 到 2 根大的牛市趋势 K 线。连续的高潮迭起暗示着市场已经走得太急太快了，以至于做多交易者只愿意在更低的价格购买。两个连续的购买高潮将市场两次推高并形成了一个双重顶，即使第二次形成的购买高潮要高出很多。三次连续的购买高潮将形成一个楔形顶部，第二次形成的顶部可以比第一次更高，而第三次将高过第二次，从而使得这个形状比起楔形更像一个上涨的牛市趋势。不过，他们有相同的含义并且可以进行相同的操作。不过只有非常有经验的交易者才应该在购买高潮中做空，因为大部分人都很容易会误读价格的信息，最终在一个没有显著的高潮或者反转迹象的牛市趋势中做空。

如果在一次购买高潮之后的回调持续了 10 根或者更多的 K 线，并且打破了牛市通道的底部，那么它将足够消除市场上多头拥挤的状态，即使调整之后再出现一次购买高潮，市场也没有之前那么拥挤，大的调整需求也没那么迫切。一些趋势会在一系列的强突破点之后，出现震荡区域。每一个突破都是一个峰值，因此也是一个购买高潮，但是随之而来的震荡区域意味着强大的做多交易者还在高点附近购买。这意味着这个突破口并非是由较弱的做空交易者在短暂的恐慌中回补他们做空的头寸造成的，而是由较强大的做多交易者造成的，而市场之所以会进入区间震荡是因为强大的做多交易者相信市场将会上涨所以不再等待更低的价格，而强大的做空交易者也不再激进的做空，因为他们也相信市场会走得更高。如果他们相信他们有能力在更高的点位上做空，那么现在开始做空对他们来说就没有意义。

反转的高潮级别可以比趋势性的高潮级别更大或者更小，如果它更大，那么出现反转的概率将更大。在出现行情反转的动作之后，市场将会进入暂停或者形成震荡区间，这个时段可以很短也可以持续几十根 K 线。在市场的暂停处，做多交易者和做空交易者都会增加他们的头寸，试图通过这种方式使得接下来形成的趋势通道是有利于他们的方向。举个例子，如果市场上出现了很强的上涨趋势之后立刻出现了大反转，那么说明市场上的做多交易者和做空交易者都是很激进的。下跌的高潮和上涨的高潮可以出现在同一条 K 线上，如果这个发生的时候，那么在这根大 K 线的顶部将出现一条长长的尾部。在更小的时间图上，将会看到在一到多个牛市趋势 K 线后面跟随着一个或多个熊市趋势 K 线。另外，下跌的高潮可以在接下来的一根或者几根 K 线中出现。在更高的时间图中，反转可以是简单地由一根牛市趋势 K 线后紧接着一根熊市趋势 K 线组成，它们一起构成了一个两根 K 线的反转。在更高的时间图上，反转可能仅仅只是一根反转 K 线。下跌的高潮行情出现之后，市场可能会在接下来的一根或数根 K 线继续延续下跌行情。不论它是否延续，市场将很快会进入暂停或者回调，来修正一些过度下跌。通常，市场会形成一个短暂的或者较长的持续几十根 K 线的震荡区间。做多交易者将会更积极地购买，希望把市场推向牛市通道，同时，做空交易者也会在震荡区域积极做空，希望把市场推向熊市通道。在某个点上，一方的力量将会取得胜利，另一方的力量将被迫结束。如果做多交易者取得了胜利，那么做空交易者将会买回他们的头寸，从而增加了买方的力量增强了反弹的力度。如果做空交易者取得了胜利，做多交易者将被迫卖出他们手中的头寸，这将加强了形成熊市通道的力度。

当一个趋势中出现了高潮反转，那么这个反转通常会在趋势通道线被突破之后出现。当行情反转回到趋势通道内时，经常会朝着相反的方向尝试突破趋势通道的另一边，而这将带来一个很好的交易时机。基于此，你最重要的就是要找到通道，而且如果你看到价格突破趋势通道线之后立即出现一个急速且强大的反转，那么就可以准备好在趋势通道的另一边开始设置反转交易的入场点了。有些时候，趋势会在一到两根 K 线内迅速延续，而且将再次突破趋势通道线，但是这第二次的突破依然会失败。当这个出现时，我们入场进行反转交易的成功率将会更高。

有时候在买入高潮之后会出现一个在一定区间内的双重顶熊市旗形走势，这一形态给予了交易者更多理由入场做空进行反转交易。然而，如果正好与此相反，出现的是一个双重底的牛市旗形走势，那么这是一次做多的时机。反之，对于一次卖出高潮之后的操作也是同样的道理。如果在一次顶点回落之后出现了一个双重底部的牛市旗形走势，那么这就是一个做多的入场时机。如果在向上反转后的震荡区间形成了双重顶形态，那么这将是一次做空的入场时机。

与之前的趋势浪相比，由趋势转为震荡的反转浪经常会比较小，但是它通常会打破趋势线，并且会发展成为反转后的趋势的第一浪。尽管如此，它依然很容易被忽视，所以你应该努力去发现市场中的高潮行情。反转浪有可能会朝着前一个趋势的极值缓慢移动，从而使得这次反转尝试失败，需要再来一次（出现的形态比如说，在牛市的顶部出现更低的高点或者在底部出现更高的低点）。当然，在反转尝试失败后，市场有可能会继续延续之前的趋势，反转完全失去机会。但是，如果市场确实出现了反转，那么新的反转趋势有可能会变得非常剧烈而迅速，并通常会形成加速行情和趋势通道的形态。

在突破K线之后形成的内含K线之后经常会跟随一根相反方向的趋势K线，并形成了一个高潮反转点。与所有的高潮反转点一样，接下来的趋势可以向任何方向发展。最重要的是，我们要意识到市场上涨和下跌两种可能性都存在。一旦趋势开始形成，就寻找与趋势相同方向的入场点。

有时候，市场会出现一个非常大幅的加速上涨或下跌，然后出现回调，再开始形成一个新的趋势通道，直到趋势出现反转，通道形态失败。事后来看，这次的回调只是趋势发生反转的一个信号，随后市场会形成与此前趋势相反方向发展的趋势通道。然而，一旦你知道了一条新的趋势通道将会出现，那么你就应该抓住所有的顺势入场的机会。

在5分钟的K线图上，一般没有经过二次测试的巅峰反转点在一个月也出现不了几次，而这些经常会被称为V形底部和倒V形顶部，这些一般是简单的两条K线的反转。市场的上涨高潮和下跌高潮会包含许多K线，但是在更高的时间图上看这就是一个简单的两根K线的反转。然而，在所有的反转形态中，大部分试图形成巅峰反转的努力都会失败，或者市场会在真正反转前至少二次测试一下这个峰值。不论反转是多么地强劲和情绪化，在牛市中，大部分的巅峰反转的高点都会被二次测试。在熊市里，大部分的 V 形底部都会被二次测试，这是因为这些点位是反转的尝试点，但交易者们都知道大部分的反转行情都会失败，趋势一旦形成就更容易会延续，所以他们在这些点位被二次测试之前不会认为市场会真正反转。

然而，如果当前市场是牛市，在强劲而恐慌的快速回调行情结束后，那么这次触及的低点可能会也可能不会受到二次测试。一旦所有人都感知到了行情的回调已经结束，趋势已经开始向上复苏，那么交易员也会开始活跃起来，他们会积极地参与到顺势交易中来。因为他们对行情的看法没有任何犹豫和不确定性，所以对他们而言不需要二次测试来证明他们的看法。之前的低点是一个牛市旗形的底部而非试图反转成牛市趋势的熊市趋势的底部。同样，如果在熊市的反弹中出现了一个小高点，这个高点也不一定会得到市场的二次测试。这个点也仅仅只是熊市旗形的顶部，而非正在试图反转成熊市趋势的牛市趋势的顶部。

高潮、抛物线和 V 型顶部和底部的形态都有一个共通点，那就是他们的斜率。与线条（直线）不同，这些图形都是弯曲的且斜率是上升的。在某一点，市场可能会突然反转方向，但是通常在这之后会出现一段长期的横向盘整，或是出现反转行情。所有的这些形态都不过是尝试突破趋势通道线的失败并出现反转的状态，所以他们应该被同等看待，而给予他们不同的名称并不能增加你交易成功的可能性。在趋势反转的一开始，趋势通道线可能不会很明显地被发现，但是一旦开始了抛物线状的移动，基于价格行为的交易员们通常会画出并不断调整趋势通道线，并且等待市场突破趋势通道线后的反转。最好的反转形态一般会由大的反转 K 线组成，并给予交易者二次入场的机会。反转行情的第一浪一般会打破趋势线,如果它没有,那么这个反转就是值得怀疑的,那么接下来出现一个调整区间或者持续性的形态的可能性更大。当进行反趋势交易时,最好先等待市场对原有趋势的高点进行二次测试,然后再入场。举个例子来说,在牛市高潮之后出现的回调中,在二次测试后较高的低点买入,相比在回调后的第一次反转的低点购买是更具有盈利性的策略,因为市场上大部分的反转尝试都会失败。如果第二次入场机会还是出现了失败,那么原有市场趋势将很有可能会持续至少两浪。

如果市场出现呈抛物线的走势,一般会以三浪推进模式的楔形形态进行演变,三浪的高点组成抛物线,这些我们会在接下来的一章详细分析。第三浪一般是持续好几根K线的强势突破浪,它直到触及支撑或者阻力位(不一定很明显),之后市场出现停滞甚至开始急速反转。这种突破行情超出了期待两浪推进模式的交易员的预期,比如比震荡区间的顶部更高的高点(或者比震荡区间的底部更低的低点)。记住,出现更高的高点也仅仅代表这是一个持续两浪的反弹,因此再次反转向下的行情将会带来一个熊市中行情下跌至低点2的做空机会。只有非常有经验的交易员才能尝试反趋势交易,即使行情可能会形成高潮反转。大部分的交易员还是应该在进行反趋势交易操作之前等待趋势的反转确认(例如,在一个呈抛物线移动的牛市趋势大幅向下反转成熊市趋势之后再进行做空交易)。如果市场在第二次或第三次上涨高潮行情之后触发了一个下跌高潮,然后又一次反弹超过高点,那么这个时候一般会因为交易者从震荡区间交易模式切换成牛市趋势交易模式而引发市场的大突破,市场整体预期向上。如果市场从一个上涨高潮过后开始反转向下,这次的反转一般会从双重顶的形态开始,虽然可以从5分钟的时间图上推断出来,但是一般会在更小的时间图上才比较显著。反转可以是非常急速的,但是市场回调也可能会持续好多根K线并形成旗形势态,那时市场可能会向相反的方向突破（向下而非向上突破），此时的市场将以之前上涨的速度下跌。趋势线和趋势通道线都应该将市场走势容纳在它们之间并且引导反转行情使得这两条线都不被突破，这意味着他们能够很好地将趋势管理在这一通道内。有些时候，他们之一没有能够阻挡住价格的突破，那么市场并不一定会在这一条线附近停下脚步并反转。趋势线的突破与趋势通道线的突破有相反的含义。趋势线的突破意味着一个可能的趋势大反转正在进行，但是趋势通道的突破意味着趋势正在增强并且变得更加陡峭。但是，大部分的趋势通道线的突破都会在 5 条 K 线以内失败，之后市场通常会重新进入通道，然后突破通道的相对侧（即趋势线）。

趋势线的突破往往只是趋势反转的第一步，而且如果这个突破是强劲的，那么市场通过二次测试趋势的极值来成功确认反转的概率就将增加。例如，在熊市的趋势线被打破以后，市场将会对下跌趋势的低点进行二次测试，从而形成一个更高的低点，随之而来是第二波反弹浪。也有可能这次测试的低点比前一次低，但动能明显减弱，之后又有至少两浪的反弹。

一般来说，当趋势线过于陡峭时，有一两根 K 线出现假突破是不会破坏趋势形态的，市场趋势并没有改变，所以这些假突破通常会吸引一大波交易者。但是，一旦这种可信的形态失败了，将会有一大批交易者被困在市场中。此时，反转交易可能是最有利可图的交易，而且它可能是非常急剧的并且导致趋势的真正反转。这些试图反转趋势的尝试通常会在 1 分钟的 K 线图上看到，但是因为大部分的反转通常是以失败告终，所以最好不要根据 1 分钟的 K 线图进行反向交易。你应该在绝大多数时候都根据 5 分钟的 K 线图行动。

一旦趋势通道线的阻力位失效（趋势通道线被突破而不是把价格阻挡回去），你应该认识到这股趋势将比你想象的更加强劲，所以你应该寻找顺势交易的入场点。但是，请注意，趋势通道线的突破也可能会失败从而导致趋势的反转，所以你也要准备好在突破开始失败时抓住任何突破回调的机会快速撤离。

趋势通道线的突破一般会呈抛物线运动，因为当市场驶离趋势通道线时，一般是加速运动的，这意味着市场呈现出抛物线的形态。如果市场反转，它通常会有一段持续10根K线和两主浪回调形态。如果市场重新进入趋势通道，那么它通常会突破通道的另一边，突破趋势线，甚至可能变成趋势的反转。

传统的技术分析理论教导我们，大部分的反转都会带来异常的交易量，特别是在市场的底部区域。在股市中这个理论通常是正确的，特别是对于一些交易量较小的股票来说，但是在更大的市场中这个理论就不一定成立了。在类似于SPY和Emini的市场上，大部分的主要趋势的反转都不会伴随着清晰可见的交易量变化，虽然说有时候在一个高潮的市场底部会有很大的交易量，但那是因为市场出现卖空的真空状态，市场突然跌至支撑位，从而做多交易者会积极地买入，而做空交易者最终获利平仓。当从市场的底部反转向上的一根或多根K线的交易量比近期大部分的K线的交易量多出10到20倍的时候，接下来出现更多的买盘的概率将会变大。同样地，如果一个上涨趋势的高点的交易量超出平均交易量10到20倍，且K线的主体大小在近期的大部分的K线的5倍以上，那么接下来出现的K线中肯定会有更高的价格。市场通常还会持续一段时间的上涨，但是也会有例外，尽管概率很小，但市场也有可能不仅会反转到前一次上涨行情的高点以下，而且还会持续一段时间的下跌。

高潮的顶部很少有明显的可参考的交易量形态。非常关注交易量的交易员很容易错失许多交易良机，而且相较于只是通过判断价格走势来交易的交易方法赚的钱少很多。虽然说大部分有着显著交易量的顶部和底部的交易机会确实会在 1 分钟的图上出现成交量和价格背离的情况，但是如果交易者可以忽略这个情况，而把精力主要集中于观测 5 分钟图或者更高时间周期的趋势图上的价格行为变化的话，那么可以挣到更多的钱。1 分钟图上的成交量背离是指，最后的低点相较于最近的反弹反转的低点有着更低的交易量。当然，市场也通常会出现价格和震荡指标的背离情况，但是有经验的交易者在他们发现价格底部的时候就已经清楚这一点，他们认为不需要对他们之前已经知道的情况再进行测试和确认了。

理解高潮反转的关键在于认识到大部分的高潮反转就是一个突破尝试的失败而已。比如，当一个持续了 40 根 K 线并且伴随着少量的回调的牛市趋势，突然迎来了整个趋势中最大的一根牛市 K 线，而这根 K 线有着较小的阴影并且收盘价高于前一根的 K 线的高点，这使得它看起来像是一个非常强劲的突破，然而在这根 K 线之后买盘继续增加的概率将小于整个趋势中其他较早发生的突破。这是因为有经验的交易者会预期：一个持续了几十根 K 线并且没有太多回调的趋势会过渡到震荡区间。他们知道大部分的概率都会偏向于此。如果正好相反，市场在这一点上有着更为强劲的趋势突破，那么市场正在试图将原本已经很强劲的牛市趋势推向更为陡峭的牛市趋势，而这个尝试成功的概率不超过 30%。做多交易者和做空交易者都预期突破会失败，所以进行了相应的操作，并期待这个突破演变成一个消耗性缺口而非测试性缺口，并且市场将持续至少 2 波浪潮和 10 根 K 线的调整时期，直到价格回到移动平均线附近。做多交易者将通过卖出他们手里的头寸获利了结，而做空交易者选择做空。经验不足的交易者将与他们进行相反的操作。例如，之前一直处于观望并且错过整个过程的交易者将害怕他们会失去整个牛市中最强劲的部分，从而会继续疯狂地买入。一直保持做空、期待着市场的反转的弱势做空交易者，最终在恐慌中买回了他们的头寸，这两种交易者都与大的机构交易者的做法相反，因此注定要输钱。初学者只是市场交易者中的一小部分，因此他们对于市场的影响微乎其微，虽然在几十年以前，市场上的初学者和经验丰富的交易者一起推动的市场是高潮反转中最重要的组成部分。但是今天大多数的交易者都足够聪明，很难在这种恐慌而短暂的高潮中买入了。大部分的突破是失败的，而且有的时候往往是最强劲的突破最有可能失败的。

如果一个趋势突然加剧，那么它可能会成为一个成功的突破，可能引发另一波趋势性浪潮，也可能只是趋势动能的衰竭。在图4.1 标普500的期货合约的5分钟K线图上，K线13和K线15同样都有着非常大的区间和主体，并且都跟随着很多根其他的熊市K线，但他们代表的意义却大不相同。K线13是在震荡区间之后的向下突破，它代表着熊市趋势的持续。这个突破变成了一个测试性的缺口。正如这个图中案例所示，强劲的突破往往至少会持续两个趋势浪。在第二次卖出高潮之后形成的回调可以是由一根或多根K线组成，而且这些K线中的低点可以低于此前卖出高潮中的低点，正如图中的熊市旗形中的K线14。K线15是一条非常大的熊市趋势线，因此代表了更为猛烈的卖出，市场的趋势的斜率在此时几近垂直。当最后的多头头寸被卖出，市场上将没有任何头寸可以卖出。当市场反转上升的时候，这个缺口就演变成了一个消耗性缺口。连续的卖出高潮经常会跟随着一段至少持续10根K线，2个浪潮的反转（我经常会使用"10根K线，2个浪潮"这样的表述，我的本意是想表述市场的调整期将会比一个小回调更长也更复杂，这种形态的调整经常需要至少10根K线和2个浪潮的时间）。这个大牛市反转重新进入区间震荡，同所有的区间震荡一样，是充满吸引力的。

所有的做多交易者和做空交易者都希望在一个持续了一段时间的趋

第 4 章　巅峰反转：行情高潮后的急速反转

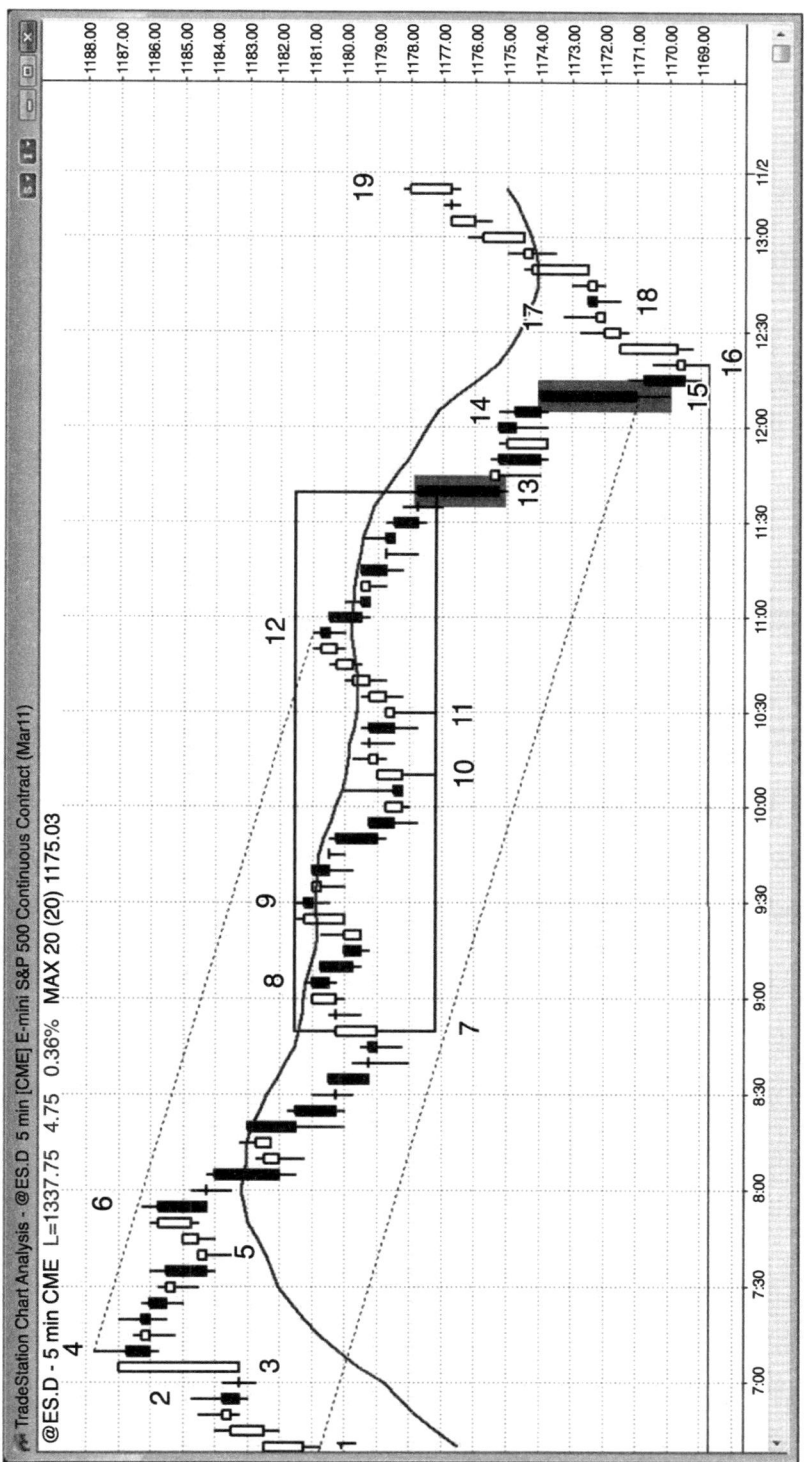

图4.1　最后的加速可能是动能的耗尽

势之后出现一条特别大的趋势 K 线，就像 K 线 15 那样，因为他们认为这是一个非常短暂但难得的入场机会。趋势 K 线代表着突破，而大部分的突破尝试都会失败，这次的趋势 K 线是在前一波没有多少反弹的卖出高潮之后出现的，就像在一波持续了几十条 K 线但没有调整的牛市趋势后出现加速上涨的趋势 K 线一样，都代表着能量的最后消耗，所以在这个图中，出现反弹的概率很大。聪明的交易者认为这是一个难得的买入机会，至少在接下来的几根 K 线里继续下跌的可能性很小。因此，空头开始大量平仓，多头继续加仓。双方都将在这条 K 线的收盘价附近，或者在比这根 K 线最低价更低的价位，例如在下一根 K 线或者随后的 K 线的收盘价附近（特别是当下一根 K 线是一根较弱的趋势 K 线，或者有朝着相反方向发展的 K 线主体，就像 K 线 16 一样）大量买入。如果当下一根 K 线出现类似 K 线 16 一样反转成为上涨趋势的 K 线时，他们甚至会追高，以高于这根 K 线的最高价的价位买入。多空双方都期待着一次较大级别的反弹，因此，除非经历一次持续 10 根 K 线和两拨浪潮的反弹，空头短期内不会考虑继续做空。并且，即使是经历了这样的反弹，他们也必须看到反弹动能减弱才会重新做空。多头同样也期待一场较大级别的反弹，因此不会急于获利了结。一些在 K 线 15 的收盘处购买的激进的富有经验的做多交易者可以设置一个大约等于这条 K 线的高度的止损点，大概是 4 个点位。在他们的止损价被触及之前，他们至少要预计市场大概有 60% 的机会去测试这根 K 线的高点，只有这样这才是一笔比较值得做的交易。一旦市场开始迅速地向上反转，他们也至少在收盘的时候建仓了部分的头寸。

弱势的交易者看待 K 线 15 的方式正好相反。此前一直没能入场做空的弱势交易者一直都处于观望状态，并且希望有一个简短的反弹机会让他们逢高做空。他们眼巴巴地看着市场不断下跌，却没能享受做空带来的收益，急切希望能够抓住下一波下跌的机会。因此他们看到 K 线 15 时，就会认为新的一波崩盘行情开始了。虽然他们知道这种行情持续的概率可能会很小，但是他们不想失去大赚一笔的机会，而且他们相信这笔回报将足以打消他们对概率的疑虑。很早就已经做多并大量建仓的弱势的做多交易者很可能会被 K 线 15 带来的急速下跌惊吓，并且担心接下来会出现强劲的大量尾随卖盘，所以他们卖出了自己手中的头寸。这些弱势的交易者通常是情绪化地进行交易，而这与那些没有将情绪作为程序编程中的一个变量的计算机交易法正好相反。既然程序化交易已经掌控了整个市场，那这些通过情绪化交易的弱势的交易者将注定在 K 线 15 上损失巨大。

K 线 11 是主要趋势反转中出现的新低的二次入场信号。在 K 线 9 之前的两个上升浪打破了从 K 线 6 到 K 线 7 形成的下跌趋势线。不过，只有一根 K 线稍微向上突破了移动平均线，所以并没有形成非常激烈的买盘。在 K 线 12 之前的加速上涨看起来也许会开始形成一波牛市反转，但是因为它没有大的牛市趋势 K 线，而且仅仅只测试了震荡区域的 K 线 9 的高点，并且与 K 线 9 的高点形成了一个双重顶。所以，这时，市场可能正在经历一个缓慢弱势的牛市反转行情，也可能只是正在尝试测试熊市中的震荡区域的顶部（形成熊市旗形）。K 线 13 给了答案，它是一根突破了熊市旗形下沿的熊市趋势 K 线，延续下跌行情。牛市反转的尝试失败了。此前下跌趋势线的突破和从 K 线 11 的低点开始的大幅反弹都缺乏持续的、大的上涨趋势 K 线的跟进，市场还没有正式转为做多状态。

有时候，市场会在经历一波加速上涨行情之后出现快速下跌行情，然后多空双方交战，形成一个震荡区间，多头不断尝试突破形成上涨趋势通道，而空头不断尝试向下突破形成下跌趋势通道，他们博弈的结果就是区间震荡。

高级反转技术分析
价格行为交易系统之反转分析（上册）

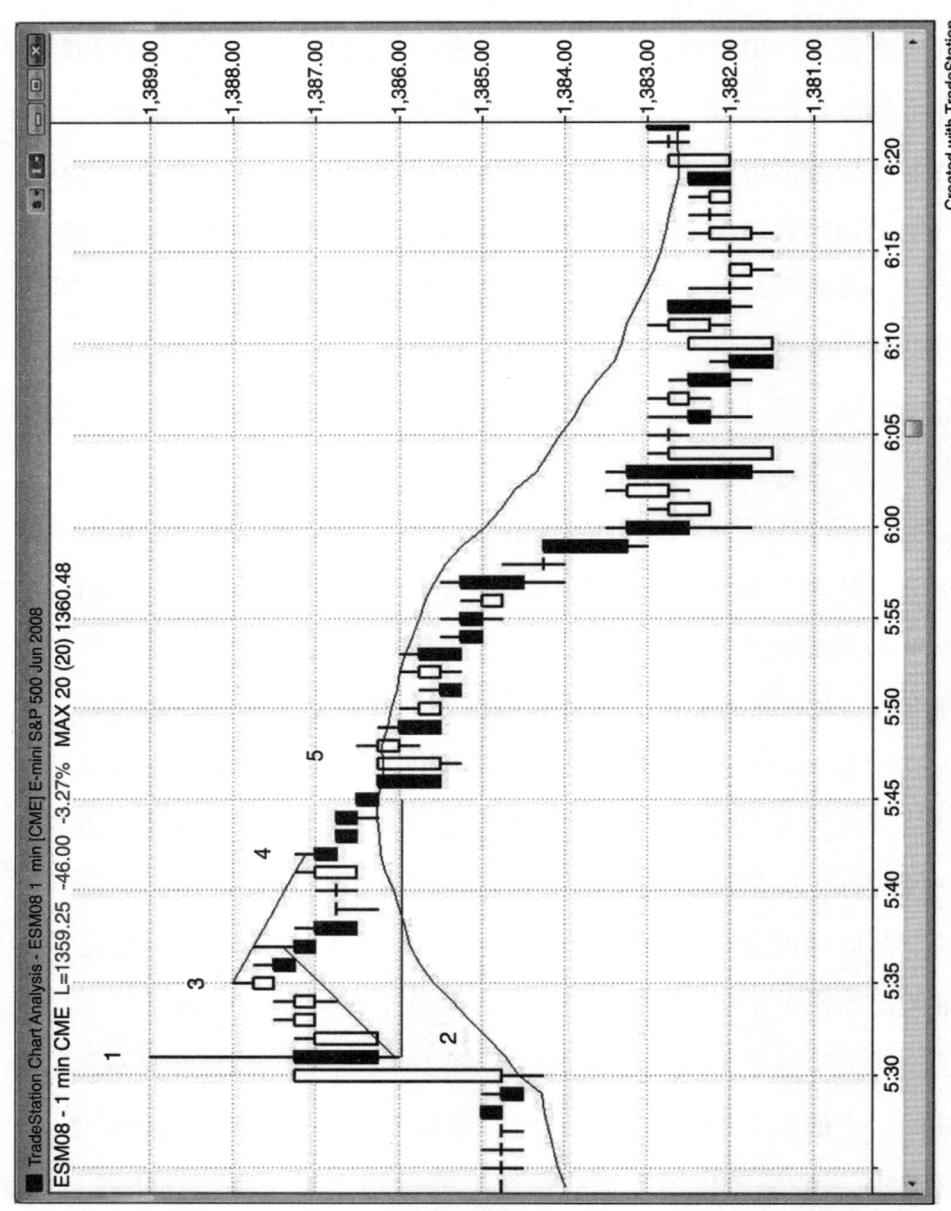

图4.2 加速上涨后的下跌通道

如图4.2所示，在芝加哥交易市场的1分钟标普500指数期货的1分钟图上，在太平洋标准时间的上午5点半经历了一波向上的行情，但是在K线1形成了一个强大的反转K线。K线1是一根有着3个点位高的K线，在1分钟的K线图上就比较明显，符合下跌反转K线的特征。K线3是第二波上升浪，在接下来可能出现的新的熊市趋势中形成了第二个高点。同样，如果你只看主体的话，K线2是一个内含线的变形（K线2的主体被包含在此前上涨趋势K线1中，这样一个内含线的变异模式意味着双方力量的博弈不相伯仲），而之后趋势上升至K线3其实是内含线形态的假突破。市场持续了10根K线左右的横向盘整，这符合经历了一段趋势下跌后的震荡区间形态的特征。尽管K线4稍微突破了从K线3以来的下跌通道，但之后市场依然延续下跌趋势。K线5是入场做空的二次入场机会，它是突破K线2低点后的一个反弹，是一个失败的小型通道突破尝试。

通常，市场的规则就是，大涨+大跌=混乱=区间震荡，就像图中市场买入高潮之后出现熊市反转K线1，随后至少在一段时间里都是维持震荡状态。

一个大K线上在顶部出现了大阴影就是连续出现了急涨和急跌，并且是在同一根K线上。

如图4.3所示，有时候趋势通道可以变得非常狭窄，例如图中K线3之后出现的通道。在一个狭窄的趋势通道里有超过10根K线，通常来说这是不可持续的。通道里几乎所有的K线都有着比之前更高的高点，低点和收市价。然而，这样一个不可持续的模式并不足以支持做空，因为有时候市场走势就是会超乎常理，让你的账户没办法等到市场恢复正常。一般来说，市场行情遵循物极必反的常理。一个极端的趋势之后会跟随着一段震荡区间，或者有时候会出现行情大反转，而一个震荡区间持续

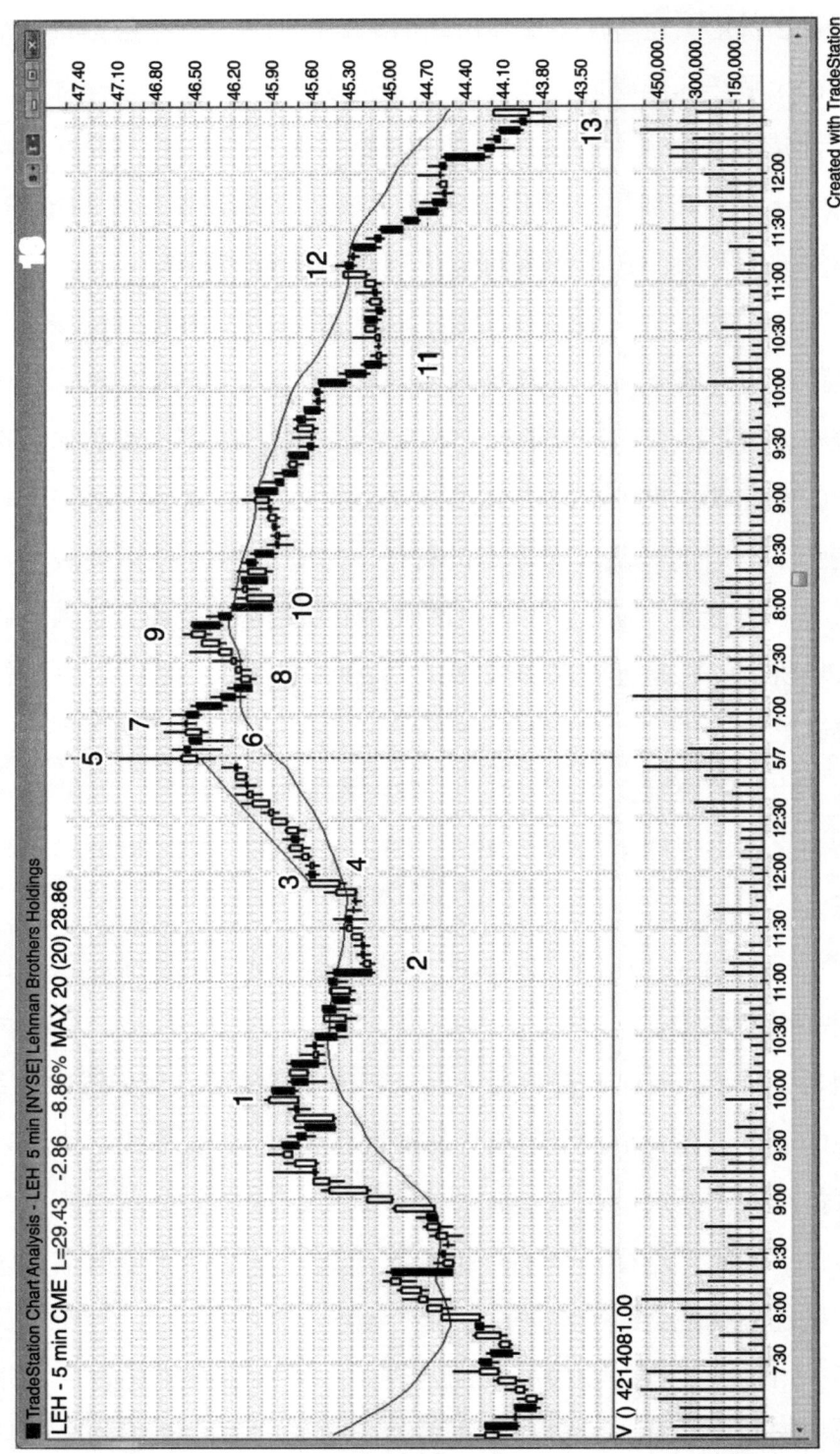

图4.3 在一根K线上出现的急涨和急跌

太久后肯定会有趋势性行情。

这个狭窄的趋势通道几乎是一条倾斜向上的震荡区间，而且它最终也不得不被突破。它在 K 线 5 时出现了向上方的一个突破，当突破失败后，它一般会转而向下，而后来的走势也确实如此。市场开始持续了 5 根 K 线的横向盘整，然后在 K 线 7 处形成了一个更低的高点，完成了 K 线 5 的上涨转急跌之后形成的震荡区间（这种先向上后反转向下的走势在 5 分钟图上不明显，只有在一分钟的 K 线图上才能看到向下的趋势）。在一个更高的时间周期 K 线图上，市场从 K 线 1 到 K 线 2 的下跌打破了此前的上涨趋势线，然后反弹到 K 线 5 的走势形成了主要趋势反转的一个更高的高点。

K 线 9 可以被看成是震荡区间的延续，在 K 线 8 跌破了上涨趋势线之后，K 线 9 便形成了一个次高点，或者是形成了一个双重顶形态的熊市旗形（它几乎同 K 线 7 处于同一水平，并且是第二次冲向 K 线 5 的高点的尝试）。这个形态叫什么名字都无关紧要，但是这确实是做空的好时机。在剩下的一天中市场开始震荡下行，并且在下行的时候速度加剧。

K 线 10 形成了一个三根 K 线的向下的急速下跌走势，并且它下行至 K 线 11 形成了趋势通道。昨日的 K 线图上，K 线 3 是一个加速上涨的 K 线，随后 K 线 4 开始形成趋势通道。窄幅趋势通道开始的起点经常会在 1 到 2 天内得到二次试探（例如 K 线 4 的低点作为这一窄幅上涨趋势通道的起点，很快被 K 线 5 之后出现的下跌趋势所攻破；然而作为下行通道的起点，K 线 10 的高点并没有在随后的 2 周内得到检测。）

从 K 线 11 到 K 线 12 的反弹走势差一点就突破了下跌趋势线，但我们可以看到反弹势头很弱。因此，交易者们应该继续寻求做空的机会，而不是寻找趋势反转的做多时机。仅仅只是趋势通道线的突破并不是寻找反转交易的充分条件。突破必须是强有力的，使得市场相信多头有能力扭转趋势。

在购买高潮（有时候在同一根K线中会出现先急涨随后急跌的情况）之后，通常伴随着上涨趋势通道的失败，然后市场将会形成下跌趋势通道。在图4.4上两张图表都展示了5分钟SPY的走势。一直到K线2的上升浪潮都是一股很强的牛市浪潮。一波下跌至K线3的急速回调打破了上涨趋势线，之后再次形成一个上涨通道。然而，两浪模式的反弹结构并没有延续，在K线4处形成一个较低的高点。当市场再次回调下跌至K线5时，不仅打破了之前的上涨趋势通道，还突破了主要的牛市趋势线，很明显这并不是形成牛市趋势和通道的一天，市场正在进入区间震荡模式。这一部分的走势形态演变成了一个三角型顶部，随后是加速下跌形成下跌通道。许多交易者认为K线3之前那波回调是重要的牛转熊标志，但也有人认为K线5之前的那波回调更加重要。这两波下跌都是由于空头逐步占领市场带来的卖空压力造成的。

K线8与K线3形成了一个双重底的牛市旗形，这对于移动平均的缺口K线来说是第二次入场做多的时机。一旦多单失败，市场就会明显处于空头优势状态中，从而形成熊市通道，K线5之前那波下跌变成了加速下跌状态。此时此刻，你应该抓住一切做空的机会，任何多单都应该只是短线刮头皮交易，直到市场出现突破下跌趋势通道线的下跌高潮后，行情出现反转时，才会考虑开始做多。通常，在一个类似于这样的强劲的熊市趋势中，最好是忽视任何短线的多单信号，然后跟随下跌趋势做空。K线13就是一个打破三条下跌趋势通道线后反转向上的案例。

连续的高潮通常会导致市场产生较大的调整，但是如果在每一个高潮后面都有一个显著的调整期，那么市场产生较大的调整的概率将会下降。在k线3和K线5之前都有一波卖出高潮，但是紧随其后的上升至K线4和K线7的反弹减轻了卖出的压力，也减少了市场上对于急剧反

第 4 章 巅峰反转：行情高潮后的急速反转

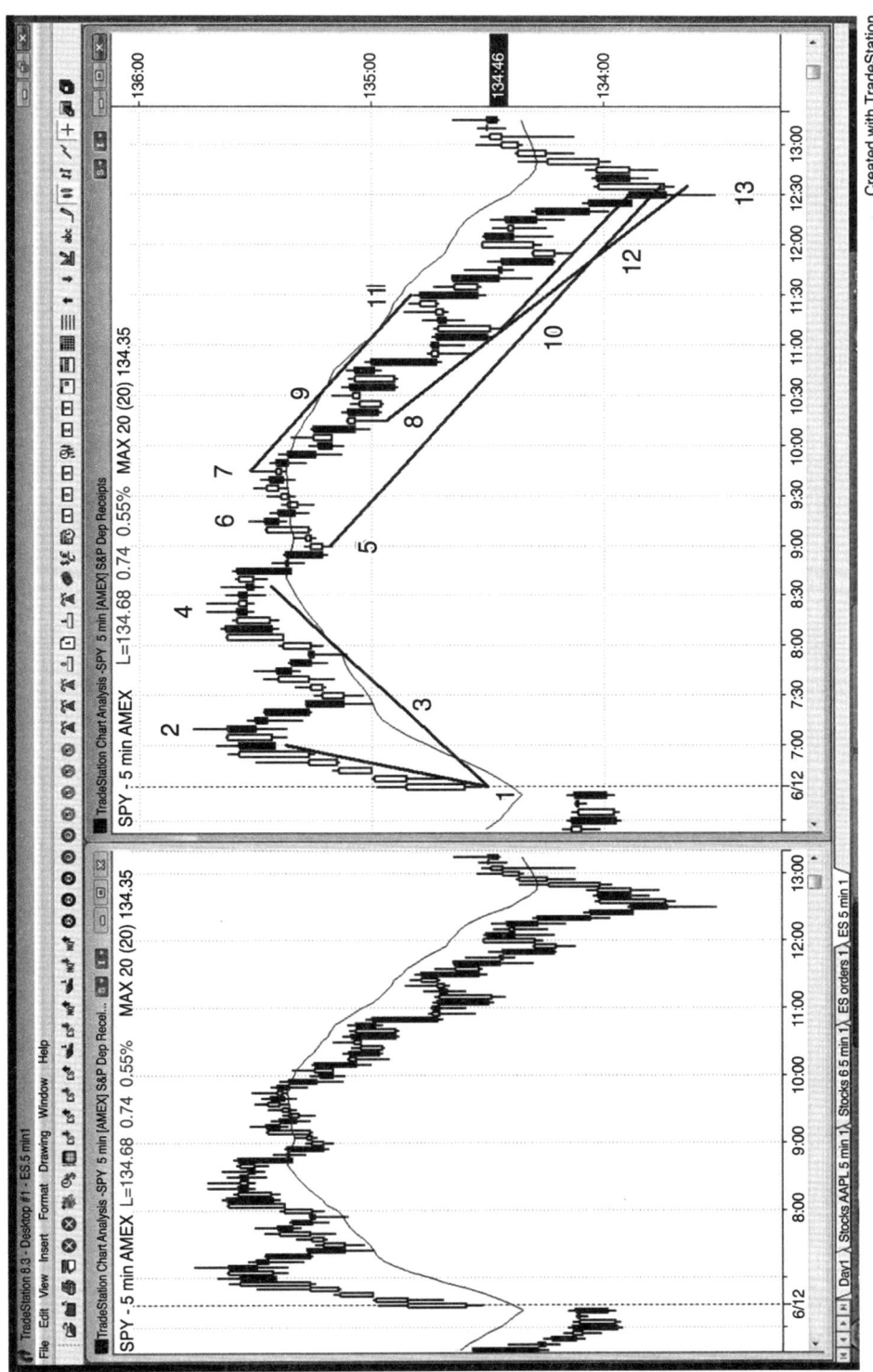

4.4 在一个高潮之后，通道的趋势方向可能会暂不明朗

转向上的需求。然而，在 K 线 7 和 K 线 13 之间形成的熊市通道中，形成的从 K 线 9 到 K 线 10，K 线 11 到 K 线 12 中的卖出高潮中，卖盘的压力并没有得到任何的缓解。在下跌到 K 线 13 之前的四条熊市趋势 K 线就代表了非常强劲的卖出高潮，并且显示出了市场上弱势的交易者的失败。第三波卖出高潮往往是最剧烈的，并且通常会有一个非常大的加速下跌行情，这个行情的极值通常会打破下跌趋势通道线并且会使得趋势通道呈现出抛物线一般的弯曲形态。抛物线的斜率意味着当市场向下跌的时候，推动市场向下的势力正在加速增长，并且通常在趋势呈抛物线时往往已经到达了趋势的最后阶段。最终，最后处于弱势的做多交易者将会放弃，并且以任意的价格卖出，而较为弱势的做空交易者最终会通过在市场自由跌落的时候做空来加入其他的做空交易者。这就形成了没有任何明显喘息机会的第三次连续的卖出高潮，在这三次的推动之下下跌通道通常会结束。通道狭窄意味着市场上的势力在市场下降的同时正急切地加速。K 线 13 之前的一波崩盘式的下跌打破了下跌趋势通道线，而这也正是很多趋势通道结束的标志。

  所以市场上强势的做多交易者和做空交易者会怎么办呢？他们已经看见了这些高潮并且也明白很难再继续。强势的做空交易者已经在更高的点位做空了，从而对在这个点做空不感兴趣。除非有一个非常显著的反弹，并且是接近他们之前做空的位置，例如趋势通道的顶部点位，他们才会重新做空。所以，在这个点强势和弱势的做空交易者都不会做空，而弱势的做多交易者也已经卖出离场，那么市场上卖出的压力得到了释放。强势的做多交易者已经看到了做多的失败，从而开始静观其变。他们知道市场正在下跌，所以除非市场已经低到足够让他们相信不会再跌的底部，否则他们不会有兴趣再度购买。他们想要最好的价格来买入，而这个最好的价格一定是出现在市场的底部。每个机构都有它自己的方法去估算市场的价值和超买超卖情况，当有足够多的机构一致认为市场已经达到了一个很好的价格时，才会有足够的购买的力量使得市场反弹。同样，市场上强势的做空交易者也能捕捉到市场的超卖情况，并且及时地获利了结。他们的买入平仓也会为市场的反弹带来贡献。如果市场能够回到在趋势通道开始时的位置，他们将会重新考虑卖出，当然他们已经在更早的时候在这个位置做空并且大赚了一笔。

市场的底部往往会汇集很多重要技术点位，对买盘有着巨大的吸引力。在 K 线 13 这里，此前这一浪的下跌刚好超出了从 K 线 1 开始的到 5 根 K 线的上行浪的幅度。同时 K 线 13 已经突破了昨日两个低点连接绘制而成下跌趋势通道线（图中并未显示），同时 K 线 13 处的两条 K 线的反转向上也暗示了这是一个大型的，跨越了两天时间的扩张的三角形的底部形态信号。K 线 13 同样也打破了从 K 线 7 开始向下形成的三条小的趋势通道线。

当一个方向的趋势 K 线紧随着另一个相反方向的趋势 K 线时，就是一次高潮反转了，因为市场同时出现了上涨和下跌，因此接下来形成的趋势通道可能没有任何明显的方向。在图 4.5 中，5 分钟 K 线的 AAPL 图上有着很多的高潮和反转。

K 线 3 是一根非常大的熊市趋势 K 线，因此是一个加速下跌的行情，也是一个熊市中的突破，也是一个高潮点。在它之后马上紧跟着一根相反方向的更大的趋势 K 线，这是一个加速上涨的高潮。这一行情可能会诱多交易者，但是你需要有耐心，让市场告诉你它的走势。你要做的是，跟随着机构投资者而不是去猜测他们可能会采取什么行动。

K 线 5 之前的这波反弹是一个从 K 线 3 低点起来的一个突破创新高行情，同时也是在 K 线 4 的牛市突破行情之后的一个休整。K 线 6 是另一个加速下跌行情的低点，也代表着市场的一次卖出高潮。在 K 线 6 之

高级反转技术分析
价格行为交易系统之反转分析（上册）

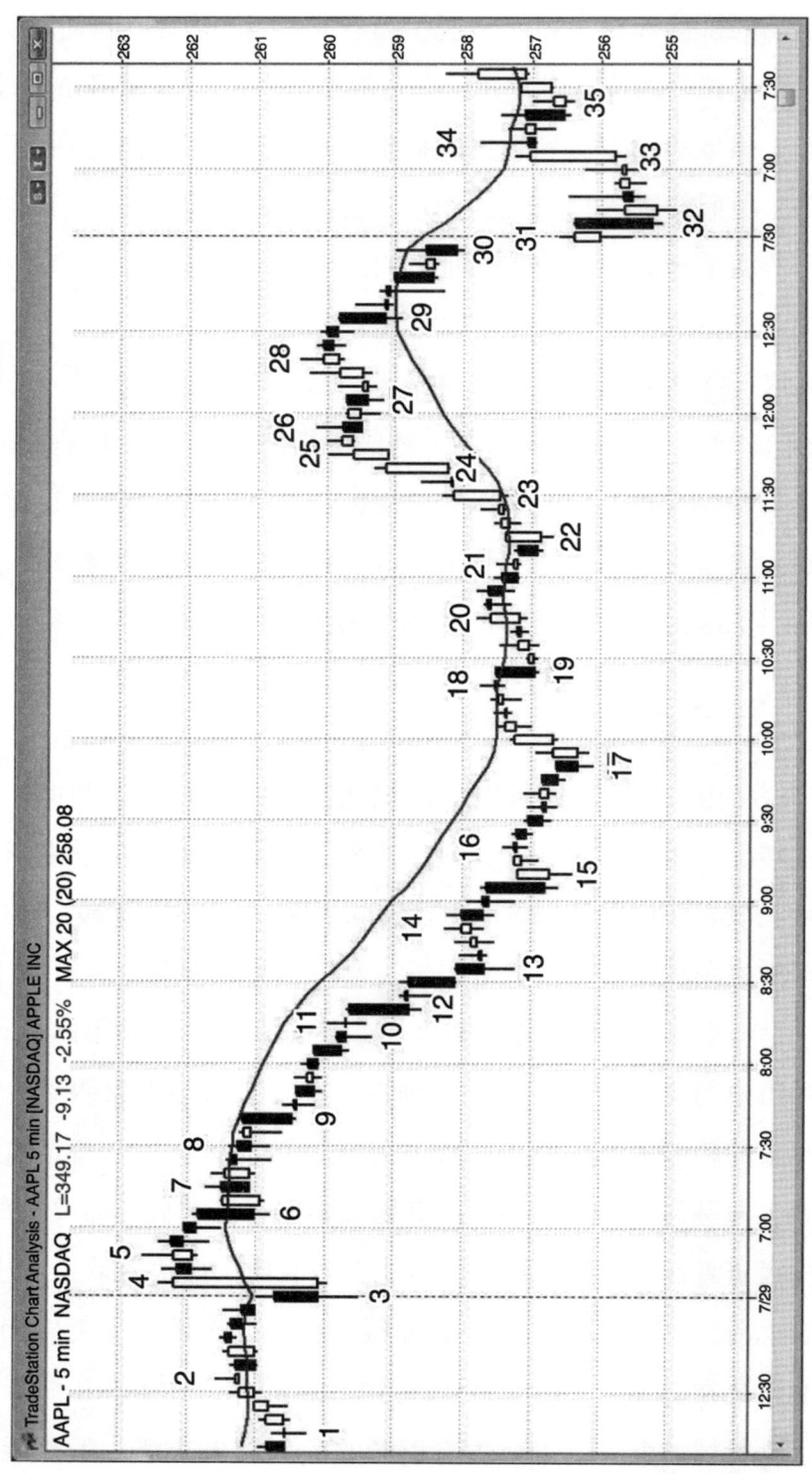

图4.5 相反的趋势K线形成了一个高潮逆转

后形成的紧密的震荡区间是从 K 线 4 的牛市突破后形成的回调，同时也可能是在 K 线 3 的下行突破和 K 线 6 的卖出高潮之后形成的熊市通道的开始点。在 K 线 6 之后的震荡区间上，做多交易者正在通过做多试图形成一个牛市通道，而做空交易者正在做空试图形成熊市通道。最终做空交易者胜利了。即使 K 线 4 的购买高潮相比较与 K 线 3 和 K 线 6 的卖出高潮而言，是一条更大和更强的趋势 K 线，但做空交易者依然有能力战胜了做多交易者。

K 线 15 是一根牛市反转 K 线，因为它有着相当大的范围和主体，因此它是一个购买的高潮。它之前紧随着一根巨大的熊市 K 线，这是一个卖出的高潮。但是因为此前的下跌趋势通道已经变得非常陡峭了，并显示了空头的强势，所以第一次尝试反转向上的突破很可能会失败，在一个强势的趋势中不论是否会出现小的反转 K 线，这些 K 线都很可能会变成趋势延续的旗形形态。在图上，在 K 线 15 之后出现的两根反弹 K 线非常小，体现出多头的弱势，并且这个反弹最终也变成了熊市旗形的标志。

所有的两条 K 线的反转都代表同时出现相反方向的高潮，即使他们的级别都非常小。K 线 17 是一个非常小的熊市高潮，紧随其后的是一个牛市趋势 K 线，这两条 K 线形成了一个两条 K 线的反转。加速下跌就是卖出高潮，而加速上涨就是牛市突破。这个向上的突破持续了 3 条 K 线。K 线 19 是一个熊市加速下跌，也是一个卖出高潮和熊市旗形的突破，同时也是市场将回归移动平均线的一个回调。不过，此后出现的 K 线 20 的买入高潮，对这个回调进行了反转。K 线 29 对从 K 线 23 到 K 线 25 的加速上涨行情或 K 线 24 和 25 的一段行情进行了反转，并在卖出高潮之后紧随着一些十字星 K 线，以及收盘前的大跌行情。熊市趋势通道在第二天就结束了。

K 线 31 是在 K 线 32 的卖出高潮之前形成的购买高潮，它在下一根 K

线处反转了。K 线 33 是另外一根大牛市趋势 K 线，因此也是一个购买高潮，同时它也是突破至之前形成的缺口区域。在它之后也紧随着一个四条 K 线的回调，其中还包括了一条熊市突破线，在这之后反弹的延续带来了牛市通道的形成。

　　持续至 K 线 18 的反弹向上打破了之前从 K 线 5 至 K 线 17 形成的熊市通道，但是止步于移动平均线一带。市场在 K 线 20 处形成的双重顶部开始下滑，但是在 K 线 22 的低点处重新找到了买方，而市场在这里形成了一个双重底部的牛市旗形。这个双重底部中更高的低点是否会开启主要趋势的反转呢？现实并没有如此理想，虽然在 K 线 20 之前的有两波反弹浪潮在熊市趋势线之上，但是它并不能持续地超过移动平均线，因此也不够强烈。从 K 线 22 的双重底部到 K 线 28 的两波反弹浪潮却意外地很强烈，但是许多交易者把它视为熊市趋势线中第一次反弹，因此很大的可能它仅仅只是一次反弹而非一个新的牛市通道。虽然它已经足够强烈，但是交易者依然会在市场测试熊市的底部时购买。交易者会在牛市 K 线之上购买，即在 K 线 32 卖出高潮之后的另一日的开盘时买入，然后再次在两根 K 线之后形成的第二次牛市信号之上购买。市场形成了第二次的信号（在 K 线 32 之后的 K 线与 K 线 32 这根大的牛市 K 线一起形成了一个微小的双重底部），因此这次的信号将更加可信。最后的结果就是从更低的低点处形成的主要趋势反转打破了之前的强烈的熊市通道线（市场反弹至 K 线 28 处）。因为它是通过许多的 K 线呈现出来的，所以这个模式可能在更高的时间趋势图上会个更容易被发现。

　　V 型底部和倒转的 V 型顶部在产生一个显著的回调之前就反转市场的情况是非常罕见的。大部分的顶点都不会马上令市场出现反转，而且原来的趋势的峰值也往往会得到第二次测试。在图 4.6 上，在 K 线 3 处形成的楔形形态底部带来了向移动平均线回归的反弹行情。这是一个潜

第4章 巅峰反转：行情高潮后的急速反转

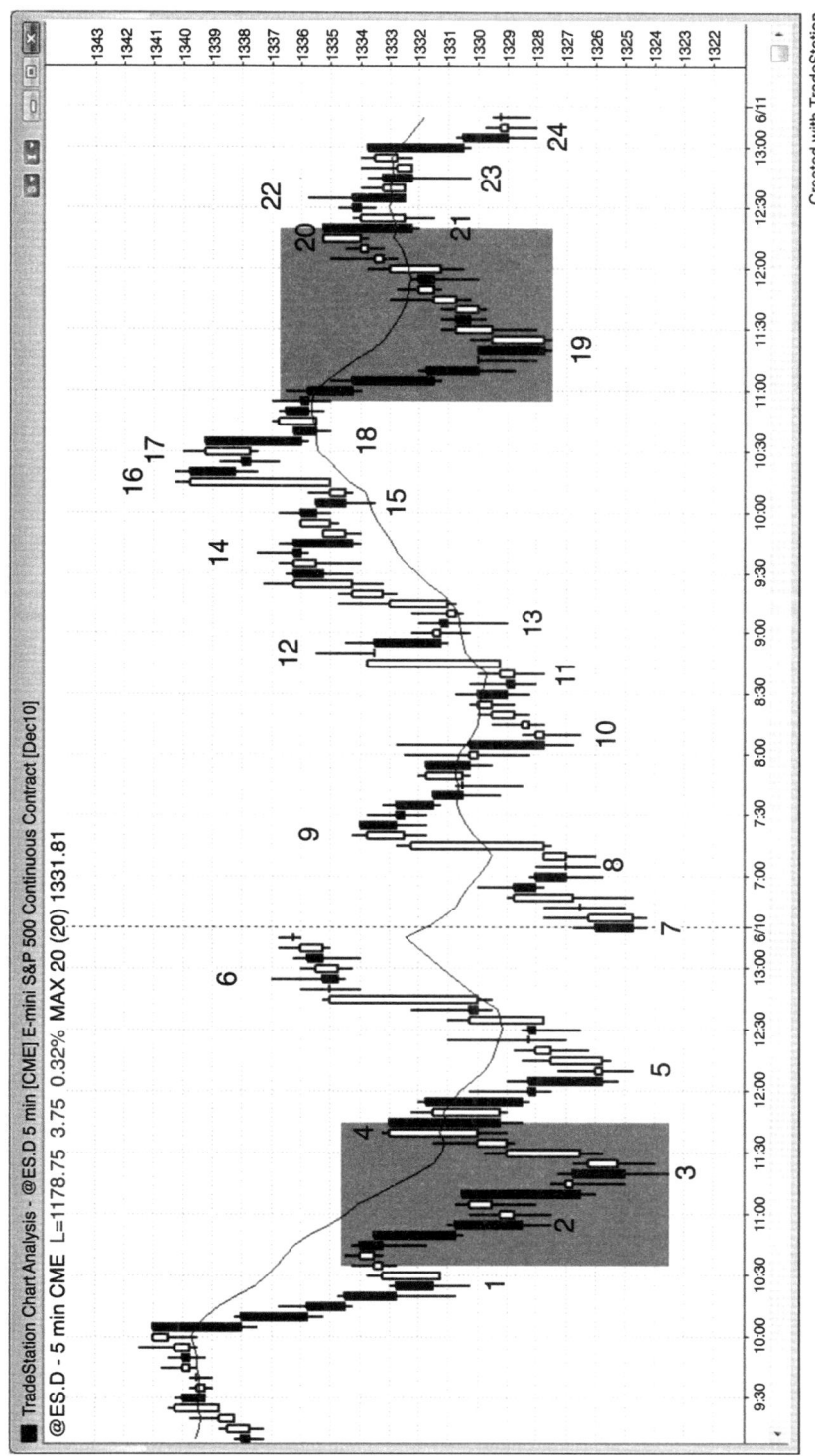

图4.6 V型顶部和底部都很稀少

在的 V 型底部，但是在 K 线 5 形成的更高的低点之前的卖出潮测试了这个趋势的底部。大部分被叫作倒转的 V 型顶部和 V 型底部的反转其实是其他类型的底部形态，例如最终的旗形反转或者是一个微小的双重顶部或底部。举一个例子，从 K 线 3 的低点处开始的反转向上就是一个楔形底部，一个在 K 线 2 之后形成的基于 2 条 K 线的熊市旗形的最终的旗形反转。K 线 19 的底部是一个微型的双重底部，这是因为在 K 线 19 之前的 K 线先是趋势向下然后在收盘处反转向上的。

K 线 19 依然是趋势向下，在它之后的 K 线趋势向上，这就形成了一个微型的双重底部。这个双重底部可以在 1 分钟的 K 线图上轻易地看出来（在图中并没有显示），而且可以轻易地从上面这个 5 分钟的 K 线图上推断出来。

K 线 20 是在经历了 K 线 19 的加速下跌之后的漫长的反弹中形成的顶部，可以看作是一个 V 型底部反转的尝试。不过，此前在 K 线 19 下跌的最低点，在当天收盘前还是被再次测试。

K 线 4 之前的趋势上升强有力地打破了熊市趋势线，而且这使得做多交易者不仅愿意在一个更低的低点购买，也愿意在一个测试 K 线 3 的低点的更高的低点处购买。做多交易者想看到趋势线被强有力地打破，不再是通过横向盘整在趋势线的上方摇摆不定。

交易者们都预计在 K 线 3 之前的 3 个连续的卖出高潮将会紧随着一个较大的反弹期，这个反弹期至少应该会持续两波上升浪潮并且会持续至少 10 根 K 线。最后的高潮中经常会出现在整个高潮移动中最大的熊市趋势线，正如 K 线 3 之前的两根 K 线所示。强势的做空交易者只会在一个显著的回调之后才会寻找机会卖出，同时强势的做多交易者将会积极地购买，而且他们通常会在市场下跌的时候购买的更多。当处于狭窄的趋势通道上的第三波卖出潮从一天中的高点跌落后，市场上已经没有强势的交易者愿意在 K 线 3 的低点处卖出了。强势的做空交易者想买回他们的头寸，而强势的做多交易者正在积极地购买新的头寸。

在 K 线 6 之前的两波反弹浪潮很好的向上打破了牛市趋势通道线，警告交易者下一波下跌浪可以测试 K 线 3 的低点然后带来向上的反转。K 线 7 是双重底部的主要趋势反转。一些交易者认为第一个底部出现在 K 线 3 处，然而其他的交易者把 K 线 5 的低点联系起来认为这个模式是一个双重底部的牛市旗形。

因为大部分的反转都会失败，包括高潮反转，所以许多交易者会进行反向交易，期待原有趋势会继续，至少支撑他们短线的交易。举个例子，对于在 K 线 4 之前的强烈反弹，许多做空交易者认为它仅仅只是一次向移动平均线回归的反弹，同时与 K 线 1 之后的反弹顶部一起形成了一个双重顶部。他们卖出是因为他们看到了一个以相对较高的价格卖出的绝好机会，他们在 K 线 5 处获得利润，这可以通过 K 线 5 底部的尾巴和它相对较小的阳线主体得到证明。

在 5 分钟的 K 线图上，一个 V 型底部或者一个倒转的 V 型顶部的顶点却没有得到显著的测试，这种情况在一个月里只会发生几次。图 4.7 显示了一个 5 分钟的 V 型底部，这是一个卖出高潮，同时也是一个高潮反转。在 K 线 9 之前的向下的趋势中形成的卖出高潮呈抛物线移动，这也是一种形式的卖出高潮。你可以看到这三条趋势通道线的斜率正变得越来越陡峭（从 K 线 2 到 K 线 3，K 线 5 到 K 线 8，K 线 8 到 K 线 9 形成的趋势通道线），这意味着市场正面临着恐慌。交易者愿意以任意的价格抛售。做空交易者为他们的做空继续施压，当市场跌入一个强势的熊市趋势时他们正好快速地增加头寸。然而，当出现了这样连续的卖出高潮时，市场很快就耗尽了这些急切的，甚至愿意在没有显著的回调时做空的交易者的热情。由于卖方力量的缺失，造成了买方力量的不平衡，通

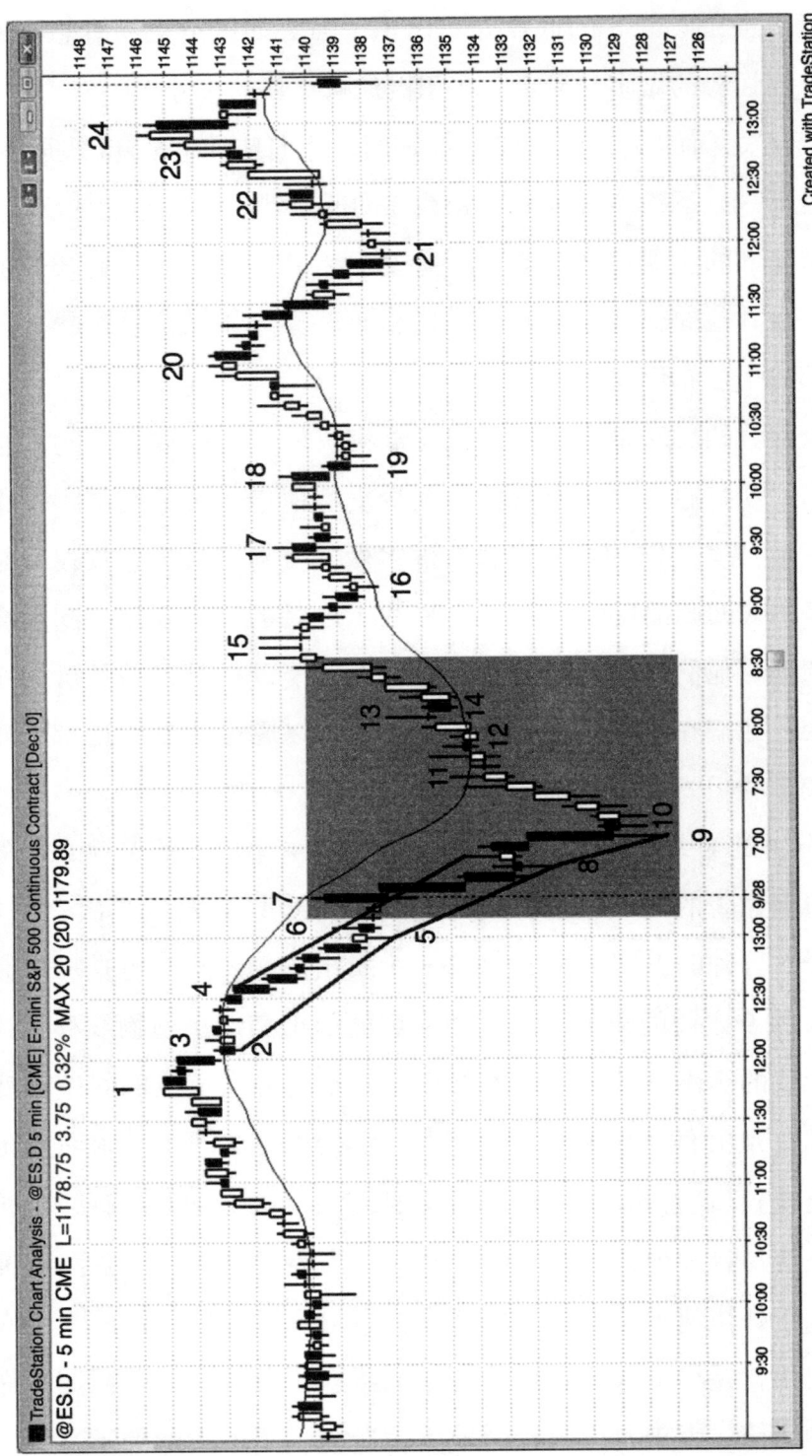

图4.7 V型底部非常罕见但是却很强烈

常在这之后会紧随一个至少持续 10 根 K 线和两波浪潮的反弹。

如图上显示，当有一个卖出的高潮或者连续不断的卖出高潮出现（如图中熊市的趋势在 K 线 8 和 K 线 9 处终结），并且在市场已经持续下跌了 10 根或者更多根的 K 线后依然有一个加剧的卖出潮时，那么市场将有很大的概率会迎来一个强烈的反转。强大的做多交易者目前还是处于观望状态，因为他们希望市场会继续下跌到一个足够吸引他们的地步，一旦市场到达了这个地步，他们将会奋不顾身地加入购买的阵列中。强大的做空交易者也明白接下来会发生什么，一旦他们看到了一个像 K 线 9 一样的巨大的卖出高潮 K 线，他们就迅速做空头寸获得利润，并且在市场走高之前都不会再考虑做空。因为市场上的做多交易者和做空交易者都会在靠近 K 线 9 和接下来的微小的两根 K 线组成的双重底部购买头寸，接下来市场只会上涨。

当市场上的一个强劲的高点突然急速下跌，那么有可能这波下跌潮只是用来测试市场的支撑位的，许多交易者依然会期待市场上出现高潮反转的标志。在 K 线 8 之前就是一波非常急剧的熊市的下跌潮，然后出现的就是由接下来的一根 K 线上的一个低点所表示的卖出信号。经验丰富的做多交易者和做空交易者都意识到了如果在一个急剧下跌的熊市下跌浪之后出现了一到两根大熊市 K 线，那么市场上的卖出潮很有可能就到此为止了。那个有一个低点信号的 K 线就可以是一个一根 K 线组成的最后的旗形（这将会在第 7 章详细探讨）。当 K 线 9 以一个大的熊市趋势 K 线的形态结束时，它是一个连续的卖出高潮并且可以导致一个最终的旗形反转，这个反转可以持续 10 根以上的 K 线和 2 波以上的浪潮。许多做空交易者将会在这种情况下买回他们的头寸因为他们意识到市场可能会突然急速反弹。如果在 10 根 K 线之后出现了卖出信号，他们将会再次做空。但在图中的案例里，市场急速反弹，以至于做空交易者已经认为市场上没有任何迹象支撑他们卖出，所以他们再也找不到一个可以做空的点了。

激进的做多交易者也认为市场很可能会反弹，所以他们也会选择买入。许多做多交易者和做空交易者会在 K 线 9 的收盘处买入，止损幅度设置为 K 线 9 的长度，有些交易者会选择更窄的止损但是也不会小太多，可能也就是几个点位。其他的做多交易者和做空交易者会在下一根 K 线的收盘处买入，因为它是一根小 K 线因此代表了卖出正在减弱的迹象。其他人会继续等待，直到 K 线 10 有了一个强大的牛市收盘迹象，才会在收盘处或者在收盘处的高点之上买入。最后，剩下的做空交易者将会买回他们的头寸，而想确定市场已经进入了可以持续做多的状态的谨慎的做多交易者，在 5 根 K 线组成的牛市趋势线的低点和随后而来的反弹中将会买入头寸。许多做多交易者会继续加仓，在市场从 K 线 10 开始经历一波又快又强的反转向上时，他们会继续买入头寸。

当市场变化迅速的时候，经验丰富交易者往往更容易获得利润：他们通常会抓住转瞬即逝的机会买入头寸，获得更大的盈利。当市场窄幅震荡的时候，他们也会这么做，在图中最左侧的 20 根 K 线就反映了这种情况。当市场窄幅震荡时，交易者们将保持旁观，直到新的趋势出现他们才会重新开始交易。然而，机构投资者和高频交易公司依然会每天保持较高的交易量，即使是在市场进入窄幅震荡的区间。

一个完美的 V 型底部，即市场的趋势先是笔直的下跌然后笔直地上涨，然而这是非常难得的。大部分的 V 型底部都会有一些微妙的信号显示卖方力量正在逐步减弱，就像图中所示，提示交易者将会面临一个可能的反转。在 K 线 8 之后的 K 线是一个一根 K 线组成的最后的旗形，这提示交易者在另外一个由一根或两根 K 线组成的卖出高潮后将会有一个可能的反转向上。K 线 10 同它之前的一根 K 线形成了一个微型的双重底部，同时与它之前的一根K线和K线9的低点一起形成了一个微型的三重底部。这是一个微小的三浪推动的下跌模式，同时在更小的时间图上是一个抽象的三角形，在经历了连续的卖出高潮和一根K线的最后旗形之后，它给予了做多交易者一个风险较低但是获利的可能性更高的入场机会。

  对于大部分的K线来说，当市场如昨天一般平静时，一根K线的交易量大约是5000到10000份合约。但是K线9拥有114,000份合约的交易量。这种程度的交易量一般完全是由机构促成的。但是，这到底是机构交易者认为市场的下跌才刚刚开始、疯狂做空而引起，还是他们认为市场已经经历了连续的卖空高潮、即将迎来反转、积极做多而引起的呢？机构交易者赚的都是非常聪明的钱，所以当他们突然一致在一个持续较长时间的熊市趋势中积极做多交易的时候，那么很大的可能性是，市场上的做空交易者（以及获利）和做多交易者都在积极买入。如果机构交易者一般都是非常聪明，经常获利，并且会认真对待每一点价位变化，那为什么他们在熊市趋势的最低点卖出？这是因为他们的程序化算法在市场一路下跌的时候都是赚钱的，并且有些算法只有在熊市趋势出现了明显的反转市才会不再做空。这将导致他们可能会在最后一笔卖出中亏损，但是他们早期赚的利润已经足够弥补这一次的亏损。记住，这些算法的胜率只有30%到70%，因此这是他们失败的情形之一。还有一些高频交易公司的交易如此频繁，而市场下跌的最低点正是因为他们的卖出造成的。最低点一般会位于支撑位上，许多高频交易公司会在支撑线上的一致两个点位处卖空，如果他们的系统显示这是一个盈利性很高的策略，那么他们这么做的目的是企图抓住市场上最后的机会。其他的机构会通过在其他的市场做空来实现对冲（股市、期权、债市、现金等市场），因为他们确信他们的风险报酬比会通过对冲来实现的更好。这些交易量并不是由较小的个人交易者带来的，他们对重要的转折点处的交易量的影响不超过5%。

趋势通常是一种方向的交易者和另外一种方向的交易者的力量的博弈的测试。在牛市中向上的趋势和在熊市中向下的趋势通常会得到市场的检验，因为趋势反转相较于简单而短暂的临时趋势反转来说出现的机会非常少，所以通常会得到检验。在牛市中向下的趋势以及在熊市中向上的趋势都是趋势的回调，所以通常来说可能不会得到检验。实际上他们已经在测试，测试的是顺着趋势的交易者和逆趋势交易者的决心。回调通常意味着市场惯有的趋势的突然反转，但是稍后又回到惯有的趋势。强势的交易者很喜欢这种市场反转的尝试，因为他们知道大部分都会失败。不论反转趋势的交易者是否有能力创造一个反转的趋势，跟随趋势的交易者将会参与进来并且有力地打击这些反转尝试，并且通常会取得胜利。他们把这些急剧的趋势反转移动看作是一个以非常好的价格进入趋势的机会，这个机会将非常短暂而迅速，在整个趋势中看来只是一个简单的趋势回调而已。在图4.8中，K线1，K线3，K线6这些在熊市中的加速下跌低点和K线4和K线这些反弹高点都在60分钟的AAPL图上得到了检验。

K线4是一个在熊市中的反弹高点并且本来无须得到检测，但是在10根K线以后得到了检测。

K线8是一个在震荡区间的反弹高点，并且打破了主要趋势线，所以它很可能会被检测。

K线7是一个新的波段的低点，但并不是一个加速下跌的低点，所以它没有得到检验。

趋势回调通常不会得到检验，因为交易者相信趋势将会得到复苏并且他们太急于摆脱这次回调了，但是趋势反转却往往会得到检验，因为

第 4 章 巅峰反转：行情高潮后的急速反转

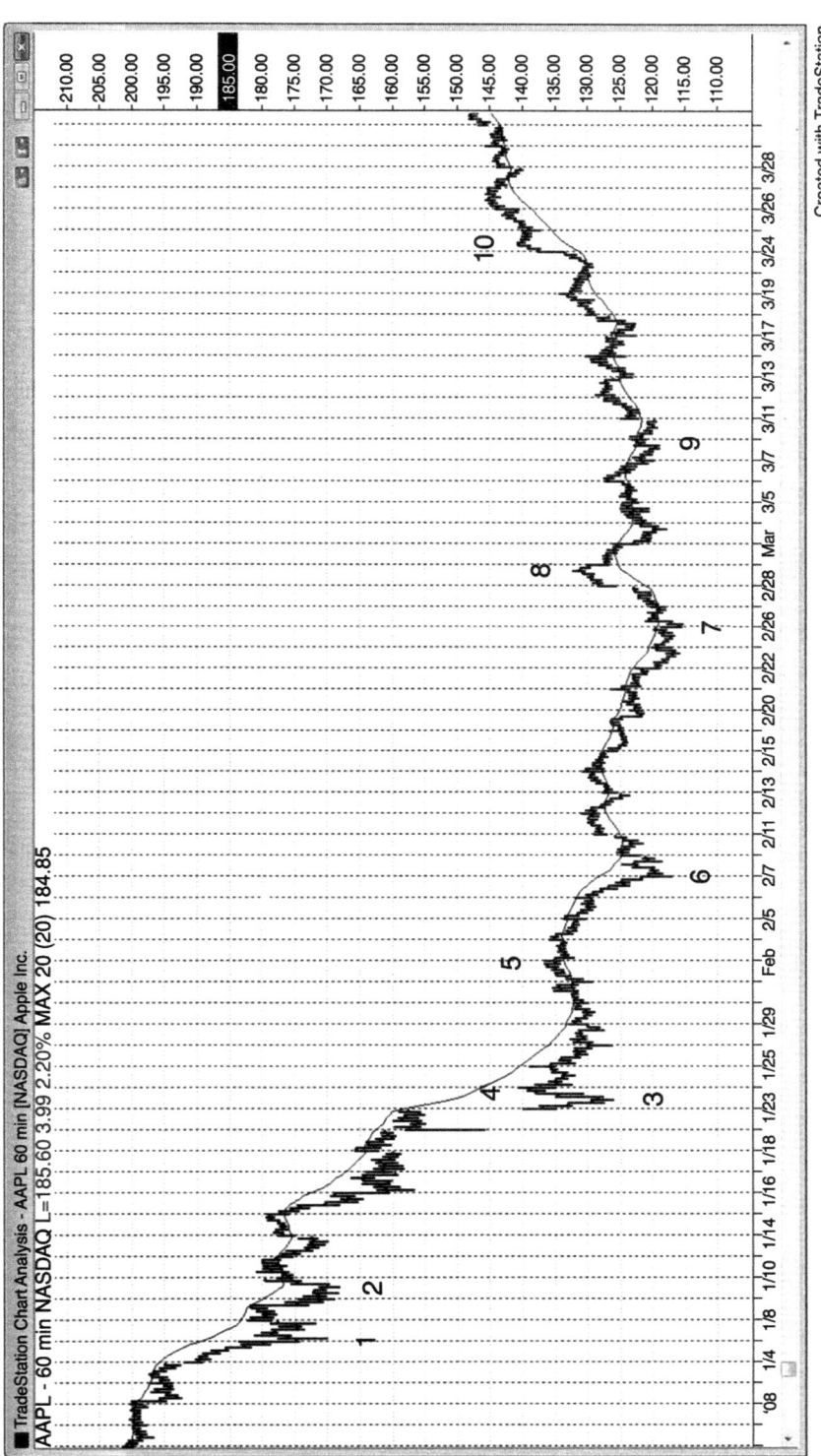

4.8 趋势回调比趋势逆转更平常

它反转了趋势，并且交易者非常不愿意相信反转将会取得成功。

大部分出现在牛市趋势中的回调下跌低点都是由已经获利的做多交易者寻找新的较低的购买点，和激进的做空交易者为了寻找卖空的点而造成的。当市场急剧下降，如图中的 K 线 3 所示，做多交易者将会积极购买直到恢复最初的头寸或者增加新的头寸，而做空交易者将会买回使得他们获利的头寸。一旦做空交易者有能力在接下来的市场做空，就像他们在市场下跌到 K 线 7 的位置时所做的，他们期待市场将会因为双方力量的较量，从而过渡到一个震荡区间或者是主要趋势的反转。相对于在下一次的反弹中卖空头寸，相反的是，他们会选择在这波摇摆的下跌浪中。持有一些或者所有的头寸做多交易者也认为市场进入了一波巨大的下跌浪中，所以只会在更低的点并且已经出现了非常清晰的购买信号的点处买入。因为双方在市场下跌到比过去的回调更深之前都不愿意购买，所以市场将可能会进入更深的回调，或者震荡趋势，甚至迎来主要趋势反转的加剧。

在图 4.9 上的 K 线 3 是在一个强劲的牛市趋势中的回调下跌低点，而且也不太可能会得到测试。它仅仅只是第一个移动平均线的跳空缺口 K 线，很容易诱使空头做空。虽然这里的卖方非常强劲，但是后续并没有足够的卖出力量使得交易者确认市场会反转到可以持续做空的一方。在回调中做空的做空交易者意识到了这点，便迅速地买回了他们的头寸，在对市场持观望态度的同时，耐心地等待市场会有另一个机会反转。做多交易者将会积极买入，因为他们意识到做空交易者已经失败了，所以市场短暂的回调只是一个以更好的价格买入的简短的机会。他们甚至会期待市场中出现熊市回调，因为他们知道大部分的反转尝试都会失败，而这些回调将变成他们买入的绝佳机会。因为市场上已经没有愿意卖出的卖方力量，所以市场急剧上涨了好几根 K 线。

第 4 章　巅峰反转：行情高潮后的急速反转

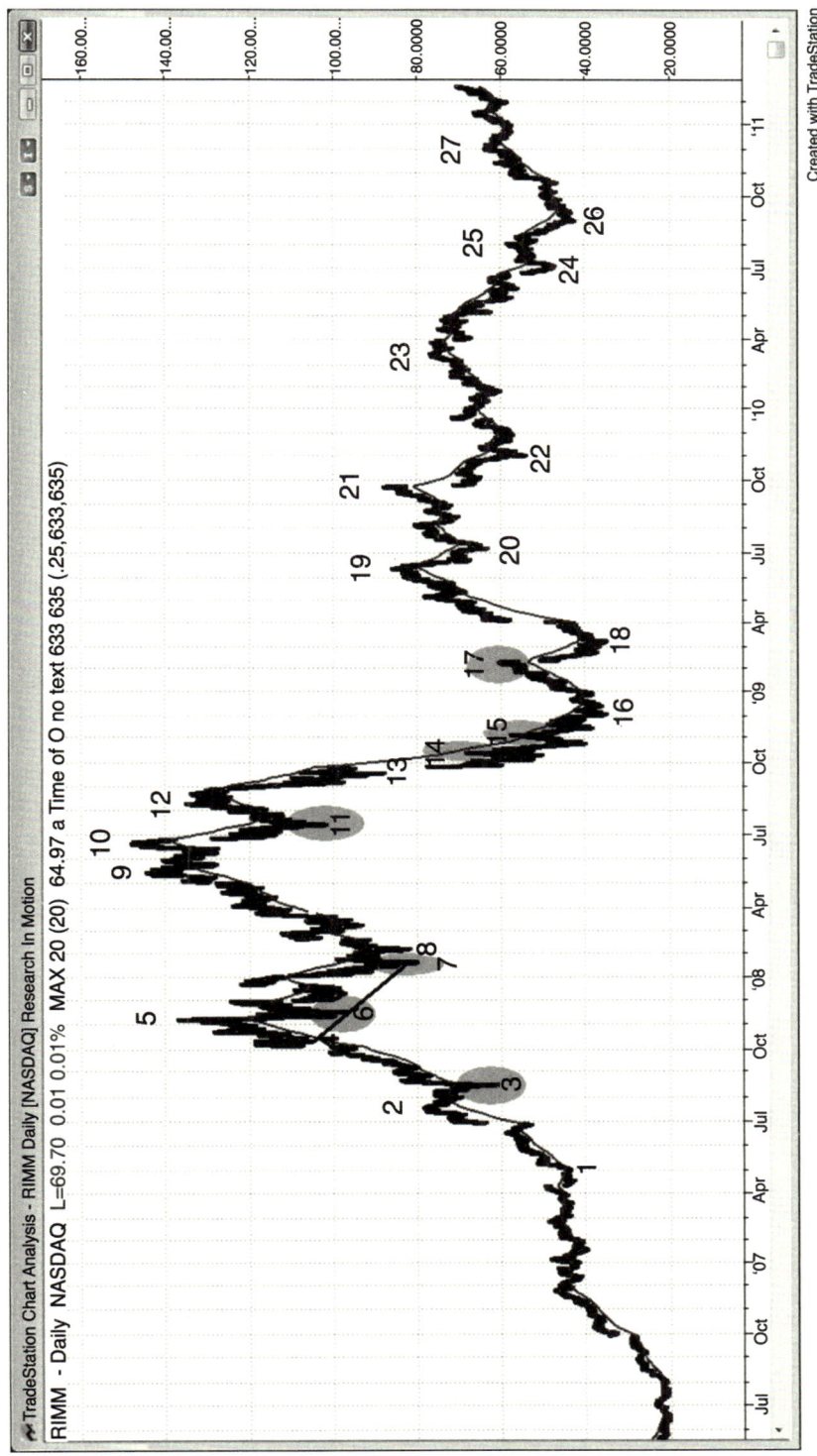

图4.9

K 线 6 是一个跟随着楔形顶部的熊市 K 线，这使得它看起来被市场验证了，因为至少接下来的两波下跌浪可以证明。

K 线 7 是在一波熊市浪中的熊市 K 线，并且通过一个更高的低点得到了证明，在更高的时间图上看到这个点通过与 K 线 4，6，7 组成的楔形牛市旗形带来了牛市趋势的复苏。

K 线 11 是一个强劲的下跌，并且可能是新的熊市趋势的第一波下跌浪，因为它是在 K 线 10 的较高的高点之后出现的。在这个时点，它不太可能是在牛市趋势中的回调，因此很可能会得到检验。在一波强劲的牛市趋势线被突破的时候市场很可能会迎来至少两波下跌浪（正如图中 K 线 7 之前形成的下跌）然后是一个更高的高点。

K 线 13 是在大的牛市趋势中形成的两波下跌浪的底部。这可能会带来一个新的牛市的高点，因为它是在 K 线 7 的低点之上，而且市场还在不停地创造更高的低点和高点，因此很有可能还是在牛市趋势之中。因为市场下降得如此迅速，所以在做多之前最好是从这点开始等待反弹和一个更高的低点。伴随着一个非常大的缺口，市场迅速下降到底部。

K 线 14 和 K 线 15 是在一个强大的熊市趋势中形成的牛市趋势顶点，因此他们并没有得到检验。

K 线 17 是在熊市趋势中形成的牛市顶点，因此也没有得到检验。在一个有着一系列的更低的高点和低点的熊市趋势中，它可能也只是一个普通的更低的高点。然而，不同的是，它是在一个微小的楔形底部之后出现的（K 线 15 是在最初的回调之后形成的回调），而这个楔形底部看起来至少应该会带来两波下跌浪，所以上升至 K 线 17 的上升浪可能是这两波浪潮之一。此外，K 线 16 的低点正处于 K 线 1 形成的窄幅震荡区间中，而这个震荡区间正是一个支撑区域，所以也可能会形成一个新的震荡区间。这意味着从 K 线 18 形成的双重底部处很有可能会产生第二次反弹。第一次反弹至 K 线 17 的趋势打破了熊市趋势线（即从 K 线 12 至 K 线 16 形成的趋势），这使得交易者们怀疑在这之后是否会出现一个测试熊市低点的区间，这个区域可能是一个震荡区间，也可能是一次主要趋势的反转。最后证明从 K 线 18 处产生了一个一直持续到图表结束处的很大的震荡区间。

如图 4.10 所示，行动研究公司（简称 RIMM）在昨天一个非常强劲的牛市顶点收盘，所以今天超越昨天的收盘价的概率非常高。虽然今天的反弹并不疯狂而且也没有太过于看涨，但是做空交易者依然不能把连续两日的收盘价拉下移动平均线。从这个图上看，趋势整体是向上的，但是向上的力量正在衰减。

如图 4.11 所示，在关于短期金融 ETF 产品（SKF）的图中，K 线 2 处出现的开放式的高潮反转（一个倒 V 型顶部）只是在打破一个小型的熊市趋势通道线的顶部后出现的一个小反转。它也是打破了昨天的高点之后的第二条通道，代表了前一波上升浪的结束，并且与昨天的开盘价一起开启了下跌浪的复苏。它是自图形开始以后的第三个连续的购买高潮，同样，这波购买高潮也没有伴随着显著的回调和一个可能的一根 K 线组成的最后的旗形反转（在 K 线 1 之后的熊市 K 线是一个由一根 K 线的一个高点组成的牛市旗形）。如果在一个更高的时间图上，昨天的抛售已经跌破了牛市趋势线，并且 K 线 2 是一个从更高的高点开始的趋势反转向下。K 线 2 可以测量从昨日的震荡区间开始的上升区域，但这个单独的理由并不能支持在一个牛市趋势中做空。当市场的趋势一直上升，并且上升的距离很大，做多交易者将会获得利益，但是做空交易者除非在如图中所显示的那样有其他的因素时才会做空。

K 线 2 与它之前的牛市趋势 K 线组成了一个双重顶部。市场在这个牛市趋势线上一路直上，并且在 K 线的顶部的结束处又一次上升。市场

高级反转技术分析
价格行为交易系统之反转分析（上册）

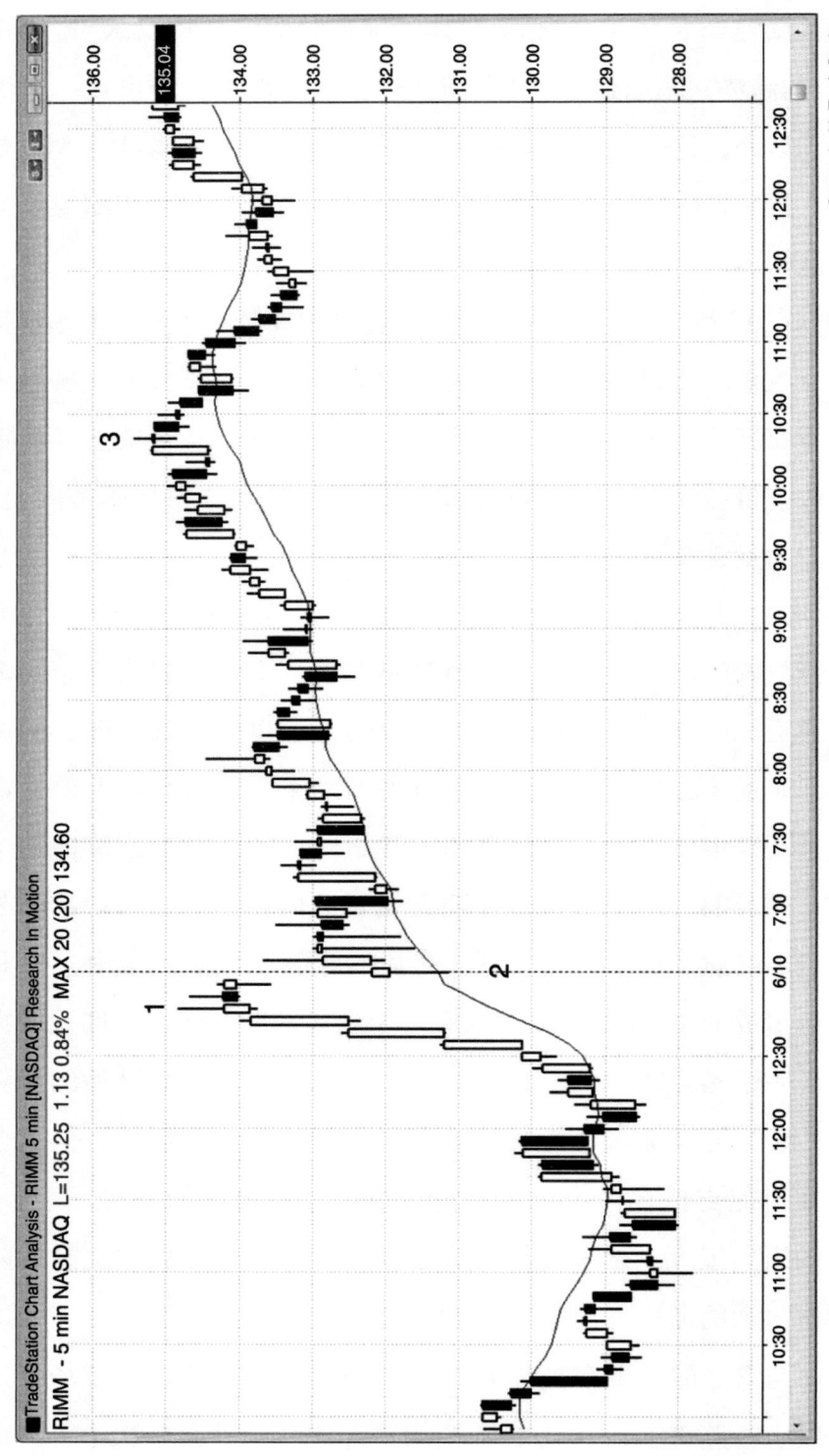

图4.10 测试牛市顶点

第 4 章 巅峰反转：行情高潮后的急速反转

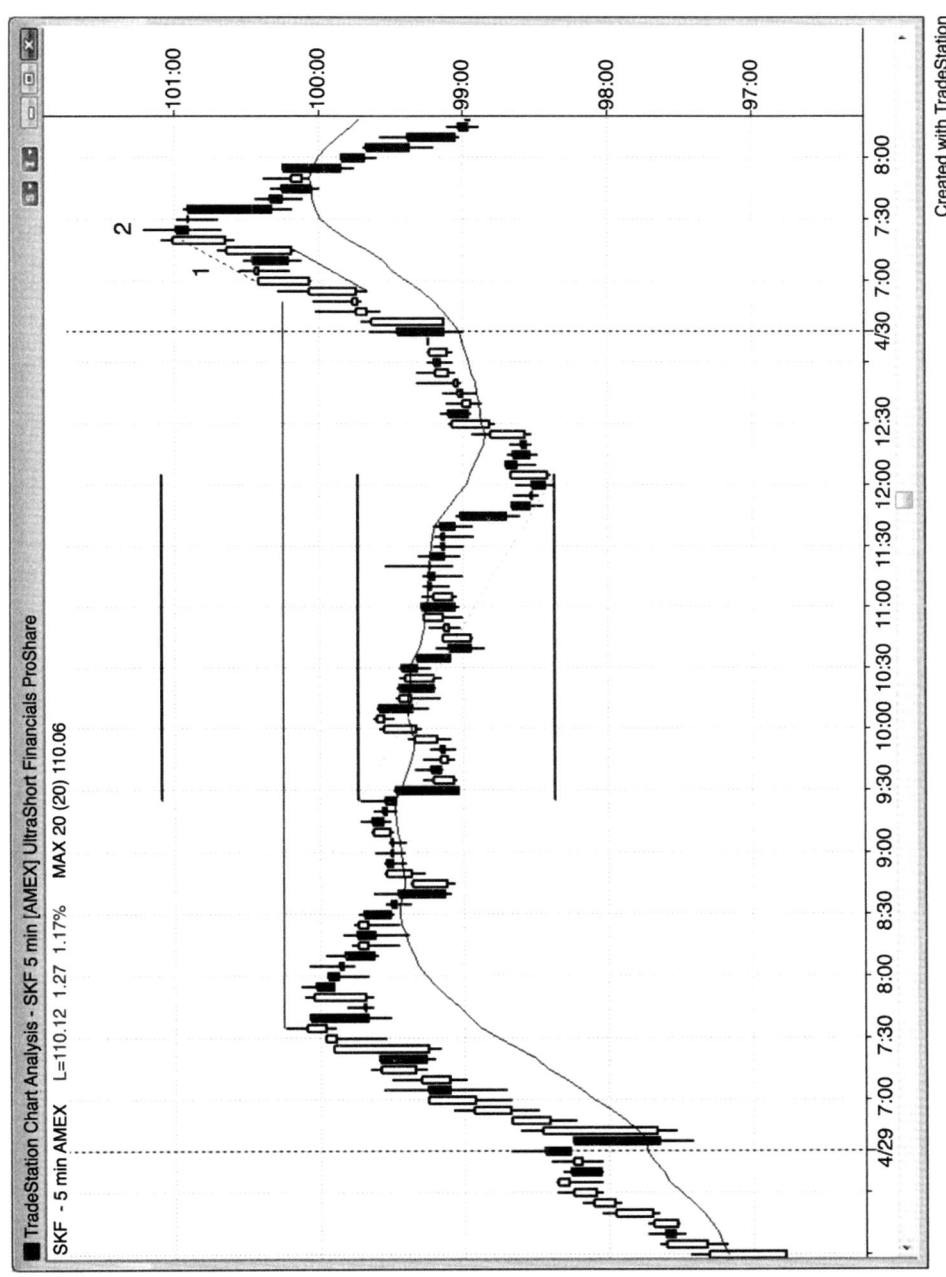

图 4.11 倒 V 型顶部

下降到 K 线 2 的底部，有了第三波上升浪，这波上升浪潮一直到底后紧随而来的是十字星的高点，从而创造了一个微型的头肩顶或者三角形，这个形状在更小的时间图上将会更容易看到。这个顶部是由 K 线 1 形成的由一根 K 线组成的最后旗形之后出现的另一个由一根 K 线组成的最后旗形反转。K 线 2 的主体和紧随其后的十字星与 K 线 2 之前的牛市 K 线的主主体一起形成了 ii 的形状。

当有其他的因素参与的时候，高潮反转会更让人信服一些。如图 4.12 所示，在 5 分钟的关于石油服务（OIH）的图上，有一个比昨天的低点还低的高潮开盘反转，同时它也是一个三条趋势通道线的反转点。交易者应该在 K 线 1 之上的两根 K 线组成的大反转处购买，然后在 K 线 2 处的第二个高点处的第一波回调处再次买入，预期至少还会有两波上升浪。当市场可能已经出现了两波浪潮的时候通常会进入震荡阶段，因为相较于出现一个由两波下跌浪组成的回调，市场往往会出现一个新的趋势。

K 线 1 是一个由两条 K 线组成的反转的底部。在 K 线 1 之前的一条 K 线是一条大的熊市趋势线，因为它有一个较低的收盘价，所以比它之前所有的熊市 K 线都要强劲。这意味着它从下方打破了之前的熊市趋势 K 线，同时更小的那根熊市趋势线其实是一个变形的由一根 K 线组成的最后旗形。在更小的时间图上，它可能看起来更像是一个较小的最后旗形。

逆趋势的交易者经常会画出趋势通道线，并期待趋势失败迎来反转，并且这次反转至少会让他们赢得一段时间的胜利，并且持续至少两波浪潮的反转移动。当趋势通道线是陡峭的，那么在趋势通道线的每一次反转中都去购买的策略将是不可取的。相对于等待趋势通道被有利的打破时购买，比如图 4.13 处 K 线 5 之前的大缺口，倒不如去寻找有突破的回

第 4 章 巅峰反转：行情高潮后的急速反转

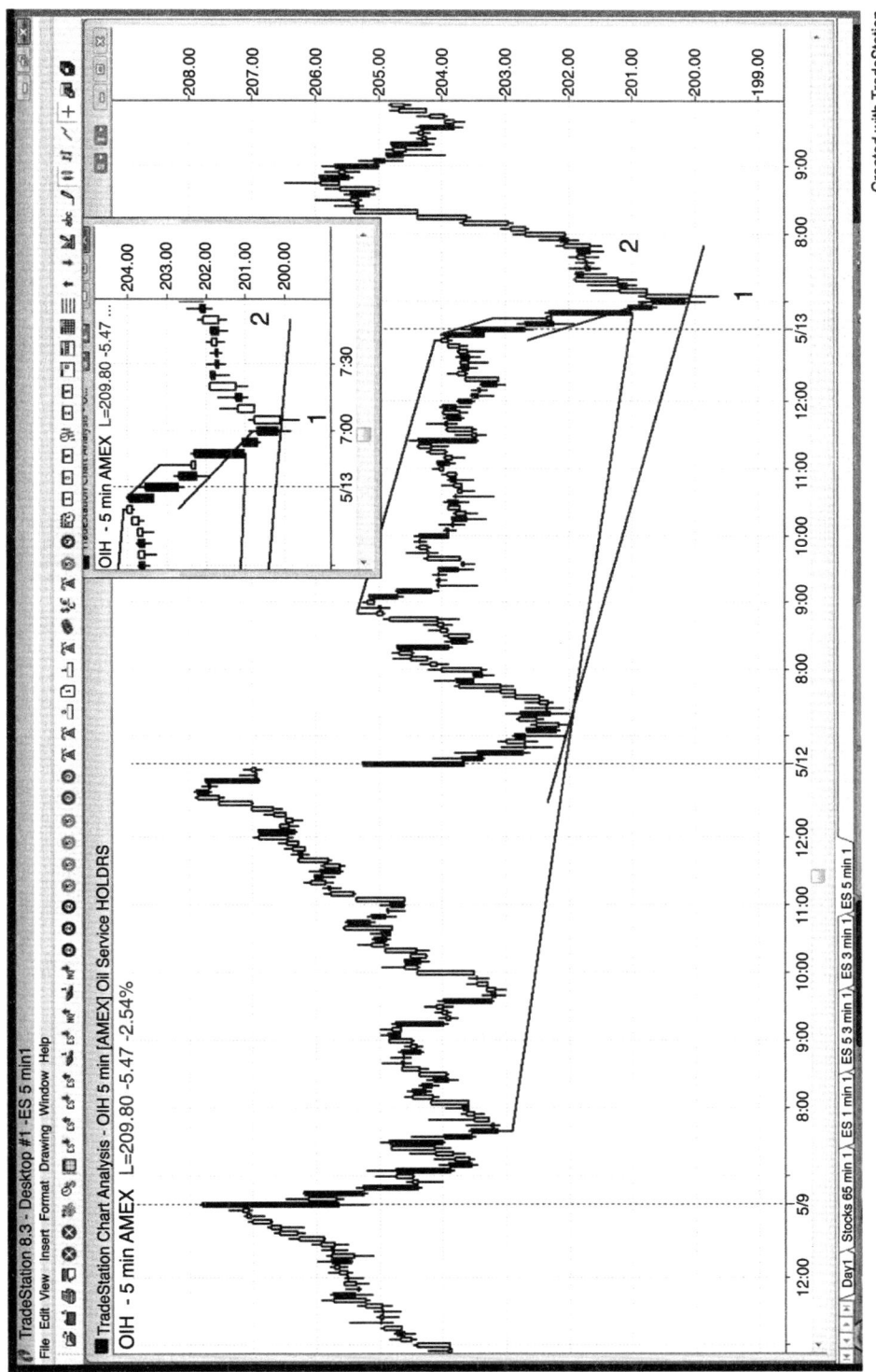

图4.12 有更充分的理由由逆转的高潮逆转

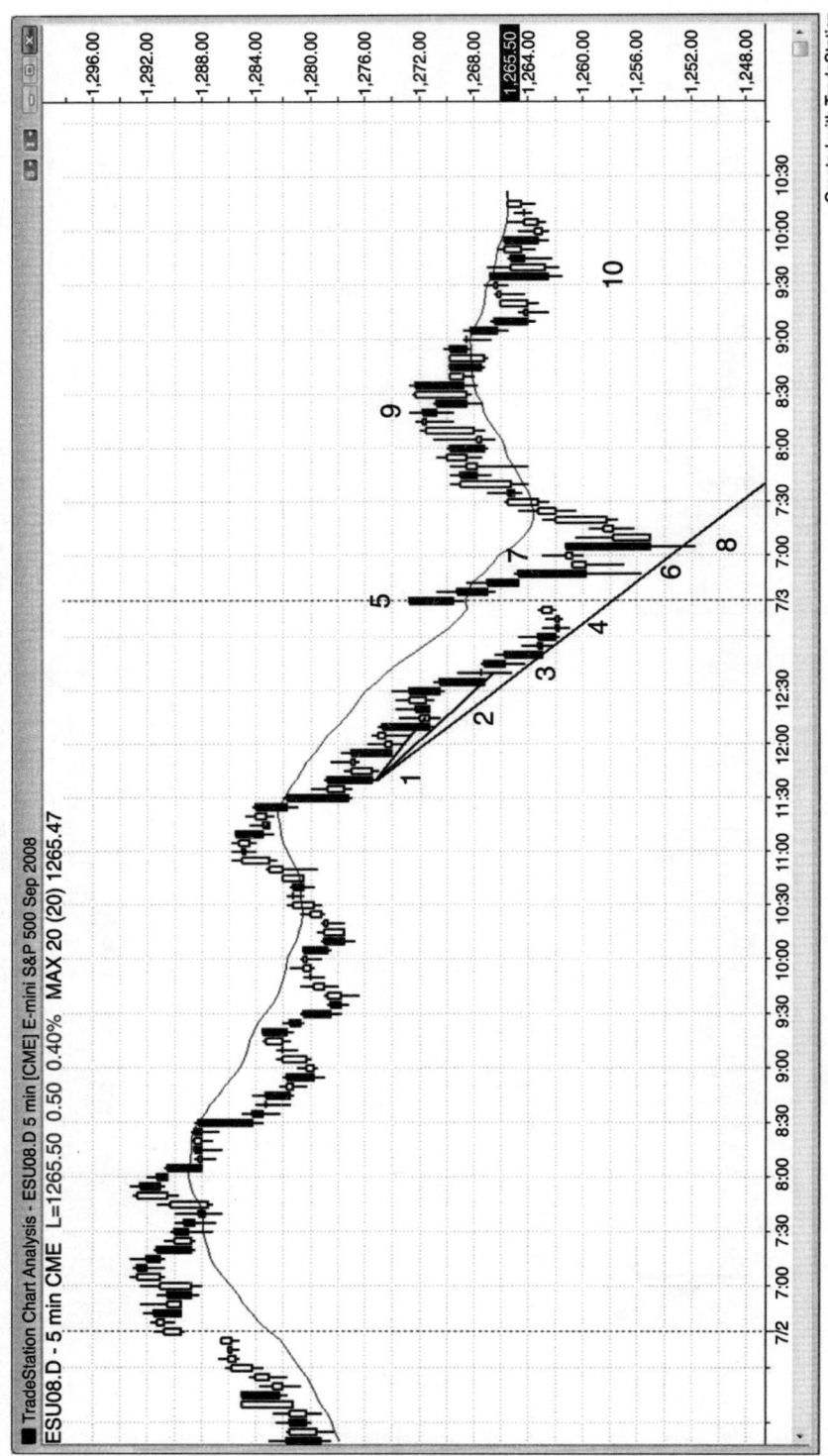

图4.13 不要在熊市的趋势通道线突破测试的点进行买入

调购买，比如在 K 线 8 处第二次尝试反转昨天的低点。

K 线 2 打破了一根小的趋势通道线，但是在这之前并没有反趋势的力量出现并且锚定 K 线只有一个很小的牛市主体。聪明的交易者将会等待第二次入场时机，尤其是一个更高的低点。如果这个点并没有继续发展，他们将会把这个点看作是一个跟随趋势的锚定点，事实证明它也确实如此。请注意，打破 K 线 2 的突破是一种形式的强劲的熊市趋势 K 线。因为在早期已经有很多做多的交易者进入了这个较小的楔形，并且大部分交易者都不会在 K 线 2 被向下打破之前注意到趋势反转已经失败了。不过这也是很多交易者的停止入场的时点。同样地，很多做空交易者也会有进入时点，因为一个失败的楔形通常会将市场至少推进一个楔形的高度，所以在这个可以测量的下降距离将带来一次绝佳的卖空时机。当一个熊市通道已经如此陡峭的时候，聪明的做多交易者将会把卖空的价格限制在之前的 K 线的高点处或更高处，而在那些点处积极的做多交易者正在疯狂买入。

K 线 3 超越了另外一条趋势通道线，所以并没有入场信号，因此很少有做多交易者被困在此处。

K 线 5 的开盘在熊市趋势线之上，但是它之前有一个大概空出了 20 根 K 线的距离的卖空缺口，并且它是第一个在移动平均线上有缺口的 K 线（已经非常接近移动平均线了——这根 K 线的主体非常大，并且完全高于指数移动平均线），于是它开创了向下反转的趋势。

K 线 6 并没有到达趋势通道线，所以即使它尝试反转昨天的低点，这个反转的尝试也难以成功。大部分的交易者都在等待市场上出现超卖的现象，如果这种现象没有出现，那么他们预期至少会出现第二个进入市场的通道。当然，这个带有信号的 K 线将会是一个有着瘦小的主体的十字星，这信号的出现意味着市场上的做多交易者不再强势。

K线8打破了熊市通道线，作为一个信号K线它是一根有着较大的牛市主体的内部K线。这个点同样是市场的第二次尝试，企图反转昨天的低点，从而创造了那天的一个尽可能低的开盘反转点。K线8是从K线7的最后旗形处反转向上的点，同时也是一个自K线5从上方打破熊市通道以后，以一个更低的低点打破了这波回调的点。请记住，一个熊市的通道同时也是一个牛市旗形。市场上的一些交易者直到看到市场反弹到K线5处并从上方打破了熊市通道线和移动平均线后，才理性地认为市场上的主要趋势开始出现了反转。最终证明，K线8也是一波连续的卖出高潮，同时它是这波卖出潮中拥有最大的熊市主体的K线，一般来说，在连续的卖出高潮结束时这种K线的出现会比较平常。

一旦市场上的斜率上升了，那么市场的趋势就正在加剧并且很可能会面临回调。这是因为加速的斜率往往意味着市场情绪的上涨，并且一旦这些情绪化的交易者离开市场，在市场出现回调之前市场上的交易者将不再愿意进行交易。在图4.15中，我们可以看到K线8之前的一段上升潮要比它之前的牛市趋势线更加陡峭，所以整个牛市趋势在K线10处以一个缺口向上的熊市反转结束。

从K线13处形成的下跌浪比它之前的熊市通道更加陡峭，并且这个卖出高潮在K线15这个强劲的牛市趋势K线处被反转，这波下跌潮与从K线4到K线10形成的牛市趋势线一起形成了一个双重底部。这个双重底拥有一个陡峭的上升潮和下跌潮，因此形成了一个强劲的购买高潮。一般来说，高潮后面也会跟随着震荡区间，正如图中K线20之前出现的两波反弹浪所示。

在K线14之前的熊市趋势K线在那个时点可以被看成是一个可以造成市场趋势急速下降的突破点，也可以看成是一个可能导致趋势反转向上的急剧的卖出高潮，这波高潮可能会持续大概10根K线和两波下跌

第 4 章 巅峰反转：行情高潮后的急速反转

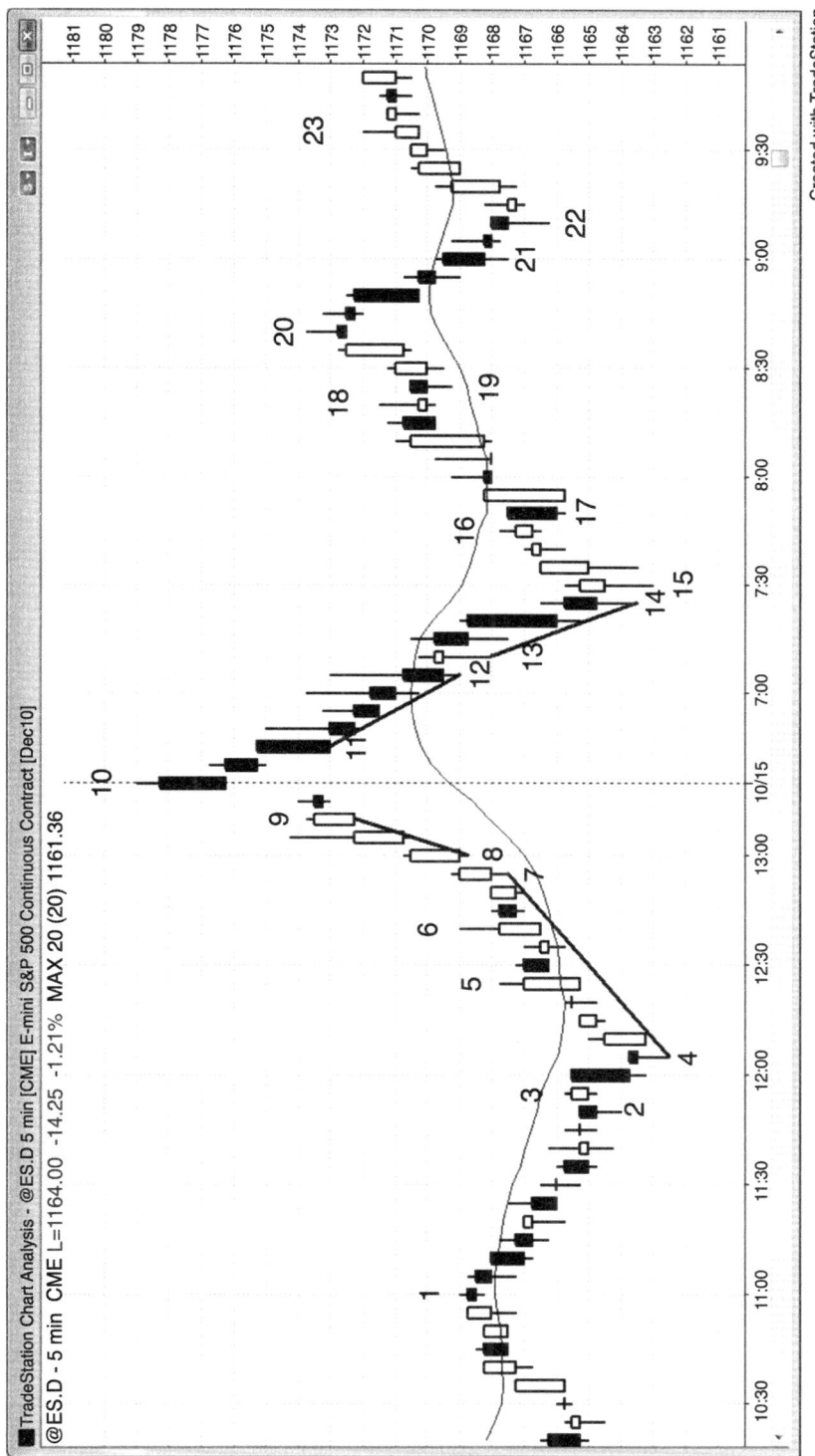

图4.14 当市场的斜率增速时往往意味着市场情绪的高涨

浪。正是因为它是在一系列不连续并且陡峭的熊市K线之后出现的，所以它看起来像是要打破这个不能持续的熊市趋势，因为具有了高潮的特征。市场上许多交易者也正是在他们看到了一根如此大的熊市K线时才会开始购买。许多人会选择在这根K线的收盘处购买，但是因为这个收盘价与昨天的低点非常接近，因此还有许多交易者会继续等待，看市场是否会下跌的更远一些。这些交易者将会在K线15形成的过程中在它的收盘处，以高于它的高点的价格购买。这是一次非常成功的对于昨天的低点的卖出真空测试（一个双重底的趋势反转），并且在这次测试中买方完全控制住了市场。他们期望做空交易者的突破会失败，而K线15将变成这次失败的突破的一个购买信号K线。做空交易者一直在K线15之前做空头寸，在K线15处他们将头寸买回并获得收益，但是如果他们决定在之后的一段时间或者更高的几段K线处再次做空的话，他们将不会这样做。如果他们认为市场上的回调将会比较短暂，他们就将一直持有空头。但是市场上出现的强劲的牛市反转K线和进入K线都是反转已经非常强劲的证据，所以这些卖方将会暂时退出市场，大约会持续10根K线。这将会使得市场上只有一方力量的存在，从而会导致一个较大的反弹出现。做空交易者正在寻找一个合适进入市场重新做空的机会，但是他们在K线20之前都没有发现这样的时机。做多交易者意识到做空交易者很可能会进入市场，所以他们卖掉他们手中的头寸获得利益，并且会继续等待大概10根K线才重新考虑购买。他们在K线20的低点后持续购买了7根K线，这些反转向上的K线同K线17的低点一起形成了一个双重底部。它是一个低点越来越高的主要趋势反转（K线20之前的反弹打破了持续到K线15的熊市趋势），同时也是一个三角形（K线4和K线15是最先的处于下方的两点）。

当一种高潮模式不能够有足够的动力支持其反转时，那么你可能对

第 4 章 巅峰反转：行情高潮后的急速反转

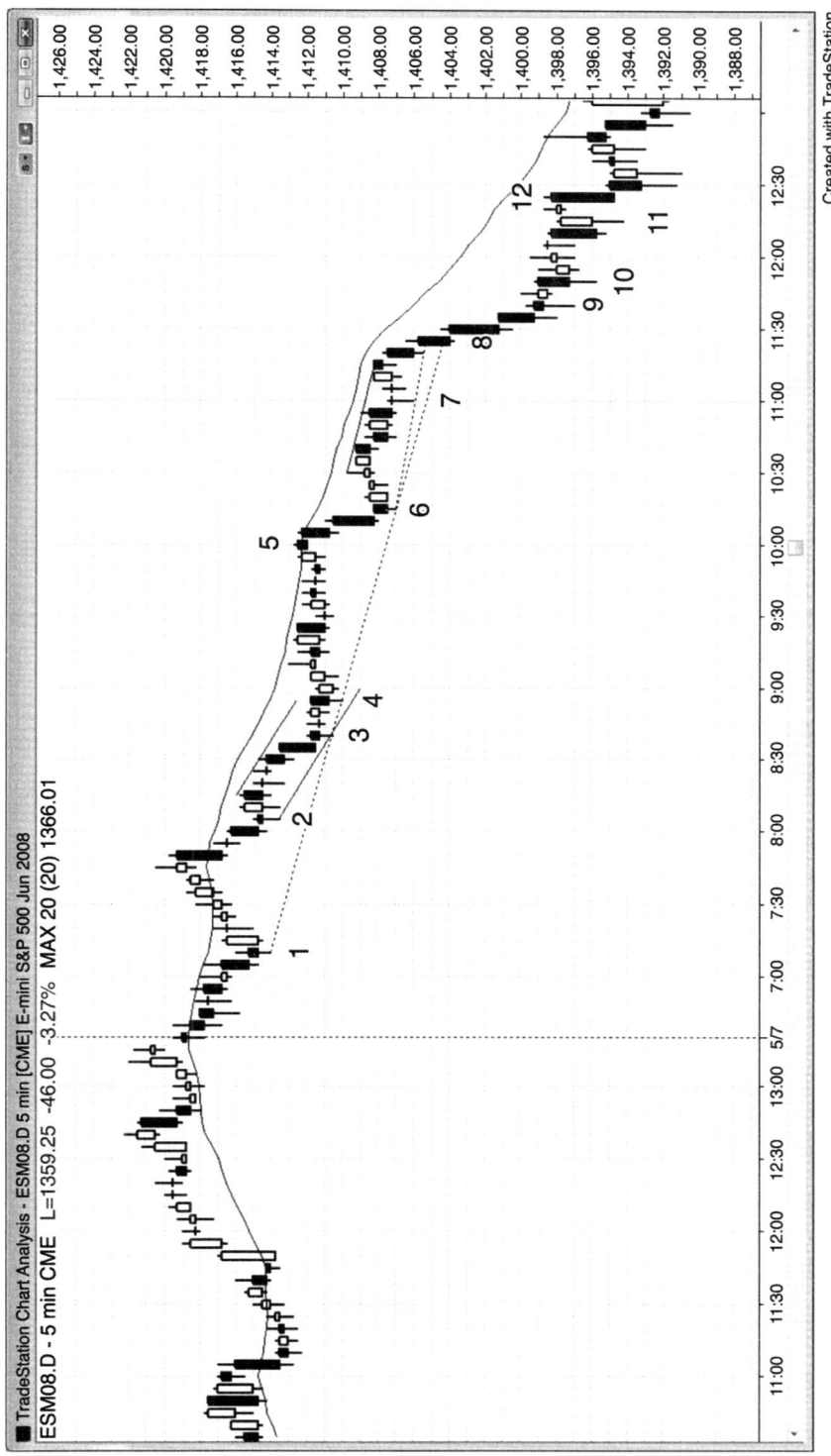

4.15 逆转需要动力

市场的理解有误并且正在朝错误的方向交易。楔形反转和楔形回调并不相同，即使他们看起来会一样。你需要仔细注意它前后的趋势。如果在牛市趋势中出现了一个楔形回调，则代表在牛市的趋势中购买是相对有利的，所以你可以在第一个信号出现时开始购买。但是不幸的是，如果市场处于熊市趋势中，过度饥渴的做多交易者往往会把楔形底部看成是一次回调，但事实上大部分都是反转。当楔形反转开始出现时，它将是反向趋势的交易，所以在你购买之前你应该等待一个更高的低点，并且只有在趋势线被强有力的打破后才开始购买。在一个强大的熊市趋势中试图保存头寸将是失败的策略。

　　如图 4.15 所示，K 线 4 与 K 线 2 和 3 处形成的下跌动力一起形成了三次下跌，并且跃过了 K 线 1 和 K 线 3 一起形成的熊市趋势通道线。然而，市场依旧是向下而非向上发展。做多交易者并不强大，所以实际上，市场上过多的看跌情绪是正常的。任何时候，一旦市场上出现的是非常强劲的熊市趋势，那么交易者最好就是做空，除非市场上出现了更高的低点，你才可以开始做多，而且即使你在那个低点做多，你也需要在熊市趋势进入了第二个低点的时候准备好做空。

　　在 K 线 8 最后进入收盘的阶段之前，它是一根牛市反转 K 线，在收盘时，它因为迅速地卖空从而变成了一根熊市趋势 K 线。过度饥渴的做多交易者认为在楔形的底部会形成一个牛市反转 K 线，并且两条熊市趋势通道线将变成一个打破熊市通道线的突破，这意味着每个人都知道市场还会持续很长一段时间的熊市。这一点被楔形反转失败后紧随而来的一系列熊市趋势 K 线证实了。如果你观察市场上的动向，你将会看到这根牛市反转 K 线逐步崩溃成一根熊市趋势 K 线，然后你将会开始做空，因为你知道那些早期进入市场做多的交易者已经被困住了，他们当时认为市场将出现一根打破熊市趋势通道线的强大的牛市反转 K 线（千万不

第4章 巅峰反转：行情高潮后的急速反转

要在K线没有被证实反转之前购买，永远要在等到K线收盘并且下一根K线已经证实了大反转的时候再购买）。即使你不知道这个交易规则，那么在打破熊市通道线的低点之下购买也是一种非常聪明的交易方式。

K线11是另外一个三浪向下推进的模式，但是在许多的十字星和大的交叠的K线中，市场上的做多交易者需要的是第二次的信号，所以他们一直在寻找在这条趋势线上的高点附件的小K线做空（比如K线12，这根牛市反转K线之前的一根K线打破了市场，很显然许多做多交易者被困在了此处）。K线11是一根不太好的牛市反转K线，因为在此处并没有显著的做多力量在市场上方打破熊市趋势线，而且它同之前的K线有太多的重叠，这逼迫你会在一个熊市震荡区间的高点附近购买（永远记住，低买，高卖！）。这是一段熊市趋势非常强劲的时间，而最好的交易者不会去等待寻找楔形。相反，他们会在移动平均线附近寻找做空的时机。因为这些时机非常少，而做空交易者又非常强劲，所以聪明的寻找卖机的交易者应该在每一个失败的购买信号，比如低点1和低点2的条形区域卖出头寸。

在K线2，3，6，9之前以及K线12之后都有连续的卖出高潮。这些下跌并不是在一个狭窄的通道中进行的，而且每一次市场上多余的动能都需要10根左右的K线来吸收解决。这导致了一系列的震荡区间，在比较强劲的趋势中这些震荡区间非常常见，而且它们组织了趋势高潮的反转。

当你发现你绘制了多条趋势通道线时，因为你的焦虑以及不敢相信导致你可能会被你眼前的事实蒙蔽（看图4.16）。即使在图上的趋势是在一个熊市通道中，这个通道也有很多双向交易，他们可能会比你想象的持续的时间久。你可以始终假设一个趋势通道是会永远存续下去，但是一旦它最终不能存续，那你就要改变你的思维了。这些双向交易让趋

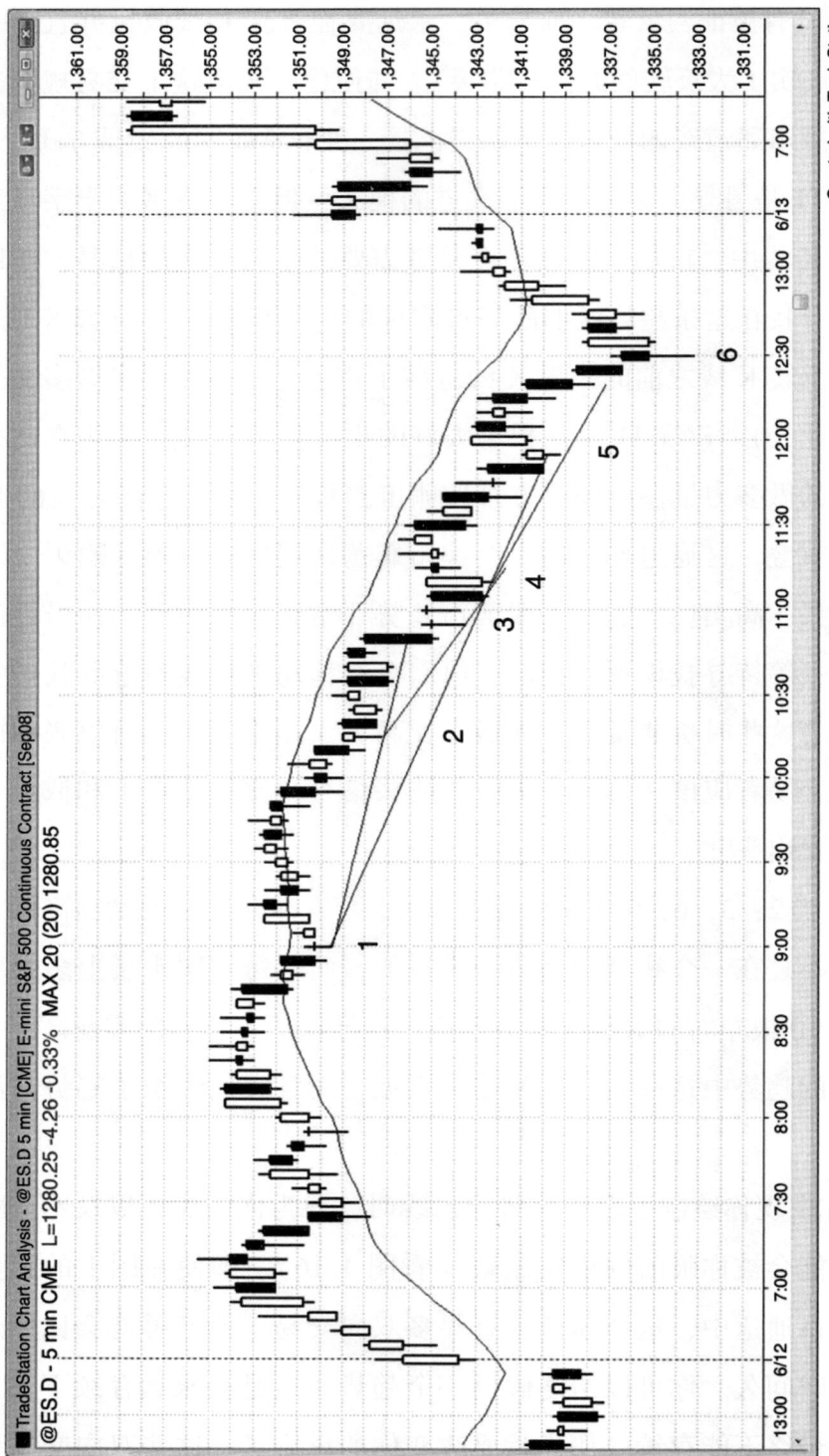

图4.16 市场上大多的趋势通道线

势看起来好像要反转，但是大部分反转的尝试都会失败。这个趋势是很强劲的，但是你也在失去所有的跟随着趋势的做空机会。因为你满眼看到的都是趋势通道线，而在你的潜意识里潜在的反转只会出现在一个震荡区间中的过度抛售的日子（在趋势中的通道或者通道模式通常是这样看待的）。耐心等待并且跟随着趋势交易，除非市场上出现了一个非常强劲且明确的反转，你甚至都不需要通过画图来确定时你才可以不需要跟随趋势交易，比如强劲的K线6是反转了昨天的低点，同时也是一个三次推动向下的模式（K线4，K线5，K线6一起组成）。在交易的时候不要按照你觉得应该会发生的结论去交易，永远按照正在发生的结果进行交易，即使它看起来是那么不可思议。正如在第一本书的第15章讨论的那样，当市场处于熊市通道时，聪明的交易者只会在K线之下而非之上购买，他们会更有兴趣做空，并且只会在之前的K线之上而非之下做空。

如图4.17右边的图所示，在5分钟的SPY图上，K线3处有一个非常强劲的卖出高潮，在K线4的两条K线的反转之后跟随着一个突破移动平均线的强劲反弹。在左边的图表是一个1分钟的K线图，图中显示了在低点时交易量的减弱情况，这是很正常的。在K线4的低点的交易量要小于早先的K线3的低点的交易量，即使K线4是处于更低的价格。在不同的时间图表上，或许会有时间和交易量的差异，但是有经验的交易者不需要通过5分钟以上的交易图表就能够知道这些。

传统的技术分析会认为在牛市反转处的交易量应该会比在最后的熊市K线处的交易量大。但是在这张图中的5分钟时间图上，在K线4这个牛市反转K线的交易量要比之前的两根熊市趋势K线要小。这些会使得这次的反转不那么可信吗？一点也不会，但是它可能会使得交易者不会在底部购买。在我进行交易的时候，我不想分心，所以我不会去看任何交易量或者其他指标，因为图表已经告诉了我想知道的所有信息。顺

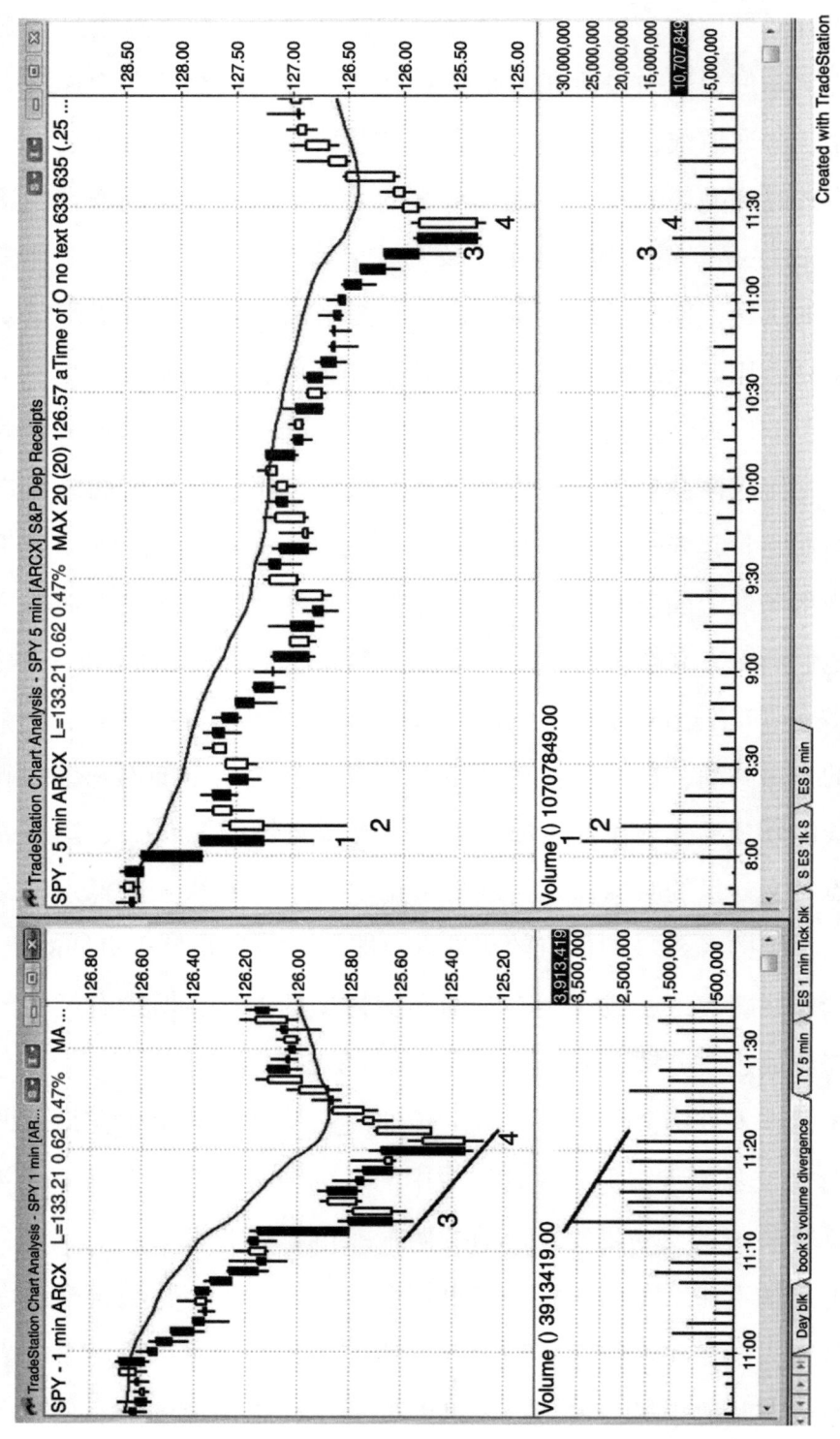

图4.17 反转的交易量并不是特别有用

便提一下，K线2比K线4的低点有更大的交易量，但是依然是一次失败的反转，并最终呈现出一个双重顶部的熊市旗形。

K线3底部的大尾部是买方正在入场的标志，通常市场在进入回调之前会下跌一到两根K线。K线4是一个强劲的两条K线的反转，同时与K线3的低点形成了一个微型的双重底部。K线3也是一种形式的最后旗形，可能在更小的时间图表上也看起来是一个最后旗形。

第 5 章　楔形和其他三浪推进反转模式

当市场朝着一个方向进入三浪推进模式，将会带来反转形态从而开启反转交易，反转交易的第一个目标就是找到这个模式的开始部分，第二个目标就是基于这个模式的高度找到趋势的移动距离。举个例子，如果一个楔形顶部的第三波向上浪潮是以一根强劲的熊市反转 K 线结束，并且接下来的 K 线是在这根反转 K 线之下交易，那么我们的第一个目标就是测试这个楔形的底部（即从第一波向上的推动浪开始形成的回调的底部），第二个目标就是基于从底部到顶部的距离，来测量市场向下移动的距离。所有的三浪推动模式都会反映同样的市场行为，不论他们呈现出来的是怎样的形态。他们表现的形态可以是楔形，微态楔形，抛物线型的楔形，四浪推动的楔形，在趋势中出现的楔形回调或者震荡区域，楔形反转模式，或者其他类型的三角型（包括扩展的三角形），三重顶部或者底部，双重顶部或者底部的回调，头肩顶或者头肩底部，甚至是在双重顶部之下或者双重底部之上出现的失败的突破模式。有时候，当市场的趋势交易者放弃尝试一个强劲的突破时，逆趋势交易者将获得市场的控制权。而连续三次的反转将足以推动上述情况的发生。

三浪推动模式通常会包含大的趋势 K 线，并且会带来连续地高潮。如果这些推动是由 1 到 3 根强劲的 K 线组成，那么交易者将会把他们看作是高潮。举个例子，在一波强劲的向下熊市趋势后，出现了一个回调，之后又是一波强劲的熊市下跌浪，交易者将会怀疑这波回调是否是熊市趋势中的一个最后旗形，并且在这些连续的卖出高潮之后是否会跟随一个更大的回调。如果在第二波下推浪后出现了一个小回调，而不是一组10根K线组成的反弹，然后是第三次强劲的下跌浪，交易者将会把这三次推进看作是连续的卖出高潮。他们知道，市场出现一个更复杂的调整的概率将大于60%，比如说出现两波持续大约10根或者更多根的上升浪潮。所以，如果这个模式有一个非常明显的信号K线，合理的形态，充足的买盘压力，同时也不是一个非常狭窄的熊市通道，那么交易者就会在市场第三次推动向下时考虑买入，进行反转交易。

楔形既可以是回调也可以是反转。楔形回调已经在第二本书的18和19章讨论过了。当他们是趋势的回调时，他们是顺势的入场点，并且最好是在第一个信号出现时就进入市场。楔形反转企图反转趋势，所以他们是逆势的入场点。通常，最好是等到逆势的第二个信号处再进场。举个例子，当在熊市趋势中出现了一个楔形底部的时候，除非这个模式已经非常明显了，你才可以在信号K线的上方购买。除此之外，你最好还是等待看市场上是否出现了一个强劲的牛市突破，然后再在回调时买入，这些回调可能是更高的低点也可能是更低的低点。如果这波牛市突破径直而上且没有出现回调，那么交易者就应该同其他的突破点一样进行交易，这些我们已经在第二本书中讲过了。关于楔形回调和楔形反转不同的另外一点就是他们的方向。楔形牛市旗形指向上方，而在牛市趋势顶部的楔形反转指向下方。在熊市趋势中的楔形回调指向下方，但是在熊市趋势中的楔形底部指向上方。当然，楔形旗形通常是非常小的模式，最多持续10到20根K线。因为他们是顺势的入场点，所以在形态上不需要苛求那么完美，许多形态只是非常神似但实际上并不是一个楔形，但他们只要有三次回调就够了。一次反转通常需要持续 20 根 K 线，同时也需要一根足以反转趋势的清晰的趋势通道线。

趋势的结束一般会以两浪结构的冲顶或探底的测试形态组成（在牛市趋势中会出现一波更比一波高，而在熊市趋势中会出现一波更比一波低的现象）。最开始的冲高或回落和这两波浪潮组成了一个三浪推进模式，虽然这个模式可以有很多名字，但也是一个非常容易辨别的反转形态。有些时候它可能会以楔形出现（在熊市趋势中出现的上升三角或者在熊市趋势中的下降三角），但大部分时候它并不是以这些形态出现。交易者通过画出这些形态之间的微妙差别是没有用的，因为他们看起来足够的相似以至于他们往往会做出相同的交易。为了简单起见，我们可以把这些三浪推进模式都看作是楔形，因为大部分他们在结束的时候都会有一个类似于楔形的高潮点。请记住，楔形也仅仅只是一个有着三浪推进的趋势通道，并且通常此时趋势线和趋势通道线会聚拢。在三浪推进模式中的趋势线和趋势通道线可以像楼梯形态那样是平行的，或者像楔形一样是聚拢的，也可以是像扩展的三角形那样是发散的。但这都没有关系，因为他们的表现是类似的，所以你可以做相同的交易。他们都是高潮，通常会呈现出抛物线的形态，尽管有些时候并不那么明显。举个例子，在一个牛市楔形中，如果连接第二波浪潮的顶部和第三波浪潮画出一条趋势通道线，它比连接前两波浪潮的高点而画的趋势通道线的斜率更陡峭，那么这个楔形就呈现出抛物线的形态。这是一种高潮的表现（我们将在后面的章节解释），如果市场反转向下，那么这个行为通常会持续两波下跌浪和 10 根 K 线。

当通道出现楔形的形态时，通常是因为市场上的紧迫情绪（如果它出现了抛物线型的楔形形态，那么则是因为非常紧迫的情绪），并且通常会带来高潮反转。举个例子，在楔形的顶部，趋势线的斜率一般会比趋势通道线的斜率要大。在趋势线上，顺势交易者会进入而逆势交易者会退出，而在趋势通道线上，则相反。所以如果趋势线的斜率更大，则意味着做多交易者在更小的回调上进入市场，而做空交易者在更小的抛售下退出市场。辨别楔形和线条平行的通道的第一个关键点在于第二波回调。一旦第二波向上的浪潮反转向下，交易者就可以画出一条趋势通道线，并用它来创建一条平行线。当他们将这条平行线拉到第一次回调的底部时，他们就可以得到一条趋势线和趋势通道。这些线将告诉做多交易者和做空交易者支撑位在何处，所以做多交易者将在支撑位买入，而做空交易者则会在支撑位平仓获利。然而，一旦做多交易者开始在支撑位之上买入，而做空交易者又过早地卖出了头寸，那么市场上将会在触碰趋势线之前就开始恢复上涨。不论买方还是卖方都会这么做的原因是，他们感觉到了紧迫性并且害怕市场不会再下跌到支撑位。这意味着两方力量都认为趋势线应该更陡峭一些，所以向上的趋势变得更加强劲。

　　一旦市场开始上涨，交易者将会重新绘制趋势线。与之前使用趋势通道线的平行线来绘制不同，这一次他们可以用最初两波回调的底部来绘制趋势线。这一次他们可以清楚地看到趋势线比趋势通道线更加陡峭，所以他们开始相信市场正在形成楔形，而这往往是一种反转的模式。交易者将会绘制与这条新的更陡峭的趋势线的平行线，并将它拖到第二波推动浪的顶部，以便及时发现市场形成的是更陡峭的平行通道而不是楔形。所有的交易者都会认真观察市场，看原来的趋势通道线中是否出现了反弹，或者是否出现了更新更陡峭的趋势线。如果在原来的通道线中出现了反弹，市场开始下跌，交易者会认为虽然在第二次回调的买入中市场上出现了很多的紧迫情绪，但是这种紧迫情绪并没有延续到第三波推动浪中。

　　做多交易者会在最初的更平缓的趋势通道线上获利，这意味着他们更早地离开了市场。做多交易者本来希望市场会反弹到更陡峭的趋势通道线中，但是现实却让他们失望了。做空交易者则在原来的趋势通道线上急于做空，因为他们害怕市场不会再到达一个更高，更陡的趋势通道线了。现在市场上做空交易者的情绪是紧迫的，而做多交易者的情绪则是害怕的。交易者们可以看到市场从楔形顶部开始的下跌并开始卖出，但是大部分的交易者会等待至少两波下跌浪，直到他们看到了明确的卖出或者买入信号才开始行动。

在市场测试完趋势的冲高或回落之后，趋势通常会出现反转。举个例子，当牛市趋势正处于强劲的上升状态时，做多交易者会以比之前更高的价格买入，因为他们相信市场还会有突破并且会上升到另一波高潮。但是，如果这股牛市趋势减弱并且出现了更多的震荡行情，那么强劲的做多交易者将会把这些市场上的新高点作为获得利益的阵地，而不是像之前的做多的好时机，所以他们只会在市场出现回调时购买。随着卖盘压力的逐步建立，强劲的做空交易者将会在下一个新高处占据主导地位，所以他们会尽全力结束趋势的冲高。如果他们真的让市场进入了较为强劲的下跌状态中，交易者们将会仔细观察下一波反弹，他们想验证市场在经过一次回调之后再次反弹是否能够超越之前的高点。这次反弹可能会达到一个更低的高点，或者是相同的高点形成双重顶部，也可能是更高的高点。在市场达到大部分交易者的卖空价或者进入比之前的高点更高的高点时，他们将会买回头寸。然而，他们也知道市场可能会形成楔形顶部，所以如果在第二次高点之后的突破看起来不够强劲，他们将会再次卖空。

当市场震荡得特别厉害，并且第一波和第二波向下推动的浪潮并没有突破牛市趋势线或者移动平均线的底部，那么做空交易者将会认为向下反转的趋势正在减弱。然而，我们也必须注意到这两波下推浪代表了市场上的卖盘压力，这代表着做空交易者也可能会掌控市场。做空交易者知道，市场可能需要第三波上推浪来达到高潮和做空动能的耗尽。然而，他们也知道他们既然能在第二波上升浪的高点把市场拉下来，就也能再一次将市场从高点拉下来。做多交易者已经在第一波上升浪的高点获得了利益，并且也很快在第二波上升浪的高点之上再次获利。如果这波牛市趋势非常强劲，那么做多交易者就会在市场突破第一个高点时再次买入。所以如果市场上的交易者发现市场上出现了抛售，他们就会知道做多交易者并没有在突破处买入，而是通过抛售获取利益，这给了他们一个信号，即强劲的做多交易者也对市场会持续上涨失去了信心。

　　无论是做多交易者还是做空交易者都知道市场通常会在第三波上升浪后反转，所以他们需要市场在第二个高点后再次被强烈地突破，这可以使他们相信市场还没有到达顶部。他们把市场上的第二个高点看作是一个大的低点2形态的卖空入场形态。如果这个低点2形态失败了，市场突破低点2的势头强劲，那么接下来很可能会还有至少两波上升浪。如果突破不强劲，那么市场很可能会形成楔形顶部。突破第二个高潮的趋势往往是非常猛烈的，但是如果所有的交易者都认为它正在形成一个市场顶部而非突破时，这股趋势往往会急转而下。在第二个顶部之上的急剧突破很可能是因为市场的空头回补，而非强劲的做多交易者激烈做多的结果，一旦做多交易者没有跟进做多，交易者们将认为强劲的做多交易者将只会在市场出现深度回调时再次做多。如果强大的做多交易者退出了市场，那么做空交易者将在更大的信心支配下猛烈做空。如果他们的做空足以使市场跌得更快更深，那么在做多交易者寻找做多机遇之前还是会进行保护性的做空。由于市场上只有卖出所以会下跌得非常迅速，直到跌到了一个重新有买方入场的价格才会停止（在这个价格上做多交易者重新开始做多而做空交易者则收获盈利）。如果做多交易者利用他们的新头寸在一波没有突破楔形顶部的反弹上获利，那么市场接下来将会形成一个更低的高点，并且非常有可能会进入第二波下推浪。在这个更低的高点上，强劲的做空交易者将会再次做空，而强劲的做多交易者将会在此处进行多单平仓。所以由于这些卖出势力的影响，这里将会形成一个阻力区域。

市场反转得太快太急以至于覆盖了很多关键点，这代表了市场上每个人都有着紧迫感，这种紧迫的情绪会导致交易者无法快速地做出决策从而找到最好的进入时机。但是，如果交易者能够清楚地知道市场上正在发生的转变，他们就可以在趋势反转向下的早期就开始做空。虽然市场的下跌非常迅速，但是他们可以在第一波强劲的下跌浪和随后的更低的高点之后开始设置移动止损以确保本金安全。

大部分的三浪推进模式都会在超越趋势通道线之后反转，并且超越趋势通道线本身就可以单独成为进入市场的理由，即使这个模式最终呈现出来的并不是楔形。然而，三浪推进模式很少能看到超越趋势通道线，而这种模式的超越与其他类型的趋势通道线的失败是有区别的。三浪推进模式很少会呈现出完美的形态，所以你可能需要操纵趋势线和趋势通道线才能突出这部分形态。举一个例子，楔形形态的组成一般只考虑蜡烛或K线的主体，所以为了能够突出楔形的形状，在绘制趋势线和趋势通道线时你必须忽略他们的尾部。有些时候，楔形的结束点甚至都不会触及趋势通道线。如果在市场大幅移动之后出现一个三浪推动模式，你只需要放轻松，按照楔形的模式进行交易就好，即使这个模式看起来并不是那么完美的楔形。然而，一旦这种三浪推进模式超越了趋势通道线，那么在市场上进行反转交易的成功概率将会很高。此外，在大部分时候，当趋势通道线被突破时都会形成一个楔形的形态，但是因为突破已经如此明显，所以寻找这个形态已经没有什么意义了。如果这种模式已经非常强劲了，那么突破口的反转处将是进入市场的好时机。

永远记住，一个楔形反转就是一种反转趋势的入场形态。因此等待二次入场机会更加重要，比如说一个楔形顶部之后出现的一个更低的高点（也有可能会是在一波突破回调中出现的更高的高点从而带来卖空的时机）或者是一个在楔形底部之后出现的更高的低点（有时候，也有可能会是一个更低的低点）。所以楔形反转同楔形回调不一样的地方在于，在楔形回调中你进入市场是为了顺应市场原有的趋势，所以在市场上出现了第一个进入的信号时马上进入是更好的交易方法。通常在楔形反转中，如果你发现这个反转并没有你想象的那么强烈，那么在交易之前最好是等待第二个信号出现。如果第一个突破非常强劲，那么在回调时入场将有更大的概率成功。如果在市场的震荡区间出现了一个楔形反转，由于市场上没有趋势可以反转，所以它很可能在形态和表现上都更像是一个楔形回调。在这种情况下，抓住第一次入场信号将更有可能获利。

如果一次楔形反转带来了一次入场机会，但是随后反转失败了并且市场在这个楔形的高点处继续升高，市场通常移动的距离会接近这个楔形的高度。有的时候，在第一次反转失败之后，市场又创造了第二次反转趋势的时机；当这个发生时，反转的趋势一般会持续（持续至少10根K线）并且至少会伴随两波浪潮。这个新高点开始的反转可以被看作是一次突破趋势的回调。举一个例子来说，如果有一个楔形的顶部开始反转向下但是却失败了，于是牛市趋势复苏并且达到了新高，紧接着市场在新高点处再一次反转向下，那么这次的新高就是一次在楔形顶部之下的第一次回调后从更高点开始的回调。

当楔形反转失败时，市场会到达新高或者新低，你可以看看市场是否会在这第四次推动浪中反转。有时候，在大部分的交易者眼中，看起来像是第四次的推动浪其实只是第三波推动浪。这是因为，如果在第一次推动浪的回调过后，市场创造了一次异常强劲的二次推动浪，那么许多交易者就会忽视前面的推动浪，把第二次推动浪当成是第一波推动浪。结果就是许多交易者不会在第三次推动浪过后期待反转，相反他们会等待第四波推动浪。只有在事后，我们才能看到交易者重新开始计算推动浪是否是明智的，但是只要你是在交易之中，你就永远无法确保接下来会发生什么事情。第二波推动浪越强，那么市场上的交易者重新开始计算推动浪的概率就越高，那么市场上出现第四波推动浪的概率也就越高。

在新趋势的第一波浪潮过后，市场上对于之前的趋势的高点或低点的检验往往会形成楔形，但是从第一波浪潮开始形成的楔形回调不一定会超越之前的高点或低点。不管是哪一种情况，交易者都应该在楔形回调沿着新的趋势的方向反转时，进入新的趋势（比如，在一个新的牛市趋势中，楔形回调可能形成更高的低点也可能形成更低的高点）。

如果市场在开盘的第一个小时就形成了趋势，通常接下来会持续几个小时的震荡区间，然后在收盘时趋势才会复苏。在这个震荡区间通常会有三浪推动模式出现，但通常不会是楔形的形状。举一个例子，在一个熊市趋势复苏的一天，这个震荡区域通常会形成一个略微倾斜向上的熊市通道，它可能会有三浪推动但并不是楔形的形状。不论你叫它是低点3的卖出形态或者是楔形都没有关系，但是你必须知道这一天的收盘时很可能会发生熊市趋势的复苏，而这个三浪推进，略微的反弹将会是你卖空的最好时机。把它看作楔形是因为它趋势有三浪推动，并且通常会超越趋势通道线。有时候，它确实呈现出来的是楔形的形态，此时你只需要按照楔形来进行交易就好。请记住，如果你不去苛求所有的形态的完美，那么你就已经是一个好的交易者了。

如果一个模式除了三浪还有很多的推动浪，并且每一次突破都很小，那么除了是一个楔形之外，它还是一个收缩的楼梯模式。举个例子，如果在牛市趋势中有三次推动向上的浪潮，并且第二波推动浪在第一波浪潮的 10 个价外之上，而第三波推动浪则在第二波浪潮 7 个价位之上，那么这就是一个收缩的楼梯模式。这个迹象表明动能正在减退，并且出现两浪反转的概率将会增加。做多交易者将会立即获得利益而做空交易者将会以更快的速度做空，因为他们相信市场不会再出现这样爆发式的突破了。有时候在较为强劲的趋势中也会出现第四波或者第五波的推动浪，但是因为市场上的动能正在衰减，此时采取反转交易也是可行的。相反，如果第三波推动浪明显强过第二波，并且之后市场趋势反转，那么第三波推动浪很可能会超越趋势通道线并且成为反转的起点。如果楔形顶部形态在发出反转交易的入场信号之后，市场的下跌走势并不能持续，原有上涨趋势又开始恢复并且价格突破了楔形顶部，那么这个反转形态就宣告失败了。举个例子，试想一个楔形顶部，市场在信号 K 线处开始下跌从而带来了一次空单入场时机，但是紧接而来的是一波突破楔形顶部的反弹，那么这个楔形顶部就是失败了。当交易者不能确定第二波上涨的推动浪是否足够强大到需要重新计算推动浪时，他们将耐心观察顶部的突破是否正是之后出现的第三波推动浪。当楔形形态已经十分明显时，许多交易者一般会认为楔形顶部形态基本形成，空单入场，直到价格触及楔形顶部上方的止损位才会反手做多。当一个楔形顶部成功时，首要目标就是测试这根楔形的底部，其次才是进一步下探，幅度一般是从楔形顶部到底部的距离。而当一个楔形顶部失败时，首要目标则是测试新高，市场向上移动的距离也差不多是这个楔形的高度。请记住，楔形一般是震荡区域，所以它的表现也类似于区间震荡形态，但同时它也是价格突破形态的所在。不论突破是向上还是向下，我们只要记住市场移动的距离往往会等于楔形的高度。当然，只要是突破就有可能会失败。比如之前提到的，如果一个楔形顶部带来了空单入场机会，但是市场迅速反弹并超越了楔形顶部，那么这个顶部就失败了。然而，即使是市场突破了楔形顶部也有可能会失败。如果这个突破很强烈，那么紧随其后的可能是一段可以被测出的上升浪潮。如果它并不强烈，那么它很可能会失败，市场将再次反转向下，那么相对于原来向下的楔形底部突破，这段高于楔形顶部的牛市突破不过是一次形成更高的高点的回调。

在 Emini 的期货合约交易中，如果在一个楔形顶部后出现了一个短暂的抛售潮，那么这股回调经常会以一个精确的价位来测试这个楔形的顶部，从而形成一个完美的双重顶部。如果市场再次反转向下，将会形成二次入场的卖空时机。在 SPY 和许多股票的交易中，有时候市场的回调会在楔形顶部之上的几个价位开始，但是交易者并不认为这是楔形顶部的失败。然而，一旦出现上述情况，这表明市场上的交易者正在积极买入，并且他们正在等待市场上出现更强劲的上升浪，所以不会再期待会有市场顶部的出现。所以一旦市场在楔形顶部之上的几个价位处开始回调，你应该立即买入头寸，抓住这稍纵即逝的机遇。大部分失败的楔形顶部都是非常陡峭和紧密的，并且通常会发生在强劲的牛市趋势中。在牛市趋势非常强劲的情况下，一般会形成被超越的趋势通道线和三浪推动模式，在这些推动浪之间的回调会比较小，而推动浪一般会比较强劲。一般来说，在强劲的趋势中寻找反转的机遇是错误的，因为大部分的反转尝试都是失败的。所以你不应该把所有可能的形状都看成是潜在的楔形顶部，而是应该在每一次新高后开始的回调处寻找买机。此外，在强劲的牛市趋势中的楔形顶部通常会将两浪横盘震荡走势修正回市场上的移动平均线处，从而形成了一个高点 2 的买入信号。而这是一个非常可靠的入场信号。一个修正了市场横盘的楔形往往意味着这股趋势非常强劲。而对于楔形底部来说，则刚好相反。所有的突破都可能会失败。举个例子来说，如果一个楔形顶部带来了空单入场机会，但是市场迅速反弹并超越了楔形顶部,那么这个顶部就失败了。然而,即使是市场突破了楔形顶部也有可能会失败。如果这个突破很强烈,那么紧随其后的可能是一段可以被测出的上升潮。如果它并不强烈,那么它很可能会失败,市场将再次反转向下,那么相对于楔形之下的第一次突破,这段高于楔形顶部的牛市突破不过是一次形成更高的高点的回调。

当市场上的交易者太急于逆势交易,不再等待趋势线出现明显的突破和反转趋势的力量出现,就在第一波较小的三浪推进模式时进行逆势交易,楔形往往会失败。单独的三浪推进模式,特别是这个模式较小时,如果之前没有发生趋势线的突破或者主要趋势通道被超越或者反转时,它很难单独反转趋势。如果通道非常狭窄,即使出现了楔形,也最好不要在此时开始反向操作。相反,你需要做的是等待真正的反转发生,并且看看反转的突破有多强劲。如果突破确实非常强劲,那么你只需要同其他的突破一样进行交易即可。在趋势的突破后出现的暂时的回调时间,是进入市场进行逆向交易的最好时机,但是如果突破非常强劲没有出现回调,那么交易者一般会在 K 线的收盘处或者市场的尾端进入市场。如果这次突破比较微弱,那么交易者会认为突破将会失败,所以他们会寻找新的通道继续原来的交易。所以他们会沿着楔形通道的方向入场而不再寻求反趋势交易的机会。举个例子,如果在一个熊市趋势中出现了一个楔形底部,但是向上的突破非常微弱,交易者将会在由这个失败的向上突破形成的低点 1 和低点 2 处卖空,而这个点也是许多逆趋势交易者亏损的地方。

楔形通常是开盘反转模式。开盘反转会带来市场在最初的一个小时里剧烈的波动,而且有时候会出现非常陡峭的楔形,这个楔形在前两波推动浪之后出现的暂停点都非常轻微,但市场会在一天里剩余的时间内突然反转。最初的暂停点可能会是一个最后旗形,然后在第二次推动浪后也可能会出现一个更小形态的最后旗形，即使在一两个小时之后，你可能也无法从这样的一个陡峭而紧凑的楔形中看到反转，但这些楔形确实是非常可靠的开盘反转形态。

一个微型的楔形形态是由三根连续的 K 线，或者 4 到 5 根连续的 K 线中任意 3 根 K 线组成的。由于这个模式是如此微小，所以它经常会带来市场微弱的调整。通常这些 K 线也会有尾部，并且通过连接这些 K 线的尾部可以画出一条微型的趋势通道线，通常在更小的时间图上，比如 1 分钟的 K 线图上你可以看到一个清晰的楔形。举个例子，在一个持续下跌的市场上，出现了一根有着中等的尾部的熊市趋势线，之后出现的熊市趋势线有着更低的低点和明显的尾部，随后是第三根 K 线，依然是更低的低点和尾部，这三根 K 线就组成了一个微小的楔形反转形态。如果市场的下跌劲头猛烈，你就不应该在第三根 K 线的高点上方买入，因为这很可能会带来你的损失。如果这个微小的楔形形态是在震荡区间的底部附近形成的，同时第三根 K 线是一根牛市反转 K 线，那么这将是你进行买入的刮头皮交易的好时机。

有一种很特殊的楔形虽然也是三浪推进模式，但是却没有楔形的形态，知道这一点也很重要，因为它也是一个非常可信的突破形态。如果市场正处于震荡区间，出现了一个一跳突破超越了小幅波动的高点或低点，并且反转了大约 3 到 20 根 K 线后，又出现了一个一跳突破或者二跳突破再次将市场拉回，那么这三股推动浪也构成了这种非楔形的三浪推进模式。如果市场再次超越第二次的小突破，那么这次突破通常会较为显著，并且使得市场移动相当于这个模式的高度的距离。我们可以把这三浪推动看作是一个楔形，随后，由于没有带来反转，这个楔形失败了。同所有其他的失败的楔形一样，市场通常会被突破，并且移动大约这个楔形的高度的距离。有的时候，市场的突破会在仅仅超越一跳突破后失败。

当双重顶部或者双重底部突破失败时，也会形成类似于楔形的模式。举个例子，如果市场上有一个双重顶部，并且在市场超越了双重顶部之后，又回调了数根K线，那么这个形态也可以看作是一个楔形顶部（一个楔形也是一种形态的三角形，所以有些交易者也会把这个叫作三角形）。在这个形态中，到达双重顶部的两波上升浪是前两波推动浪，而突破双重顶部的浪潮是第三股推动浪。如果市场反转向下，那么下跌的时间通常也足够进行一次刮头皮交易。一次双重顶部也可以看作是一个震荡区域，所以双重顶的突破失败也就是震荡区域的突破失败，所以通常在这之后会跟随更多的横向盘整交易。通常市场下跌的时间是足够进行一次刮头皮交易的，之后市场通常会在震荡区域的另一侧快速突破，并且向下移动大约这个震荡区域的高度的距离。在这种情况下，在突破时买入但在反转时停止买入的做多交易者，只有在市场出现了显著的回调之后才会再次买入。

如图5.1所示，60分钟的Emini K线图上先出现了一个楔形反转顶部，然后是一波楔形回调将市场带到了更低的高点或者双重顶部，之后是两波下跌浪直达K线20处。

楔形不一定需要具备完美的形状才是有效的。举个例子来说，在图上趋势通道线是非常贴合K线6和K线10的高点的，但是K线8的高点却超越了这条通道线。你还可以看到，市场从K线10到K线12处的下跌，同样形成的是一个形态并不完美的楔形熊市旗形。同样，K线11的开盘价和之后的K线13和K线14一起形成了三股推动浪，但是其中的高点略微低于K线10的高点。但是不论你把它叫作是双重顶或者是一个更低的高点都不重要，真正重要的是你看到了这三股推动浪和之后的反转潮。

第 5 章　楔形和其他三浪推进反转模式

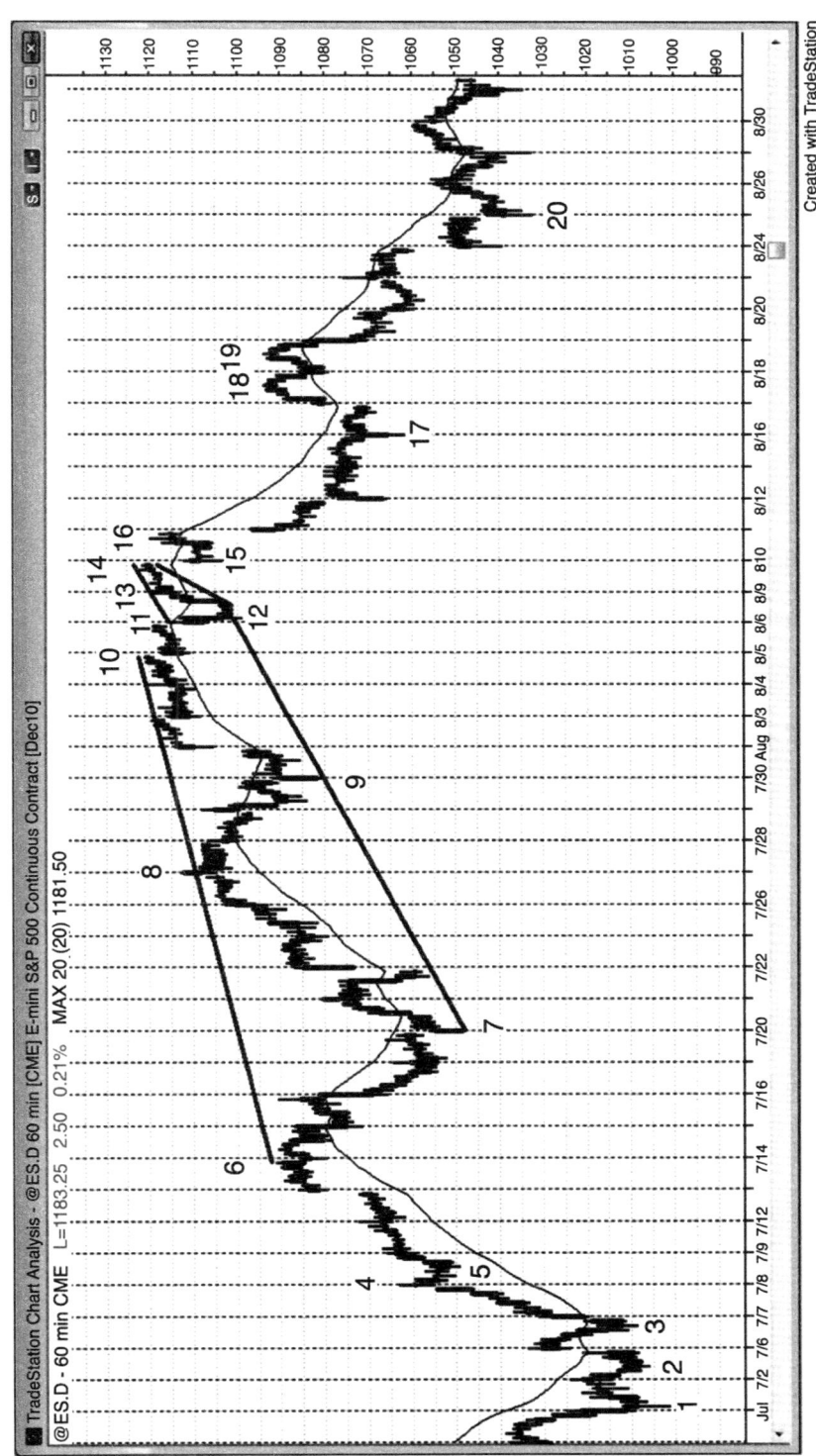

图5.1　楔形顶部

当市场加速上涨至 K 线 4 处，且在 K 线 4 和 K 线 6 之间形成了一个陡峭的通道时，市场上确实形成了一个急速且陡峭的牛市趋势。从 K 线 3 的低点处至 K 线 6 形成的通道如此紧凑，所以这股趋势非常强劲。在 K 线 7 处的回调被 K 线 20 的卖出潮检验了。图上的牛市通道有明显的三股推动浪潮和楔形的形态，这在趋势和通道的模式中非常常见。

如果一个三浪推动模式太过于陡峭，那么通常来说这不是一个非常好的反转形态，除非在最开始的一个小时它能够带来开盘反转。如图 5.2 所示，在三推模式的 K 线 11 到 K 线 12 处，市场急速反弹，尽管这个通道十分狭窄，但是它依然是一个抛物线形态的楔形开盘反转。K 线 12 打破了 K 线 8 和 K 线 10 形成的双重顶部，并且紧随其后的是一根熊市内含 K 线。K 线 12 不仅是相对于上一个双重顶的一次失败的突破，同时与上一个双重顶的任一顶部都可以组成另外一个双重顶。今天的市场价格反弹到了昨天卖方多次入场的价格处，我们有理由相信市场还会继续回到昨天震荡区域的顶部。

在市场的震荡区间，不要仅仅只关注突破点。对于空头来说，在震荡区间的顶部做空，并且设置的止损幅度比突破失败的 K 线下方低一个点位比较合适。对于多头来说，在震荡区间的底部做多，并且设置的止损幅度比突破失败的 K 线之上高出一个点位比较合适。任何超越波动高点和低点的突破口都预示着市场上力量的加剧，所以是一次潜在的交易机会，即使这些突破也构成了趋势反转的一部分。在图中的这两天能够找到许多失败的突破和反转，包括趋势通道线和趋势通道线的突破的失败。

K 线 2、3、6 也代表着收缩的楼梯模式，这也是一种较明显的反转模式。当然，你也可以叫它楔形，因为它也有三波向上的推动浪（K 线 2 和 K 线 3 是最初的两波上升浪，从 K 线 4 开始的是第三波上升浪）。在这

第 5 章 楔形和其他三浪推进反转模式

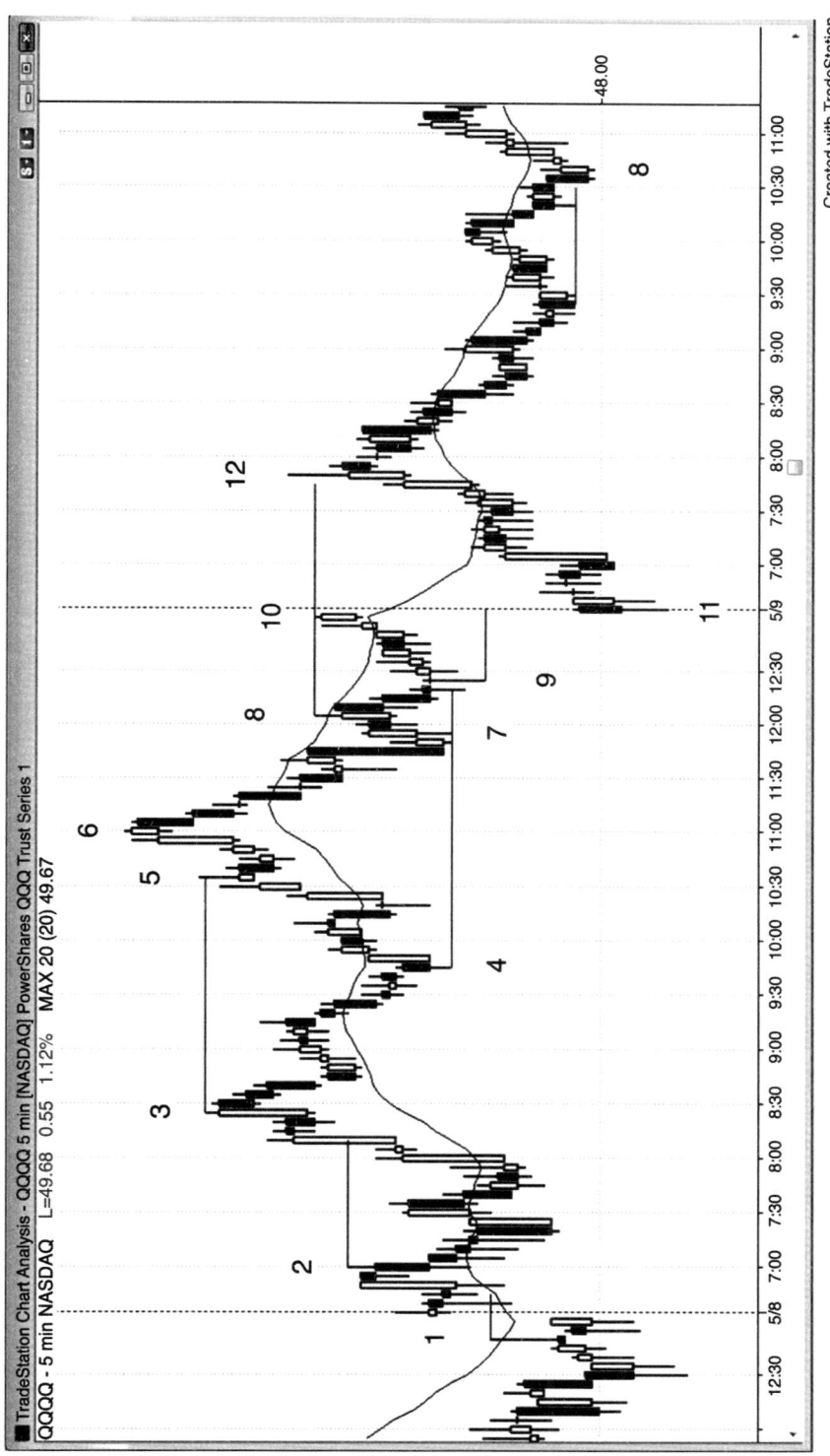

图5.2 最初一小时的楔形

个收缩的楼梯中，第二次的突破力度要小于第一次的突破，这意味着市场上动能的衰减。我们可以看到图中，K线3大约比K线2高出19个点位，但是K线6只比K线3高出12个点位。每当出现了收缩的楼梯模式时，此时的反转交易更容易成功，并且通常会在强劲的趋势中马上出现两波回调浪。

K线4和K线7形成了一个双重底部，并且K线9是在底部之下的一个突破。K线4和K线7是两波下跌浪，K线9是第三波下跌浪，随后市场出现反转向上，因此你也可以把它看成是一个不太标准的楔形底部。

如图5.3所示，在图中收缩的楼梯形态中，每一次的突破的幅度都会小于前一次的突破，这意味着市场上动能的衰减，并且预示了进行反向交易获利的机会即将来临了。在K线4这一平阶之后，出现了一波持续到K线5的上升浪，这打破了之前的趋势线，接下来市场可能会测试低点并且迎来两波反弹浪（在K线6处出现了两根K线的反转和更低的低点之后，确实出现了两波反弹浪）。市场上动能的衰减就是趋势减弱的信号，趋势变得更加震荡，从而更有可能会演变成区间震荡，正如图中所示。

从K线3到K线5形成了一个微型的楔形熊市旗形。第一波上升的推浪是在K线4的更低的低点处形成的，这也是常见的一种楔形形态的变体。之后上升到K线5的上升浪中出现了另外两波微小的助推浪。K线4是一个形态非常好的最后旗形，非常适合进行刮头皮交易，之后整个形态演变成更大的最后旗形形态，并在K线5处结束（一个楔形），这样的形态演变也是非常常见的。

如果在第一次下推浪的回调后市场出现了强劲的突破，那么交易者将会疑惑，市场是会按照常规再出现两波推浪，还是说动能已经足够强劲他们需要重新计算第一次推浪呢？举个例子来说，如果K线3就是第

第 5 章 楔形和其他三浪推进反转模式

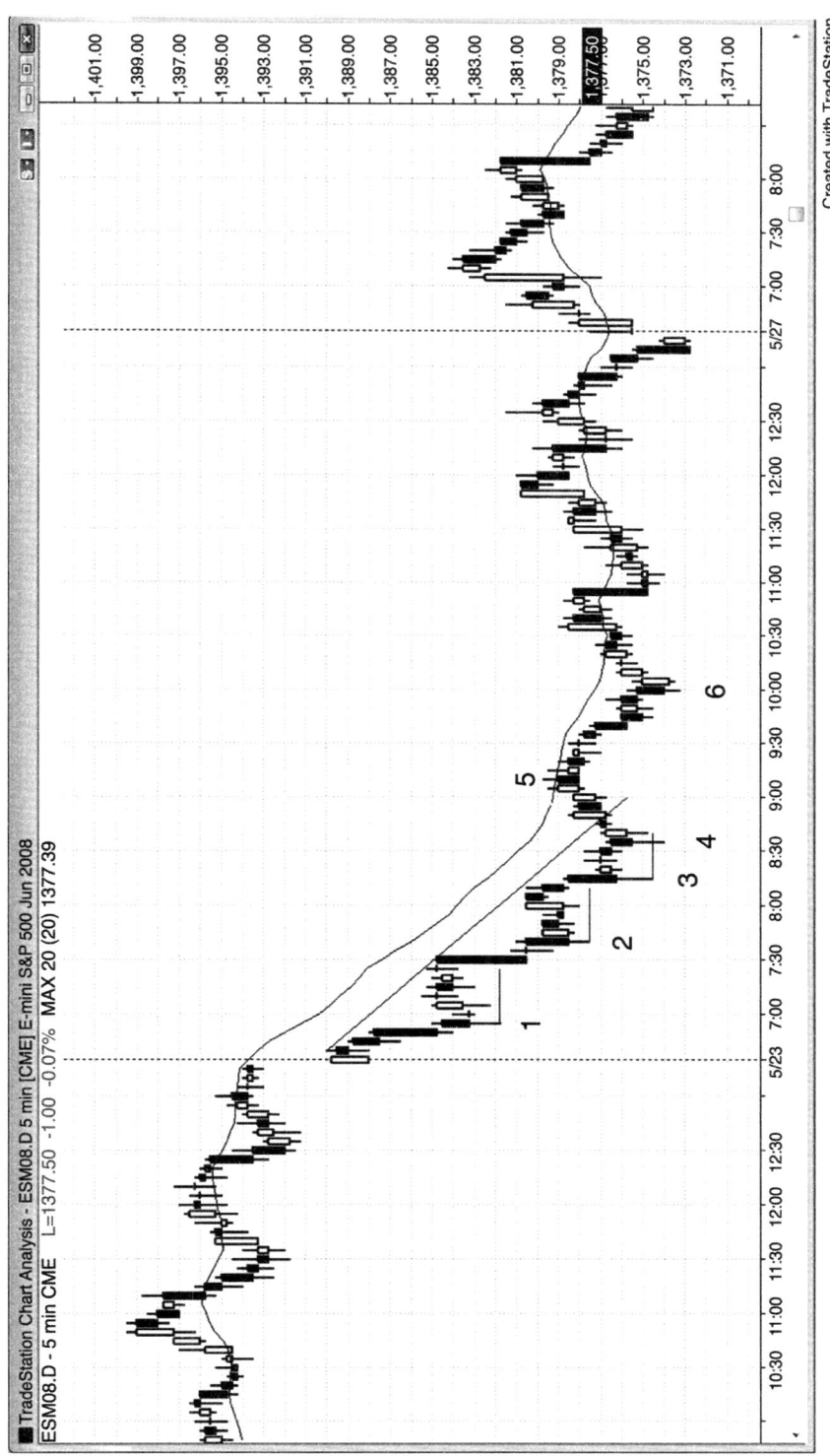

图5.3 收缩的楼梯形态

三波下推浪，但是 K 线 2 处的下跌非常强劲，你是否需要重新从 K 线 2 处开始计算下跌浪呢？事后来看的话，答案当然会非常清楚，你是需要的，但是如果你在交易时，你并不能确定这个答案。下跌的动能越强，市场上的交易者重新计算下跌浪的可能性就越大，那么就越有可能会出现第四次下推浪。其实如果你从 K 线 2 处的加速下推浪开始计算，在图中下跌到 K 线 4 处的第四波浪潮不过是楔形底部的第三波下推浪。

一旦 K 线 6 从下方突破了 K 线 4 处的楔形底部，那么楔形底部就失效了。K 线 6 同其他的突破并没有什么不同。K 线 6 之后立刻出现了一根牛市反转 K 线，与 K 线 6 一起组成了一个两根 K 线的反转形态从而导致了 K 线 6 的突破失败。一些交易者把这次买入入场信号看作是一个更低的低点的主要趋势反转，还有一些交易者会把这个看作是从 K 线 4 的楔形底部的上沿突破后回调的一个更低的低点。K 线 6 同时还是一个收缩的楼梯形态中的买入时点，或者一次震荡区域底部的失败突破，最后，你还可以把它看作是一个最后旗形反转（在 K 线 6 之前有一个两根 K 线组成的熊市旗形）。不管你怎样认为，这些都是充分的理由支持你在 K 线 6 之后的牛市 K 线上方建立多单。

如图 5.4 所示，SPY 的日交易图中，市场在 2000 年的三月触顶，之后经过了三次反弹浪到达了一个更低的高点 K 线 8 处。K 线 8 和 K 线 2 也形成了一个双重顶形态的熊市旗形（虽然 K 线 8 略微超过了 K 线 2 的高点）。K 线 8 没有触碰到图中虚线的熊市趋势通道线。在这个楔形熊市旗形后面紧随着一波强劲的下跌趋势（原文是上涨趋势，疑为笔误——译者注）。在这个楔形熊市旗形刚刚形成的时候，我们还无法判断趋势是否会反转，但是我们可以判断的是，在三波上升至 K 线 1 的上推浪之后，市场上很可能会出现至少两波下推浪。下跌到 K 线 3 处的下跌浪是第一波下推浪，上升至 K 线 8 处的上涨浪是反弹浪，那么市场还将面临第二

第 5 章　楔形和其他三浪推进反转模式

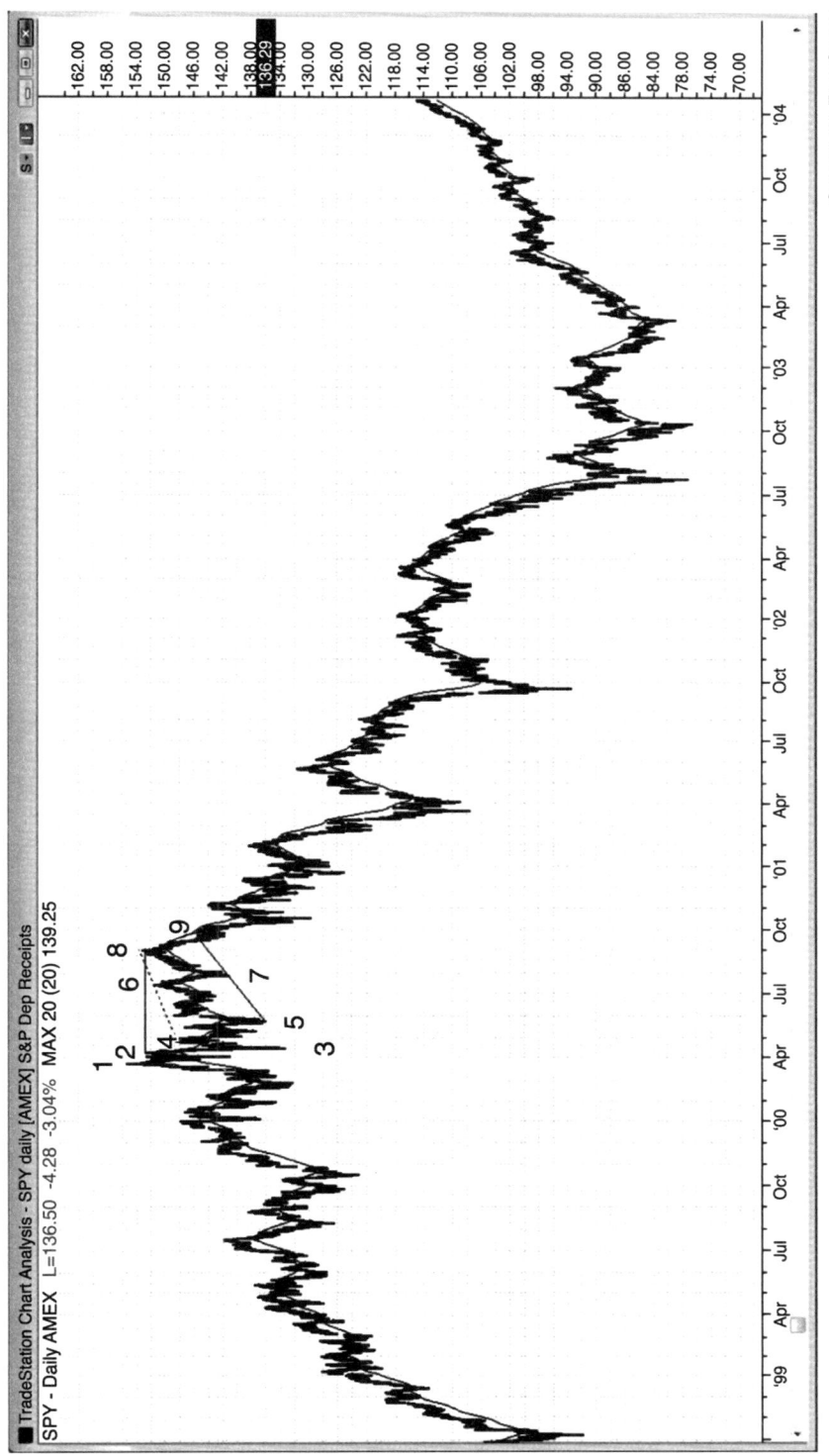

图5.4　在楔形中更低的高点

波下推浪。

虽然在更高的时间图上，大部分牛市趋势之后出现的区间震荡仅仅只是牛市旗形，但是震荡区间确实很容易发生趋势反转。在市场确定趋势方向之前通常会经历一段时间的区间震荡。当市场从 K 线 8 处开始下跌时，市场很可能会在之前的震荡区间的底部也就是 K 线 3 的低点处形成支撑位。然而，突破 K 线 3 的下跌浪时如此迅猛以至于我们可以清楚地知道市场的形势变化，市场上已经没有足够的买方力量支撑，所以市场只能进一步下跌直到重新出现买方力量。在图中我们可以看到，直到 2003 年初，市场上出现了双重底形态的反弹和低点逐渐升高的主要趋势反转，主要的做多交易者才重回市场。

在图 5.5 道琼斯工业平均指数的日交易图上，市场价格向下跌破了牛市趋势线之后，形成了楔形熊市旗形中的更低的高点，并且直接导致了 1987 的大崩盘。下跌到 K 线 6 的下跌浪非常强劲，并且完美地打破了趋势线和移动平均线。有些交易者把 K 线 5 之后的反弹浪看成是这个楔形熊市旗形的第一波上推浪，而第二波和第三波上推浪可以是上升至 K 线 7 的三波上升浪中的任意两波。也有交易者会把 K 线 7 看成是一个有着更低的高点的两浪反转模式，因此也是一个低点 2 的卖空入场形态，两浪反转模式的第一波浪潮就是从 K 线 5 开始的反弹浪。甚至有交易者会把上升至 K 线 7 的三波上推浪看作是跟随在从 K 线 6 开始的微型上升浪后的微型通道。大部分交易者都会看到上述所有的因素，但是他们会根据自己的意见选择立场。

K 线 1 是楔形牛市旗形的第一波下推浪。在之后出现了两波下推浪和一次小突破后，形成了一波直达 K 线 3 的回调浪，并且在 K 线 3 处形成了更高的低点突破。许多交易者把 K 线 3 和之前楔形牛市旗形的底部看成是一个双重底部的牛市旗形。但一般来说拥有头肩顶形态的楔形牛

第 5 章 楔形和其他三浪推进反转模式

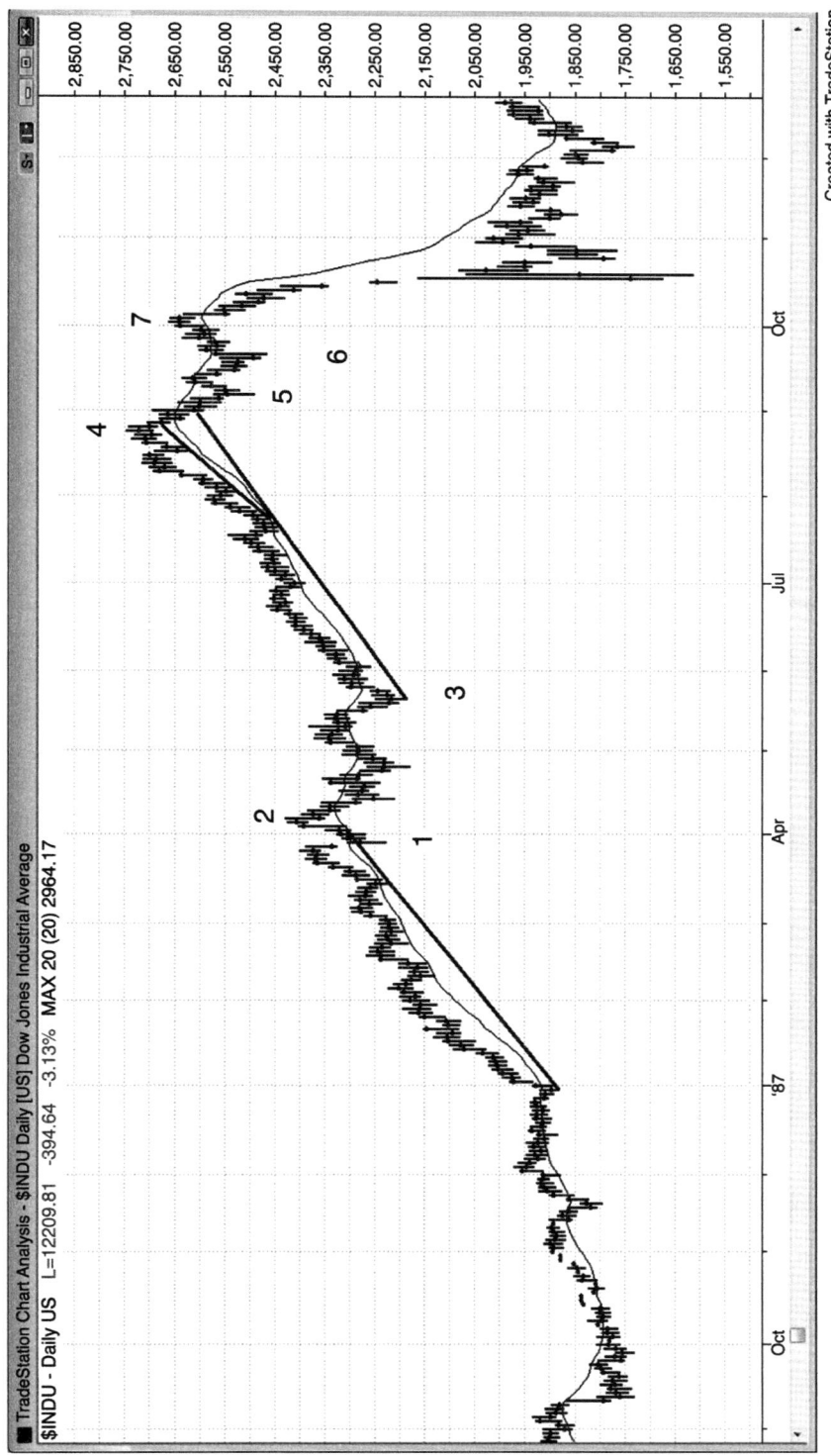

图5.5 道琼斯指数中的楔形的更低的高点

市旗形很容易失败，正如图中 K 线 3 所示。

在 K 线 1 的卖空潮之前的反弹浪中有四小波上推浪完美地证明了单独的三浪推动并不会创造反转的入场信号。当三浪推动出现在狭窄的牛市通道中时，出现第四波或者第五波上推浪的概率要比趋势反转的概率大得多。在通道最后上升至 K 线 4 之前也有三波上推浪，同样也是在狭窄的牛市通道中。当通道狭窄的时候，做空交易者不能马上在第三波上推浪后的反转潮中做空。他们应该再多等一会，看看市场上的向下突破会有多强劲。

K 线 5 有力地打破了牛市通道和牛市通道线，所以交易者将在这个突破点回调的时候寻找做空的机会。K 线 7 处形成了一个更低的高点，它同 K 线 5 之后的小反弹浪一起形成了一个双重顶。在牛市趋势中大部分的区间震荡最后都变成了牛市旗形，并且从更高的时间图上看，这些震荡区间不过只是小型的回调而已。虽然市场也有可能不会在 K 线 3 处反转而上，但是因为 K 线 3 是在牛市趋势中的震荡区间的底部，所以在 K 线 3 处反转的可能性是非常大的。当然，其实市场也可能在 K 线 2 之后形成了一个更低的高点的主要趋势的反转，然后掉头一路直下（我们可以看到图中有一个双重顶部的熊市旗形和一个更低的高点），但是事实上大部分的趋势反转都会演变成震荡区间，而不是真的完全相反趋势的反转，正如这里所示。但市场也是很有可能会真的反转而下，正如在 K 线 7 处所示。

当市场上有一部分的做空交易者感觉到了紧迫情绪，他们就会在市场向下突破趋势通道线的时候疯狂做空。他们非常害怕市场再也不会回到趋势通道线之上，所以他们绝不想错过如此绝佳的卖空机遇。在图 5.6 中，K 线 3、4、5 组成了一个楔形顶部，但是 K 线 5 并没能向上突破趋势通道线。因为这是一个楔形反转的入场形态，所以你最好等到市场出

第 5 章 楔形和其他三浪推进反转模式

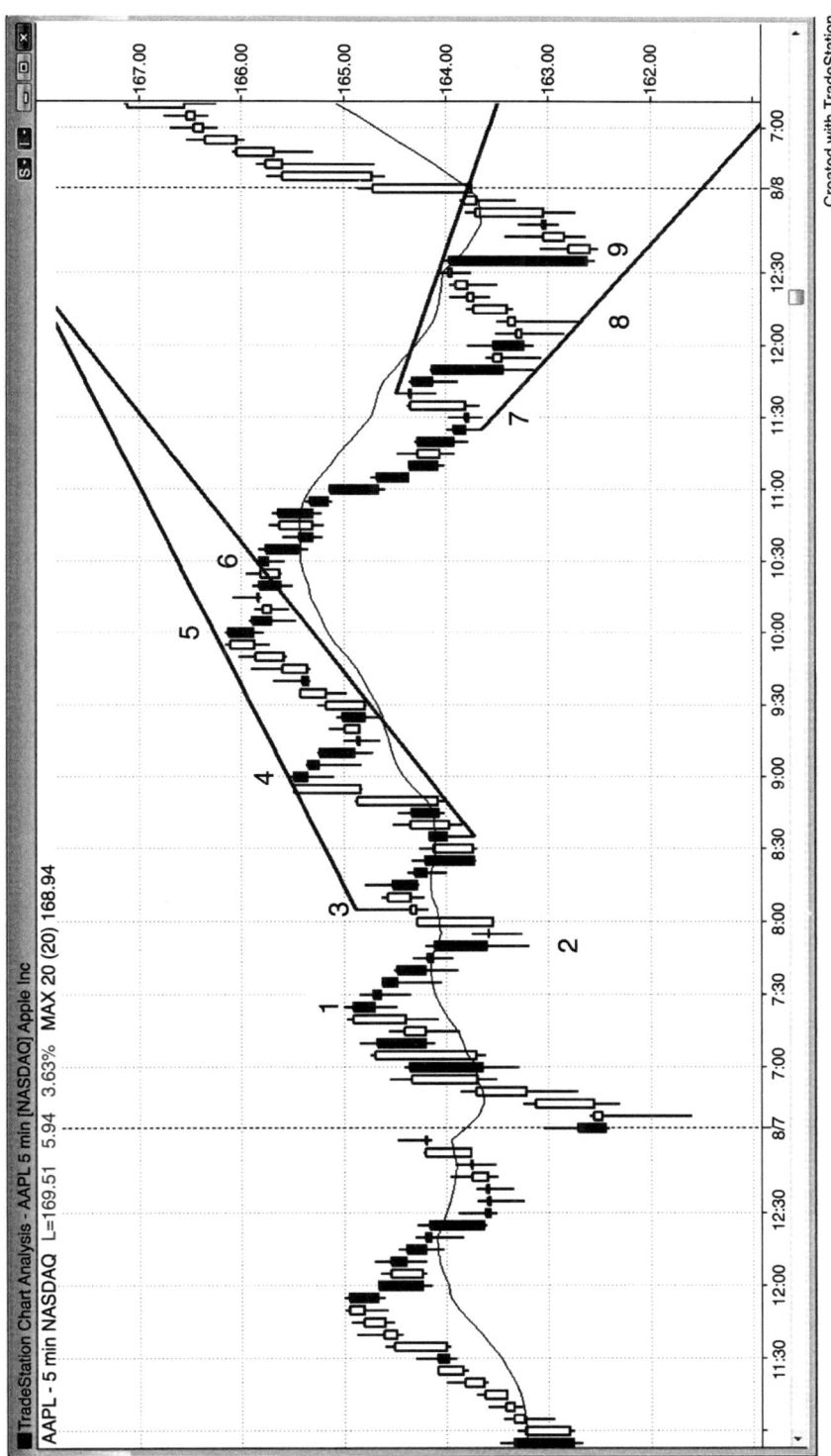

图5.6 趋势通道线的逆转并不明显

现第二个明显的信号再行动，比如说一个更低的高点。K 线 5 和紧随其后的一根 K 线形成了一个微型的下跌浪。K 线 6 是在失败的高点 2 中的第二次入场机会，同时它也开启了一个由三根 K 线组成的较大的下跌潮。市场在经历了一根 K 线的回调后，立刻开始了一波由 5 根 K 线组成的下跌浪，并最终演变成强劲的熊市趋势。从 K 线 2 处开始的上升通道震荡剧烈，因此出现了很多的震荡区间，所以这个上升浪和牛市通道并不是非常强劲。在 K 线 1 之前出现的大阳线，也实际上震荡剧烈，较长的尾部显示了市场曾经出现加速下跌行情。当市场上的震荡已经如此剧烈时，激进的交易者可以在第一次出现卖空信号的时候就积极做空，即在 K 线 5 处出现的两根 K 线的反转形态。值得一提的是，在楔形顶部的 K 线 1 的高点是一个微型的楔形顶部，K 线 2 处的低点与后面的楔形底部形成了一个双重底部，这也是楔形通道的开始。同时，K 线 2 也向下测试了前一个低点处的支撑位，这个支撑位是由此前行情加速下跌后向上突破开盘附近的阻力位时演变而来的。

K 线 7、8 以及多头反转 K 线 9，和 K 线 9 后面的上升浪一起组成了一个三浪推动的多头入场信号的形态，交易者可以在 K 线 9 上方买入，即使 K 线 9 之后这波上升浪的 K 线的收盘价都不太高。很显然这一天并没有形成明显的趋势，所以趋势 K 线不强劲也是情有可原。从图中可以看到，这个形态没能收敛，但却并没有形成扩张三角形，因为在 K 线 8 之后形成的高点要低于在 K 线 7 之后形成的高点。虽然 K 线 9 没有突破趋势通道线，但是在一个震荡日中，它依然是一个比较好的买方入场形态。不过，因为 K 线 7 出现了非常强劲的卖空潮，所以你会怀疑在 K 线 9 买入的可靠性，那么在你可以等到市场上回调二次测试，出现一个更高的低点之后再买入。在 3 根 K 线之后出现的外包 K 线就是一个更高的低点，但你必须注意的是，你的入场必须迅速，因为这根 K 线形态较为强势，一般代表他们反转会非常强烈而快速。

K线9之前的K线是一根强劲的熊市趋势K线，因此是市场向下突破的尝试。然而，在下一根K线也就是K线9处并没有出现足够的卖方力量。相反，K线9是一个小型的牛市K线，因此形成了一个买方入场形态。虽然K线9的低点低于K线8的低点，但是在K线9之前的反弹潮中有5至6根连续的K线具有阳线主体，因此我们认为K线9是一个可靠的牛市突破尝试。所以K线9之前的卖空潮不过是在一系列的牛市突破中出现的一个短暂而急剧的回调而已。突破中的回调有时会形成一个更低的低点，正如这里所示。我们千万不要被单独的一根大的熊市趋势线所吓倒。因为我们可以把每一根趋势K线都看成是一次突破，要知道，大部分的突破都会失败的。

如图5.7的Emini的K线图所示，市场从K线5形成的更高的高点处反转而下形成了震荡区间，但是市场很快就强有力地突破了这个区间，并且打破了牛市通道线B。请记住，所有的反转都不过突破尝试的失败。最终在K线9趋势又反转而下，而这之前的上升浪则形成了第三波上推浪。因为这个楔形的斜率是增加的，因此具有抛物线的形态（从K线5到K线9形成的趋势通道线的斜率要大于从K线3到K线5形成的趋势通道线的斜率）。同其他所有的楔形顶部一样，接下来还有很大的概率会出现两波下推浪。

上升至K线9处的反弹浪打破了上升的牛市通道（图中的虚线），但是之后又通过下跌至K线10处的卖空浪潮回到了通道之中。任何时候当市场先出现了向上突破牛市通道线，然后又经过强有力的反转回到通道之中时，大概有50%的概率下跌浪还会继续，并且市场最终会突破牛市通道的下沿，正如图中之后出现的情况一样。一般来说，如果牛市通道的上方的突破将会失败，那么这种失败通常会在5根K线之内出现，正

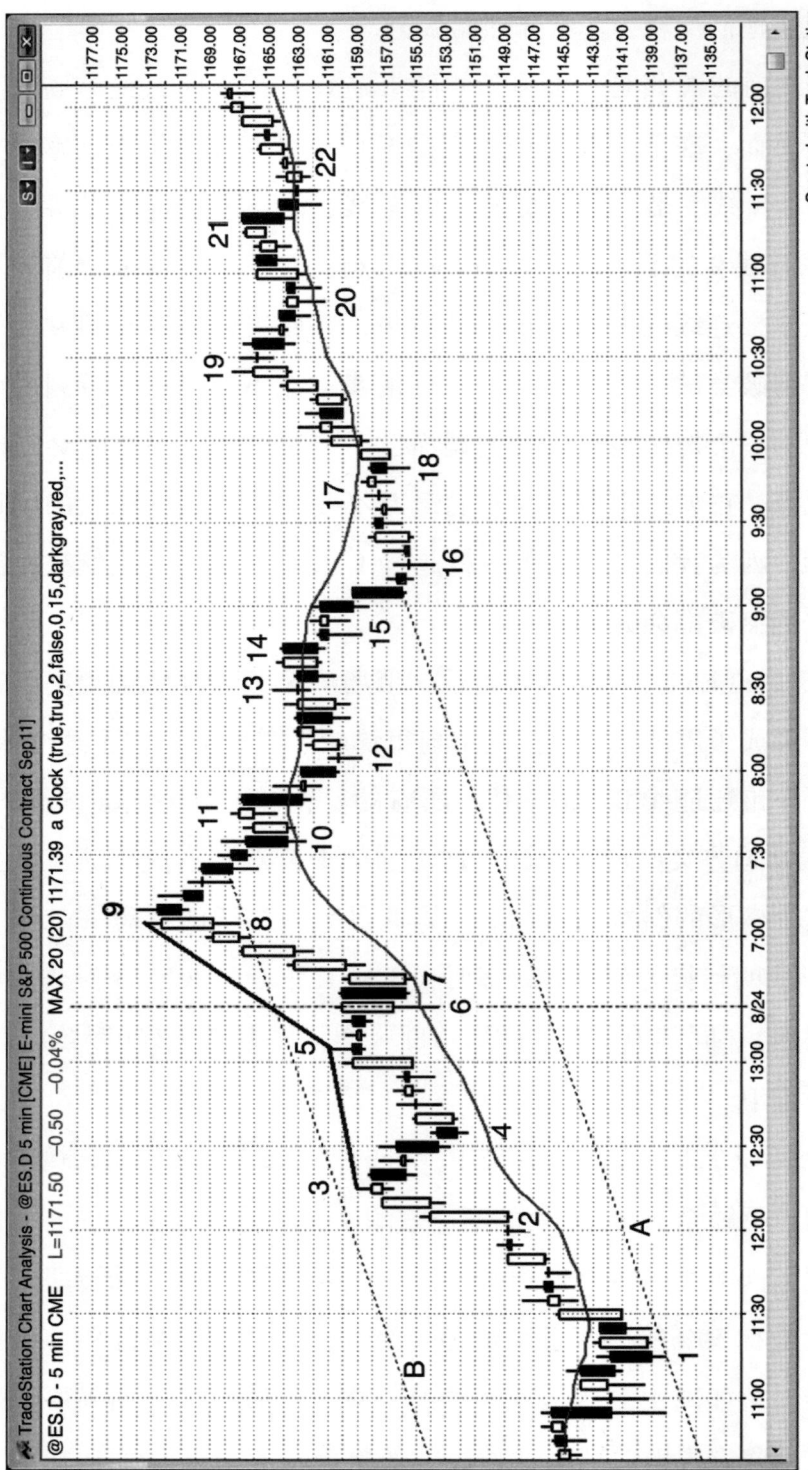

图5.7 抛物线形态的楔形

如图中所示。直到 K 线 16 处，做空交易者才平仓获利，而做多交易者才开始做多。K 线 16 与 K 线 6 的低点形成了一个双重底部，是市场在向下突破趋势通道下沿之后出现的第一次反转。

在 K 线 8 之前的那根 K 线比再前一根 K 线的主体更小，这意味着市场上的动能正在衰减。K 线 8 有一个很大的主体，这意味着什么呢？K 线 8 的出现预示着在之前的暂停点之后市场企图再次加速趋势的上升。许多交易者认为 K 线 8 的大主体预示着高潮的到来，K 线 8 与之前的暂停点可能会形成反弹浪潮中的最后旗形，带来后续的两波下跌浪。所以，许多交易者不仅会在 K 线 8 收盘时，以高于其收盘价的价格卖空，更会在 K 线 9 收盘时，以低于其收盘价的价格卖空，因为 K 线 9 处下跌的收盘价更加预示着卖方力量的增强。做多交易者平仓获利，而有一些做空交易者则为了进行刮头皮交易而卖空，他们期望在这个小型的买入高潮（即这个微型的最后旗形）之后会出现一个相对大的回调（持续 5 至 10 根 K 线）。而另外一些做空交易者做空则是认为，基于这个抛物线形态的楔形市场会震荡下行。

K 线 16 是第二波下跌浪的底部，而 K 线 8 则是第一波下跌浪的起点。在更高的时间图上看，K 线 16 是一个明显的高点 2 开始的回调。这两个底部形成了一个可以检验 K 线 6 处形成的最低点的双重底部形态。做空交易者本来期望这一天会出现反转，但是做多交易者进入市场后压倒了做空交易者。这一天收盘处的反弹浪测试了在 K 线 9 结束的强劲的牛市趋势的高点。虽然这波反弹浪并不强劲，并且 K 线 22 之前那波出现的卖出潮依然很强大，但是在日 K 线图上这一天依然是牛市趋势日。

如图 5.8 所示，在左边的图表的交易区间中，在 K 线 4 的下方触发了一个低点 2 的卖空潮。但是大部分交易者都不会在这个并不太明显的卖空潮中做空，因为 K 线 4 是一个十字星，并且在它之后的六根连续的

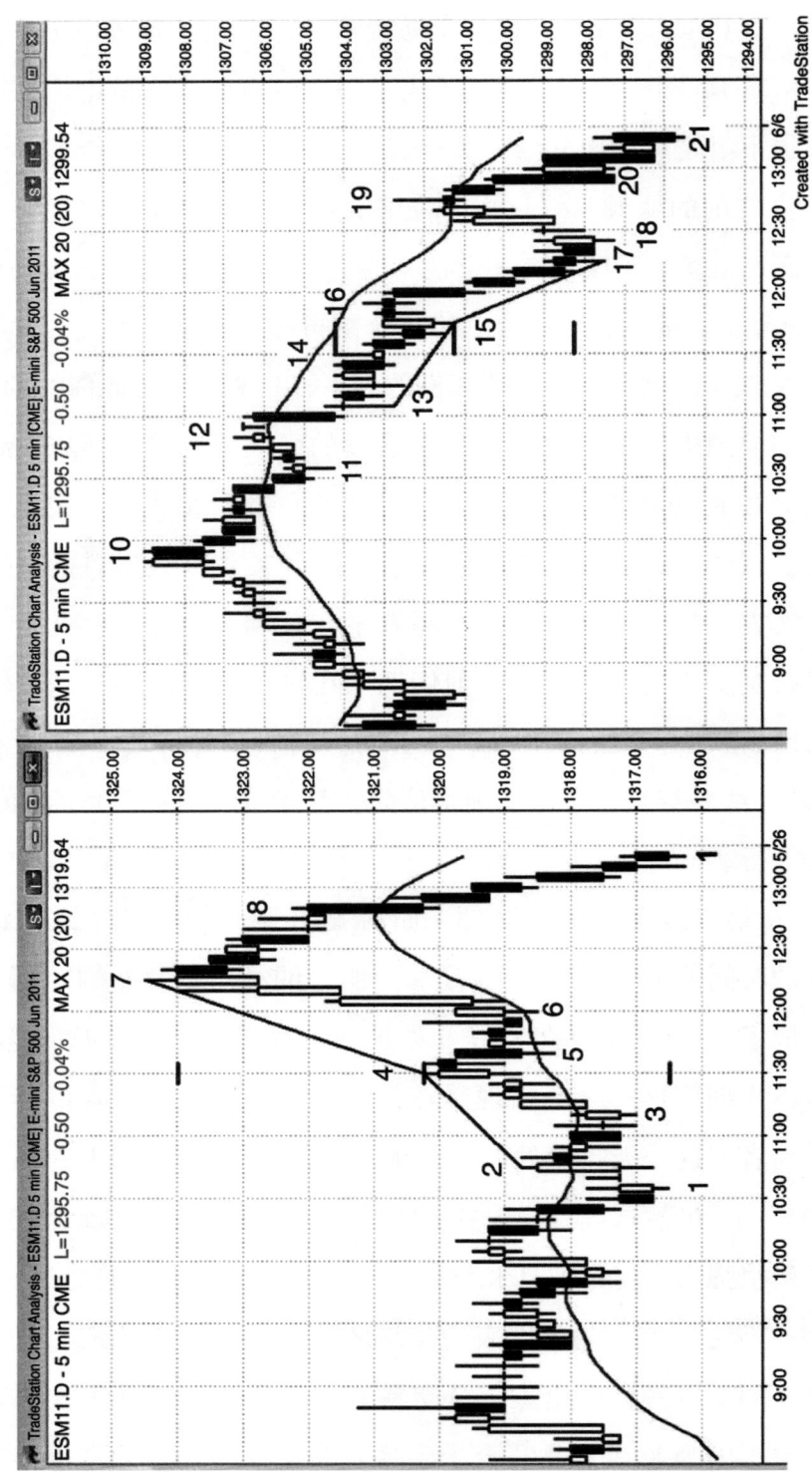

图5.8 牛市的抛物线形态楔形形态和熊市的抛物线形态楔形形态对比

K线都没有出现熊市的主体。K线6形成了一个高点2的买方入场形态（同时也是从高点1之后出现的一次突破性的买入回调，也还是K线5之后出现的一个失败的低点2），所以之后导致了非常强劲的牛市突破。一般反弹都会导致阻力位后停止，如同在楔形之后市场会移动一段相当于楔形高度的距离一般，反弹也是如此，在此时交易者一般可以得到部分或者全部的利润，而激进的做空交易者则会抓住这个刮头皮交易的时机做空。这次的反弹超过了一般的移动距离几个点位，所以市场上的交易者可能也会有其他不同于前面介绍的目的。所有的交易者都期待市场上会再一次出现回调，并且他们都准备等回调结束时买入（所以他们都会在支撑位买入，即使看起来不是那么明显）。之所以会出现这种情况，是因为现在绝大多数的交易都是由计算机完成，而计算机的算法是基于数学和逻辑，他们只会在支撑位买入，在阻力位卖出。当然，对于经验丰富的交易者来说，他们也能看到市场上这些潜在的支撑或者阻力位。

从K线4到K线7的趋势通道线要比从K线2到K线4的趋势通道线陡峭，这意味市场的趋势是呈抛物线状向上移动。在K线7之前的K线有一根长长的上影线，这意味着在这根K线的收盘处购买的交易者是为了进行刮头皮交易，并且期待着后续出现回调。K线7的高点是第二波上推浪。紧随其后的一根K线是一根熊市内含线，同时也是做空的信号。在K线4的低点2失败后，大部分交易者都认为市场一定会出现第二波上推浪，并且在此处第二波上推浪出现的概率超过60%，事实证明也确实如此。在K线7之后，市场在一个牛市旗形中持续下跌了6根K线（在这里，我们可以看到一个微型的熊市通道），市场并没有再次向上突破，并且在K线8之后向下突破了牛市旗形一路直下。所以，这个牛市旗形就演变成之前的反弹浪中的最后旗形，而之后的向下突破则变成了一个最后旗形反转，即使在这个旗形中根本就没有出现过向上的突破。

精明的交易者会很早就预感到这些，所以他们会在市场向下突破 K 线 7 之后的那根 K 线，以及向下突破 K 线 8 的时候做空。抓住第一次入场时机卖空的交易者，知道他们只有 40% 的概率成功，所以他们期待得到的回报至少是他们承担的风险头寸的两倍，因此他们有一个积极的心态。而在市场向下突破时入场做空的交易者，不管是在 K 线正在形成中，或者是在它的收盘处，甚至是在随后的 K 线的收盘处做空，都已经有了足够的证据证明市场会继续下行，因为他们的卖空有 60% 的机会成功（所以对他们而言，期待获得至少与承担的风险头寸一样多的回报）。他们获得成功的概率更大，所以可能获得的收获就更小，但是他们也依然是有积极的心态。

　　在右边的图表是一个抛物线型的楔形底部。K 线 15 是一根在双重底部的强劲的牛市反转 K 线，同时也是在之前的低点 2 最后旗形向下突破 K 线 4 之后出现的向上反转买方入场形态。K 线 14 可以被看成是一个可以卖空的低点 2 的二次入场形态，是一个由前一根 K 线触发的低点 2 的突破回调，或者是一个三角形的做空形态（其中三波上推浪分别是 K 线 13 后面第二根十字星 K 线的高点，紧随其后的牛市内含线，以及 K 线 14 的上影线）。做空交易者把 K 线 16 看成是这个熊市三角形的突破后的回调。所有的交易者都会在 K 线 16 的下方，K 线 15 后面的牛市通道 K 线，以及 K 线 15 这个买入信号 K 线处卖出头寸。做多交易者卖出他们的头寸，而做空交易者也积极做空。当市场从双重底部上升至阻力位时，做多交易者将不再交易，他们希望市场可以再次突破并且上升一个可测量的距离，所以他们在这附近的几根 K 线处都不再购买，而这将导致市场急速下跌。

　　K 线 17 有一根较长的下影线，这提醒交易者们，在市场回调之前可能最多还有一波下推浪。同时，K 线 17 的收盘价也较为居中，这使得它成为了一根反转 K 线，即使并不明显。这是市场自强劲下跌后第一次反转尝试，同时也是一个微型通道，但是如你所知，第一次反转往往会以失败告终。如你预期的一样，在 K 线 17 的上方卖方要多于买方。刮头皮交易者将会在 K 线 17 的收盘处进行刮头皮交易，他们希望在回调开始之前还有一波小型的下推浪。因为需要快速地抓住下跌的机会，所以在下一根 K 线的低点 1 处卖空是有风险的。市场在经历了 K 线 18 处的微型的双重底之后反转而上（K 线 17 则是第一波下跌浪）。K 线 18 要比 K 线 17 的收盘价低 4 个点位，所以大部分在 K 线 17 的收盘处做空的交易者陷入了困境，而且他们会在 K 线 18 的上方买回头寸。K 线 18 有一个强劲的牛市主体，所以大部分交易者期待之后会出现重新回到移动平均线的上升浪，这波浪潮也许还可以到达 K 线 15 的高点。K 线 15 是一个可靠的买入信号，所以许多在之前的低点缩减了头寸的做多交易者，会在 K 线 15 的高点这个第一次出现的入场通道中，卖空所有的头寸。做多交易者认为这次的反弹可以到达 K 线 16 或者 K 线 14 的高点处。K 线 18 的低点在一个或多个支撑位上，但是图中并没有标示。

下跌至 K 线 18 的下跌浪超过了合理测量的距离，这意味着参与交易的计算机不仅仅只是在根据上一个形态测量市场移动的距离。其实市场到达测量的距离之后并不一定会立刻反转，但是画出这段距离对你来说还是很有用，因为所有的反转都是在支撑位和阻力位产生的。一旦这些位置中产生了反转，并且这个位置又是非常明显，那么在这个位置趋势交易者很容易获利，而逆趋势交易者则会采取反向交易。不管它是否明显，在这一天的最后一个低点也是在支撑位上。K 线 21 的低点比之前的低点要低一个点位，而且 K 线 21 的收盘价正好在这一天的开盘价处。

因为这波上升浪是一个高潮反转，所以有 60% 的概率之后会出现至少两波上升浪并且持续 10 根 K 线左右。当然这也并不是绝对的。

K线18是一个非常明显的牛市购买信号，大部分交易者会在它的高点之上入场。当市场逐渐上升的时候，买入头寸的交易者将越来越少。K线18的上影线以及随后而来的十字星意味着这个市场缺乏足够多的买方力量，所以这个买入入场形态不够强烈。当作多交易者不能够彰显它的力量时，交易者将快速积累利润。K线19比K线18的高点高14个点位，同时收盘价比开盘价要低。这意味着许多做多交易者会在明确的三点处获利。当市场反弹的时候，不要急于寻找新的买方，而是学会在移动平均线上找到获利机会，我们可以注意到K线13后面的第二根K线，这根K线比K线13低两个点位，并且触发了后面的两根K线的反转。做空交易者把这个突破看成是一个失败的突破，即使他们在一个点位之下已经止损，因此这也证明了做空交易者正在积极止损。虽然在市场回调到一个更高的低点之后出现第二波上升浪的概率还是很大的，但大部分的做多交易者还是会在K线19或者更低的位置卖出头寸，并且只期望在市场的回调高于K线19的高点时再次买入。但是市场并没有形成更高的低点，并且很快跌破了K线17的低点，并且以最低价收盘。做多交易者的交易策略并没有使他们获得想要的利润，但是这种情况并不罕见，所以也不足为奇。当交易者进入市场的时候往往会有一个策略，但是一旦市场行情有变，他们也会转变他们的策略。所以许多交易者在离开市场的时候确实会获利微小甚至获得损失。优秀的交易者应该承担市场带来的后果，并且永远向前看。

其实交易者已经特别警惕在这一天的收盘处会形成抛售潮，因为在日K线图上，他们可以看到市场在反弹了近两年后突然在两天前形成了一个熊市突破。当市场在日K线图上可能会出现向下反转的情况时，许多交易者会寻找收盘处形成的卖空潮（就像他们寻找牛市趋势中收盘处的反弹一样）。所以当市场向下突破K线19的时候，他们不愿意以限价订单的方式成交。他们非常谨慎，并且只愿意在反转K线形成的时候买入。因为愿意以限价订单的方式买入的交易者太少了，所以市场迅速地在收盘处形成了卖空潮，这一天是一个熊市日，并且这根信号K线从来没有形成过更高的低点。

当买入信号发出但市场却没有反转而上，反而开始震荡时，市场可能已经开始接受价格可能会进一步走低的可能性，所以市场很可能处于这段下跌浪中间的位置而不是在底部区域。一个失败的楔形通常会下跌一段可以测量的距离。

如图5.9所示，市场正在试图形成一个楔形反转，但是K线3几乎与前一根K线重叠了，而这已经是第四根连续出现这种情况的K线了。这就是市场接受了价格进一步走低的可能性，而非拼命拒绝这个低价，所以看起来市场向上反转已经无望了。同样可以看到的是，市场向下的通道非常的陡峭，当这种情况出现时，在你采取做多的交易方式之前最好先等待一个更高的低点出现。K线3是一根上升的外包线，所以一些做多交易者只看了三浪推进结构而忽视了整个熊市趋势通道线的陡峭，从而买入被套。而有耐心的交易者不会在这个楔形处买入，因为更高的低点还没有出现。

当楔形失效时，市场移动的距离大约会等于这个楔形的高度。在这里我们可以看到，K线3之后的下跌浪大约等于之前楔形的高度，大约是从楔形的顶部K线1处到楔形的底部K线3的低点处的距离。

在熊市趋势中，如果楔形底部过于狭窄并且没有之前的买方力量支撑时，这个楔形底部将不是一个买方入场形态。如图5.10所示，市场从开盘开始出现下跌缺口后一直处于熊市趋势之中。激进的做多交易者将会劝服自己在K线6的楔形反转处买入，他们相信在两波下跌浪之后，市场将在此处终止下跌，更何况，K线3处出现了趋势通道线的突破。

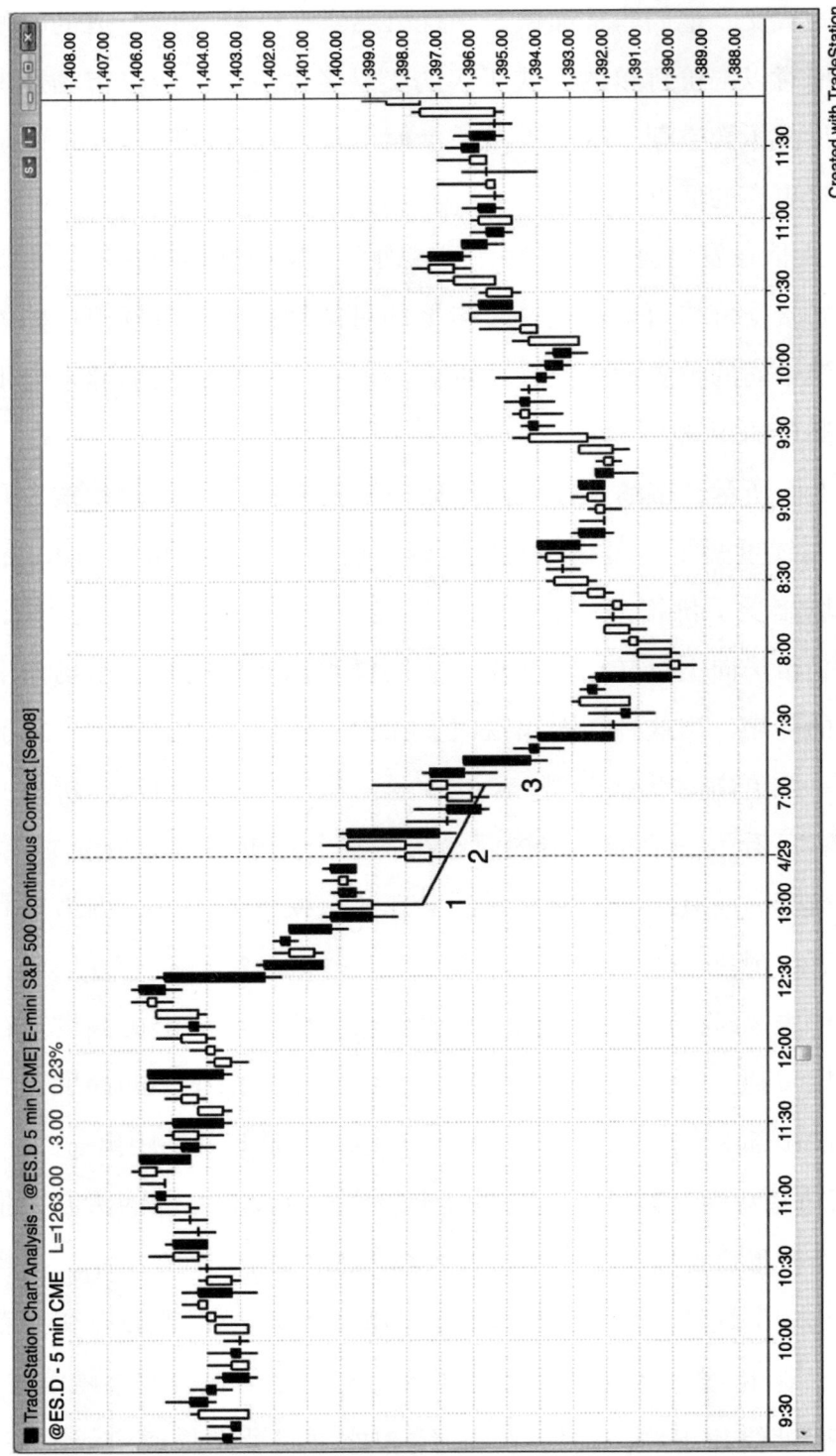

图5.9 失败的楔形

第 5 章 楔形和其他三浪推进反转模式

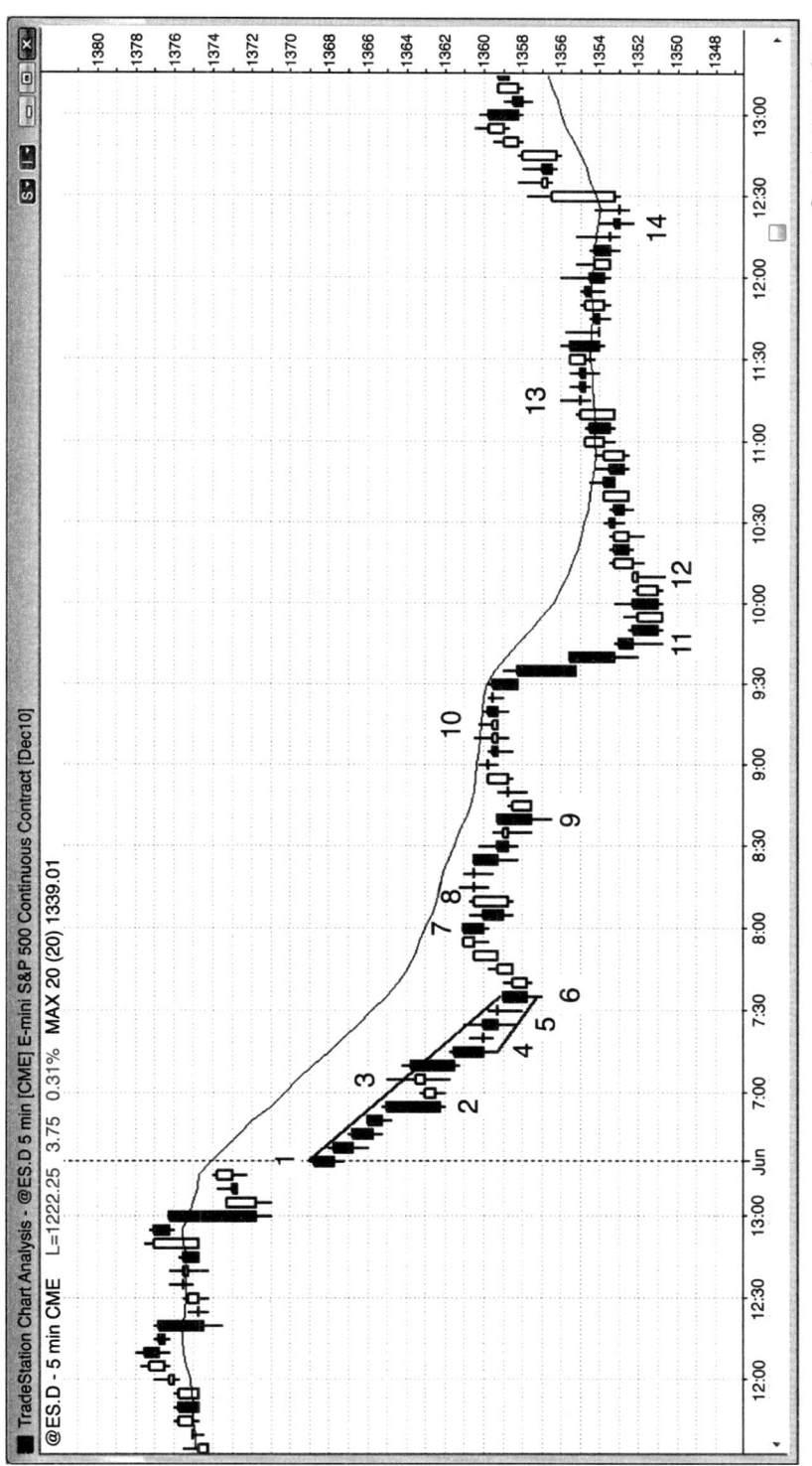

5.10 过于狭窄的楔形

然而，K线3是一个失败的趋势线突破，同时也不能证明做多交易者用动能掌控了市场。在内含线的上方出现的K线6的楔形做多入场通道是一次绝佳的进行刮头皮交易的机会，但却并不是一个可能会反转趋势的入场形态。下跌至K线6的下跌浪中并没有出现任何有意义的趋势线的突破，也没有出现向上的动能支持，所以这波下跌浪看起来就像是在一个狭窄的熊市通道中出现的伴随着两小波反弹的单独的一波下跌浪。所以在熊市趋势线的突破后再次出现第二波下跌浪的概率非常大。许多交易者会把K线6看成是楔形的结束处，而这个楔形的第一波下跌浪出现在K线2，第二波下跌浪出现在K线4，最后一波下跌浪出现在K线6。同时，K线4、5、6以及中间的另外两根K线一起形成了一个5条K线的微型楔形形态。通过连接这些K线的底部可以画出一条趋势通道线，这个小模式可以被看成是一个微型楔形，因此也会表现出楔形应有的特性，市场应该会经历一波反弹，重新回到楔形开始第一波下推浪的顶部位置。

在K线8处出现了一个低点2。但这一小波反弹并不足以打破趋势线，所以买方可以在下一个失败的低点处寻找到买入的刮头皮交易机会，而这次的交易机会就出现在K线9处。然而，因为市场上没有出现强劲的牛市反转K线，所以这波上升趋势不太可能持续，我们可以看到，确实在K线10处出现了一个低点2的卖空潮，之后市场一路下跌进入第二波熊市浪潮，并在K线12这个最后旗形向下突破了一个价位的假突破处终止。K线10与K线8形成了一个双重顶，同时也是一个跳空缺口K线的卖空入场形态，并最终演变成熊市趋势的复苏，到达了这一天的最低点。

在狭窄的熊市通道中出现的楔形底部不是一个买入信号。如图5.11所示，K线9是一个熊市趋势线突破后的反转，同时也是第三波下推浪

第 5 章 楔形和其他三浪推进反转模式

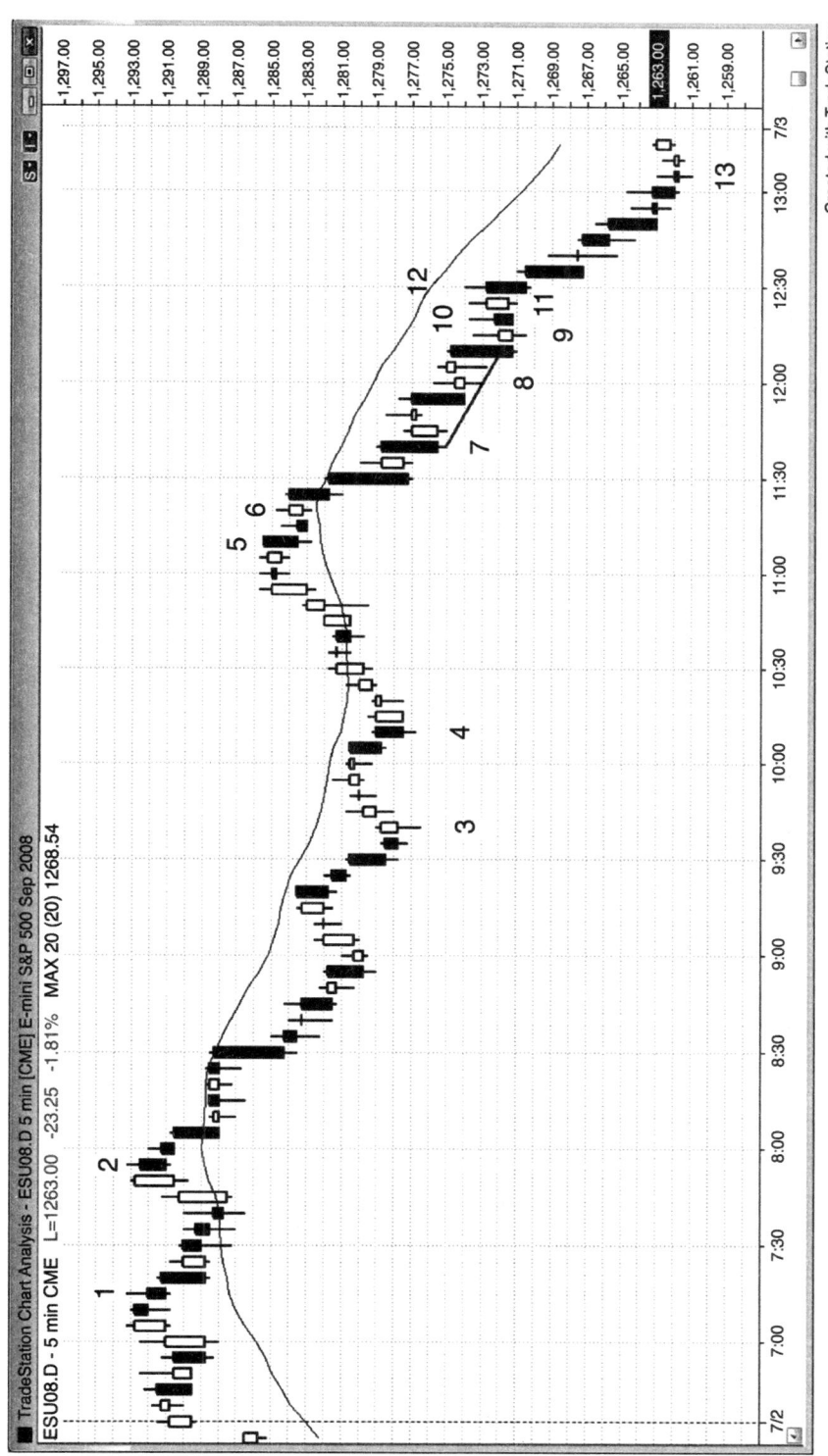

图5.11 在狭窄的通道中的楔形

（在这个楔形中）。但是因为 K 线 9 是处于一个狭窄的熊市通道中，所以它不是一根强劲的牛市信号线，它与前一根 K 线重合了太多了，并且有一个非常弱势的收盘价（所以它的牛市主体非常小）。所以暂时还没有明显的信号显示市场超卖的交易行为有所停止，而且你最好也不要在狭窄的熊市通道中的第一个突破口处买入，因为这些突破持续时间比较短，除了进行刮头皮交易外其他更长周期的交易往往会失败。你应该做的是，在买入之前等待第二个买方入场通道。事实上，经验丰富的交易者一般会在熊市通道的前一根 K 线的高点或者高点之上卖空，而且他们根本就不再期待市场出现买入的时机。

对于在这个楔形中已经买入的交易者来说，K 线 10 是突破了一个点位的假突破。K 线 10 是第三根震荡的 K 线，所以聪明的交易者已经可以在这个熊市趋势中看到一个震荡区间了，这也是一个常见的连续发生的形态。过于重叠的 K 线意味着这个市场正在接受这不断降低的价格，而抵触他们的下跌的力量还不够强大。你必须看到市场抵触下跌的信号，才可以在一个熊市趋势中买入。我们进行反转交易的理由不能仅仅基于我们认为市场需要反弹或回调，这样主观的理由往往导致我们的交易以失败告终。趋势有时候可能比很多交易者想象的要长。

交易者可能会在 K 线 11 的低点 1 处卖空，但是由于 K 线 11 还处于震荡区间，所以聪明的交易者在看到强劲的下跌 K 线之前也不应该卖空。这是市场上出现的第二个只取得了一个价位的突破的假性突破。同样，你可以注意到，楔形一般还会有两次反弹尝试（两波反弹浪），所以他们只会在楔形失败的时候卖空（比如，当市场跌破了 K 线 9 的低点），或者会在第二波反弹浪失败的时候卖空。

K 线 12 又是一个只突破了一个价位的假性突破，但是在这之前有两波上升浪（K 线 9 和 K 线 11），所以是一个低点 2 的卖空潮。聪明的交易者将会抓住这绝无仅有的机会卖空，因为它是在熊市旗形中出现的低点2，这个点之所以如此特别，是因为它之前两次的反转向上尝试都失败了（K线10和K线12），这也是这个楔形的两波上升浪，显而易见，他们非常地弱。同样，在市场中出现连续的三次一个价位的失败突破也是非常罕见的，可以想象的是，接下来市场可能会出现大幅下跌。

当然，交易者也可以等到市场突破了K线9的低点时才开始做空，因为只有到了那个时候，我们才知道楔形真正的失败了。在市场突破K线9的低点的突破口确实出现了猛烈的交易量（在一分钟的K线图上，我们将看到这个突破口出现了14000份合约的交易量），这证实了市场上聪明的交易者确实是等到这个点才开始做空。一个失败的楔形往往会迎来一段相当于楔形高度的移动距离，正如这里可以看到的一样。

在你买入之前，你最先需要看到趋势通道线的突破，最好还可以看到一根反转K线。因为K线9是一根非常弱的反转K线，所以你应该坚持到趋势通道线被突破并且出现反转后再买入，所以你应该等待市场出现一个二次买方入场形态。K线12正是这个二次买方入场形态，但是如果你在此处买入，就相当于在这个四根K线组成的震荡区域的顶部买入，而你永远都不应该在一个熊市趋势中出现的熊市旗形的顶部买入。一旦这个弱二次入场形态也失败了，做空交易者就掌控了整个市场。在你进行做多交易之前，你应该好好考虑的就是这些内容，而不应该把过多的精力花在劝服自己相信做多是合适的这件事情上。

市场在K线2处打破了双重顶时，交易者应该立即反应过来今天可能是一天的趋势震荡。所以在这种类型的熊市趋势日，最好是进行双向交易。对于做多交易者来说因为是逆趋势交易，所以最好是等到出现了强烈的买方入场形态时再开始做多，比如说K线3和K线4之后出现的两根K线（这是一个二次买方入场形态）。下跌至K线7的下跌浪也是市场的一次突破，但是却并没有形成第三次震荡区间，市场在形成了一个非常狭窄的熊市通道后，再次一路直下。在 K 线 7 之前有一波剧烈的下跌浪，K 线 7 之后出现了熊市通道。但是也有交易者会认为剧烈的下跌浪是从 K 线 2 至 K 线 3 之间的那波下跌浪开始的，而熊市通道是从 K 线 5 处开始的。但是这都没有关系，只要你认识到这一天是一个熊市趋势日，并且积极做空就好了。

顺便一提的是，在 K 线 2 之前形成了震荡低点的三根十字星 K 线也是一个微型的楔形形态。

一个价位的突破也是非常重要的，特别是如果有两个突破已经成功了的时候，因为这将构成一个三浪推动模式。在图 5.12 中，K 线 4 在 K 线 3 的一个价位之上，K 线 5 又在 K 线 4 的一个价位之上。如果市场在之后出现了一个回调或者震荡区间，之后市场又重新超越了 K 线 5，那么市场上就很可能会出现一个向上突破，而这个微型楔形可能并不足以反转市场。

K 线 2 低于 K 线 1 几个点位，而 K 线 6 又比 K 线 2 低一个点位。在经历了几根 K 线之后，K 线 7 向下突破了 K 线 6 的低点，并且带来了市场的向下突破。通常来说，当市场打破了这些微型三推模式，至少会移动一段可以测量的距离，我们可以用这个震荡区间从顶部到底部的距离来测量这段移动距离，在这里，我们可以看到实际上市场下跌的距离比这段距离更长。

K 线 8 是一个微型楔形底部，同时也是一个一根 K 线的熊市旗形。这是市场将要暂时停滞的迹象，在一个强劲的熊市趋势中，它并不是一个反转形态。

第 5 章 楔形和其他三浪推进反转模式

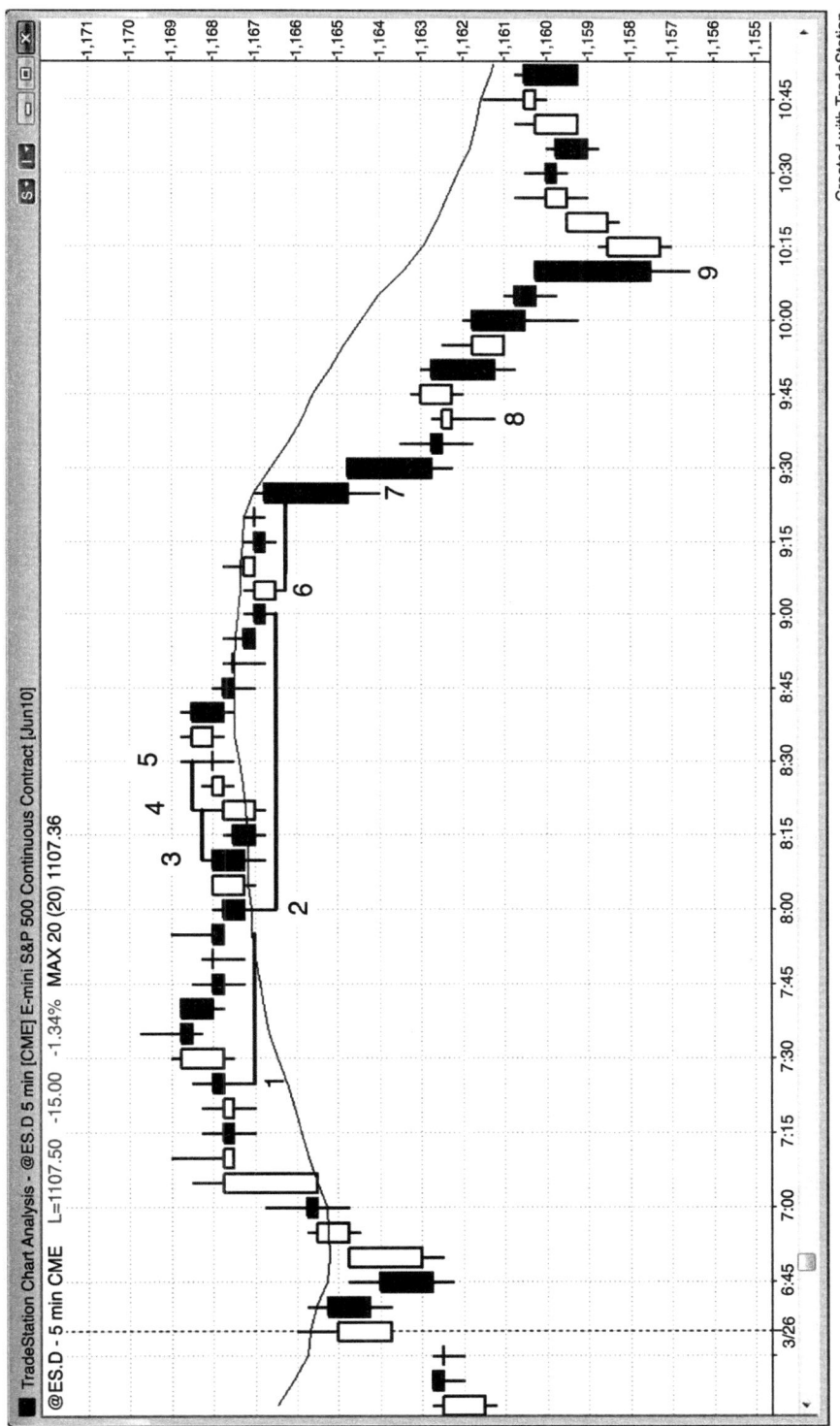

图 5.12 成功的一个价位的突破

第6章 扩张三角形

扩张三角形可以是一种反转形态，也可以是一种持续整理形态，至少由五个波段构成（有时候是七个波段，极少情况下是九个波段），每个波段比前一个波段更大规模。三角形是一种震荡形态，大部分突破震荡区间的尝试都无功而返。这种行情的倾向性就形成了扩张三角形。在多头反转（扩张三角形底）过程中，市场有足够的力量反弹至最近一个更高的高点上方，并把跟进的多头套住；然后暴跌至第三个低点，在更低的低点处，迫使被套的多头止损出局，诱导新的空头入场，然后再反转上行，导致市场双方在三角形中追涨杀跌。这个新低是行情在三角形中的第三次下推，我们可以把它看作是某种类型的三浪推进模式，或看作是一次突破后的回调——市场向上突破了前一波段的高点，然后回调至一个更低的低点。在空头反转（扩张三角形顶）过程中，情况正好相反。空头在更低的低点处入场后被套，然后强制止损出局，多头在更高的高点处入场后被套，双方不得不在市场最后一次反转下行时追跌杀涨。三角形行情的最初目标是突破三角形对边，而一旦到达另一边，市场往往在这里开始尝试再次反转。如果真的成功突破三角形对边，则表示反转失败，该形态变成一个在原趋势方向上的持续整理形态。

举例而言，如果牛市中价格处于一个扩张三角形顶（反转形态），第一个目标则是向下突破该形态；大部分情况下，这是价格所能达到的最远位置。如果成功向下突破，第二个目标则是走出一波可测量的下跌行情，下跌幅度接近三角形中最后一个上升小波段的高度。如果向下突破失败，市场反转上行，那么三角形就变成一个持续整理形态，由于当前处于牛市之中，这种情况下的三角形就是一个扩张三角形上升旗形。其首个目标便是创出新高，且通常情况下行情走势恰恰如此。如果成功向上突破，下一个目标便是走出一波可测量的上涨行情，上涨幅度接近三角形中最后一个下跌小波段的高度。如果向上突破失败，市场反转下行，便形成了七个小波段的更大级别的扩张三角形顶，一开始只有五个小波段。在某个点位上，扩张三角形要么被成功突破，市场走出一波可测量的行情，要么突破失败，并演变成一个大型的震荡区间。

"三角形"这一术语很容易造成误导，因为这种形态一般看起来并不像一个三角形。最突出的特点是它逐步形成一系列更高的高点和更低的低点，不断诱导突破型的交易员入场，并令他们在某些价位上投降认输，然后所有交易员都站在交易的同一边时，市场趋势就此形成。三角形中有三次向上或向下的推进运动，所以也可以被视为三浪推进的反转形态的一种变形，只是每一次推进之后都伴随深度的回调。例如，在一轮熊市的底部发生牛市反转，两次回调都形成更高的高点；但是，在传统的三浪推进形态如楔形底（向下收敛的三角形）中，两次回调都形成更低的高点（即不是扩张三角形）。

所有扩张三角形都是主要趋势反转形态的变形，因为最终反转形态都出现在一个强烈的小波段之后。例如，价格处于扩张三角形底，从最后一个低点处启动的反弹跟随在第二个反弹之后，而第二个反弹足够强势向上突破前一个波段高点，并总是突破一些关键的下跌趋势线。如果我们画一条包含三角形中第二个下降小波段的下跌趋势线，从第二次下推开始的这第二个反弹最低程度可以向上突破这条下跌趋势线，因此第三次下推是一个更低低点的主要趋势反转做多入场形态。涨至第一个或第二个小波段的反弹通常也能突破另外一些主要的下跌趋势线。

熊市中的扩张三角形底，后来往往演变成扩张三角形下降旗形。在图 6.1 中，电子迷你期货跳空高开，并在 K 线 6 处回调测试移动平均线以及昨天收盘价，形成开盘反转的态势，然后价格一路快速上行。昨日低点在 K 线 5 处与 K 线 1、2、3、4 构成一个扩张三角形底。这是一个反转形态，三角形之前的趋势是向下的。扩张三角形的首个目标如 K 线 7 所示是到达一个波段高点。然后市场通常试着形成一个扩张三角形下降旗形，由于该扩张三角形处于熊市的震荡区间里，因此是一个持续整理形态。行情在 K 线 7 处击穿上涨趋势通道线，完成了这个下降旗形（该三角形由 K 线 2、3、4、5 和 7 构成）。在趋势通道线突破失败后，尤其当前处于扩张三角形时，行情通常走出两个回合的下降小波段。顺便提一句，扩张三角形不一定拥有完美的形状，价格也不一定会触及三角形两边的趋势通道线（如 K 线 5 未跌到位）。

涨至 K 线 7 这波反弹非常强势，但在这种情况下，其形成的震荡区间顶部的低点 2 做空信号值得我们入场一试。K 线 8 是连续两天出现的第二个十字星，十字星代表着多空双方势均力敌。由于双方处于均衡状态，这个平衡点常常是下跌行情的中点，根据这一点我们可以大概估算出市场还能下跌多大的空间，直至碰到足够的多头力量使价格重新上扬。市场在 K 线 9 处达到目标价位，并在 K 线 10 处击穿下跌趋势通道线然后反转上行，K 线 10 为楔形上升旗形信号 K 线。K 线 6 是一根做多的信号 K 线，K 线 10 也是对在 K 线 6 上方入场的一次精准的测试（一次完美的突破测试）。

在扩张三角形反转形态中，低点越来越低，高点越来越高。一般来

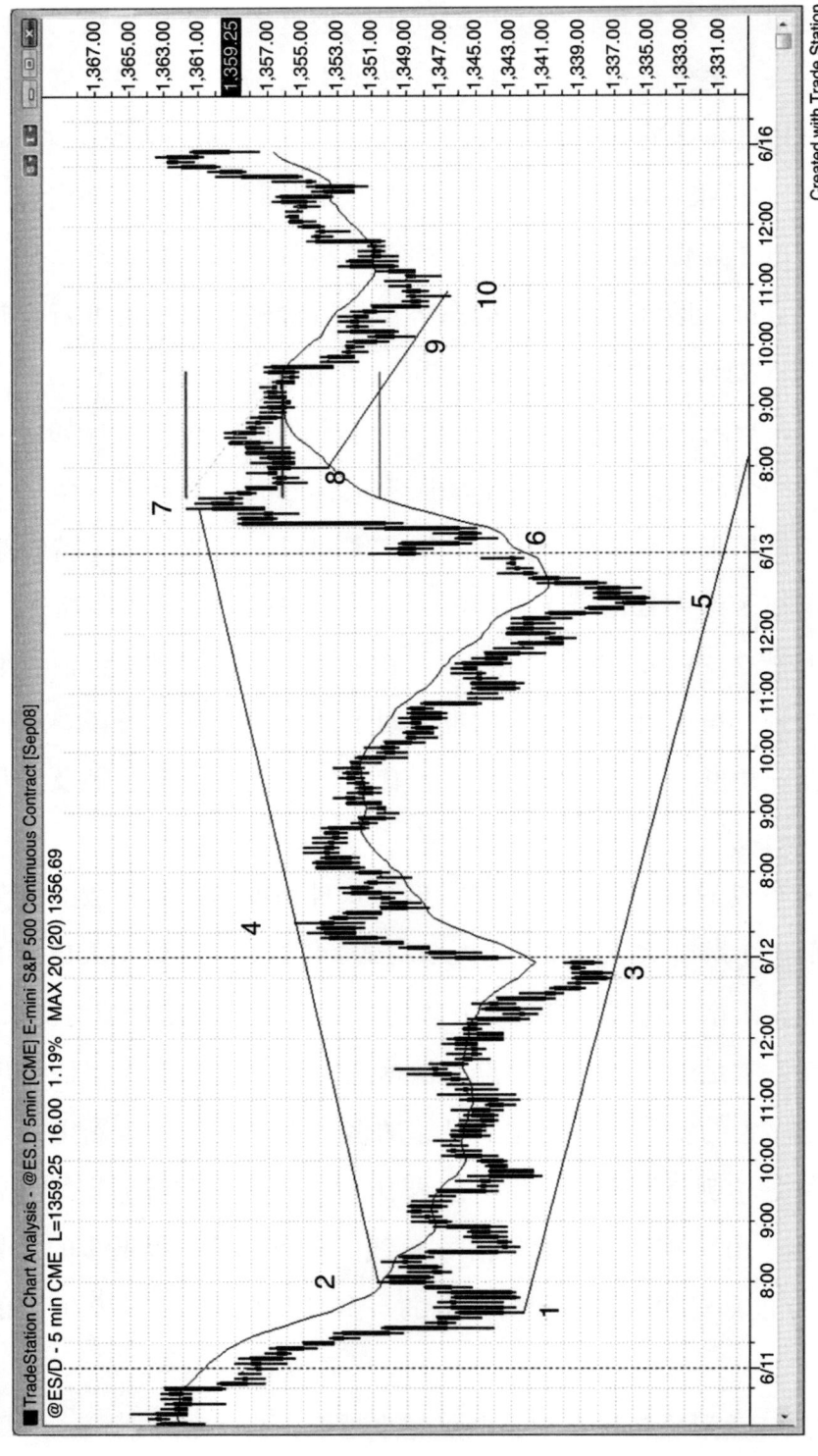

图6.1 电子迷你期货中的扩张三角形底部

第 6 章 扩张三角形

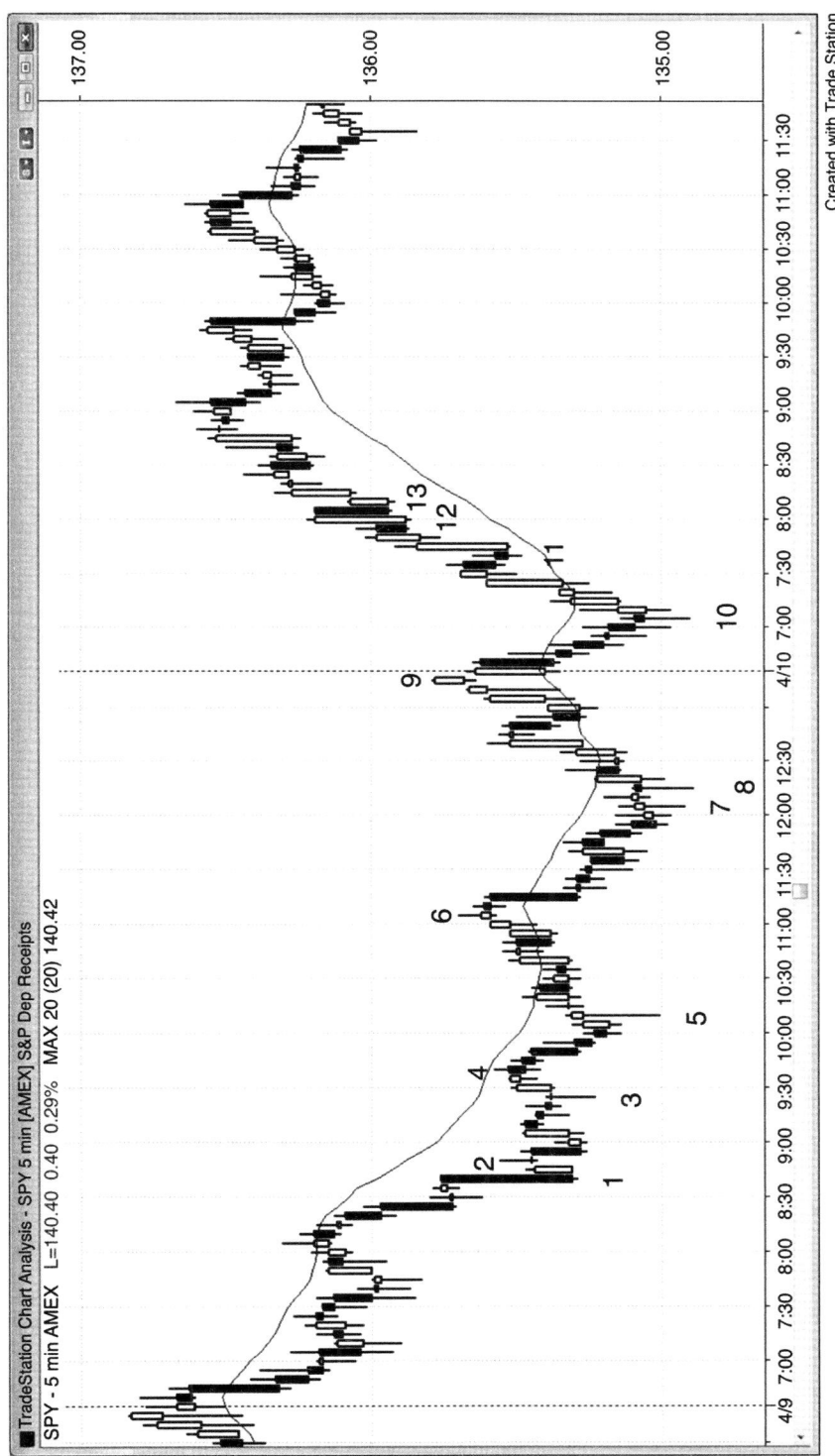

图6.2 扩张三角形底部反转

说，市场在反转前会发生五次转向，有时候是七次，如图 6.2 所示 SPY 的 5 分钟图。这期间我们有理由在每一个小波段上都做一次刮头皮交易（例如每一个小波段都在震荡区间中产生一个波段高点或低点），可是一旦第五个小波段结束，一波更大规模的趋势即将启动，我们应该从刮头皮交易转向波段化交易。另外，一旦形态完成，行情通常都会形成一个反向的扩张三角形。如果第一个三角形是反转形态，那么该形态的下一个阶段（将与第一个三角形反向）发展下去则是一个持续整理形态，反之亦然。

K 线 5 为第五个小波段（K 线 1 是第一个小波段），是一个做多入场形态，预期行情至少走出两个回合的上升小波段。然而，K 线 6 是一个突破失败的做空入场形态，一个小级别楔形（它是上升通道内以 K 线 5 上升尖形为起点的小型三浪推进模式中的第三推）。这里构成了扩张三角形下降旗形，以 K 线 2 为五个波段中的第一段。

在 K 线 8 处的第七个小波段为二次入场机会。K 线 7 走出新低，是第一个入场条件，但以失败告终，这也是意料之中的事，因为这期间行情处于一个铁丝网形态，大多数交易员会等待二次信号。K 线 8 也是以 K 线 6 急速下跌为起点的小型下降通道内的高点 3 做多入场形态，第三次下推往往预示着尖形通道下跌趋势形态的完结。

K 线 10 试探了 K 线 8 的低点，但 K 线 10 的低点比 K 线 8 的低点高了一个价位。它近似于扩张三角形的第九个小波段（近似形态就足够用于我们的交易中）。作为试探昨日低点的双重底，以及震荡区间底部高点 2 的做多入场形态，K 线 10 是一个不错的开盘反转做多入场形态。

K 线 11 是价格超越开盘高点后的一次突破回调，不过它并没有向上突破三角形中 K 线 9 的高点。由五根 K 线组成的强势飙升展现了一轮可能的上涨趋势，在这之后 K 线 11 成为高点 1 买入点，因此是一个可靠的做多入场形态。

K线12是扩张三角形顶部的一个低点2（扩张三角形也是一种震荡区间），在这张SPY图表上是一次仅向下突破一个价位的失败突破。但是电子迷你期货的价格（图表未给出）一直都保持在反转K线的低点之上，并没有触发该形态。电子迷你期货会给出少数虚假信号，这是因为电子迷你期货的第一跳相当于SPY现货的2.5个最小变动价位。由于此时上涨势头强劲，新的一轮牛市正在成型之中，交易员们在考虑做空之前会继续观望，看是否出现一个更低的高点。

K线13是在向上突破K线9失败后第二次做空入场机会，但由于在早前的反弹过程中并没有突破趋势线，因此在空头力量缺失的情况下做空是不明智的。空头应该在做空之前等待一个更低高点的到来。

K线12和13并不是突破失败，而是新一轮牛市中的突破回调。

如图6.3所示，从K线1到K线5走出了扩张三角形底的五个小波段。入场点比K线5这一更低低点高了一个价位。价格在K线6处尝试突破K线4的高点，却以失败告终，并跌出一个新的低点。K线7为扩张三角形的二次入场机会，但行情经过了K线5到K线7这么多根K线，扩张三角形已经失去其影响力，并形成了一个从当天新低点开始反转的双重底。

K线8形成了一个更高的低点，这也是K线5和7这一双重底之后的反扑做多信号。

到达新波段高点的目标后，K线9处形成了一个扩张三角形下降旗形（K线2、3、4、7和9），这一做空信号的目标价位是跌破K线7低点。然而，这些越来越大的三角形将最终破产，新一轮趋势由此开始。顺便提一句，市场在次日开盘后跳空低开至K线7下方，直接到达目标价位。该扩张三角形的形态不大成比例，因为K线4与K线9之间的距

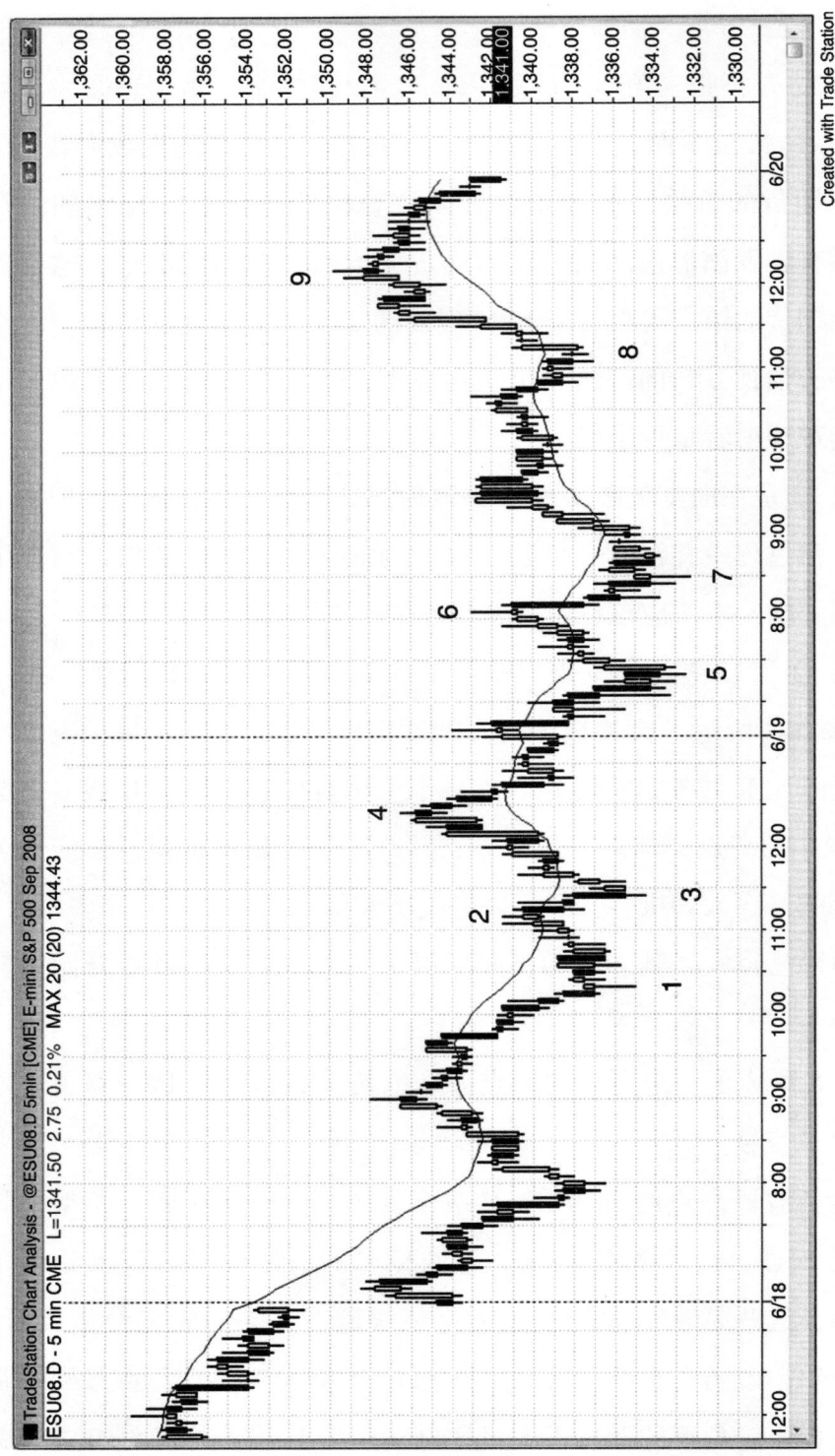

图6.3 扩张三角形反转的二次入场机会

离远大于K线2与K线4之间的距离。当三角形形状那么不规范时，只有很少的交易员会采用它，而这也削弱了形态本身的影响力。然后，交易员们依然会把K线9看作是熊市震荡区间的顶部，与昨天的高点组成一个双重顶下降旗形，并对昨天高点上方的缺口进行测试，这些都提供了足够的理由让交易员们在此处做空。

第 7 章　最终旗形

一旦趋势结束，交易员们在观察图表时便可以看到趋势中的最终旗形。最终旗形的反转形态比较常见，因为在每个反转之前都是以某种旗形的形式出现，因而也算是一种最终旗形反转。在趋势反转之前，如果交易员能弄明白是什么原因使某个旗形很可能成为最终旗形，那么他就能提前预判到趋势的反转并入场交易。

以下是最终旗形一些常见的特征：

- 当旗形出现时，趋势已经推进了几十根K线；所以趋势型交易员可能开始获利了结，而逆势型交易员则可能变得较为积极。两方都认为趋势已经走到头，行情更倾向于进入包含两次较大波段的调整期，并演变为一个更大的震荡区间甚至产生趋势反转。
- 绝大部分的旗形都是水平推进的，并表现出强烈的双边交锋的迹象，比如几根反向的趋势K线，带有显著影线的K线，几次反转，以及至少与前一根K线重叠50%的K线等。第二本书关于区间震荡的第四部分给出了更多多空对峙的特征。
- 微型趋势线突破回调就是单K线或微型最终旗形。例如，当行情向上突破一条微型下跌趋势线，然后反转下行时，那一两根突破K线就形成了微型下跌趋势中的最终下降旗形。如果抛售的力量在一两根K线中失败了，市场从深度或浅度回踩的低点处或双重底处反转上行，那么这最后的一次抛盘便是一次突破后的回调，而原来的小规模突破则成为微型下跌趋势中的一个最终旗形。如果突破最终旗形后出现了反转，但只反扑了几根K线趋势便恢复，那么这次反扑就只是一次行进趋势中的突破回调，而非反转，最终旗形也没能让市场的趋势反转。

- 最终旗形有时出现短暂的反转，但只是为了之后形成一个更大级别的旗形，接下来的行情有可能突破也有可能反转。在最终旗形演变成其他形态之前，我们通常可以利用最终旗形反转形态获取刮头皮的交易利润，而演变后的形态一般能发出另一些方向性的信号。

- 有时行情会形成两个连续的水平推进的旗形，第二个旗形规模较小，突破第二个旗形可能引起一次楔形反转。

- 如果最终旗形在行情高潮之后出现，那么接下来失败的突破可能不会超越先前趋势极值。例如，如果行情经历一波抛售高潮后在低点上方走出一段水平的震荡区间，那这段震荡区间可能形成一个最终旗形，并从回踩的低点处突破反转上行。

- 有时最终旗形可能只有一两根K线，并形成于一波强劲的涨跌高潮之后，而这波高潮由几根异常大型的趋势K线构成（一个潜在的衰竭型高潮）。从这个小旗形处突破的行情往往在一两根K线后就开始反转，并引出一段持续十几根K线的双波段回调。这是一个可交易的逆势入场形态，但还不足以引发趋势反转。这些大型的趋势K线频繁展示了行情的强劲势头，紧接着便在10到20根K线内测试趋势极值。单K线最终旗形可以是任意类型的暂停K线。例如，如果市场已经经历两次连续的下跌高潮，而且下一根K线又是一个阳线十字星，即使这个十字星的低点低于下跌高潮的低点，它也可能成为下跌趋势中的最终旗形。如果随后的一两根 K 线是一个大级别的暴跌形态,然后市场反转上行,那么这根暂停 K 线就是一个单 K 线最终旗形。

- 狭窄的震荡区间往往变成最终旗形。任何横盘整理的行情都拥有磁性回拉的效应。由于这段时间的突破一般都以失败告终,市场通常都被拽回多空双方所认可的价格区间里。
- 有时行情并未突破,最终旗形只是延伸出一段新的趋势。这往往发生在连续高潮后的反转行情当中。
- 交易员们认为市场处于过热状态,并预期行情即将进入休整期,但又觉得突破的幅度仍可再做一次刮头皮交易。因此他们在潜在最终旗形的突破位入场,但随时准备着入场后快速离场,而不是持有波段性头寸。由于每个人都打算小幅获利后马上离场,因此突破很快反转。

观察任意一张带有趋势反转的图表,你都会看到趋势行情反复震荡,由一系列的飙升、暴跌以及回调构成,这就是我们所说的旗形。如果你仔细研究这轮趋势中的最终旗形,就会发现行情给出很多趋势即将完结的线索,要么进入区间震荡,要么进入一轮反向趋势。震荡区间里会出现一些延伸至区间外的波段,看起来像是要趋势反转,但这些通常只是更高时间周期里更大规模的回调而已。然而,这些波段的幅度足以做一笔盈利可观的波段交易。交易员们并不确定此次反转会成为一轮新的趋势抑或一次大规模调整,不管哪种可能,他们的交易手法都是一致的。他们在第一个或第二个波段处部分或全部获利了结,并伺机在回调时加仓。如果在原来的趋势方向上形成了一波强势的行情,那么他们可能就会继续持有头寸,并预期价格二次到达并测试趋势极值。

每一次回调都有双向交易的机会,但当回调的价格区间大体上呈水平走向,很多 K 线相互重叠,区间内发生若干次反转,或者包含若干根反向的趋势 K 线时，市场进入横盘整理的特征就尤其明显。最终旗形可以是任意大小的震荡区间，甚至包括单根 K 线的情形，但通常都是指至少包含五到十根 K 线的情况。横盘整理的状态意味着多空双方都达成共识，当前的价格水平处于合理区间内。空头积极卖出，他们认为价格将突破下行，而多头积极买入，他们认为价格将突破上行。每当价格触及区间顶部甚至发生短暂突破，空头觉得在当前的高位卖出更有利可图，他们便更加激进地做空。而多头则认为追涨风险较大，只会少量买入。结果空头力量就把价格拉回原来的区间水平。每当价格触及区间底部甚至向下突破，情况恰好相反，多头觉得在当前的低位买入更划算，而空头则认为此处杀跌价位过低，不宜重仓做空。这也让市场价格回到原来的运行区间。所有的区间震荡行情都存在这种现象，包括上升旗形和下降旗形，这些震荡区间中部的磁石效应使得大部分的突破尝试都没来得及走太远，就被市场拉回原来的区间里。

当一轮趋势维持了十几根 K 线以上后行情发生突破，这种突破往往就演变成趋势中的一个最终旗形。突破之后，顺势交易员更乐于平仓获利，并在再次入场之前等待市场的深度调整，而逆势交易员则预期市场至少会出现双波段调整，更倾向于在趋势恢复的时候反手一搏。举例来说，如果上涨趋势已经持续了数十根 K 线的时间，行情有可能进入深度调整甚至发生反转，交易员们就会观察是否形成一个大体水平的上升旗形。由于上涨趋势依然有效，交易员们会在旗形突破时买入，做一笔刮头皮交易，而非波段交易。在旗形期间已经拥有空头持仓的交易员则会平仓了结。他们买入平仓的动作助长价格上扬，但他们非常渴望能够在市场触及某个压力位的时候再次做空，而这个压力位，可以是固定幅度的价格区间，他们认为多头会在这里结束早前做多的刮头皮头寸，也可以是一些经测量可得的目标价位。多头入场后不久，便在压力位快速卖出平仓获取小额利润。激进的空头也看到同样的情况，并在几乎与多头同样的点位上卖出。随着多空双方都预期价格将进一步走低，市场上再没有人参与买入，行情也就随之反转向下了，而下行的幅度至少足够交易员们做一次刮头皮交易。如果下行动能足够强大，多头不会愿意买入，空头也不急于了结获利，直到市场出现行情调整即将结束的信号。价格反转可以引出一波回调，一次大规模的调整（如震荡区间），甚至一轮趋势的反转。

正如我们在第3章中讨论关于双重底和双重底的内容一样，最终旗形也是由同样的基本行为所导致。例如，如果在牛市中有一个潜在的最终旗形，那么在旗形成型前会有一波上推。而后旗形的向上突破则对这个牛市高点发起冲击。如果在冲击过程中卖方比买方多，市场就会在第二次上推时反转下行。尽管潜在的力量是相同的，但最终旗形看起来与其他形态有显著区别，其独特的特性使它能够与其他形态区分开来。最终旗形在熊市中亦是如此，整个过程包括两次下推和一次向上反转。最终旗形的空头突破是第二次下推，并对开始减弱并休整的熊市动能进行测试。

很多多头和空头都会在上升旗形多头突破后不久就卖出，如果抛售力量足够大的话，市场就会开始反转。如果空头反转入场形态继续发展，交易员们就会越来越坚信接下来将出现更大规模的调整；更多的多头将卖出他们的多仓，更多的空头也将开始做空。如果价格跌破下跌反转K线一个价位，并导致行情反转向下，那么市场将会被重新拉回最终旗形之中。价格有可能停在那儿，但通常会走出一波至少包含两个小波段的横向至下跌行情，并最终引发趋势反转。如果在旗形中有一波强势的下跌运动（抛压的迹象），或者在此之前价格已经向下大幅突破上涨趋势线，这些情况下市场更可能形成趋势反转。如果原来的趋势已经持续了

50 到 100 根 K 线，那么反转更有可能演变成一个大级别的旗形而非一轮反向趋势。请记住，趋势本身巨大的惯性总是企图抵抗所有的反转尝试。然而，每一次反转都趋于愈演愈烈的状态，每一次反转的规模总比上一次的更大，最终会有一次反转尝试脱颖而出，成功将局面扭转过来。

市场过热的高潮一般在短暂的最终旗形突破后结束。举个例子，如果有一个由四根 K 线组成的上升高潮，K 线主体都比较长，而且第四根 K 线特别巨大，行情往往会引发一波短暂的抛售，因为交易员们都把这个高潮看作一次潜在的买入高潮。多空双方都在等待这种大型 K 线的出现。多头趁着这波能量取得非常高位平仓获利，激进的空头则卖出开仓建立刮头皮头寸。随之而来的常常是一波回调。不过，由于上升高潮太过强势，在前一根 K 线低点下方通常都存在强力的买压。多头试图重新满仓操作，而空头则买回他们的刮头皮头寸。结果导致这次回调仅仅持续了数根 K 线，并形成一个高点 1 或 2 的做多入场形态。多头将在前一根 K 线的高点上方买入，如果市场向上突破原来的高潮顶部，还会有更多人跟风做多。

一轮牛市行进了很长一段时间后出现了一波抛售高潮，随之而来的通常都是一个最终旗形反转形态，并包含至少双波段反弹。在图 7.1 中，开盘时启动的两个下降小波段止于 K 线 1 处，这里可能是当天的一个低点。行情进一步下探后，便突破了横盘整理的下降旗形，因此有可能成为一个最终旗形并导致价格反转上行。K 线 1 就是一个不错的反转 K 线，触发了最终旗形做多入场形态，使交易员们开始预期接下来会走出一波至少含两个上升小波段的行情。当反转后第一回合的上升小波段越过最终旗形时，这种情况被认为是最佳反转之一，如图所示。接下来行情往往在原来的下降旗形上方形成横盘整理态势，然后继续新一轮牛市上涨。在上升波段中，价格有时会短暂回调至原来的下降旗形，有时并未进行

第7章 最终旗形

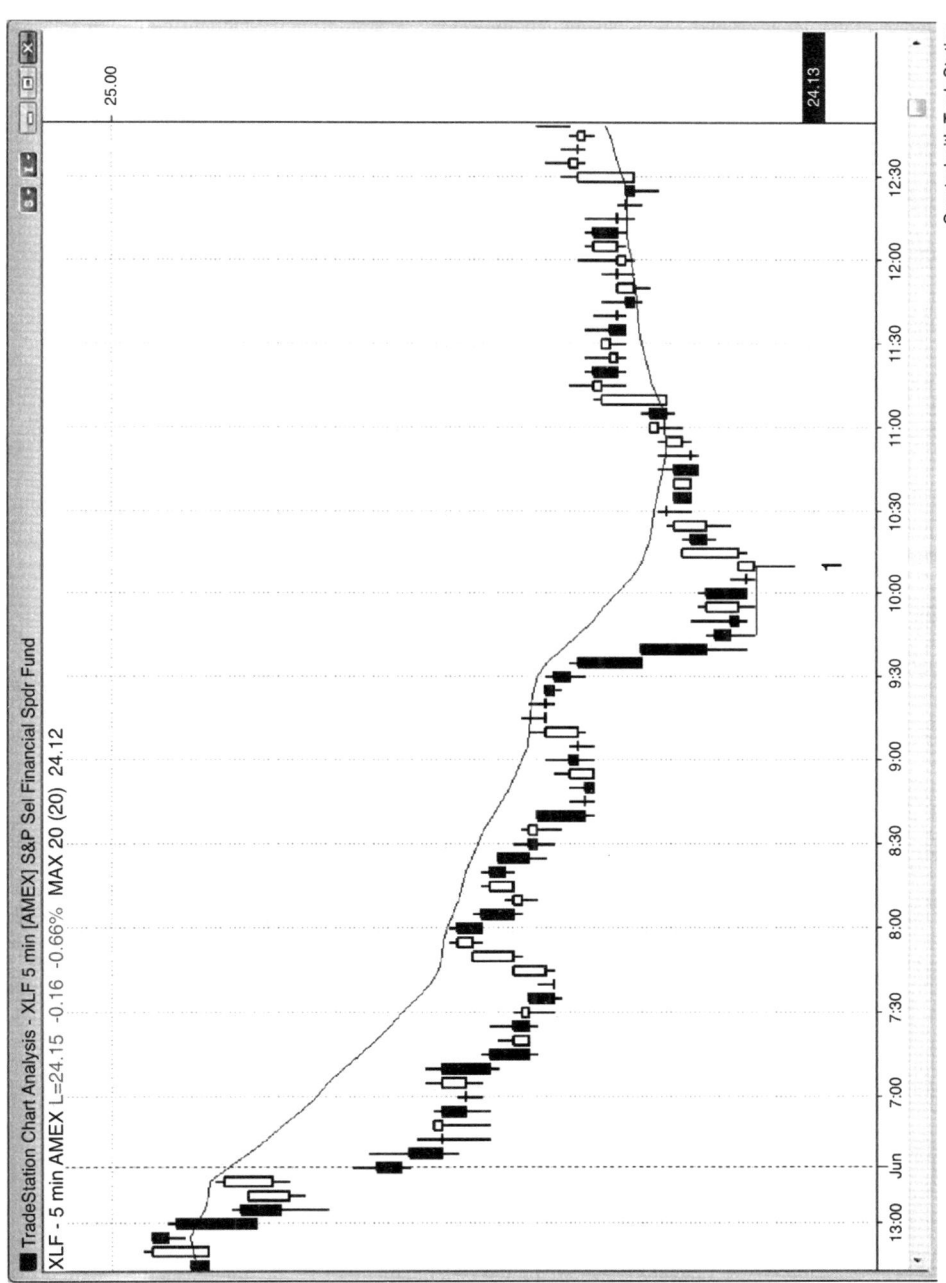

图7.1 最终旗形反转

休整就在一系列阳线中展开迅猛的飞涨态势。当你遇见这种类型的反转，把自己部分甚至全部头寸波段化是非常重要的，这时候你很有机会借此大赚一把。

行情从太平洋标准时间 7：30 左右到 9：30 左右横向震荡了近两个小时，这段时间的价格波动可以看作一个大级别的最终旗形。如果之后价格突破该震荡区间，先前横盘整理所产生的磁力总能把市场拉回到突破前的水平。

K 线 1 之后的那根入场 K 线收在前面六根 K 线的高点上方，并高于前面七根 K 线的收盘价，从而收复了很多高点和收盘价。在这些 K 线上做空的交易员要么平仓止损，要么忍受账面浮亏继续持有，但很可能不久后也得认赔离场。而且他们也不会在几根 K 线的时间内选择再次做空，大多数交易员会等行情至少再经历两个小波段的反弹后才会考虑再次入场。这时市场形成单边走势，通常能走一段 10 根 K 线以上的双波段反弹行情。

反弹之后所形成的狭窄震荡区间一般会成为最终上升旗形。在图 7.2 中，K 线 4 向上突破收盘价的这波反弹显得非常坚挺，并引出后面一段狭窄的震荡区间。在这个例子中，对旗形的强势突破在 K 线 7 处结束，形成了两个回合的上升小波段（K 线 5 为第一个小波段），和一个楔形顶（当天开盘的第一根 K 线为第一次上推，K 线 4 为第二次上推）。双波段运动突破旗形，往往构造出一个主要反转形态，这种反转一般都能走出至少两个小波段的反向行情。虽然跌至 K 线 10 的过程已经经历了两个小波段，但第一个小波段只包含了一根逆势 K 线（K 线 9），因此很可能这波下跌只是未来更大级别双波段的第一回合。当双波段运动在一个狭窄的通道中运行，整条通道通常成为更大级别双波段行情的第一个波段。在任何情况下，如果空头交易员对行情判断不太确定，那么当价格在 K

第 7 章 最终旗形

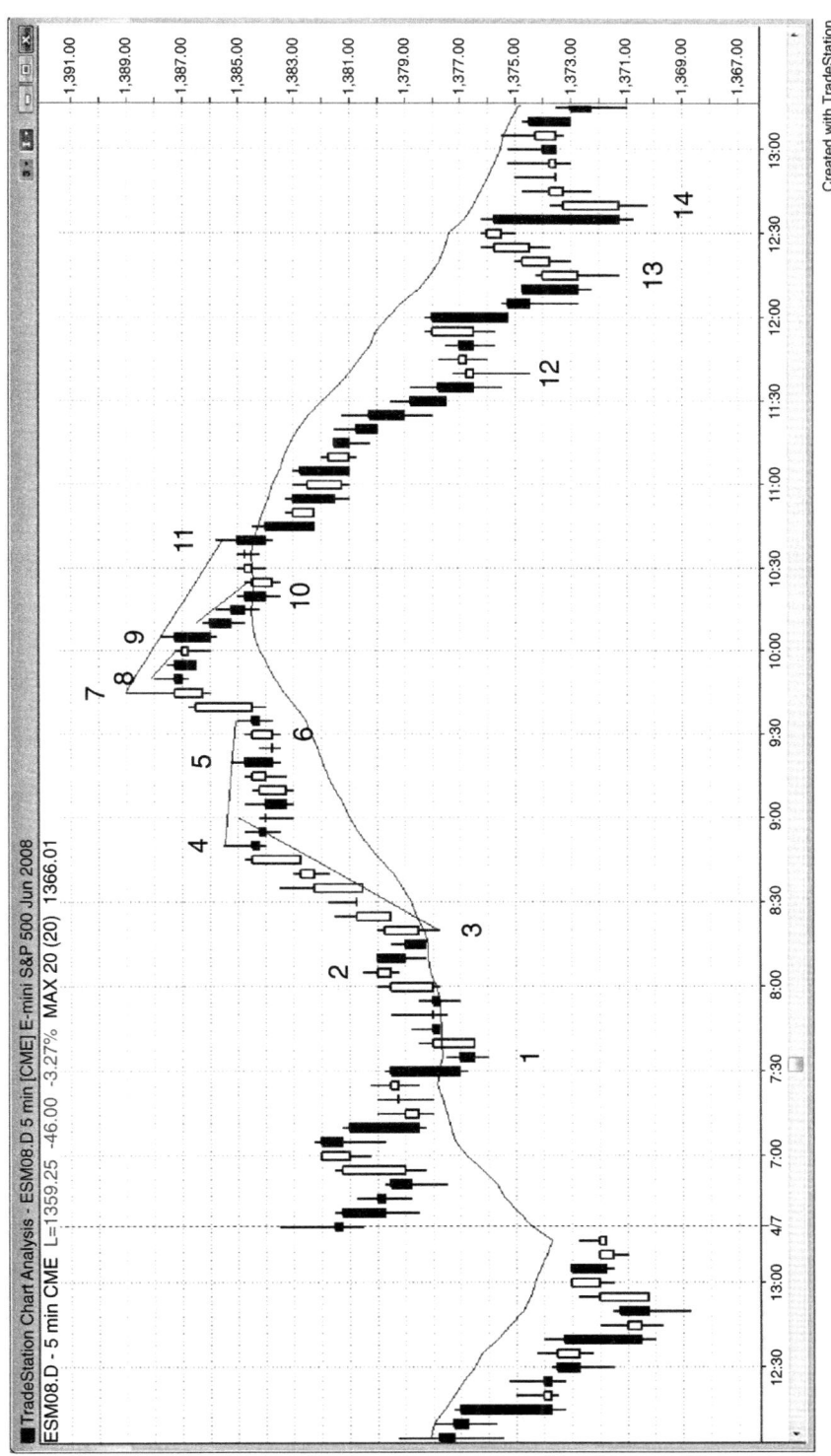

图7.2 狭窄震荡区间型的最终旗形

线 10 处跌到移动平均线时，他们就会把自己的止损价放在损益平衡点。

K 线 9 越过了前面小十字星阳线的高点，触发了高点 1 的买入条件，有经验的交易员就会预期价格在买入高潮之后回落，并形成一个最终旗形顶。K 线 8 和后面两根 K 线一起构成了一个小级别的最终旗形，K 线 9 则是一个尝试突破三 K 线最终旗形而失败的次高点。这里的微型买入真空将市场拉至高点 1 信号 K 线上方一两个价位。强势的空头预期高点 1 将会回落，等待着机会在信号 K 线的高点处或高点上方做空。当市场跌破 K 线高点一两个价位时，很多人就会停止做空，看跌情绪缺失导致价格在寻找空头的过程中一路走高。一旦市场触及目标价位（高点 1 信号 K 线或其上方），空头就开始激进地做空，并大举压倒多头，驱使市场下行。在高点 1 信号 K 线高点处或上方买入的多头，马上意识到市场已经停滞不前，并且开始反转，他们就会卖出所有多仓，为市场进一步下跌推波助澜。他们开始确信空头形态的顶部已经成型，几根 K 线的行情内不会再考虑买入。市场在没有买盘的情况下快速下探至移动平均线或最终旗形中部这些支撑位，只有在这些支撑位上，空头才会止盈平仓，多头才会考虑再次做多。由于看跌情绪高涨，市场缺乏买盘，无力反弹。买方也很快成了卖方（多头卖掉他们新进的多仓，空头也在此时再次进场），导致市场进一步走低，在更有吸引力的价位寻找做多力量。

当市场看涨情绪特别浓厚时，伺机寻找做多入场形态才是明智之举，除非空头力量逐渐显现，有足够的理由支持做空。

如图 7.3 所示，欧元/美元外汇的 K 线图在 K 线 2 处出现一个最终旗形做空入场形态，但上行动能非常强劲，旗形也只维持了四根 K 线的时间；价格也因此没能突破主要的上涨趋势线。这样一根阴线并不足以抑制过度的上涨热情，市场随后很可能横盘整理，然后反弹创出新高。这里反转尝试未能成功，很可能成为价格向上突破 K 线 1 双 K 线反转后的

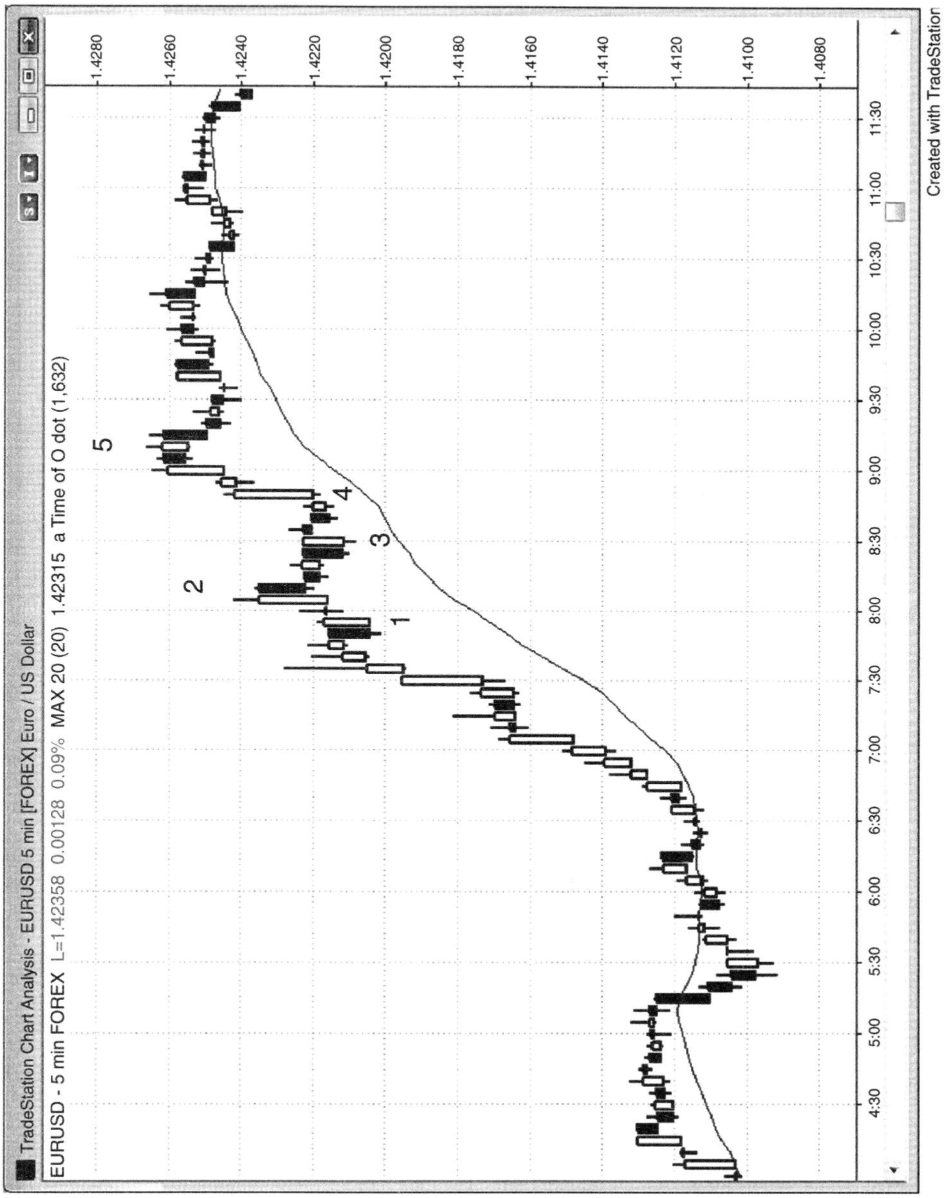

图7.3 三角形最终旗形

一次回调。每当最终旗形反转行情的计划落空，就是一次突破回调的入场形态。在这个例子中亦是如此。K线1这一潜在最终旗形在K线2双K线反转形态上发出反转信号。反转入场条件被触发，但市场并没有大跌。

相反，价格休整后又形成了另外一个做多入场形态，这使得在 K 线 3 上方的买入动作成为一个入场时机，一个从失败的最终旗形获得的入场时机。市场向上突破 K 线 1 旗形，回调，然后继续突破上行。

K 线 3 双 K 线反转确立了高点 2 做多形态，并于 K 线 1 构成双重底，这些理由足以支持我们在一轮强牛市中买入。保守的交易员把 K 线 3 看作从 K 线 2 开始的小型下降通道的一部分，与 K 线 3 双 K 线多头反转形态前后相邻的 K 线一起构成了一个小级别的双重顶下降旗形，他们会在该双重顶上方买入。对 K 线 3 向上突破的力量很薄弱，价格回调到一个比 K 线 3 略高的低点。这是一个突破回调入场形态，此时一个楔形上升旗形逐渐浮现，其中 K 线 1 和 K 线 3 为该楔形的头两次下推，我们也可以认为它是一个三角形（一旦第三次下推出现，该形态便以三角形的形状呈现）。这个三角形呈水平状态，并形成于一波较大的反弹之后。多空力量在此处交锋，让它足以产生一股强大的磁力将任意形式的突破拉回到这个震荡区间中来。有些交易员把 K 线 4 看作在 K 线 3 阳线和下一根 K 线高点 2 入场的一次突破回调。这个上升旗形就是一个潜在的最终旗形，K 线 5 就是一个反转入场形态。它是行情的第三次上推，也是对单 K 线回调形态的突破，并成为单 K 线最终旗形。不过，上涨动能依然高涨，比起反转，接下来的行情更可能横向盘整。市场进入一段狭窄的震荡区间，并从该区间突破上行或反转下行。如果突破上行，这一狭窄通道有可能成为最终旗形。

有时候最终旗形的突破反转会形成一个更低的高点，而非更高的高点。图 7.4 中，行情以抛物线的强劲势头反弹至 K 线 2，然后一波包含至少双波段的回调走势很可能随之而来（牛市中的回调可以是横盘整理，也可以是下跌），这次回调至少维持在 10 根 K 线以上。从图中可以看到，这波回调在移动平均线上方形成了一个水平的震荡区间，并在 K 线 3 处

第 7 章 最终旗形

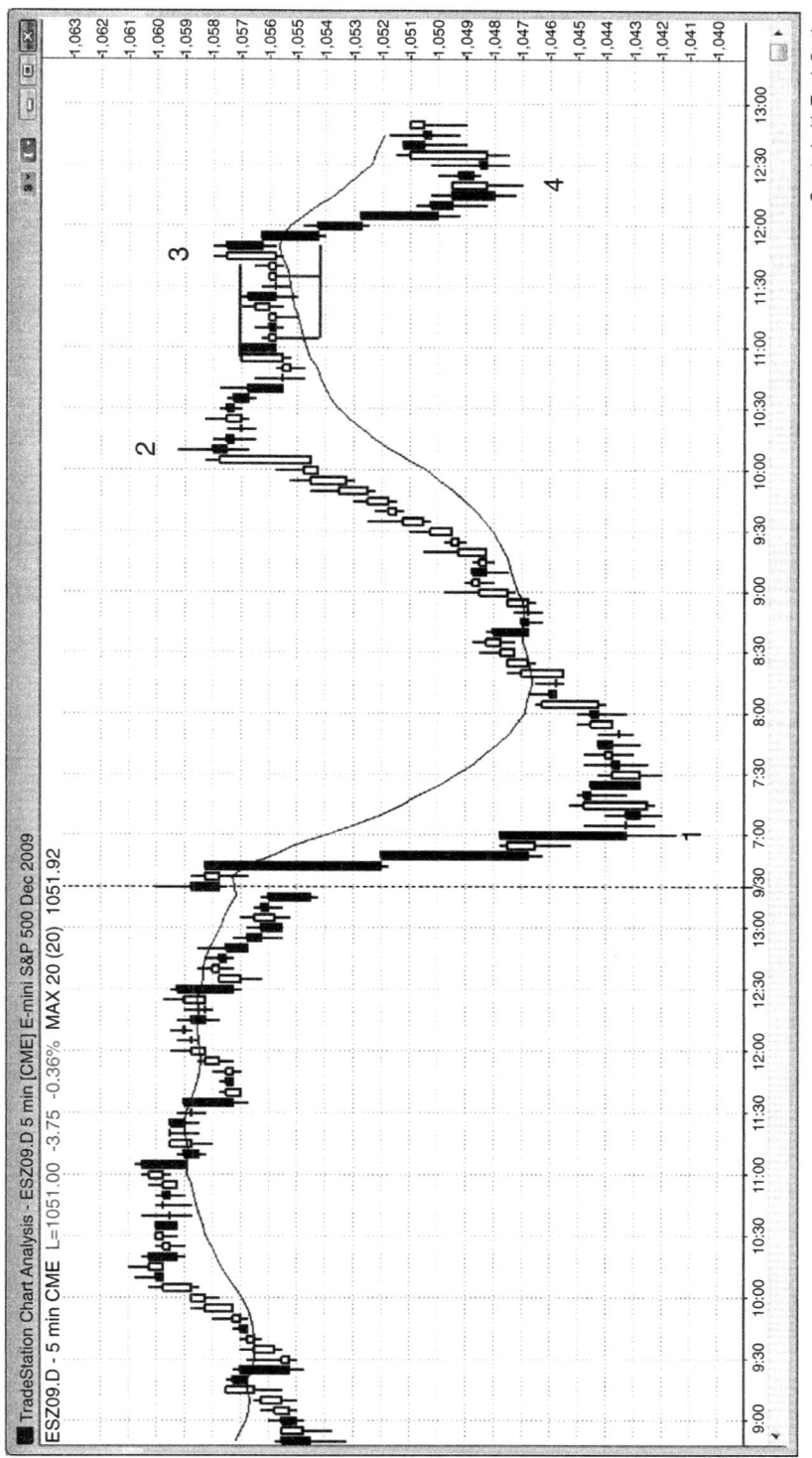

图 7.4 最终旗形后形成更低的高点

突破。然而，突破失败而回，市场在一个双K线反转形态中开始下行。K线3这次突破形成了一个更低的高点，而非更高的高点，但它依然算是牛市中的最终旗形。交易员会在双K线反转形态下方开始做空。K线3也与K线2后面那个小型次高点一起，组成了双重顶下降旗形。K线2没能超越开盘时段的高点，K线3二次摸顶并尝试突破，同样以失败告终。当市场两次努力实现目标都无功而返时，价格通常开始背道而驰。

开盘出现巨型的双K线跳水行情，然后是一根阳线。任何一根或多根K线都形成一次突破，一个尖形，一种跳空，和一波高潮。最初的下跌高潮结束后，紧接着在K线1处马上发生第二波高潮。连续的暴跌往往引发更持久的休整行情，有时出现反转，比如这个例子。在这波急跌至K线1的过程中，K线1前面的那根阳线便是最终旗形，它使行情进入一种单K线的休整状态。这根K线成为抛售期中的单K线最终旗形；尽管它是一根阳线反转K线，它的低点也低于它前面巨型双K线抛售高潮的底部，但它使下跌趋势进入休整，因此它是一个下降旗形。像这种在自由落体的市场中形成的连续跳水行情，往往会出现单K线或双K线最终旗形，然后市场开始走向一波大型调整甚至趋势反转。连续的抛售高潮通常带来大型的回调行情，明白这个道理的交易员们看到这根暂停K线后，会愿意在当天的低点反转上行时买入。没人愿意在这个低位做空。剩下的空头只会在市场回调时卖出，而且会等到反转行情持续10根K线之后。K线1前面的那根阳线打乱了下跌节奏，将这波行情一分为二。如果没有这根K线，价格很可能在K线1之后继续下探一到两根K线的深度。很多空头会在K线1的收盘价处了结他们的空仓，预期市场将会反弹到他们愿意再次做空的高度。激进的多头则在K线1的收盘价处做多，预期价格将冲击K线1高点，然后走出一波基于K线1高度的上涨行情，但由于K线1振幅较大，他们面临的潜在风险也同步增加。K线1

上成交了93000张合约,将近过去两天普通K线平均成交量的10倍,因此这是一个暴跌高潮后的向上反转形态。在我同系列的第一本书中,已经讨论过高潮的各种变化形态,和趋势通道。这里先产生一个下降高潮,一次休整,然后另一波抛售高潮(K线1),它的作用就像高潮和通道形态下的单K线通道。

K线1之后的水平震荡区间也是一个最终旗形,尽管它从未突破下行。抛售高潮之后,市场往往形成一个下降旗形,有可能呈水平走势,也有可能表现为上升通道,有时候会出现如例子所示的低点1或低点2的做空入场形态,但后续行情并未实现空头突破。相反,下降旗形突破上行,这是趋势反转常见的方式。在连续的下跌高潮之后,十字星信号K线是相对疲弱的做空信号,激进的交易员会在它们的低点或其下方介入多头。既然十字星是最后一个下降旗形,也可以算是一种最终旗形。K线1大型抛售高潮前面的那根反转阳线也是一种单K线最终旗形,十字星从这个单K线最终旗形开始反转。价格于太平洋时间上午8:05向上突破下降旗形,由当时的那根阳线完成此次反转。

有时最终旗形并没有首先发生突破,而是继续回调,最终成为一轮反向趋势。如图7.5所示,一波暴跌的抛售高潮将价格推向K线14,K线14是一个强势的多头反转K线。有些交易员把这次跳水的起点定为K线6,终点为K线9,而其他一些交易员则认为K线9和它前面的阴线组成了一个关键的下降尖形,或由K线10后面那两根K线组成的双K线尖形。所有的长阴线跳水行情都是抛压的显著标志,对于下探至K线14的这波抛售高潮来说,究竟哪根K线所做出的贡献最大,这个问题并不影响大局。跌向K线14的这波抛物线行情中有三次下推(K线9和11为头两次下降小波段)。这往往导致一个持久的反弹,反弹通常从上升通道开始,如图所示。上升通道正是一个下降旗形。

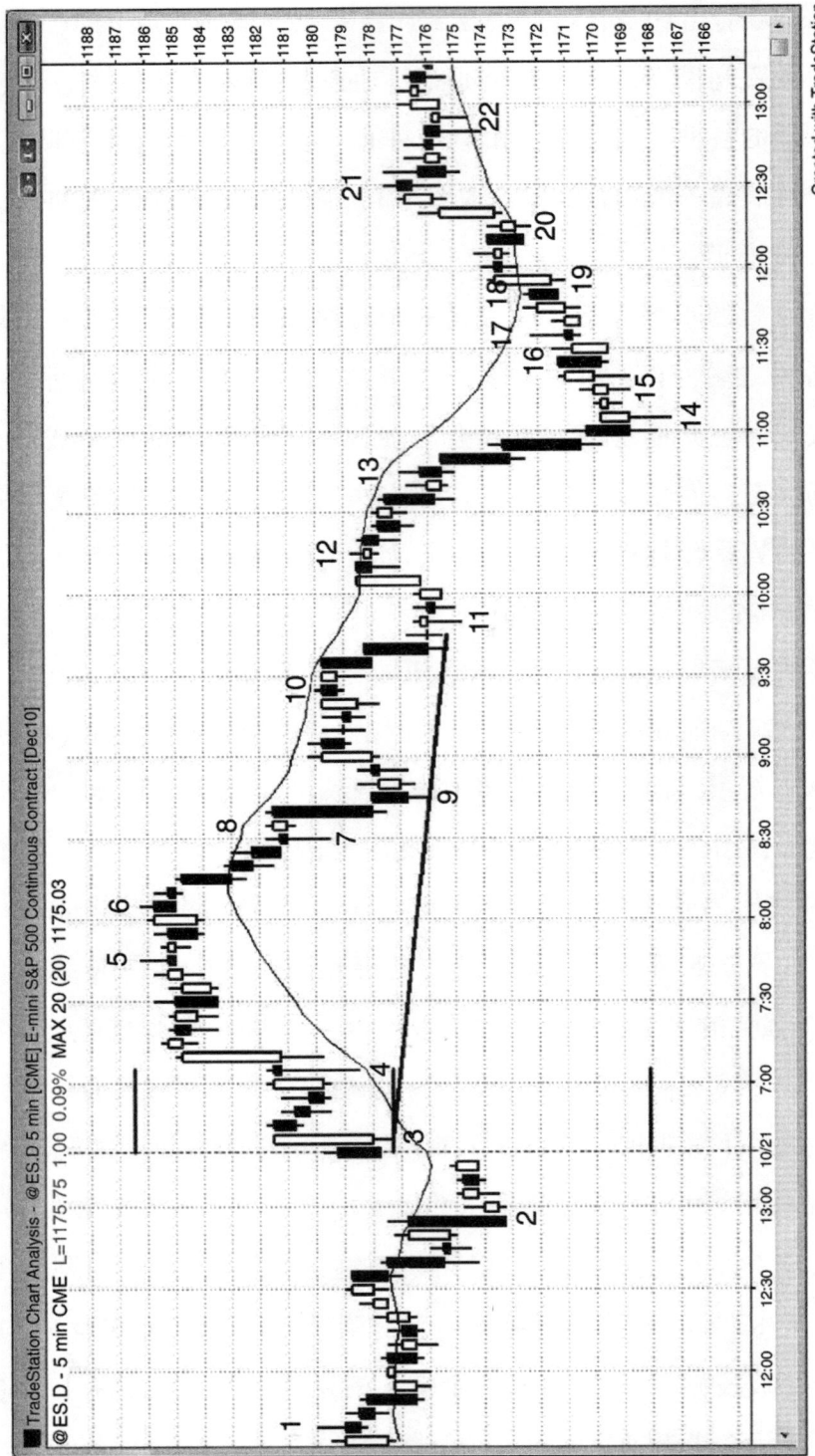

图7.5 最终旗形有时没有首先发生突破行情就直接引起反转

K线15是低点1，精明的交易员预期这个做空形态会失败。实际上，他们甚至认为在低点2处做空、或在楔形下降旗形上做空都将无功而返，像所有通道一样，他们会在前一根K线的低点或其下方介入多头。机构投资者不会在通道中的低点下方卖出，这不是他们的风格。为什么我能够如此确定呢？如果他们真的卖出了，市场就会继续下跌，但既然现在市场上涨了，则证明他们肯定正在买入。到了某个时点，当所有人都意识到这个下降旗形将不会突破下行的时候，空头最终选择了结头寸，有些在低点2后面平仓，有些则在楔形下降旗形之后平仓。结果行情突破上行，如K线19的阳线，而类似的情形在K线20上方再次发生。

多头认为K线3、9和11正在形成一个楔形上升旗形，当市场跌破K线11时，楔形破产，市场崩盘。但空头突破只维持了一个小波段，因为当前的形态已经演变为一个尖形高潮底。

从K线14开始连续四根阳线表明市场存在一定买压。第四根阳线是一次对低点1的向上突破。K线17是一个低点2或低点3的入场形态，它非但没能触发做空信号，市场反而向上突破连续走出两根阳线。K线18是一个被一个价位的突破而触发的楔形下降旗形入场信号，然后市场却反转上行并突破至K线19。K线20是一次从移动平均线缺口K线做空形态的向上反转，此次反转由三根阳线构成。下降旗形正在成型，和早前一些对下降旗形的多头突破不同，这次行情后续连着走出几根阳线。这使交易员确信市场现在已经翻转为多头态势，他们不再预期下降旗形能够有所突破。

K线12是一个上升旗形的起点，跟在从K线11低点开始的上涨运动之后。K线12前面的那根阴线是第一次下推，K线12后面的两根阴线形成了第二次下推，它们构造出一个潜在的高点2上升旗形，并有可能引出第二个上升小波段。接下来是一根阳线，因而出现了双K线反转的买入信号，但市场并没有突破上行走出第二个上升小波段，而是以一根强势的阴线突破下行。这根阴线使多头放弃他们原先的观点，并且在几根K线内都不会再次买入。K线13是对上升旗形空头突破后的一次回调，也是行情暴跌至K线14的起点，K线9、11和14这三次下推构成一个抛物线式的楔形反转形态。

当下降旗形突破上行时，如K线19，多头需要有根阳线收在旗形顶部上方，以确保空头放弃之前认为反弹只是熊市中一次回调的观点。同样道理，当上升旗形突破下行时，交易员们希望看到有根强势的阴线收在旗形底部下方，比如K线13前面倒数第二根K线。交易员们看到高点2上升旗形正在成型，但如果有根阴线收盘价远低于旗形，交易员们便推断多头的看涨预期不再有效，市场很可能下探至少两个小波段。

有时交易员想在上升旗形上买入，但做多形态一直未能触发，市场反而突破下行。如图7.6所示，一股强劲的上升动能直接将价格推至K线20，当市场开始回调时，交易员们也开始寻找做多的时机，他们认为在如此强劲的上涨势头之后行情很有可能再次冲击高点。然而，市场再也没有向上突破延伸至K线22的微型通道，而是下行至K线23。这使得从K线20到K线22的价格运行成为上涨趋势中的最终旗形，即使行情从未出现过多头突破。一旦如K线23这样的大型阴线形成，多头便放弃再做多一把的念头，转而认为价格至少走出一波幅度与旗形高度相当的下跌行情。空头也看到了这次空头突破，并产生同样的预期。既然市场下方若干价位无人买入，价格便快速跌向收盘价。当行情下跌时，反拉力量疲弱的盘面触发了以市场动能为指标的做空程序，从而增强抛盘力度。

强势的飙升行情一旦出现带长上影线的阳线甚至阴线，交易员们通常可以在收盘的位置买入，赶在市场开始调整之前最后搏一把。K线20

第 7 章 最终旗形

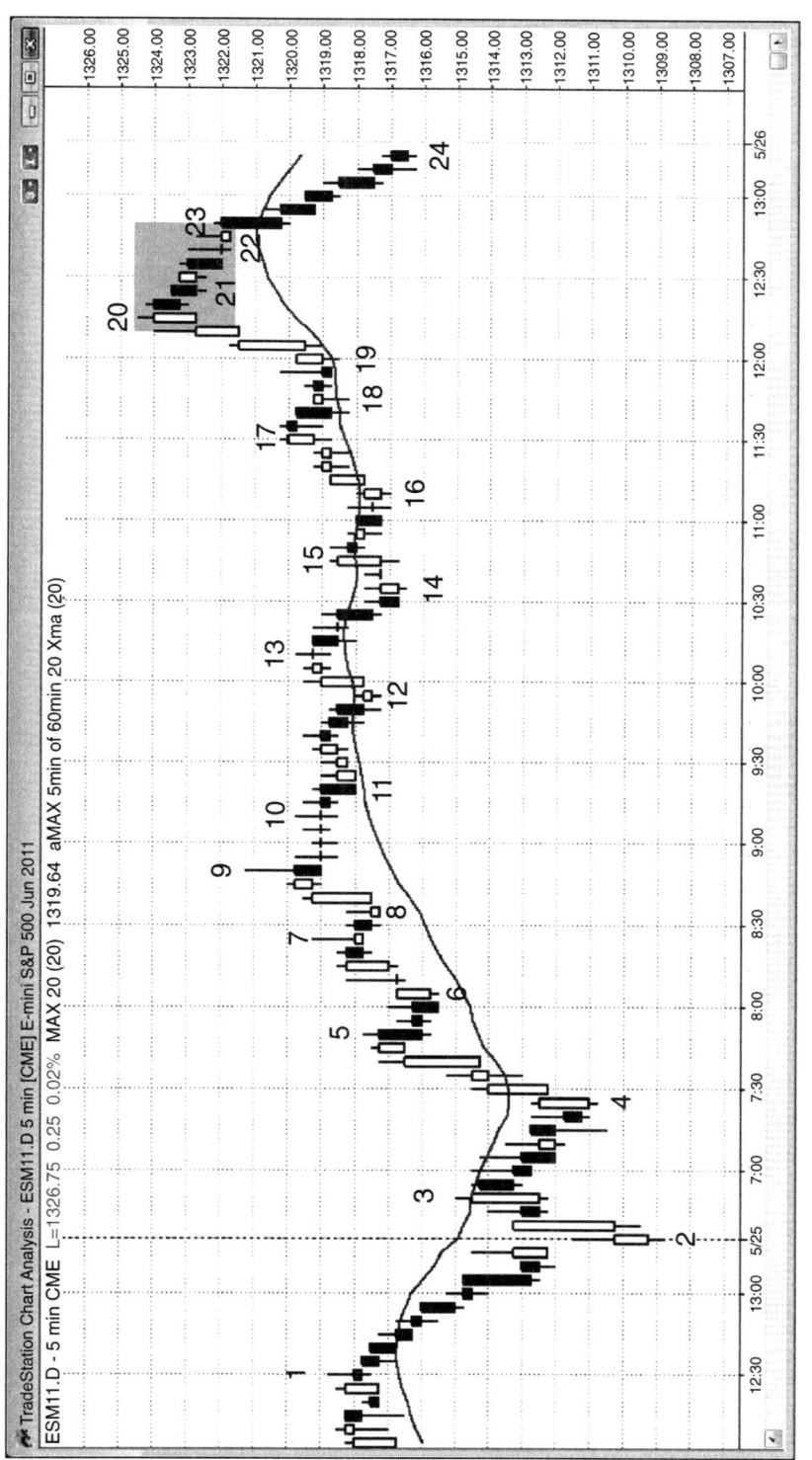

图7.6 上升最终旗形的空头突破

前的那根 K 线上影线很长，敏锐的交易员会将之视为市场不久后可能出现回调的信号。由于 K 线 20 同时也是从 K 线 14 低点处的第三次上推，交易员会怀疑这可能是上涨高潮的顶部。不过，如果市场在回调过程中形成了合理的做多入场形态，他们会在信号 K 线上方设置条件单以确保买入。但价格一直没有超越前一根 K 线的高点，从而所设的条件单也未能被触发，希望在高点处做多的多头一直没有机会入场。

K 线 15、17 和 20 构成抛物线型的楔形顶，这也是一种典型的买入高潮。

小型的最终旗形可能会引起开盘反转。图 7.7 中，市场开盘向上跳空，一举突破下跌趋势线，紧接着走出三根长阴线，然后在 K 线 3 这根巨型阴线中结束。K 线 2 尝试向上突破下降通道未能成功。

K 线 4 是一个小型下降旗形做空入场形态。鉴于市场在这个点位上的交易热情以及对昨天趋势线的突破，交易员们正预期该形态将成为一个最终旗形，从而在试探 K 线 1 熊市低点后使行情反转向上。

K 线 5 又是一根巨型阴线，K 线 6 是一个双内含线的做多机会，预期市场将走出一波至少维持 10 根 K 线以上包含两个上升小波段的反弹行情。K 线 5 上大概成交了 105000 张合约，比平均交易量或近期普通 K 线的交易量大了将近 10 倍，这预示着这可能是一个连续抛售高潮的底部。第二回合的上升小波段结束于第二天的 K 线 9。大型阴线所展现的下行动能通常会使交易员们推动市场下跌，并在接下来的一两天内再次试探低点。虽然在图中没有展示出来，K 线 9 高点在当天晚些时候引起一波抛盘，价格远远跌破 K 线 5 低点。交易员们把这次连续的抛售高潮看作是买入机会。许多空头在 K 线 5 收盘价附近平仓，而激进的多头则在此处开仓。当 K 线 6 向上突破多头双内含线形态时，其他交易员也会跟上做多，并预期从昨天低点处反转向上的二次尝试将成为当天行情的底部。

第 7 章 最终旗形

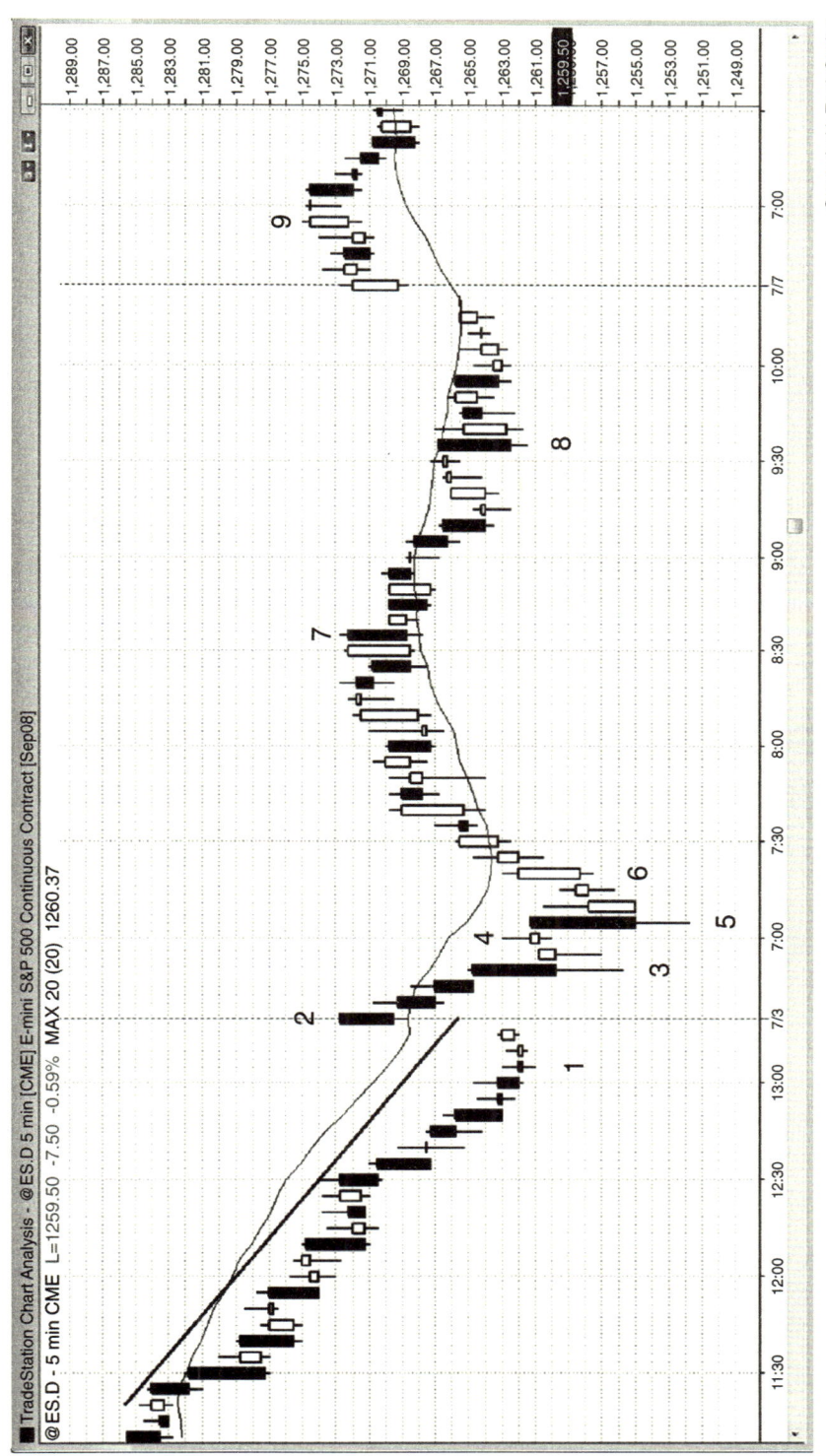

图 7.7 小型的最终旗形与大型的趋势反转

他们所面临的风险可能涵盖 K 线 5 的振幅，也可能只有两三个点。而目标盈利则覆盖了 K 线 5，对移动平均线的测试，基于 K 线 5 高度的一波上涨行情，以及当天高点。

单 K 线或双 K 线最终旗形也能引发大规模的行情反转，即使这种最终旗形跟在强劲上涨势头后面。这种情况更多发生在开盘时，开盘时常常能见到一些迅猛的反转。在图 7.8 中，K 线 3 就是一次双 K 线回调，并出现在巨型阳线的买入高潮之后，因此它有可能形成一个最终旗形。

K 线 4 是一个双内含线最终旗形做空入场形态，预期市场延伸出一波双波段调整行情，这里事实亦是如此。K 线 3 上升旗形结果成为最终旗形，突破失败并在 K 线 4 后反转下行。请注意，双内含线的第二根 K 线以阴线收盘，交易员在这里做空的话总是有机可乘。

涨至 K 线 4 高点的强劲动能使得交易员们有动力推动市场在当天晚些时候再次上扬冲击趋势高点。

从 K 线 3 到 K 线 5 的行情演变成一个稍大级别的楔形上升旗形，以 K 线 3 为楔形首推，K 线 5 为楔形三推。第二次下推为 K 线 5 前面倒数第三根 K 线。当市场在 K 线 6 次高点反转下行时，这里就构成一个最终旗形。

反弹至 K 线 6 的行情是一个楔形下降旗形，并形成了主要趋势反转更低的高点，其中 K 线 5 前面那根 K 线为第一次上推。

K 线 7 从内含线处反转上行，这根内含线成为下跌行情的最终旗形。

如图 7.9 所示，K 线 2 突破了之前的单 K 线最终旗形，此时不失为一次成功的做空刮头皮机会。然后该形态演变为一个更大级别的楔形下降旗形（又一个最终旗形），结束于 K 线 3。第一回合的上升小波段为第一个小级别最终旗形的顶部，即 K 线 2 前面的那根内含阳线。第二回合的上升小波段为 K 线 2 后面的那根大型内含线。这根内含阳线的上影线

第7章 最终旗形

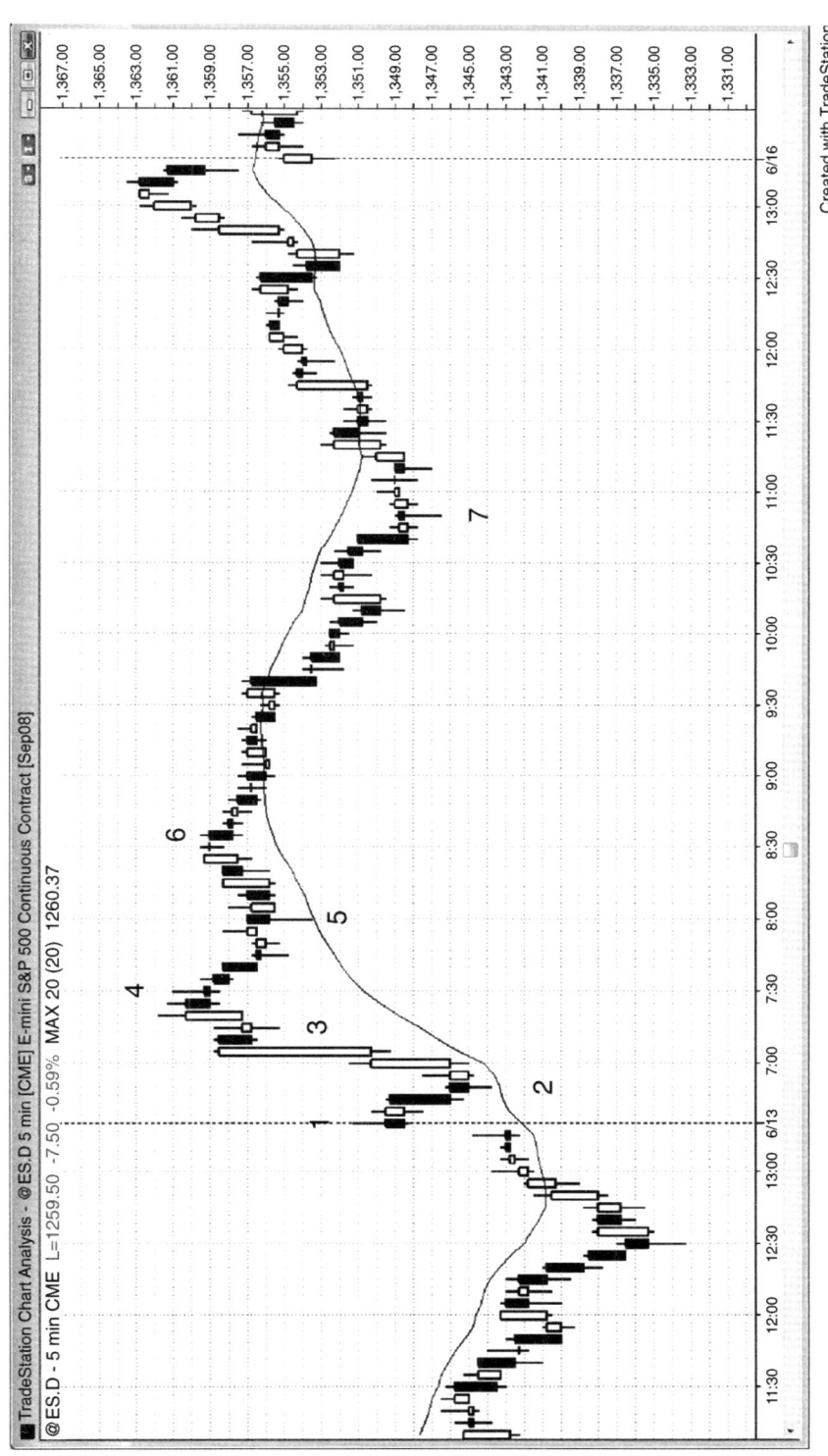

图7.8 双K线最终旗形

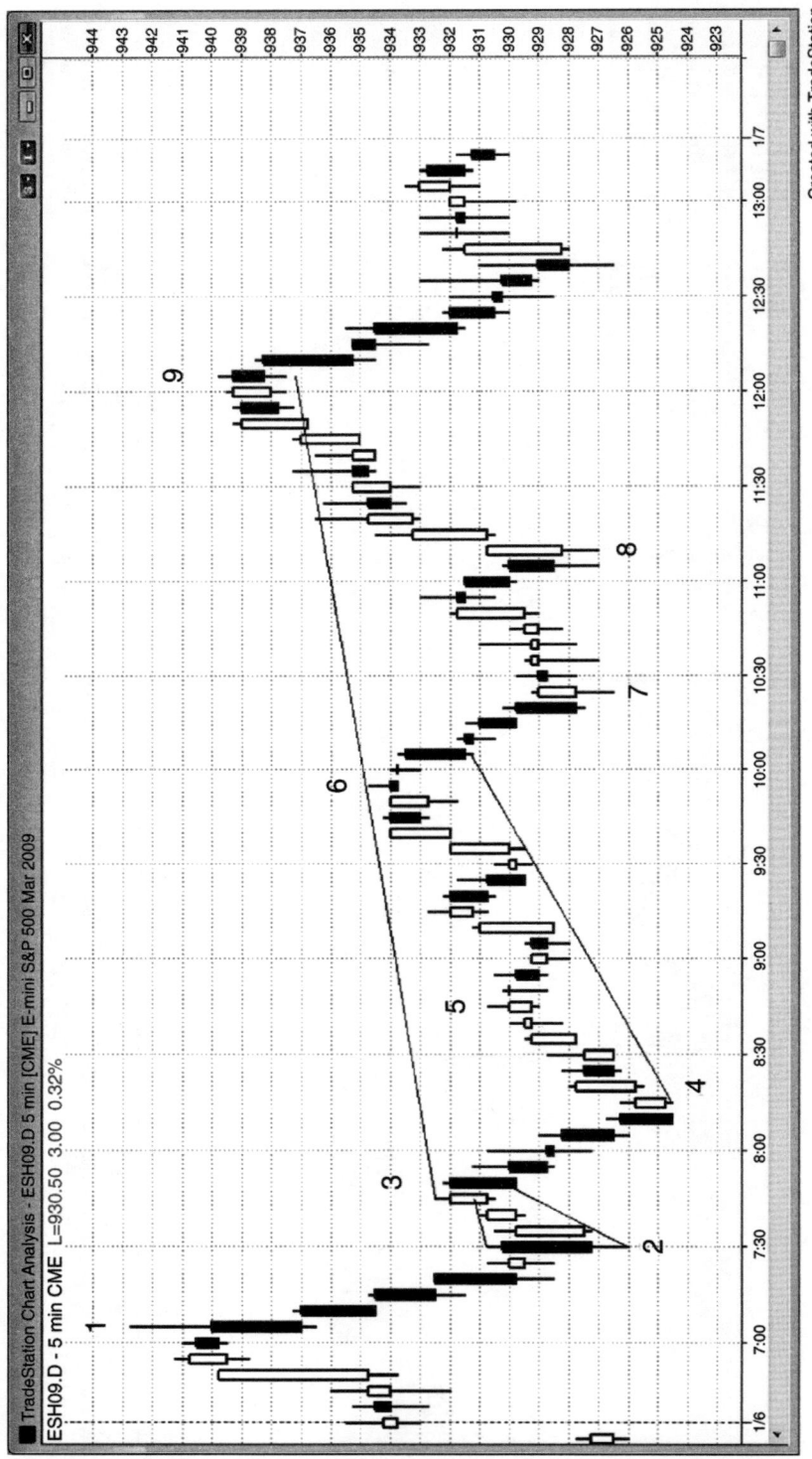

图7.9 小级别的最终旗形通常演变为更大级别的最终旗形

较短，接下来后面那根 K 线则主体部分较短。行情从 K 线 2 低点上涨至 K 线 2 后面那根阳线顶部，价格回落形成的上影线以及接下来的那根短阳线使行情进入休整。最后一次上推即为 K 线 3。从更小级别的时间周期图来看，可以更清晰地看到价格在此处形成一个楔形，但我们也可以从这个图中判断出来。有些交易员会把这种形态看作一个简单的低点 2 做空机会，其中 K 线 2 则为低点 1 入场 K 线。

市场在 K 线 4 处反转上行，该形态也演变为更大级别的楔形下降旗形，并结束于 K 线 6。价格涨至 K 线 3 为第一次上推，剩下的两次上升小波段分别以 K 线 5（或者其后的一个波段高点）和 K 线 6 为终点。有些交易员把 K 线 5 和 K 线 6 看作第一次与第三次上推。结束于 K 线 5 的上升通道包含两个回合的小型波段，而在 K 线 5 之后反弹至 K 线 6 的运动则走出了两次更为清晰的小波段行情。

对下降楔形的突破使我们有机会做一笔不错的刮头皮交易，但价格并没有形成新的波段低点。K 线 7 形成主要趋势反转的次低点，并在 K 线 8 处得到测试，该形态构成的双重底上升旗形，成为次低点主要趋势反转的二次入场机会。紧接着的反弹又构成了更大级别的下降楔形，并结束于 K 线 9。头两回合的上升小波段分别将价格推向 K 线 3 和 K 线 6 的高点。虽然在 K 线 3 第一次上推之后，K 线 4 处行情深度回踩形成更低的低点，但无关紧要，这只是一种常见的楔形变体。

为什么我们坚持认为所看到的一切形态都是逐渐增大规模的下降旗形呢？因为它们真实存在，市场也借此机会告诉交易员们，行情尚未反转进入一轮强劲的牛市。多头试图向上突破 K 线 8 的双重底上升旗形以及头肩底，但却铩羽而归。连续 K 线 3 与 K 线 6 高点得到一条趋势通道线，市场在 K 线 9 这一上升通道的顶部反转下行，这表明试图突破这条趋势通道线的尝试也以失败告终。该头肩底如其他头肩形一样，一如既往地没能形成反转，而是演变为一个下降旗形（该形态少许向上倾斜，比起三角形来更像是一个楔形），行情进入持续整理态势。市场在第二天跌破了 K 线 4 的低点。

如图 7.10 所示，价格开盘向上跳空并强势上涨至 K 线 5，交易员们并不确定行情是否会开盘向下反转，并形成当天高点或高点 1 上升旗形然后走出一段上升通道。他们密切关注市场从 K 线 5 高点回调的情况。从 K 线 5 到 K 线 6，交易员们认为市场可能正在形成一个上升旗形。不过，K 线 7 这根大型阴线收于它的最低点，并跌破 K 线 4 这根大型阳线底部。K 线 7 的收盘价比它前一根 K 线低了很多个价位，尝试形成一个突破缺口。许多交易员预期市场正在翻转，空头即将占据主导地位，并走出一波抛售行情，于是在 K 线 7 结束时做空，并将止损价设在其高点上方。K 线 5 也许可以成为当天最高点，如果市场跌破 K 线 3 这一暂时的最低点，就很有可能继续下行，走出一波可测量的下跌行情。大多数交易员在这种情况下都相信 K 线 5 成为当天最高点的概率很大。后续几根 K 线的走势更令交易员确信市场已经翻转为空头态势。他们预期价格将跌破开盘时段的 K 线 3 底部，并下探一定幅度。价格下探至 K 线 14 的跌幅恰恰为开盘时段的突破高度，很多空头选择在这里获利了结。

由于交易员把从 K 线 5 到 K 线 6 这一段看作一个上升旗形，因此它是反弹的最终旗形，尽管价格从未突破上行。

K 线 16 是一个双重底，或略微更低低点的主要趋势反转形态，但随之而来的却是一段震荡区间，而非牛市。主要趋势反转形态之后行情更常呈现震荡态势，而非真正趋势反转。

如图 7.11 所示的道琼斯工业平均指数月线图，有很多高潮后的单 K 线或双 K 线最终旗形。有些引发行情反转，如 K 线 8、12、16 和 19（缩略图详细展示了 K 线 12 和 19 的情况），其他的有些则导致行情回调，如

第 7 章　最终旗形

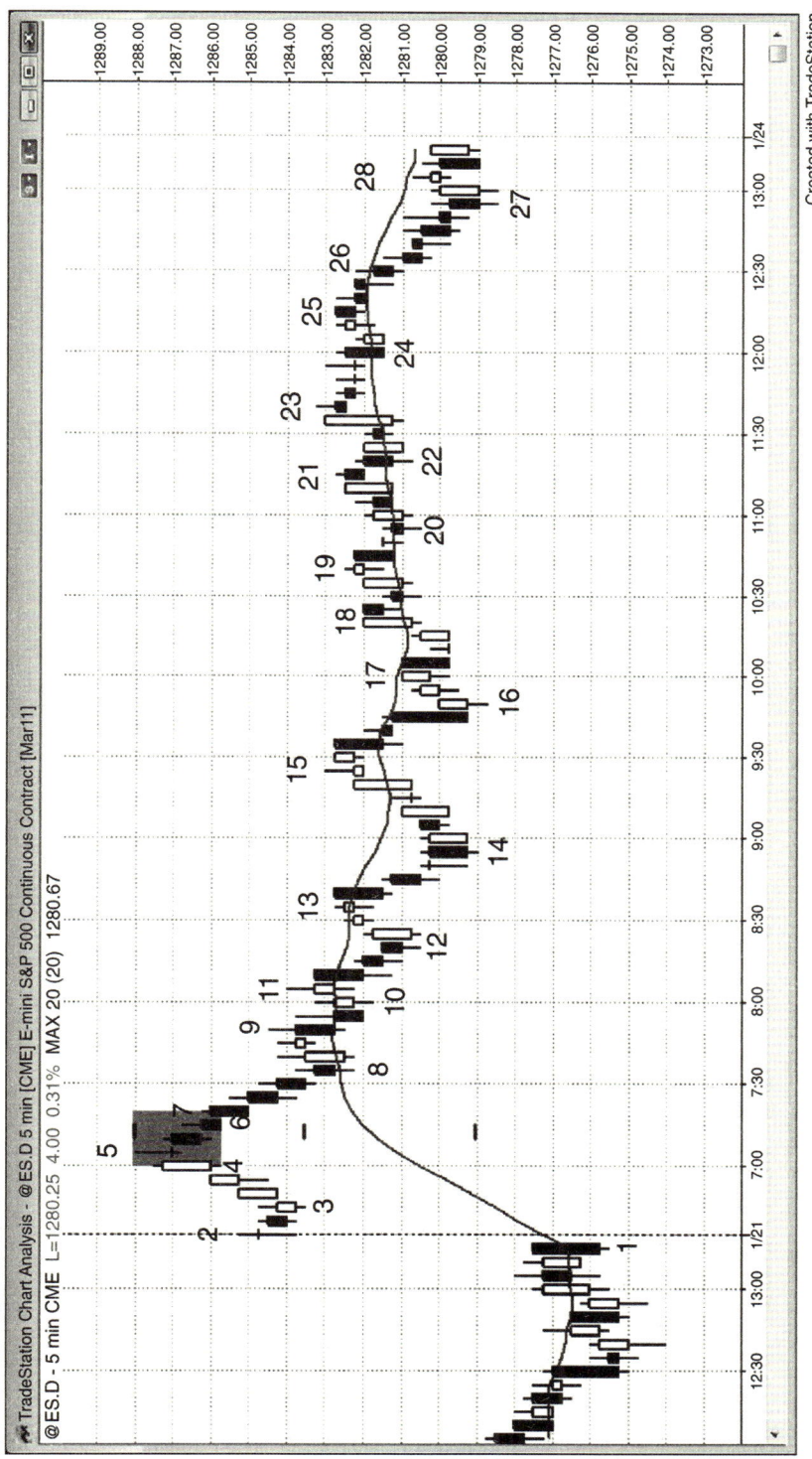

图7.10　最终旗形并不总是顺势突破

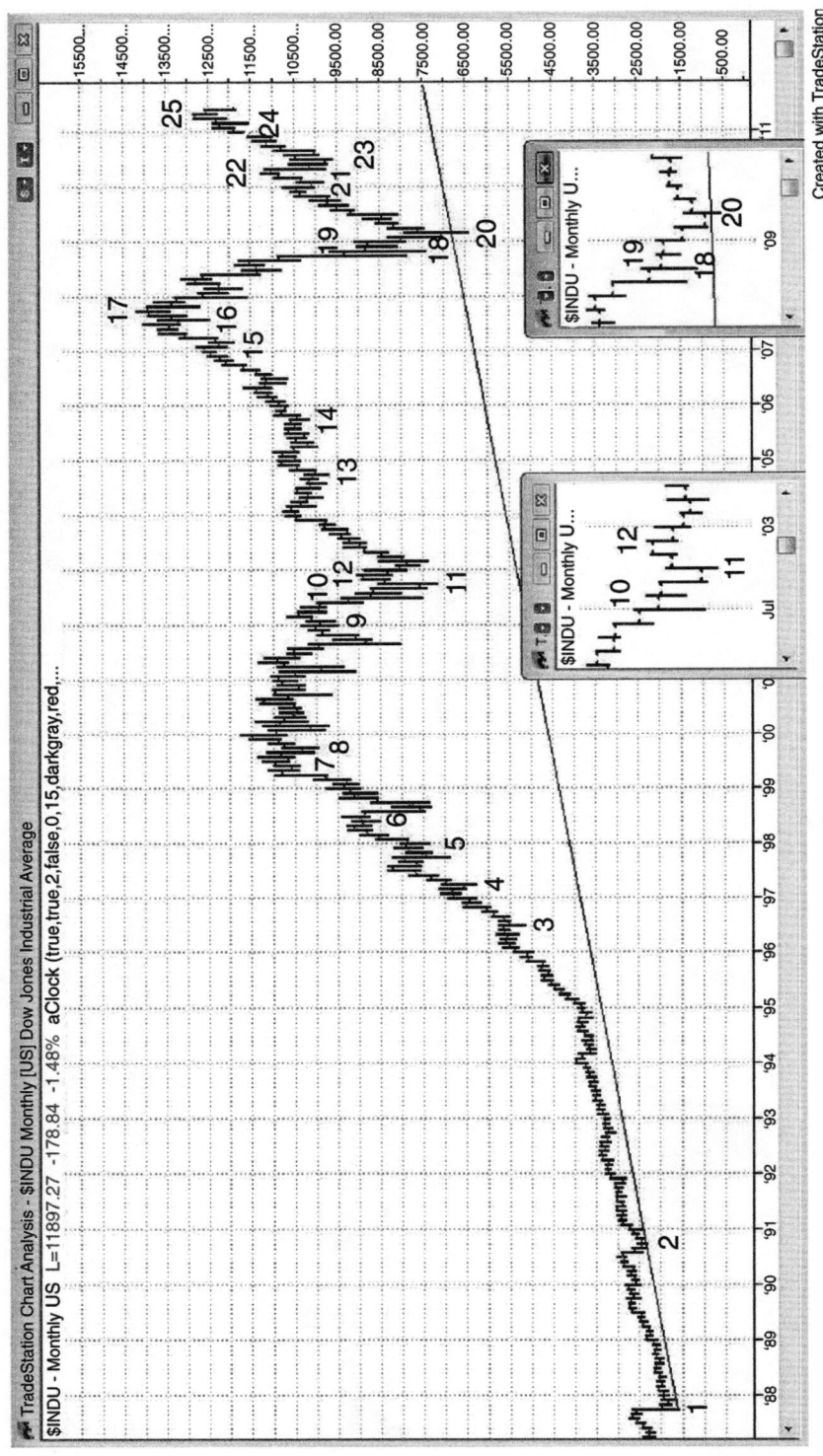

图7.11 高潮后的小级别最终旗形

K 线 5、10（左手边的缩略图详细展示了 K 线 10 的情况）、13 和 21。有些最后形成普通旗形而非最终旗形，如 K 线 4、15 和 23，有些则触发反转信号但最终反转失败，演变成趋势中的一次回调（K 线 13 和 K 线 21 就是最终旗形反转失败的例子，因为市场在旗形之后反转下行，但却分别在 K 线 14 和 23 处恢复上涨趋势）。一旦出现一波涨跌高潮，然后形成一个短小的旗形，接着旗形被突破，那么此次突破一般都足以带出另一波行情高潮。连续的高潮之后，市场往往倾向于发生双波段反转，并维持在 10 根 K 线的时间左右。当高潮触碰关键的支撑位或阻力位时，往往引发强力反转，如 K 线 20。当市场向下跌破 K 线 19 时，我告诉许多朋友，这里可能会导致强劲的多头反转，因为 K 线 18 的熊市低点下方正好是 20 年上涨趋势线的位置。K 线 11 低点处也有支撑，使得市场形成一个双重底上升旗形。交易员们意识到 K 线 25 有可能成为更低的高点，这个次高点将构成潜在头肩顶的右肩。在过去的两个月里，我一直告诉朋友们，K 线 24 有可能成为反弹的最终旗形。如果事实真的如此，那么此次反转应该有望持续 10 根 K 线（10 个月）的时间，并至少包含两个小波段。市场应该在 K 线 22 高点、K 线 23 低点、移动平均线（图中未显示）或 K 线 20 低点这些位置寻找支撑。

第8章 双重顶和双重底的回调

如果市场下跌后形成一个双重底，在牛市启动前，行情会先回调形成一个更高的低点，略高于双重底低点，并试探该低点，这是一个双重底回调的做多入场形态。双重底并不一定非常精确，第二个底部往往略低于第一个底部，有时候使该形态也呈现为一个头肩底。如果第二个底部未能到达第一个底部的位置，那么该底部有可能只是走出一段双波段横盘整理的上涨修正行情，因此这种情况下我们最好是寻找刮头皮做多的交易机会，而不是进行波段交易。双重底（双重顶）回调形态也可以看作三推底（或三重底、三角形），其中第三次下推缺乏足够的空头力量将价格推至新低。这种形态总是在某个支撑水平上形成，就如熊市中的每一次上涨一样。如果第一个底部的反抽势头足够强劲，交易员们就会开始怀疑当前的趋势是否已经演变成区间震荡的行情，甚至反转进入牛市。在震荡区间里，每一次下跌运动都是一个上升旗形，而每一次上涨运动都是一个下降旗形。如果市场处于一轮牛市的初期阶段，那么每一次下跌运动也属于上升旗形。无论市场进入一段震荡区间还是一轮新的牛市，第一波反弹之后的下跌都是一个上升旗形，即使价格下探至第一个底部附近。从第二个底部开始的反弹，是对该上升旗形的一次突破。从双重底底部上涨之后的回调（第三次下跌）也是一个上升旗形，无论它结束于双重底上方并形成双重底回调（或三角形），抑或结束于双重底底部并形成三重底，甚至这次回调跌破双重底底部并反转向上形成一次失败的双重底向下突破（实际上是一种最终旗形反转形态）。而这个反弹也是继第二个上升旗形之后的一次回调，该反弹从第三次下推开始，视为向下突破第二个上升旗形的一次突破回调。第三次下推在哪里结束并不重要，整个形态看起来是像三重底，或三角形，或头肩底，或最终旗形，或双重底回调，这些都不重要，它们所代表的意义都是相同的。第三次反转上行构造出一个三浪下推反转形态，交易员们需要寻找做多的机会。当市场形成一个双重底回调，形状规范，并且三个底部的反转阳线尤其最后一根很强势时，该形态就是一个最可靠的做多入场形态之一。

　　从第二个底部开始的向上波动通常是一次突破，虽然它可能只维持了几根K线的时间。因此接下来的回调也是一次突破回调，而且是最可靠的入场形态之一。它也可以看作是市场两次尝试突破前期极值（常常是低点2）的失败标志，两次无功而返的尝试通常会引发一波反转。有些技术面分析师认为三重底或三重顶到最后总是反转失败，并最终演变为持续整理形态，但他们也要求三次极值必须精确到同一价位才算是真正意义上的三重底或三重顶形态。如果以该定义为标准，由于标准过于严格，所谓的三重底或三重顶其实非常罕见，根本不值一提。此外，不可能由你来告诉市场它该做什么不该做什么，希望控制市场的想法相当傲慢，而这种傲慢总能让你付出沉重的代价，因为这个市场行为的决定权并不在你手里。交易员必须懂得灵活变通才能赚得大钱。如果当前的走势图看起来是一个可靠的入场形态，我们就应该把握机会，乘胜追击。

　　双重底形态是一种反转形态，而不是类似双重底上升旗形的持续整理形态。虽然两者都是做多的入场形态，但一个出现在趋势启动期（反转形态），另一个则发生在趋势确立期（持续整理形态），或至少在一个强势波段出现，且趋势明显呈现的时候。

同样道理，如果牛市中出现一个双重顶，然后一波回调逼近原先高点，那么这个双重顶回调就是一个很好的做空入场形态。需要再一次强调的是，三浪推顶以什么形状呈现并不重要，它们所代表的意义都是相同的。如果信号K线足够强势，盘面上也有不小的抛压，那么它就是一个做空的入场形态，不论它看起来像是一个三重顶，三角形，头肩顶，最终旗形，还是双重顶回调。

有时会发生在同一段震荡区间里同时出现双重顶和双重底的情况。通常来说，结果都是价格走势形成一个三角形，这也意味着市场正处于一个蓄势待发的状态当中，随时准备突破。行情倾向于回到震荡区间中部，然后对区间顶部或底部进行测试，由第三推来完成这个三角形的构建。如果这个震荡区间足够大，交易员们可以趁机做些刮头皮交易，摸顶时做空触底时做多。如果入场形态比较规范，则获得潜在风险持平的收益的胜率可达60%左右。如果震荡区间过于狭窄，交易员们可以选择做一笔波段性交易，或等待市场突破。如果突破足够强势，我们就顺势而为，这时获得潜在风险持平的收益的胜率甚至高于70%。如果突破失败，我们就逆势交易。

如图8.1的SPY月线图所示，价格在外包K线7处超过了前一根K线高点一个价位，形成了一个双重底回调做多入场形态。如果前面那根K线是一个标准的信号K线，那么这根外包阳线就是可靠的入场K线，正如此例。其他一些交易员会在外包阳线的高点上方买入，或在K线7后面那根阳线的收盘价或其高点上方买入，甚至在K线7后面第二根阳线的收盘价处买入，因为这根阳线对很多交易员来说已经确立了新一轮上涨趋势。当一波上涨行情启动时，在一根强势的阳线高点上方买入是相对不错的策略，从后面一系列阳线来看便足以论证这一观点。

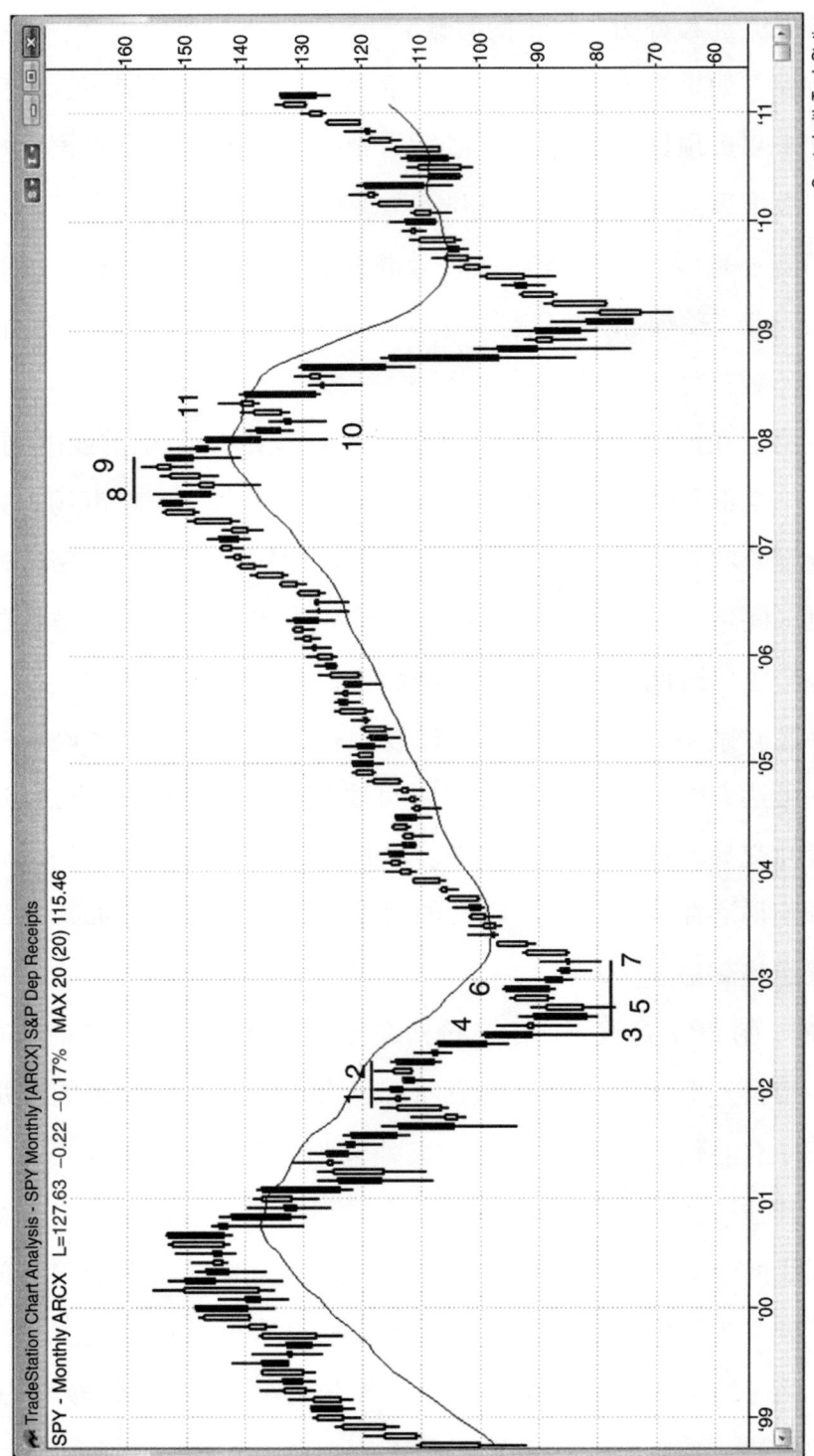

图8.1 SPY月线图中的双重底回调

K 线 5 稍低于 K 线 3，这种情况很常见，实际上这种双重底回调买入形态更为可取。K 线 6 突破了双重底，K 线 7 则是一次双重顶回调，并成功试探了突破型交易员的做多决心。很多交易员把这一形态看作三角形。突破回调是更可靠的入场形态之一，最后往往构成头肩形形态。

K 线 11 是一次由 K 线 8 和 K 线 9 组成的双重顶的回调。有些交易员把 K 线 11 视为主要趋势反转更低的高点，该点位于移动平均线处的低点 2，K 线 11 或被视力向下突破双重顶后的一波回调。

K 线 1 和 K 线 2 构成了双重顶下降旗形（这是一个持续整理形态，而非双重顶，双重顶是指牛市末端的反转形态）。在熊市中的双重顶永远是一个低点 2 的做空入场形态，因为它包含了两次上推。多头两次试图反转趋势，均以失败告终，便开始在接下来几根 K 线的时间内保持观望态度。这种情况下买盘真空，市场加速下跌，逐步扩大跌幅，直到触及支撑位，才能再次找到多头力量。

有时候下降旗形也是一种双重底回调做多入场形态。图 8.2 中，K 线 1 处的双 K 线反转位于当天第二回合大级别下降波段的末端，因此这很可能是一个反转形态。不过，双 K 线反转并不足以构成在狭长下降通道底部买入的理由。虽然价格到达 K 线 2 的过程疲态尽显，但不管 K 线 3 还是 K 线 4 都未能取代 K 线 1 低点，因此图形在这里形成了一个双重底上升旗形。有些交易员把 K 线 3 看作楔形下降旗形的结尾，楔形的头两推发生在前面倒数第四和第六根 K 线。这使 K 线 4 成为一个小型的突破回调做多入场形态，K 线 4 前面两根 K 线所形成的上升旗形被小幅向下突破，然后回调。其他一些交易员则把 K 线 3 看作下降旗形的向上突破，但这次突破并没能完成任务，使交易员开始猜测该旗形是否为最终旗形，市场是否即将反转上行。

K 线 6 对 K 线 3 低点做了一次精准测试，同样没能跌破它（或跌破

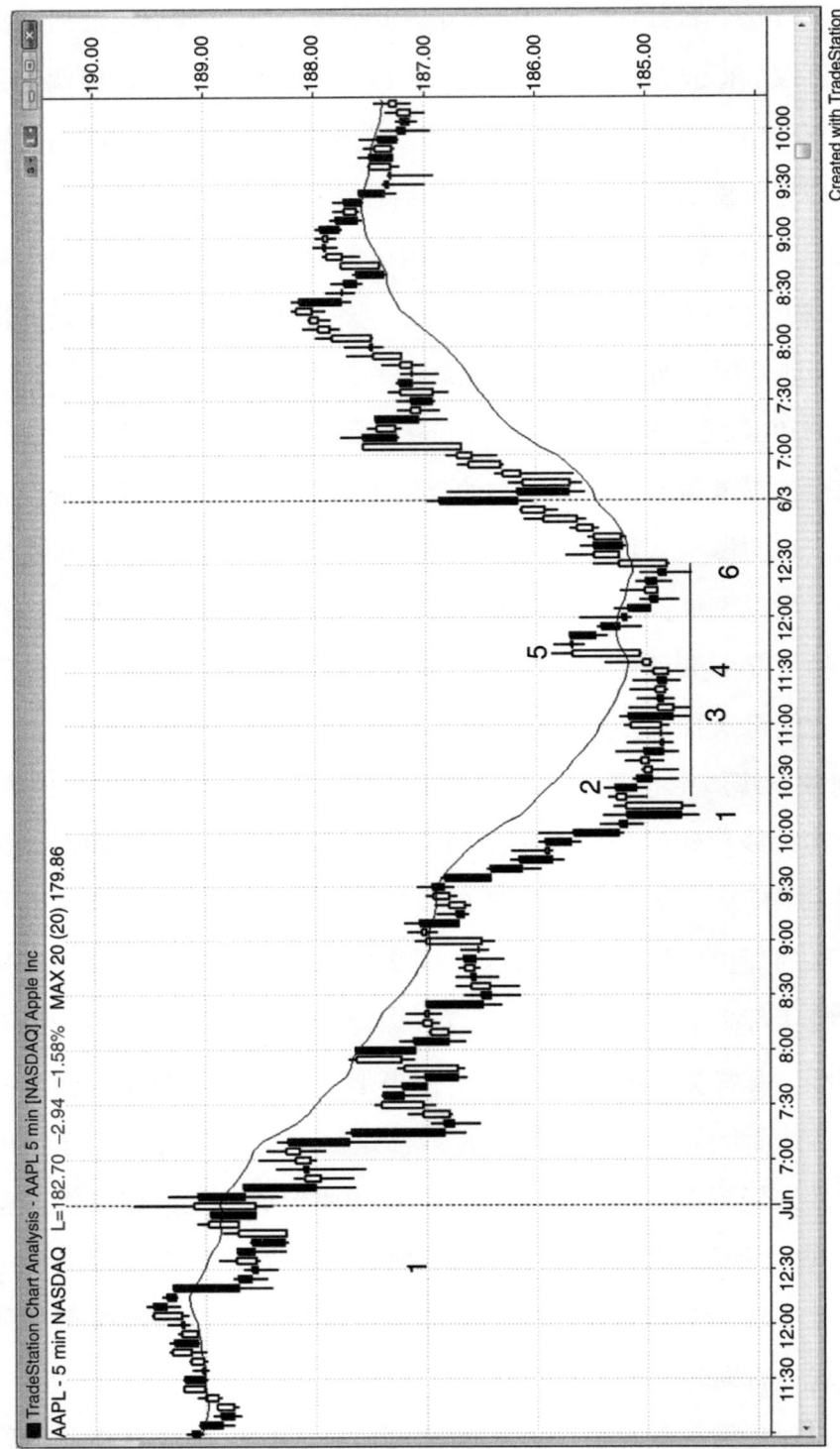

图8.2 双重底回调中的下降旗形

K 线 1 低点），因此这里形成了一个宽幅的双重底上升旗形，第一个底部位于 K 线 3 处（或 K 线 3 和 4）。这也被称为底部做多力量的积聚。机构投资者在这里顶着压力守住 K 线 1 低点，而不是止损杀跌，这表明他们认为市场即将上涨。

K 线 5 是一个移动平均线缺口 K 线，常常为趋势反转提供必要的逆势动能。它突破了主要趋势线。K 线 6 回踩形成更高的低点，并测试 K 线 1 的趋势极值，这也是对 K 线 5 上升潮的一次突破回调。K 线 6 作为次低点，形成了主要趋势反转，并从 K 线 5 开始三次下推，也是单 K 线最终旗形反转形态（始于两根 K 线之前）。

有些双重底回调看起来并不强势，这往往意味着这只是下降旗形的一部分，而非反转形态。在图 8.3 中，K 线 4 看起来是一个双重底回调的做多入场形态，但在一轮非常强劲的熊市当中，K 线 3 只比 K 线 2 低点高出 5 美分。这种仅仅略高一点的次低点通常起到否定整个形态的作用，接下来更可能引起第二回合小波段的行情下挫，而不是走出新一轮牛市。同时，一轮强势下跌趋势的低点之后的任何小型回调几乎都能构建出一个顺势的入场时机，此时去寻找市场底部并非明智之举。不过，如果交易员依然在做多信号处介入多头的话，还是能把握市场反弹的机会盈利超过 1 美元。K 线 2、3 和 4 的下影线都很长，市场刚刚开盘 90 分钟，很可能发生开盘反转，因此在 K 线 4 处做多，也是一个合理的选择。最精明的交易员则会在价格冲击移动平均线时做空，行情在此处形成一个三角形（这里有三次上推，K 线 2 后面的两根 K 线为第一次上推，K 线 4 前面的那根 K 线为第二次上推）。如果你在 K 线 4 处选择进行做多的刮头皮交易，那么后面可能很难迅速切换到做空的思路。

K 线 8 是一个双重底回调入场形态，K 线 7 比 K 线 6 低点低了 13 美分，但入场信号一直未被触发（K 线 8 后面那根 K 线没能取代 K 线 8 高

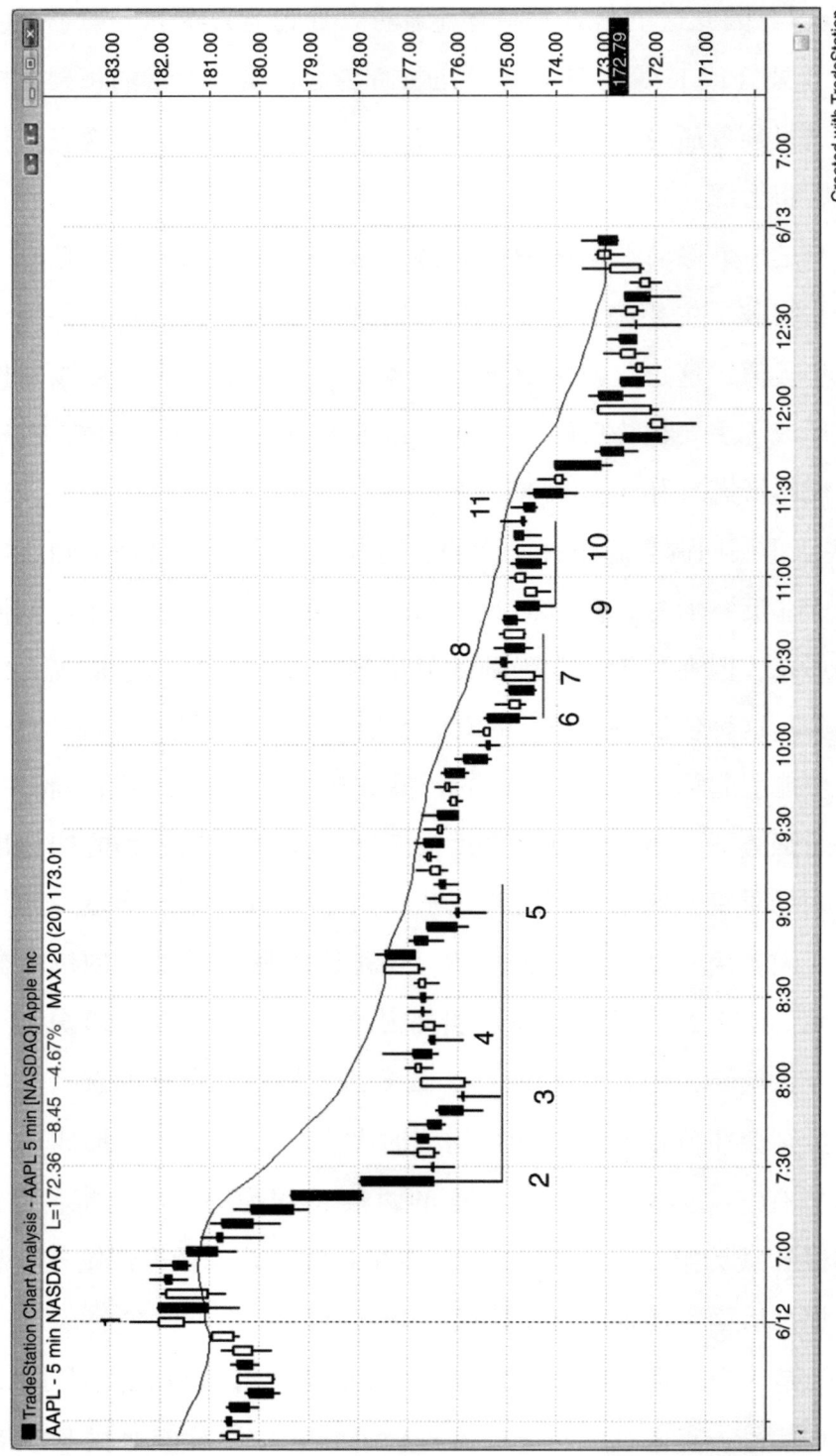

图8.3 疲弱的双重底回调

点）。再次强调一下，在一轮强势的熊市中，在先前没有出现强有力的趋势线突破的情况下寻找市场底部并不是一个好办法。市场在一条狭窄的下降通道中运行，通道一般持续的时间要比理论上更久。如果行情走出第一波强势的多头突破，然后回调，或其他类型的反转，比如震荡区间在 K 线 11 处结束，并开始一波下跌潮，然后形成最终旗形试图反转，交易员们才会考虑做多。即使这样，由于缺少早前的反弹，任何一次反转都更可能引出一段震荡行情而非新一轮牛市，因此任何一笔做多的交易都只是一次刮头皮机会。

K 线 11 是市场筑底的第三次尝试。K 线 10 的低点比 K 线 9 低点高出 2 美分。在双重底位置买入的交易员将退出离场，或者在 K 线 11 低点 2 冲击移动平均线时反手做空。最老到的交易员则不会在疲弱的双重底上做多，他们保持密切关注，预期该双重底形态反转失败，然后在 K 线 11 低点 2 处抛出。

当天收盘时，行情呈现一个小级别的双重底上升旗形，后面跟着一根内含线。内含线对行情做一次休整，也算是一次回调，内含线完成了小级别双重底回调做多入场形态的构建。

K 线 2 和 K 线 3 构成了一个双重底，但在同一段震荡区间里，也存在一个双重顶。每当双重底和双重顶同时出现在一段震荡行情里，价格总是倾向回归区间中部，从而构造出一个三角形，正如此例所示的 K 线 4。震荡行情继续横盘整理，最终不出意料地突破原先趋势。

如图 8.4 所示，电子迷你期货当日出现了双重底回调和双重顶回调两种反转形态。K 线 1 和 K 线 2 组成了一个双重底，虽然 K 线 1 乍一看可能容易被忽略。入场 K 线底部在其下方形成了一个保护性止损，它常常会被测试，比如被 K 线 2 测试，价格两次下探到达同一价位形成一个双重底，尽管第一次下跌并没有形成波段低点。由于 K 线 1 的下影线很

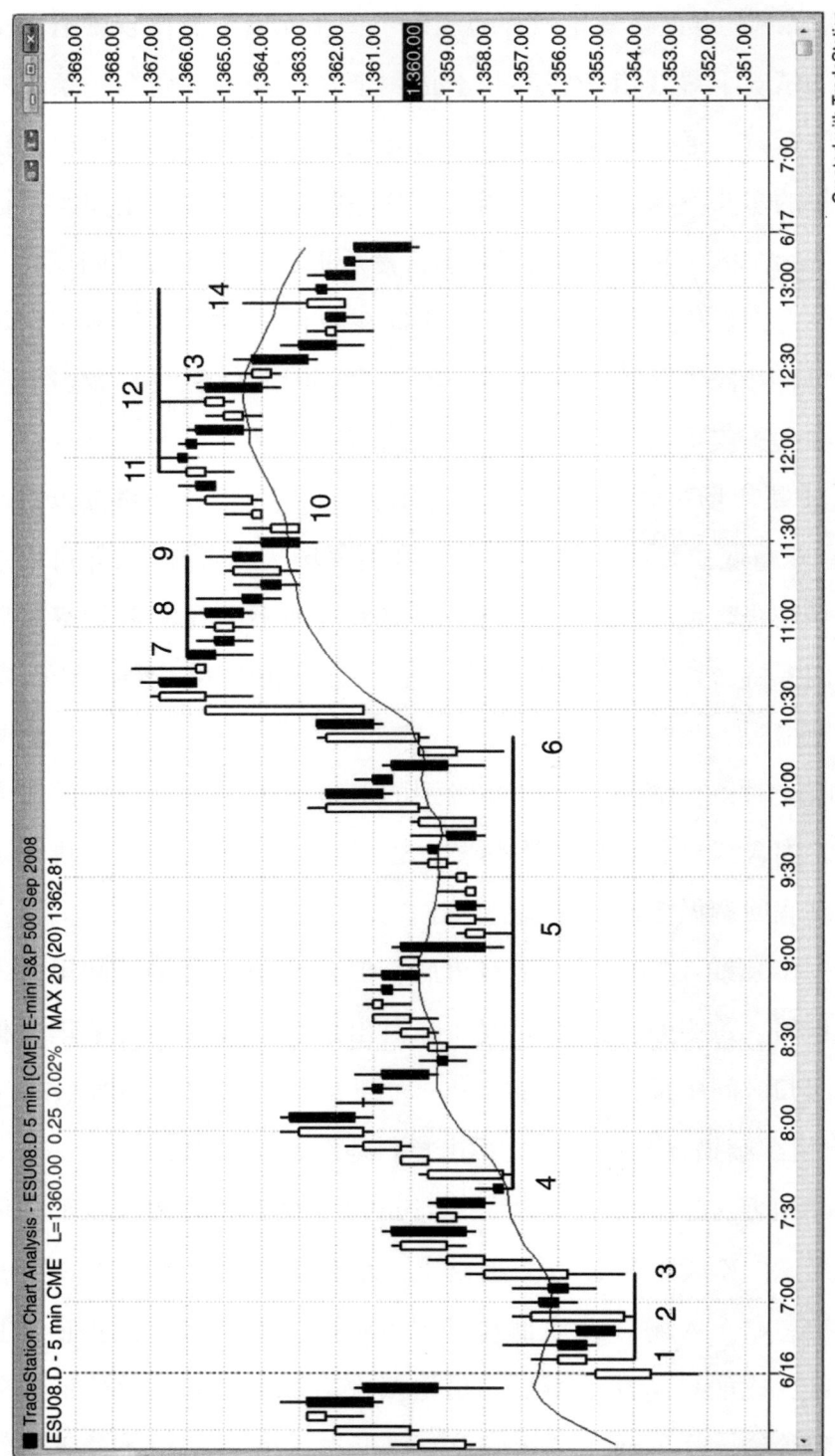

图8.4 双重底回调与双重顶回调

长，所以我们几乎可以肯定在 1 分钟图里，这里会出现一个更高的低点（事实也是如此）。K 线 3 深度回调，测试了该双重底，第二次尝试触发止损信号。K 线 2 首次试探前期低点，在空头撤离多头占据主导之前，价格有可能再也逼近不了 K 线 2 低点。有些交易员把 K 线 2 和 K 线 3 看成双重底上升旗形，而其他交易员则认为是一个三重底上升旗形，或双重底回调。你把它看成何种形态其实并不重要，重要的是它们都是做多的入场形态。

在这个趋势震荡的交易日中，K 线 4 和 K 线 5 构建了一个双重底上升旗形。这个双重底在 K 线 6 回调时得到测试，并形成一个更大级别的双重底回调。你也可以把该形态称为三重底，但不同的叫法并不能给我们的交易增加任何盈利机会，所以没必要使用三重底这一术语。一轮小规模的下跌趋势结束于 K 线 6（所有上升旗形都是小规模的下跌趋势），然后价格开始反转，因此我们也可以把该形态看作双重底主要趋势反转形态。

K 线 7 和 K 线 1 类似，也是一根入场 K 线。它和 K 线 8 一起组成了微小的双重顶。K 线 7 前面的双 K 反转为第一次上推，K 线 7 前面的十字星为第二次上推，这两次上推也形成了一个双重顶。你认为哪种形态更加重要，其实并没有关系，因为它们都是顶部形态。你只需要知道，市场正蓄势待发，准备翻转下行。

K 线 8 尝试触发 K 线 7 这一做空入场 K 线上方的保护性止损单，但却失败了。K 线 9 二次尝试，同样以失败告终，甚至没能触摸 K 线 8 高点，而形成了一个双重顶回调做空入场形态，我们可以在 K 线 9 低点低一个价位的地方挂条件单介入空头。这个做空条件出现了五跳失败的情况，在移动平均线处形成了一个很好的双 K 线反转，我们可以挂条件单介入多头。K 线 10 也是一根入场 K 线。这一楔形回调上升旗形测试了从

K 线 4 到 K 线 6 区间的顶部，是一次突破测试。

　　K 线 11 和 K 线 12 组成了双重顶下降旗形做空入场形态，它提醒交易员们随后伺机寻找双重顶回调做空入场形态。K 线 13 这一阳线尝试反弹，并对双重顶发起冲击，并试图形成高点 2。

　　K 线 14 是一次更低高点回调，并在移动平均线处回调失败，同样形成了一个双重顶回调做空入场形态。

第 9 章 失败

当市场上的任何一笔交易没有达到原本设定的目标时，我们就说这笔交易失败了，而失败将直接导致这笔交易获利甚微，或者更加普遍的情况是，出现损失。对于一个刮头皮交易者来说，他们设定的交易目标就是刮头皮交易获得的利润。但是一旦这个交易者期待的更多从而设定了一个更高的目标，但是市场却没有满足他们的目标，即使他们已经获得了刮头皮交易的利润，这个目标依然被看作是失败的。每一次失败的牛市入场形态都意味着做多交易者的力量不敌做空交易者的力量，而每一次失败的熊市入场形态都意味着做空交易者的力量不敌做多交易者的力量。大部分常见的市场上的入场形态有60%的概率会成功，这意味着他也有40%的概率会失败。当市场上的入场形态失败时，通常会创造出一个完美的相反方向的入场形态。刚刚还被迫离开市场的交易者再次入场进行同方向的交易的可能性大大降低，这使得市场将逐渐形成另一个方向的趋势。此外，随着这些止损交易者的平仓离场，他们会使得市场往相反的方向更进一步。

本章介绍了一些突破失败后出现反转交易机会的常见形态，并且这些反转机会的时间足够进行一次刮头皮交易。当这个形态足够强大并且形态前后有足够的推力，那么这些形态有时甚至可以带来主要趋势的反转。至关重要的是我们要知道任何形态都有可能会失败，作为交易者要以平常心看待这些失败。我们可以把一次失败看成是一次潜在的机遇，正如我们之前所提到的，有时候它会在相反的方向为我们创造盈利的机会。也有时候，在这个失败后，会出现一个二次信号带领我们回归原来的操作方向。

以下是一些通常会出现的带来相反方向操作机遇的失败点：

失败的高点1，高点2，低点1，和低点2。

任何突破的失败，比如说震荡的高点或低点，震荡的趋势线或者趋势通道线。

突破市场某个目标价位的失败，比如说一段可测量距离的市场走势的目标位，一个先前的波段高点或者低点，趋势线或趋势通道线。

失败的最终旗形（反转尝试失败了，而且开启了一段突破的回调）

失败的楔形

失败的信号K线或者入场K线。

失败的一个价位的突破。

失败的反转形态，比如说一个失败的双重顶部或者顶部，或者一个失败的头肩模型。

没有达到盈利目标的失败，比如说在一个Eminis的交易中，与目标相差5，9，17个价位的失败，或者在股票交易中，与目标相差11%，51%，99%，甚至101%的失败。

有一些失败其实是趋势增强的信号，并且会带来顺趋势的交易：

在一个强劲的牛市趋势中，未能成功地向下突破之前的低点，或者在一个强劲的熊市趋势中，未能成功地超越之前的高点。这些都代表了市场上的紧迫感和趋势的增强。

趋势的回调不能触及移动平均线时，也代表了市场的紧迫感和趋势增强。

不能到达某个目标价位，比如说一段可以测量的趋势目标，一个之前的波段高点，低点，或者一个趋势线或趋势通道线。这些经常会带来市场的回调，并且市场会再次向目标价位发起进攻。

如果市场的刮头皮交易者已经达到了他的既定目标（因此他将会退出部分或者全部的头寸），之后又重新回到市场，并根据市场最初的信号或者入场 K 线进行交易并设置止损，此时，由于市场上并没有足够多的交易者被困（他们已经得到利益离开了），所以市场并没有足够的动能来支撑其继续这个新的相反的方向。同样，在获得了部分收益之后，许多刮头皮交易者将会在他们的盈亏平衡点附近出场，所以相比于之前的入场形态或者信号 K 线的止损设置，他们的止损会更加严格，幅度更窄。

虽然一次微小的反转可能只不过是震荡区间的一次调整，并且只够进行一次刮头皮交易的时间，但是有时候它也会演变为大趋势反转的一部分。最可靠的失败的信号就是在趋势中出现的旗形。当旗形开始形成的时候，逆趋势交易者都希望趋势会反转，但是出现反转的概率往往很低，因为市场的趋势往往具有惯性，并且会阻止这些反转的尝试。举个例子，如果在一个强劲的牛市趋势中出现了一个反转点，许多交易者将会开始做空。然而，一旦市场并没有继续震荡下跌至移动平均线，而是出现了一个高点 2 的牛市信号 K 线，那么做多交易者企图反转市场的尝试很可能就会失败。这将会是一个绝佳的买入时机，因为你可以通过这次机会重新进入市场的大趋势之中，并且可以预料到的是市场至少还会再次升高并检测之前出现的高点。任何反转形态，包括主要的反转形态，都可能会失败并最终带来趋势的复苏。

当交易者进入市场的时候，许多人会在信号 K 线的一个价位之上设置保护性的止损位。当入场 K 线收盘时，如果这根 K 线非常强劲，那么许多交易者会将止损位重新设置在这根入场 K 线的一个价位之上。你是怎么知道这些的呢？其实通过简单的看图表我们就可以得到这些信息了。打开任意一张 K 线图，然后找到其中可能的信号和入场 K 线，然后看看当出现一个 K 线反转时将会发生什么。大部分时间，这个反转将会以一根强劲的趋势 K 线的形式出现，并且大多数时候市场的移动速度会足够进行一次刮头皮交易。这是因为，一旦交易者因为在新的头寸方向上受损而退出，他们将会变得更加谨慎，并且希望在重新进入相同的方向之前会有更多的价格行为出现。这将导致市场会继续反转，反转的速度非常迅速，但足以进行一次刮头皮交易。

为什么一个价位的突破失败是非常常见的呢，特别是在 Eminis 的交易之中？在股票中，比较常见的是 1% 到 10% 的突破失败，失败的程度取决于这个股票的价格以及股票的特点。在股票的交易过程中，每一只股票都有其独有的特征，可能因为许多同样的人会每天交易这只股票，所以如果出现一小群交易者，但是却掌握足够多的交易量，那么他们将足以控制市场并创建重复的形态。举个例子来说，如果在一个较弱的牛市趋势中，市场开始震荡下行，许多交易者相信如果当前的 K 线比之前的 K 线高出了一个价位，他们将会在这个暂停点继续买入。许多聪明的交易者都信奉这条法则。然而，如果其他的掌握着足够多的交易量的交易者认为市场的回调离结束还远（比如，如果他们认为出现两波下跌浪才是比较可能的），这些交易者可能会在高点或者前一根 K 线的一个价位之上做空。一旦他们的交易量绝对压倒了新的做多交易者的交易量，并且没有足够多的新入场的做多交易者救场，则市场很可能会下跌一到两个价位。

在这个时点上，新的做多交易者将会感觉到紧张。如果他们是以一个非常好的价位入场的，那么为什么没有更多的买方入场？同样，现在市场已经比之前要低 1 到 2 个价位了，这看起来应该更有利于买方入场。按照这个理论，市场应该很快会再次推高，但是市场在几个价位之下徘徊的时间越久，那么越多的新的做多交易者将会越担心他们的判断是错误的。有一些甚至已经开始卖出头寸，增加报价，还有一些交易者将退出指令设置在一到两个价位之下，他们设置这些指令也许是基于 1 分钟或者 3 分钟的图，然后根据最近的 K 线设置一个价位之下的指令。一旦市场继续下跌这些买方设置的卖出指令纷纷交易，那么这些新的买方将会变成卖方，这将继续推动市场下跌。此外，最初的做多交易者将会感受到新的做多交易者正在陷入困境，所以许多做空交易者还会继续增加他们的卖空头寸。当价格继续下跌 3，4，5 个价位时，已经停止交易的买方将从等待时机买入转变为等待更多的价格行为再行动。随着买方力量的消失，市场将会继续下跌满足卖方的需求。在某些点上，卖方已经完全覆盖，并开始获利，这将减缓价格的下跌，而买方将重新开始买入。一旦买方力量超过了卖方力量，市场价格将再次上升。

在 5 分钟的 K 线图中，在震荡区间发生的一个价位的突破失败在更高的时间图上，比如 15 或者 60 分钟图上，它依然是一个价位的突破失败。在这种情况下，我们为什么在 60 分钟的图上看不到很多一个价位的突破失败？这是因为在 5 分钟的图上，许多一个价位的突破会在持续回调几根 K 线之后再次突破。反映在 60 分钟的图上就是，虽然在 60 分钟 K 线图形成的过程中，这确实是一个价位的突破失败，但是当这根 K 线收盘的时候，突破已经超过了一个价位了。

对于新手来说，一个价位的突破失败通常会带来损失。他们认为他们看到了一个完美的入场时点，比如说，一个买入入场时点，所以他们就在之前的 K 线的高点之上的一个价位设置了买入止损指令。也许在移动平均线之上有一个两根 K 线的反转，但是它与之前的两根 K 线完全重叠,并且在这个小型的震荡区间上出现了一个买方入场形态。我们注意到,新手一般会看到这根强劲的牛市趋势线然后买入,但是有经验的交易者知道这种形态的两根 K 线的反转往往是一个陷阱,所以在新手买入的时候,他们更有可能会卖出。正如新手们期待的那样,市场会上升,并且使得他们之前设置的买入止损单进入交易。然而,在这个时点之后,将会出现一个价位的下跌,之后是两个价位,三个价位,在短短的 30 秒钟的时间里,他们眼睁睁地看着市场从买入开始下跌,使得他们损失了至少两个点。他们会怀疑在他们买入的时候为什么会有其他人在卖出,这真是一个绝妙的讽刺。

这些陷阱都很常见。另外一个例子就是在有牛市的迹象出现之前,新手就开始在一个熊市趋势中做多了,比如说他们在熊市趋势线出现之前的一个上升潮中买入,或者会在一个倒钩型的顶部出现的形态巨大,但是主体微小的十字星处买入,也可能会把熊市旗形错看成是反转买入,在过度的渴望的趋势下,他们会早早以买方入场的形式进入这个熊市趋势中。

另外一种较为普通的情况就是一根巨大的趋势 K 线,伴随着尾部较短或者没有尾部的情况出现。如果它是一根牛市趋势线,许多交易者会把止损位设置在这根 K 线的一个价位之下。市场通常会出现的情况是,先下行 5 到 10 根 K 线,触发止损位,使得交易者跌入困境,之后再继续回到原来的趋势方向之上。

新手交易者没有意识到的是,大部分的大交易商会把这个点看作是做空的机会,因为他们知道只有弱势交易者才会买入,所以他们会积极做空。而一旦他们开始做空,他们会使得市场迅速下跌。一个价位的突破失败是一个非常可靠的、表明市场正在向下反转的证据,所以你可以通过这个迹象寻找合理进入市场的时机。对于下行的市场来说,也是如此。所有的一个价位的突破失败有时候可以变成两个价位的突破失败，甚至在一个价值 200 美元的股票中甚至可以变成 5 至 10 个价位的突破失败。

突破测试通常会将入场价格测试到非常准确的价格，被市场困住的弱势交易者将会继续追逐市场趋势，并且重新以更糟的价位入场。市场的突破测试通常会距离盈亏平衡点一个价位的距离，或者，会超过盈亏平衡点几个价位，不管是哪一种情况，这次企图超越之前的入场价格的反转尝试的失败，都是一个顺趋势交易的入场时点。举个例子，如果在 Emini 的交易中，在牛市反转 K 线之上出现了一个强劲的买方入场时点，市场上升了大概 10 根 K 线，之后开始下跌，试想一下，当这个下跌潮跌到了最初的牛市信号 K 线的高点附近时会发生什么？如果在这个信号 K 线的高点之上两个价位处出现一根 K 线，则这根 K 线距离交易者设置的盈亏平衡点差一个价位。市场没能击败做多交易者。交易者将会在这根突破测试 K 线处买入，因为他们将市场未能到达他们的保护止损位看作是一个入场信号，做多交易者将在最初的入场价格处积极买入，保护他们的止损位，并且也是向市场声明他们依然很强势。

许多时候在震荡区间会出现很多价格行为，并且在失败的震荡高点和低点突破处会出现很多入场时机。当价格高于之前震荡的高点，并且市场的动能还不太强劲时，你可以在之前的 K 线的低点之下的一个价位设置卖空止损位。如果在这根 K 线收盘时，指令还没有被执行，则可以把止损位设置为这根刚刚收盘的 K 线之下一个价位。你可以一直这样做直到市场已经上升的足够高了，并且已经有足够多的动能，那么在你卖空之前需要更多的价格行为支撑了。你可以等待一个回调至少打破了小趋势线，然后再在新的震荡高点卖空。在趋势强劲的日子，你也可以在小趋势线被突破并且出现了一根强劲的反转 K 线后，忽视这些新的震荡高点和低点。

同样，第一次向下突破了之前的震荡低点的点是一个更低的低点的买方入场形态。你可以在之前的高点之上的一个价位处设置买入止损指令。如果市场下跌，这个指令没有被执行，你可以继续在前一根 K 线的一个价位之上继续设置指令，但是如果市场下跌太迅速，则可以先暂停设置，等待市场上出现了一个打破小趋势线的反弹，然后再考虑在新的低点上出现的失败的突破上买入。

在 Emini 的交易中，当平均日交易区间是 10 个价位时，那么较为流行的是 4 个价位的刮头皮交易。在一个趋势中，当市场上出现了一系列成功的刮头皮交易，其中一次刮头皮交易的限价指令被市场价触及了，但并没有成交，则这个 5 个价位的失败就是动能衰退的迹象。在 1 分钟和 3 分钟的图中这些也是非常常见的。因为一个 4 个价位的刮头皮交易需要一个 6 个价位的突破（一个价位设置止损，4 个价位作为收益，还有多出来的一个价位是为了确保盈利目标的限价指令可以成交）。市场如果只持续了 5 个价位，然后马上反转，这通常意味着趋势交易者已经不能控制趋势，市场上即将出现一次回调或者反转。由于许多交易者也会设置限价指令，来捕捉 2 点，3 点或者 4 点的盈利目标，如果市场反转不能达到这些目标，则也意味着市场趋势的衰减。举个例子来说，如果市场上出现了一个显著的日内低点，之后在信号 K 线的高点上反弹了 17 个价位，对于许多希望用大概获利 4 个价位的限价指令出场的交易者来说，他们的指令直到市场价格反弹至信号 K 线的高点之上 18 个价位后才会成交。

如果与上面相反，市场在反弹了 17 个价位之后开始下跌，在之前一个价位还没有退出的做多交易者将会考虑退出，而这通常会带来至少一次向下的刮头皮交易时机。交易者认为做多交易者已经在一个价位之前

第9章 失败

获利，这意味着做多交易者不相信市场会给他们完整的获得四个点的收益的时机。这种缺乏信心会导致做多交易者更早的平仓获利，而做空交易者将积极卖空。做多交易者将会继续使用他们的浮动止损设置，同时希望市场会很快让他们的四个价位的限价指令成交，但是大部分的交易者并不愿意冒着可以获得的15个价位的盈利变成2个或者3个价位的盈利的风险，去寻求那额外的一点盈利。这就类似于为了一个点的盈利去冒10个点或者更大的风险的一笔刮头皮交易一样，是一个失败的策略。如果市场在市场到达17个价位之后，向下回调了几个价位，但是并没有触发交易者的获利限价指令，交易者很可能会降低他们的盈利目标几个点位，同时将止损指令提高至前一根K线的低点之下一个价位处。如果两个指令都没有被触发，同时这根K线有一个较弱的收盘价，交易者就可能会退出市场。值得一提的是，如果市场超越了信号K线的高点16个价位，那么市场将有80%的概率会继续上升至17或者18个价位处。这意味着在16个价位处离场是非常不明智的，除非市场新出现的K线低于之前的K线的低点，特别是这根K线还是一根做空K线时，你才应该考虑离场。

大多数交易者也会以相同的方式处理9个价位的失败。如果交易者买入Emini合约，并且试图以两个点位的盈利离场，他们将会将信号K线的高点之上的9个价位处设置限价指令。为了满足指令的交易，市场需要再升高一个价位，也就是需要升至信号K线的高点之上的10个价位处。如果市场触发了指令，但是并没有完全完成交易就开始下跌，交易者就不得不决定是继续执行之前的止损位还是追加新的止损位，比如说最新的一个有着较明显的牛市主体的K线下方一个价位处。如果他们设置的限价指令正好就是在阻力位处，比如说之前的震荡高点处，同时此高点也没有很快被向上打破，那么交易者需要马上将他们的限价指令调低几个价位。一旦市场上升至 9 个价位处，交易者不应该让这笔交易有所亏损，因为在此时，他们有可能会冒着抹掉 8 个或者更多个价位的收益的风险来博取一个价位的收益，这对交易者来说是很不值得的。

在其他的市场上也有许多类似的失败会带来刮头皮交易的机会，比如说 SPY 和 QQQ 市场。对于这两个市场来说，一个普通的盈利目标通常是 10 个价位，而这通常需要市场在信号 K 线之上升高 12 个价位。如果市场仅仅上升了 10 至 11 个价位（甚至只有 8 至 9 个价位），之后就出现反转，它通常会带来一次相反方向的刮头皮交易时机，因为刮头皮交易者之前已经被困住了，他们会抓住这个反转信号或者入场 K 线离开困境。在股票交易中，这种类型的失败也非常常见。举个例子来说，如果一只股票在一次刮头皮交易中上升了不止 1 美元，之后开始下跌，在这个 1 美元的目标上出现了两次做空机会，这就是一个非常好的相反方向的刮头皮交易机会。

最常见也是最可信的失败就是第一次超越趋势线的突破。股票交易者会花费所有的时间在每天的 K 线图上寻找这些点，但实际上在所有的时间图上你都可以看到这个现象的发生。举个例子，如果 AAPL 正处于一个强劲的牛市市场中，但是却有一个较差的收益报告，那么它很可能会在一天内下跌 8%，在日 K 线图上触及移动平均线。有经验的交易者并不急于寻找卖空的机会，相反他们通常会在收盘处的下跌潮或者接下来一天的开盘处买入。他们看待股票的下跌就好像是看待商场的商品打折一样。股票已经下跌了 8%，正如商场里的打折不会长久一样，他们迅速抓住了这个机会买入。他们知道大部分的反转都会以失败告终，同时最初的反转尝试之后通常会继续跟随一个高点，所以他们会选择买入，即使买入的时点是在一个强劲的熊市趋势的底部。

所有的形态都可能会失败，不管他们曾经看起来多么好。当他们失败的时候，有许多被困的交易者将不得不以损失离场，而且通常是相较于他们的入场或者信号 K 线一个价位的损失。对于聪明的交易者来说，这是进行一次低风险的刮头皮交易的时机。将你的入场止损指令设置在被困的交易者设置的保护性止损指令的价位上，那么当他们离场的时候就是你入场的时候。他们不会太急于重新回到之前的交易方向上，这使得市场会继续在有利于你的交易方向上前行，通常会带来至少一次的刮头皮交易时机和两波浪潮。

在 5 分钟的 Emini 交易图上，一个价位或者两个价位的假突破导致的反转通常是非常常见的。图 9.1 上有 6 个例子（注意标识 K 线 1 的标签远远高于那根 K 线）。一旦市场开始突破，交易者进入止损位后，他们发现市场正在回调 1 至 2 个价位，而不是继续之前的方向，所以他们开始设置保护性止损位。逆趋势交易者已经嗅到了入场的时机，所以他们会在这些被困的交易者开始受损时入场。大部分的突破尝试都会失败，特别是当市场还是在震荡区间时，而且这些失败的形式通常是一个价位的假性突破。有经验的交易者通常会利用这些突破获利，或者进行相反的交易，他们期待大部分震荡区间的突破会失败。举个例子，如果一个交易者在震荡区间的底部买入，他很有可能会在市场测试震荡区域的高点时进行刮头皮交易，并且通常会在设置一个限价指令来卖出头寸，从而在震荡区间的顶部获利。而在一个强劲的趋势中，他们的操作则会相反。比如，如果市场正处于强劲的牛市趋势中，那么交易者则将会在这个震荡区间的顶部之上设置买入点买入头寸，因为他们认为还会有另外一波上升浪的出现。

如图 9.2 所示，在 EMINI 的合约交易中两天内发生了很多次一个价位的陷阱。

K 线 1 是一个一个价位的失败造成的低点 2，并成了由 8 点 55 分开

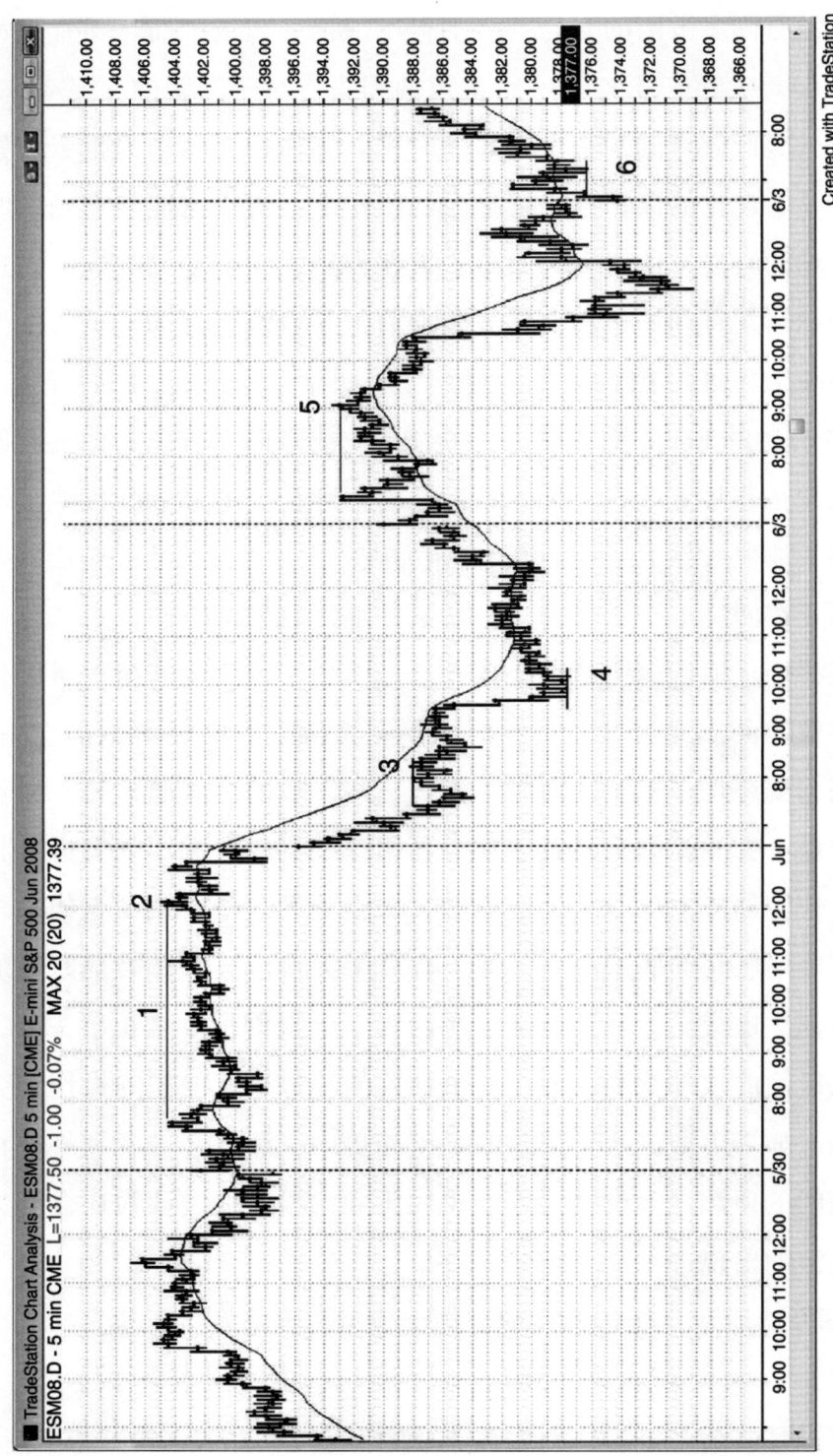

图9.1 小型的失败突破

第 9 章 失败

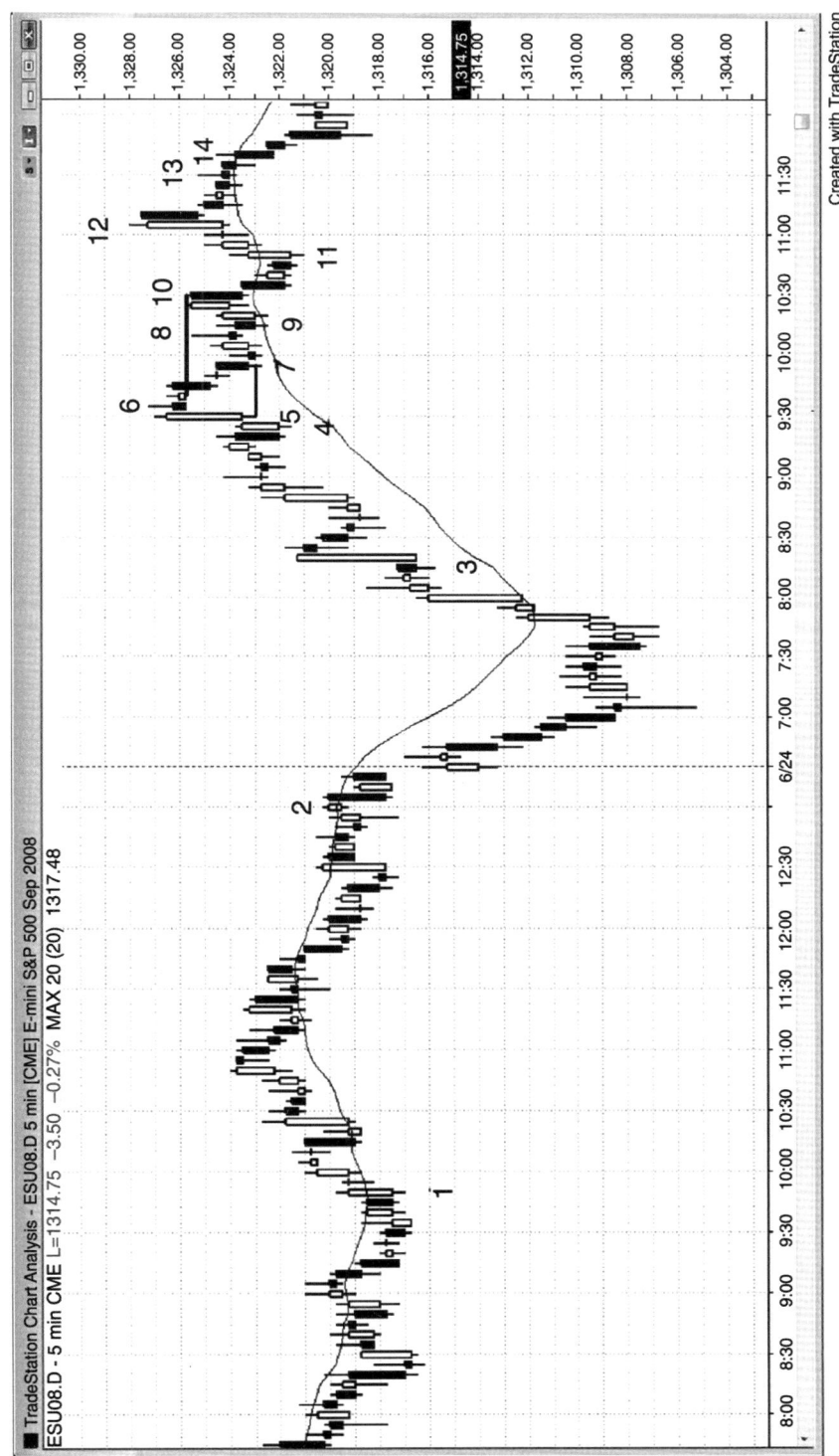

图9.2 在Emini的合约交易中一个价位的陷阱

始的楔形牛市旗形中的一个突破性回调入口。

K线2是在倒钩型中形成的一个高点2，同时也是一个价位的失败。K线2很容易使得那些较为保守的交易者，并且正在等待机会打算在之后那根大型的外包线上方购买的交易者陷入困境，确实，当他们在这个震荡区域的顶部之上，移动平均线之下买入的时候，就会陷入困境之中。这形成了一个双重顶部的熊市旗形。

K线3是一个在失控的牛市趋势中形成的一个价位的失败反转，在这个点，聪明的交易者会迫不及待地等待任何可能的市场回调买入。他们会在这根K线的低点之下买入，而弱势的做空交易者则会抓住这个自开盘的高点上方开始的市场回调机会做空。

K线4向下突破了之前的四根震荡K线，并带来了一个高点2的做多时机。

K线5是一个大型的牛市趋势K线，因此在它的低点之下的一个价位处会出现止损价位。在K线7的最低点就向下突破了一个价位，触及了这一止损。做多交易者有能力控制市场的价位，使其持续高于K线4牛市趋势的底部。

K线9又低了一个价位，这使得那些认为出现了一个更低的高点的卖空机会的交易者陷入困境，实际上，市场上出现的是一个震荡的牛市旗形。

K线10向上突破触及了K线6处做空设置的盈亏平衡保护止损位两个价位。K线10与K线8一起形成了一个双重顶部的熊市旗形。

K线14是一个最可靠的一个价位的失败，这是一个失败的高点2，但是在新手看来这是一个牛市回调。这是一个非常完美的陷阱，它导致了之后的市场大幅下移（在图中并未显示）。新手并没有注意到K线11之前的回调突破了趋势线，之后在K线12出现了一个更高的高点的检测。之后，在这个高点后出现了 5 根一路向下的熊市趋势 K 线和一个十字星，并且趋势通道线无法打破 K 线 13 出现的高点 1。在图中的更高的高点后出现了一个两根 K 线的反转，之后就形成了一个熊市通道，看起来在高点 2 的信号 K 线之上卖方力量很可能会强于买方力量。请记住，一个单独的高点 2 不是一个买入信号。除非它出现在牛市趋势的顶部才是买入信号，但是在图中的这个时点牛市趋势已经结束了。此时，你可以认为市场处于震荡区间，也可以认为其处于熊市趋势中。在震荡区间出现的高点 2 也是一个买入信号，但是也仅仅是当其处于震荡区间的底部，而不是像图中接近顶部的位置。

让我们看看在图 9.3 中，当市场突破了水平线市场会发生什么，一般市场都是突破了信号 K 线和入场 K 线形成的水平线一个价位，并且在这个位置许多交易者会设置保护性止损位。大多数时候，会出现一根趋势 K 线，并且市场的移动也足够刮头皮交易者获得利益。在图中出现的大部分失败都不够强劲，所以聪明的交易者并不会采取行动。但是还是会有足够多的交易者会利用这些失败采取行动，这将导致当他们被迫因失利而离场的时候市场会向相反的方向移动。举个例子，在 K 线 4 这根反转 K 线处采取买入行动的交易者，将会把他们的止损位设置在入场 K 线或者信号 K 线的下方。不管是哪种设置，都在 K 线 5 这根巨大的熊市趋势线出现时被触及了止损，所以聪明的交易者在这些位置设置止损点将会收获刮头皮交易的利润。

我们可以推断，如果一根 K 线的极点被测试了，但是并没有被超越，那么这些止损点也被测试了且没有被处罚，所以这个交易通常会获得收益。如果上述情况发生在一个买方入场 K 线的保护线止损位上，比如它还差一个价位就要被触发，那么市场的测试就将形成一个双重底部的牛市旗形底部，这个双重底部的第一个底部是由信号 K 线组成，而随后回

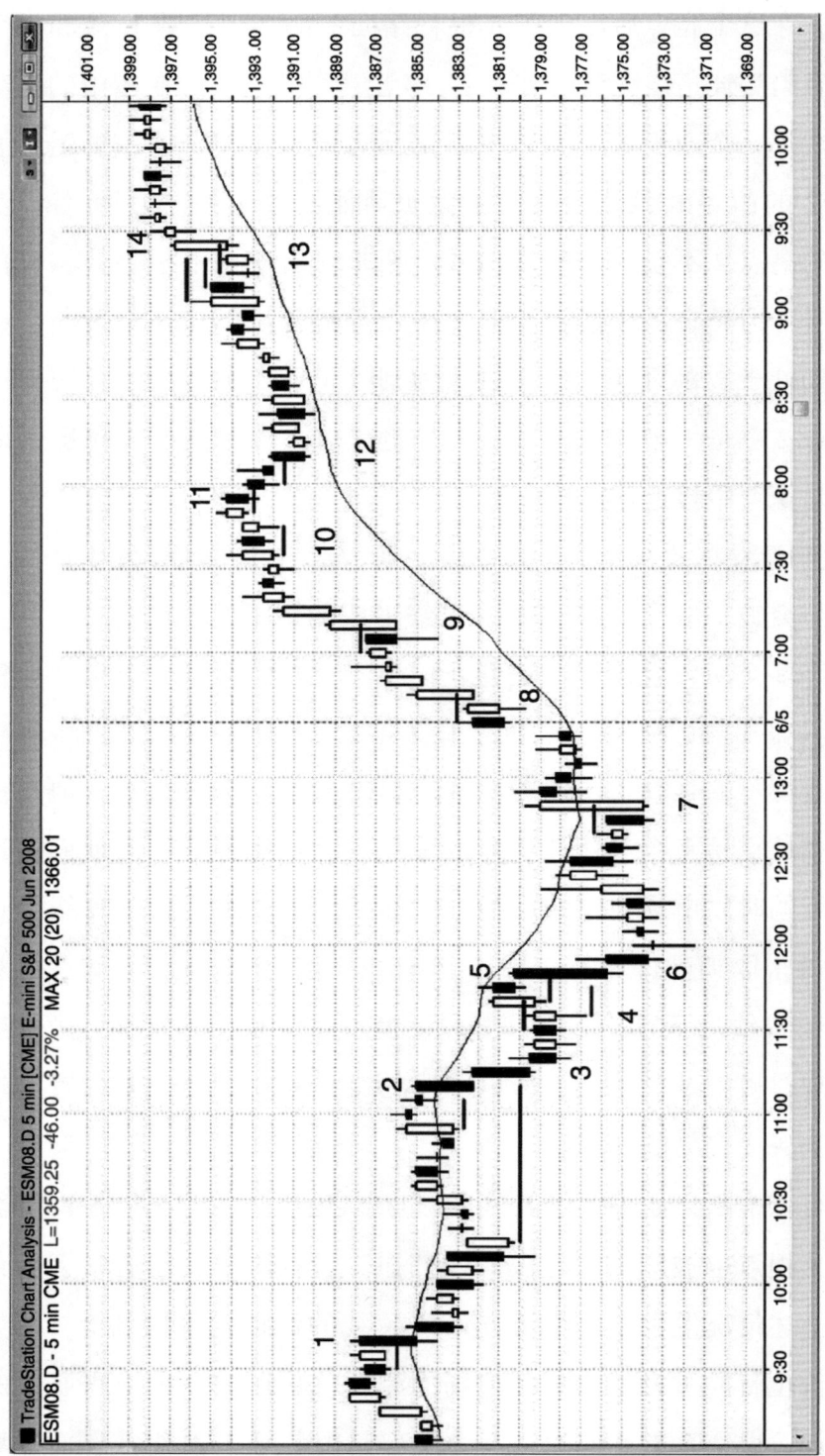

图9.3 市场突破了信号K线和入场K线的保护性止损位

到这根 K 线的位置但是没有触发保护性止损位的那根 K 线组成了第二个底部。

当市场触发了执行既定的利润目标的限价指令的价格后立刻回调时，大部分的交易者不能完全执行他们的限价指令。当市场回调了几个价位时，许多交易者将会选择退出市场，因为他们不愿意让他们已经得到的利润再承受失去的风险。这将加大市场修正的概率并且通常也是市场准备反转的信号。

如图 9.4 所示，市场在 K 线 2 之上反弹了 21 个价位，之后反转而下。许多在高于 K 线 2 一个价位的位置买入的交易者，会将他们离开市场的限价指令的利润目标设为 5 个点，也就是高于信号 K 线的高点 21 个价位的位置，但是大部分他们的指令都很难被完全执行，除非市场可以升高 22 个价位。但是，与之相反的是，市场在上升 21 个价位之后开始反转，大部分的交易者将会快速离开市场，因为他们想在市场回到他们的买入价格之前，尽可能地挽救更多的利润。

对于在 K 线 6 这根买入信号 K 线一个价位之上买入的做多交易者来说，K 线 7 就是一个 17 个价位的失败。许多设定了四个点的盈利目标的交易者，将会看到市场在高于信号 K 线的高点 17 个价位的地方触发了他们限价指令，并且一旦市场下跌到那根 K 线的低点之下时，他们就会离开市场。但是他们认为市场的趋势非常强劲，所以他们没有选择在四个点的盈利时退出，而是继续持有手里的头寸，并仅仅依靠盈亏平衡点来止损。一旦市场高于了 K 线 7 的高点，他们将会在低于 K 线 8 一个价位的位置设置止损点，也就是离 K 线 7 最近的较高的低点处。

对于做空交易来说，K 线 4，8，20，30 就是 5 个价位的失败的例子。大部分的做空交易者希望得到一个四个价位的刮头皮交易时间，所以他们需要市场在信号 K 线的底部继续下跌 6 个价位，只有这样才能触发他

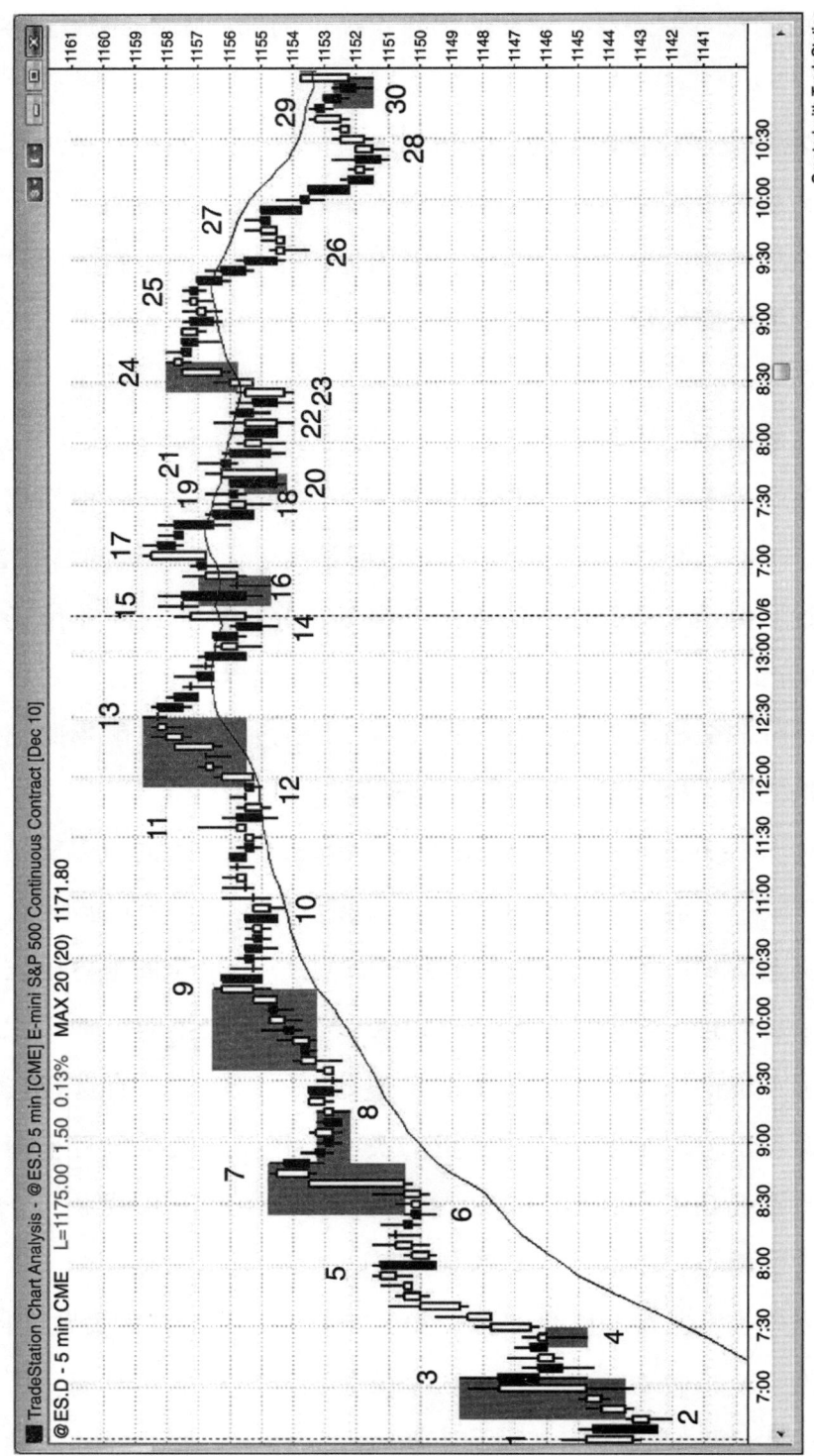

图9.4 失败的利润目标

第 9 章　失败

们盈利限价指令。有一些交易者可以完全执行他们的指令，但是大部分人不能完全执行他们的指令。

对于想获得三个点的盈利，并在 K 线 8 的上方买入的做多交易者来说，K 线 9 就是一个 13 个价位的失败。

对于想获得 2 个点的盈利目标的交易者来说，K 线 16 和 K 线 24 是一个 9 个价位的失败。但是它们不会让交易者获得损失，并且降低他们的止损位。举个例子，交易者可能会在低于 K 线 17 的低点一个价位的位置，卖出在 K 线 16 这根买入信号 K 线处买入的头寸，也可能会在 K 线 17 的熊市收盘处卖出。对于在 K 线 23 这根买入信号 K 线处买入的头寸，交易者很可能会在两根 K 线之后形成的熊市 K 线的一个价位之下卖出。

当区间震荡强烈的时候，突破震荡区间的高点或者低点往往会失败。

如图 9.5 所示，反弹至 K 线 1 的反弹浪非常强烈，但是因为开盘反转往往是非常急促的，同时它是一个更高的高点（高于昨日的收盘处的震荡高点），且向上打破了牛市趋势通道线，所以它是一个较为可信的卖空时机。

自 K 线 1 的震荡的高点之后的 K 线 2 的回调幅度较大，而且这些回调的 K 线都主体大，尾部长。在牛市趋势明显形成之前，一直持续着震荡的波动交易，交易者会认为市场上的做多交易者和做空交易者在此时都表现得非常积极。由于市场的表现确实无法证明这是一个牛市趋势日，所以在交易者看来，这应该是一个震荡区间日。

因为 K 线 3 高于之前的震荡高点，所以它也是一个震荡中的更高的高点。助推市场上升到 K 线 3 的市场动能非常强大，所以在没有出现第二次入场通道或者强大的反转 K 线之前，最好不要做空。不过如果交易者采取了做空，而之后市场下跌了 26 美分的价格，那么他们也可以获得最微小的盈利。

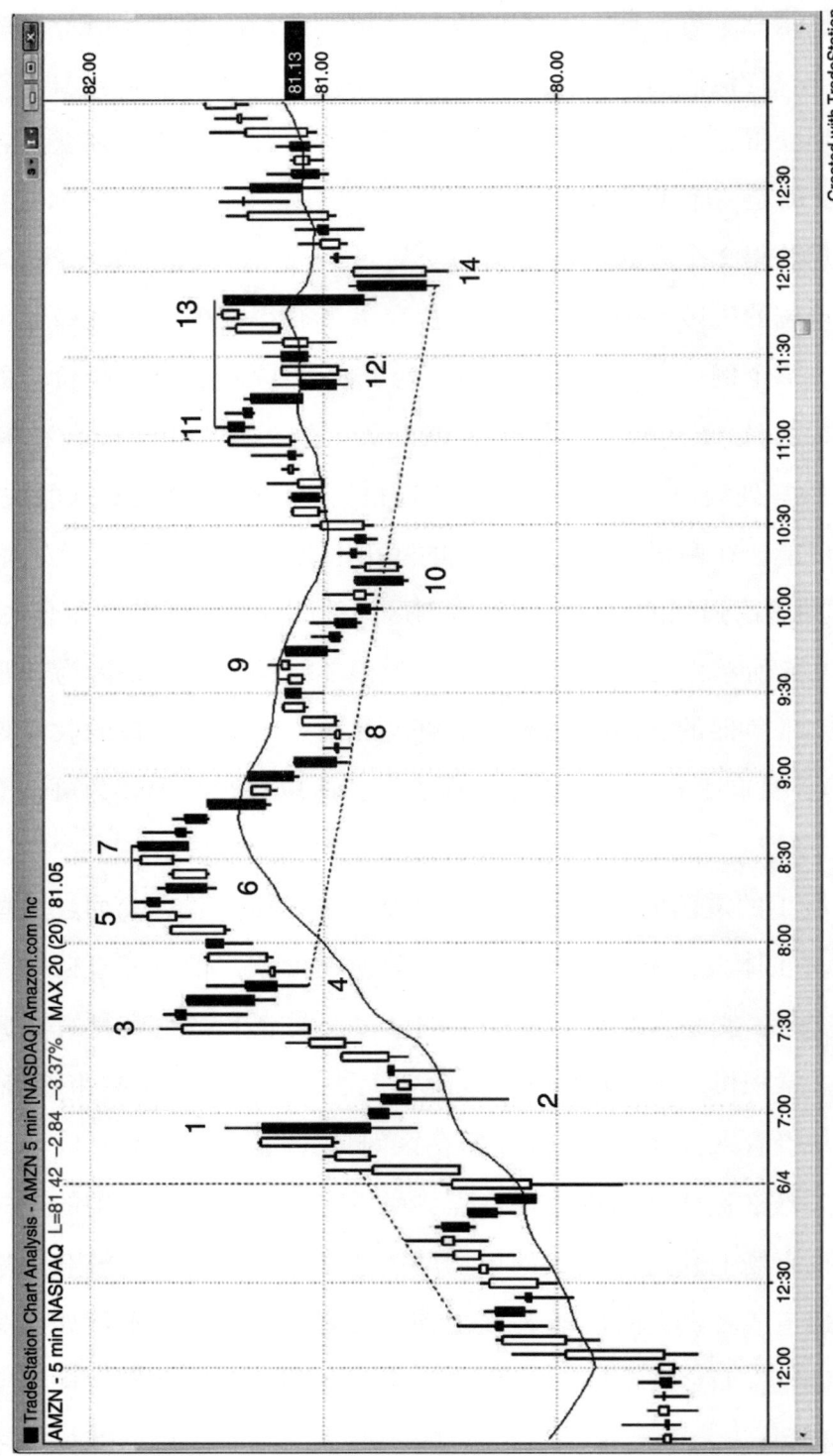

图9.5 震荡区间的突破往往会失败

K 线 5 是一个更高的高点，以及一个可信的做空点，特别是它还有两波微小的下跌浪（K 线 5 是一根熊市趋势线，并且结束了从 K 线 4 开始的上升浪）。在市场重新上升之前，市场只回调了大概 18 美分的价格。一个敏捷的交易者很可能会马上买入平仓，但是大部分的交易者还是会继续持有，从而获得 4 个美分的损失。

K 线 7 也是这样一个向上的推进形态，并且它也是第二次卖空的入场通道（一个低点 2）。K 线 7 与 K 线 5 形成了一个双重顶部，特别是一个截断的三浪推进模式（K 线 3，5，7），所以之后出现一波下跌浪是非常有可能的。

K 线 10 是一个更低的低点，并且是在一个可能的大牛市趋势中形成的第二波下跌浪。K 线 10 的低点要高于 K 线 2 的低点，所以市场很可能会形成较大的震荡的牛市趋势。在牛市趋势或者震荡区间中形成的两波下跌浪，特别是低于移动平均线的两波下跌浪，通常是买入的好时机。

因为 K 线 11 要高于 K 线 9 的震荡高点，所以它是一个更高的高点，虽然 K 线 9 其实是前一波下跌浪的一部分，但依然会有交易者在 K 线 11 交易（他们可能会暂停卖出，或者暂停买入，也可能会出现新的做空力量），因为市场高于之前的震荡高点的现象就是市场力量增强的迹象，同时也会淡化这个震荡区间日（后续很难再看到突破失败和市场力量增强的迹象）。

K 线 3 比 K 线 11 要低一个价位，同时它也是一个双重顶部的熊市旗形，因此是一个卖空入场形态。K 线 10 之后出现了两波上升浪，第二波上升浪超越了移动平均线（K 线 11 是第一波上升浪）。

K 线 14 是自 K 线 10 和 K 线 12 的震荡低点之后出现的更低的低点。

顺便一提的是，在 K 线 10 和 K 线 14 的买入交易都没有超越连接 K 线 4 和 K 线 8 的熊市趋势通道线。这增加了市场上进行买入交易的可能性。K 线 10 和 K 线 14 处都形成了两根 K 线的反转。K 线 10 是一个楔形牛市旗形的底部，而 K 线 14 则是一个扩展的三角形的牛市旗形的底部。

在图 9.6 的亚马逊（AMZN）的 5 分钟图表中，有很多无法超越震荡高点或低点的一根 K 线的突破。市场在经历了开盘上涨后，开始反转向下，做多交易者和做空交易者双方都增加了力量，一旦市场开始向某一方向发展，就会立刻被另一方力量反转。这使得这一天出现震荡区间的可能性增大。图中所有标识的 K 线都是失败的突破。图上狭窄的震荡区间从 K 线 3 开始，之后在 K 线 6 之前演变成一个微型的扩展三角顶部，在 K 线 7 之前又发展成一个扩展的三角底部。从底部开始的反弹并没有突破之前的顶部，相反，它与 K 线 6 正好形成了一个双重顶部，且市场在收盘时形成了卖空潮。

当一天看起来是要形成一个震荡区间日时，交易者们都希望突破会失败，所以他们会试图淡化这些突破的影响。如图 9.7 所示，到了中午的时候，我们很容易看出震荡微弱，横向盘整，这增加了突破失败的概率。在突破很可能失败的情况下，K 线 1，2，3 是第二次入场形态。引导市场走向 K 线 3 的顶部的趋势 K 线有着非常巨大的成交量，这吸引了一大批认为市场可能会形成趋势的做多交易者在这里采取行动。事实上，在这样的一天里，市场形成趋势的概率很低，所以最好还是淡化突破的影响，或者去寻找强劲的突破回调。K 线 1 的低点和 K 线 2 的高点处的突破都非常微弱（都具有尾部突出，主体重叠的特点），所以两个突破都有较大的可能会失败。在 K 线 3 处结束的突破并没有出现一个突破回调，更没有给予做多交易者一次低风险的做多机会，所以在这里出现的只有第二次入场形态的卖空交易。

苹果是日内交易者最钟爱的股票之一，不过就像其他股票一样，它在反转初期价格波动很大，如图 9.8 所示，很容易让日内交易者止损出

第 9 章 失败

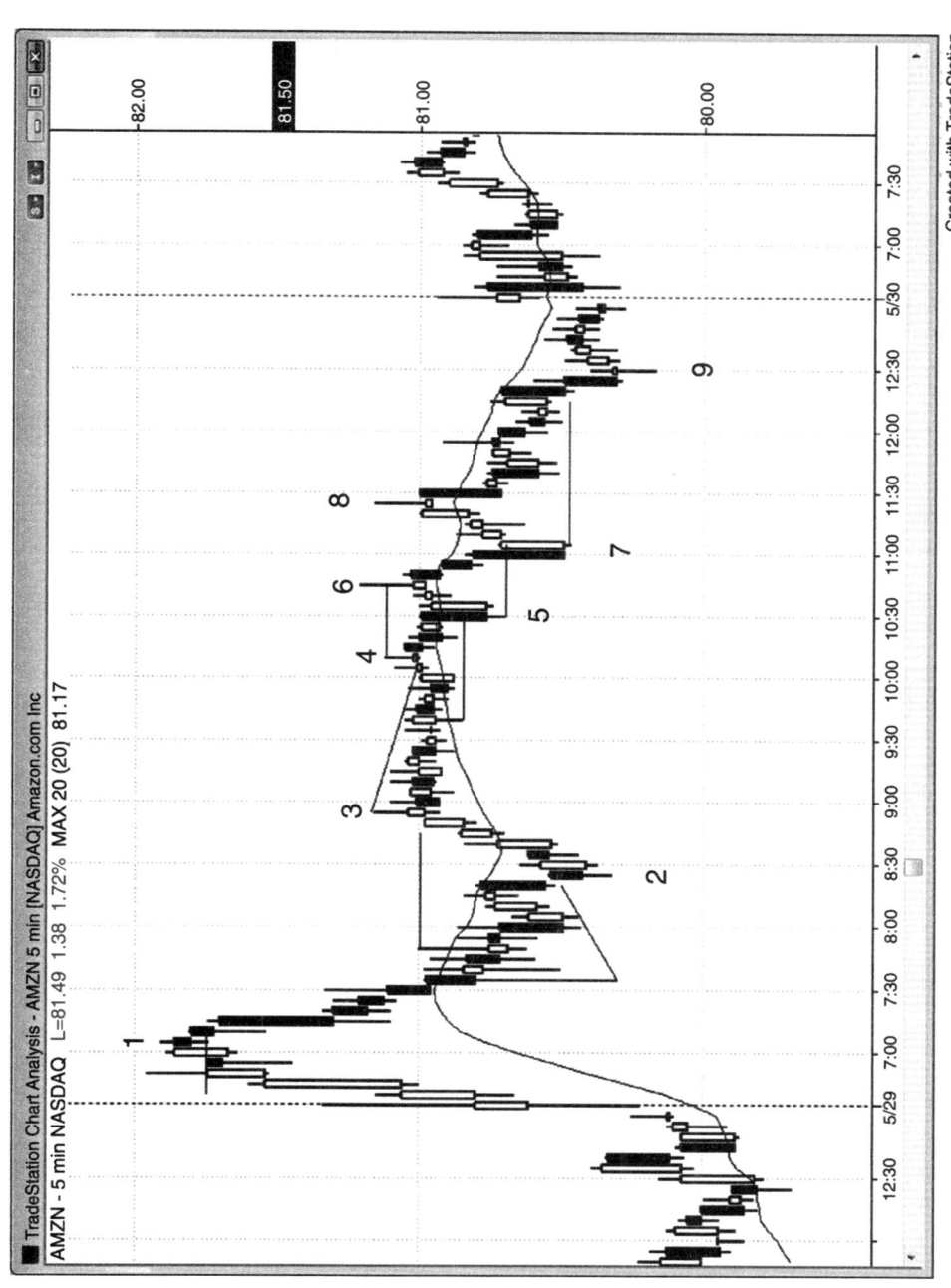

图9.6 在AMZN中失败的突破

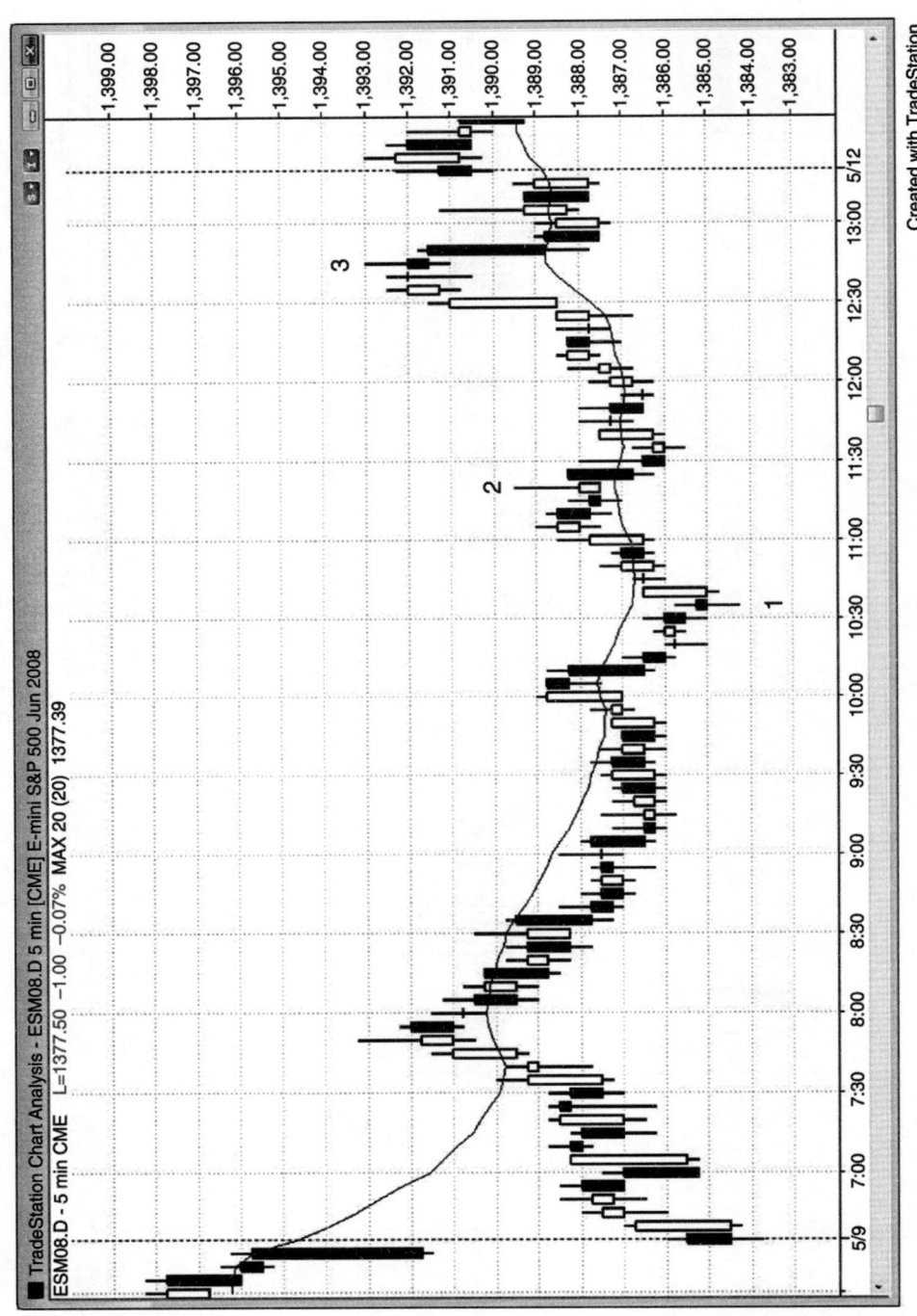

图9.7 震荡区间的突破通常会失败

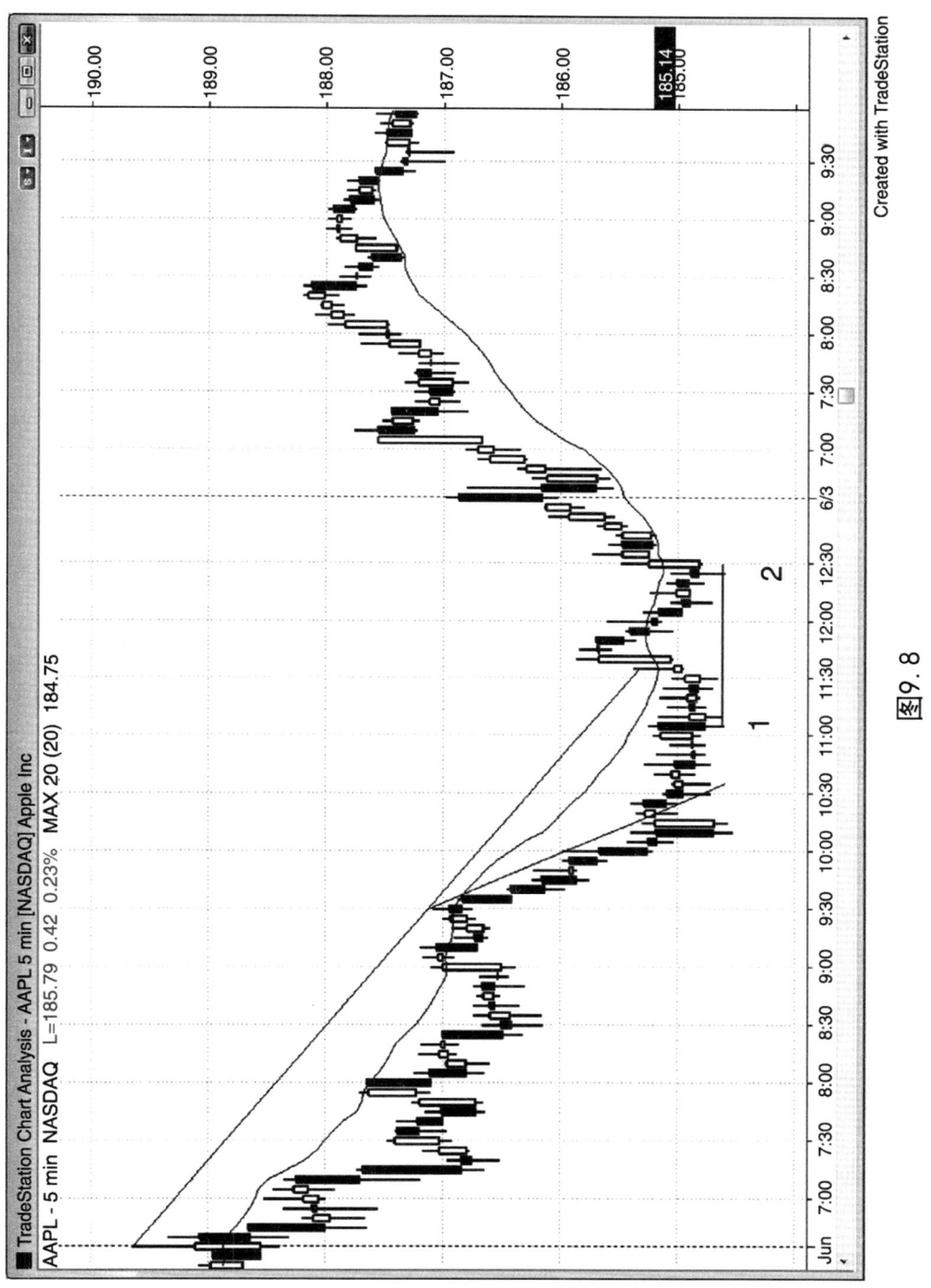

图9.8

局，尽管交易本身是个不错的反转交易。

当市场价格超过前一根 K 线的最高价后，交易者在 K 线 1 的双重底牛市旗形形态买入，买入点位可以是 K 线 1 之后的第三根或第六根 K 线。价格站稳移动平均线上方后，向上突破趋势线，不过之后又回补跳空缺口，在 K 线 2 再次测试前期低点。K 线 2 的最低价比 K 线 1 的最低价低了一个最小变动价位，使得多头被迫止损出局，然而却形成了一个双重底多头旗形。之后，市场便开始反转，第二天延续反转。这一个价位的新低导致多头被迫出局，诱使空头入场。到 K 线 2 的下跌浪是一个紧凑的下跌通道，是第三浪下跌浪，也是一个高点 3 的买入信号。高点 3 在一个下跌通道后出现相比高点 2 是一个更可靠的买入信号，因为一般通道在第三浪下跌后通常出现反转。这个买入信号非常好，主要是因为它快速将多头清洗出局，然后迅速反转，使得多头从心理上很难重新买入。之后，随着他们逐渐转变过来跟随入场，会进一步推动价格上行。

在开盘最初的一个小时里，股票很容易形成双重顶部旗形或者双重底部旗形（如图 9.9 所示）。碰到这种形态，大部分时候你是可以抓住机会交易的，但是永远不要将你所有的头寸都参与交易，同时为了以防这种形态的失败，你应该将你的止损位设置在盈亏平衡点上。

K 线 2 和 K 线 4 形成了一个双重顶部的熊市旗形，但是随后就失败了。之后 K 线 3 和 K 线 5 形成了一个双重底部的牛市旗形。

市场在 K 线 4 和 K 线 6 的双重顶部熊市旗形处再次反转，你可以通过做多净赚 70 美分。这个时候，你已经意识到市场正在形成震荡区间，而且很可能是三角形的形态。

K 线 7 是另外一个失败的形态，但是也是一个做多的时机，因为市场在经历了一段大幅反弹（K 线 1 之前的反弹浪）后出现的震荡区间往往具有连续性，同时 K 线 3，5，6 都在移动平均线上找到了支撑位。

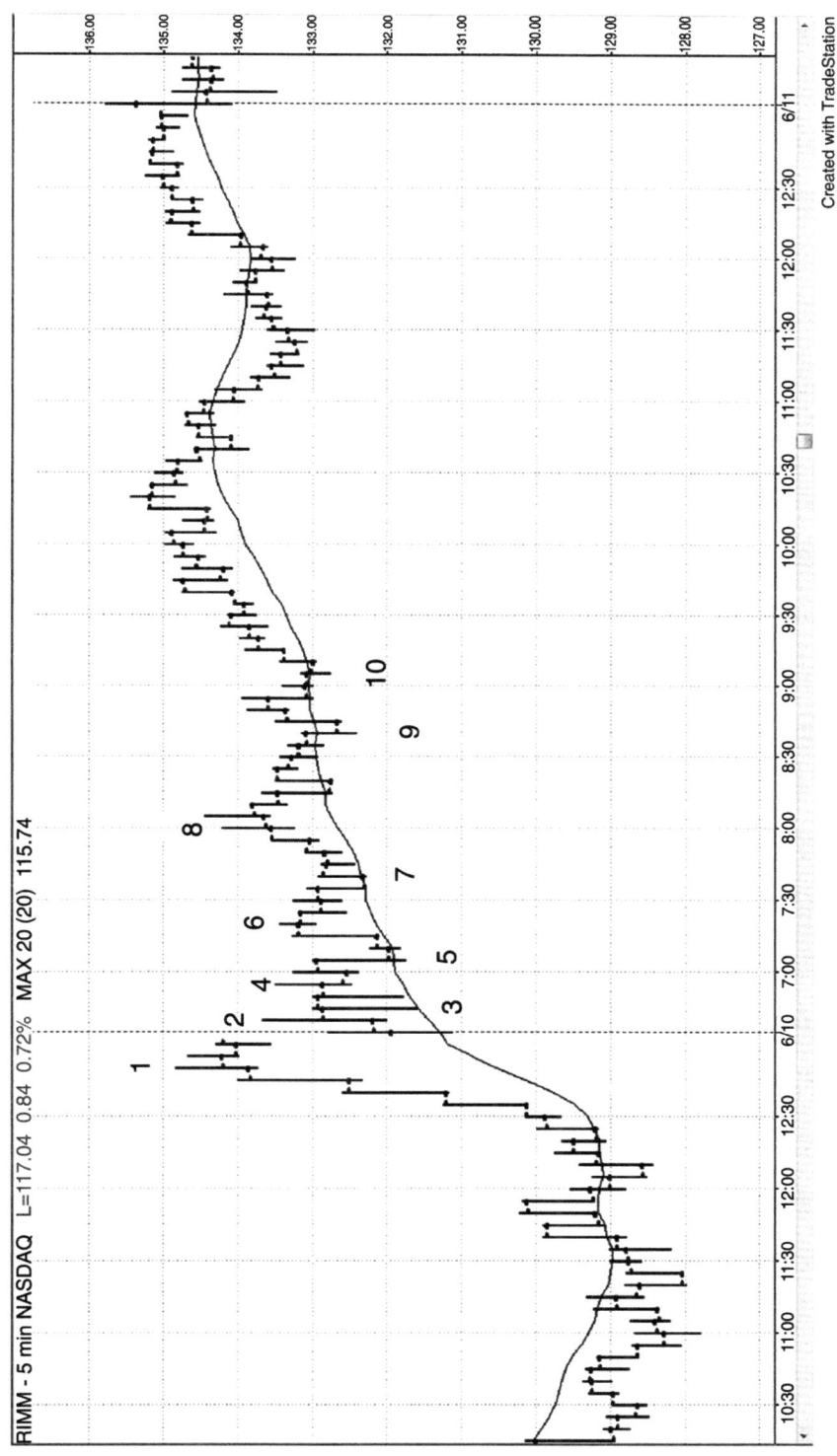

图9.9 在最初的一个小时里出现的双重顶部和双重底部

虽然K线9之前的卖空潮持续了7根K线，但并没有出现强大的买方力量，所以你最好等到市场出现了第二次入场形态再行动。虽然K线9是一个更高的低点（同K线7相比）。但是它也有很大的可能会失败。

在K线10处出现的突破回调是一个非常完美的二次入场形态。

如图9.10所示，K线4是一个双重底部牛市旗形形态的入场信号，但是随着K线5的低点2的出现，这一形态失败了。低点2的出现是在K线4之前出现的下跌浪的反弹。这使得市场突破双重底部，出现了两波下跌浪直达K线7。在这之中，市场上出现了很多次做空的时机，比图说K线5的下方，或者说在K线4的低点之下的1到2个价位处，突破K线4的那根K线的收盘处，或者下一根K线的收盘处，而这根K线也是非常强劲的。

如图9.11所示，K线5和K线11都是头肩底部的右肩，正如图中所示，大部分的头肩形态都会失败（K线1和K线9是这两个头肩底部的左肩）。仅仅看到这种形态并不足以让你开始逆趋势交易。在这个反转形态出现之前，你最好看到一些早期的逆趋势交易的力量出现。即使是这样，也不能保证你的逆趋势交易会成功。K线2打破了趋势线，并且K线4之前的反弹浪非常强劲，但是它没有超过K线2的高点，这同样也标志着市场趋势减弱。虽然大部分聪明的交易者在经历了K线5的双重底部牛市旗形和做多入场形态后，并不会马上在K线6的失败处开始做空，但是他们会将他们的止损位移至盈亏平衡点上，他们想着，如果止损单被市场触及之后，市场依然交易活跃，那么被触发的止损指令将会带来一次突破性回调的买方入场时机。在图中，市场触及止损单后依然保持下跌。在突破K线5之后出现的一根K线的突破回调就是一次非常好的卖空时机。在一个三角模式中，K线5也是在K线4之后的下跌潮后出现的第三次下推浪，同时这个三角形态也是一个楔形牛市旗形。

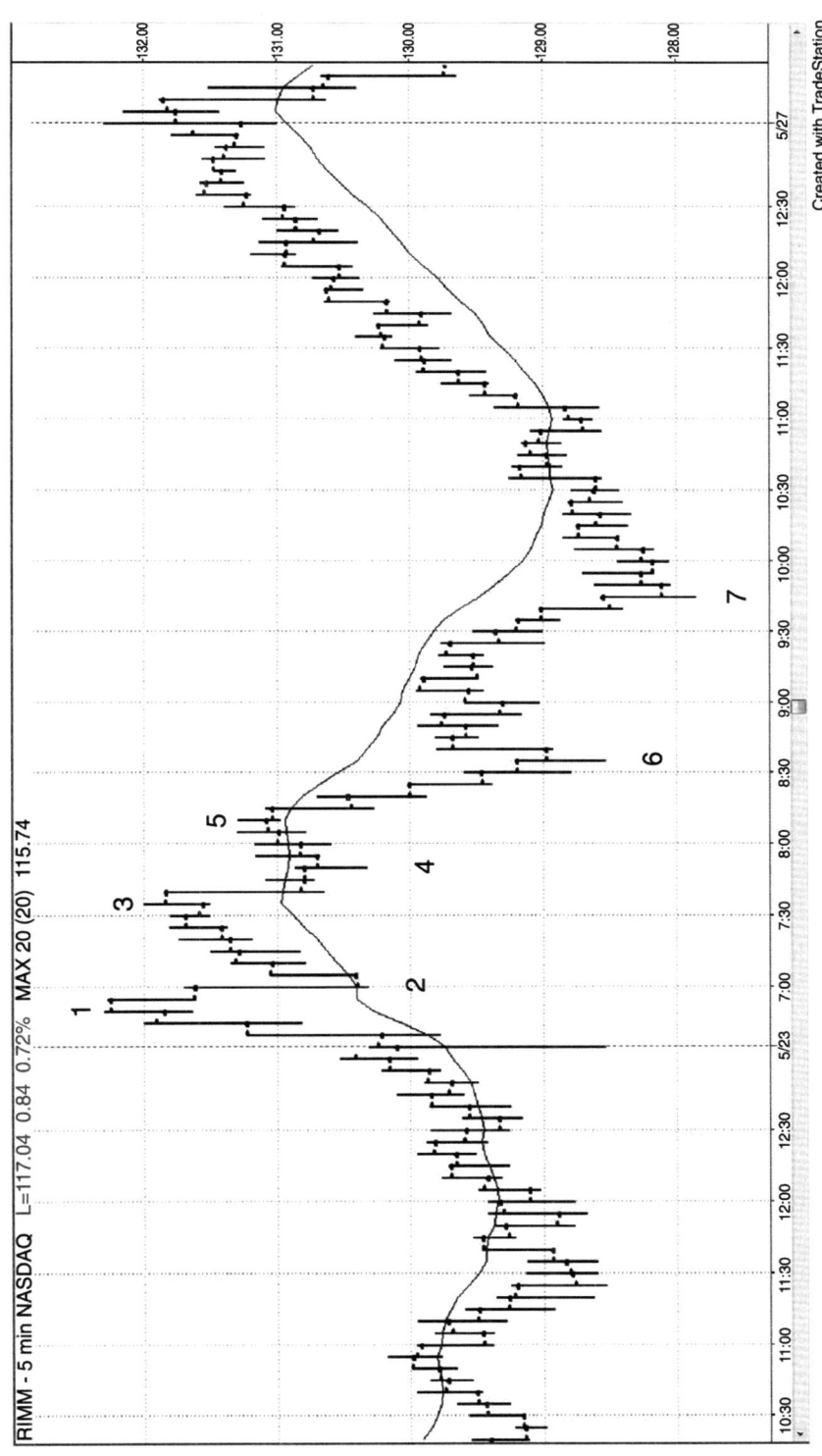

图9.10 失败的双重底部牛市旗形

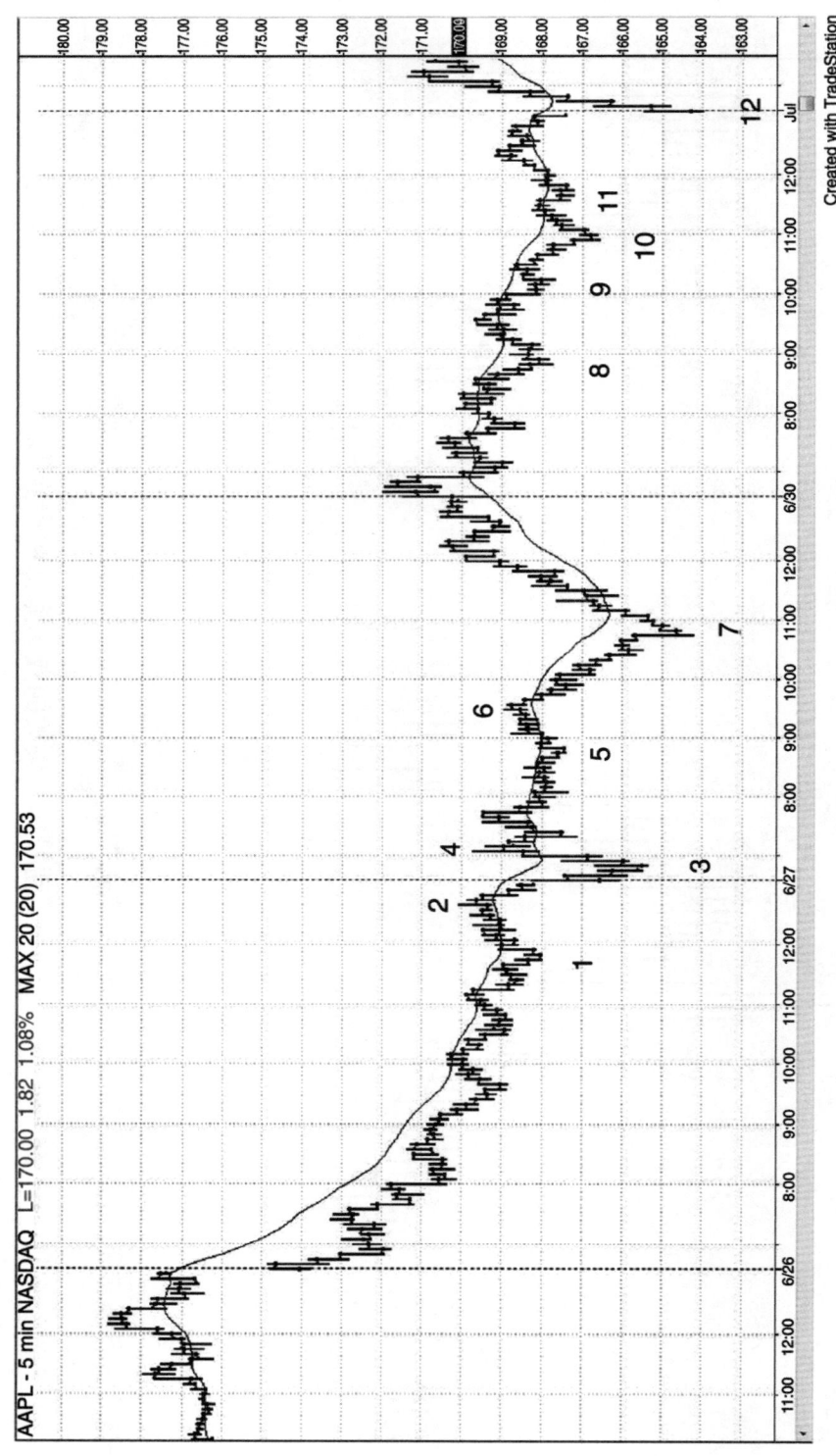

图9.11 大部分的头肩形态都会失败

K线11也是一个右肩，是一次非常好的买入时机，同样，交易者设置的盈亏平衡止损位也会被市场触及。

如图9.12所示，K线2和K线6处的下跌浪突破了主要趋势线，所以，在两个例子中，对于之前的高点的两浪测试应该都会带来一次卖空的机会。事实证明，在K线3的低点2处卖空将会获得收益，不论你是在K线3的下方卖空，还是在两根K线后的第二次入场形态处卖空。

若你在K线8处卖空，则收获利润的不确定较大。因为在此处，市场是通过一根大牛市趋势线来检测的（几乎是一根外包K线，它与之前的K线有着相同的低点）。在出现外包K线后如何操作呢？传统的方法是在这根K线的高点上方一个价位，以及低点下方一个价位处都设置止损位，当市场沿着某一个方向出现突破时，这些止损位将会被触及。然而，外包K线基本上也属于一根K线的震荡形态，而大部分震荡区间的突破都是会失败的。所以，你其实并不应该在外包K线的突破出现时入场，因为风险实在是太大了（因为K线的主体较大，突破这根K线较难）。因为图中出现的是两根K线的反转，所以最安全的入场方式就是在低于两根K线的低点处入场，也就是那根大牛市趋势线的低点下方，因为市场通常是会低于熊市K线，但是不会同时低于两根反转K线，正如图中发生的一样。

如果你在K线8突破内含K线时做空，你将会在市场收盘时感到不安（因为这根内含线是一根十字星，这预示着市场上的信心不足）。但是大部分的交易者应该不会采取做空，因为之前出现了3根以上的震荡K线，且其中还含有至少一根十字星K线，这通常意味着市场上不确定的因素太多（倒钩型）。在外包K线之前的两根小K线看起来也非常像十字星K线，所以最好还是等到市场上出现了更多的价格信号再行动。然而，如果你没有在K线8处做空，你应该相信还是会有许多交易者在这

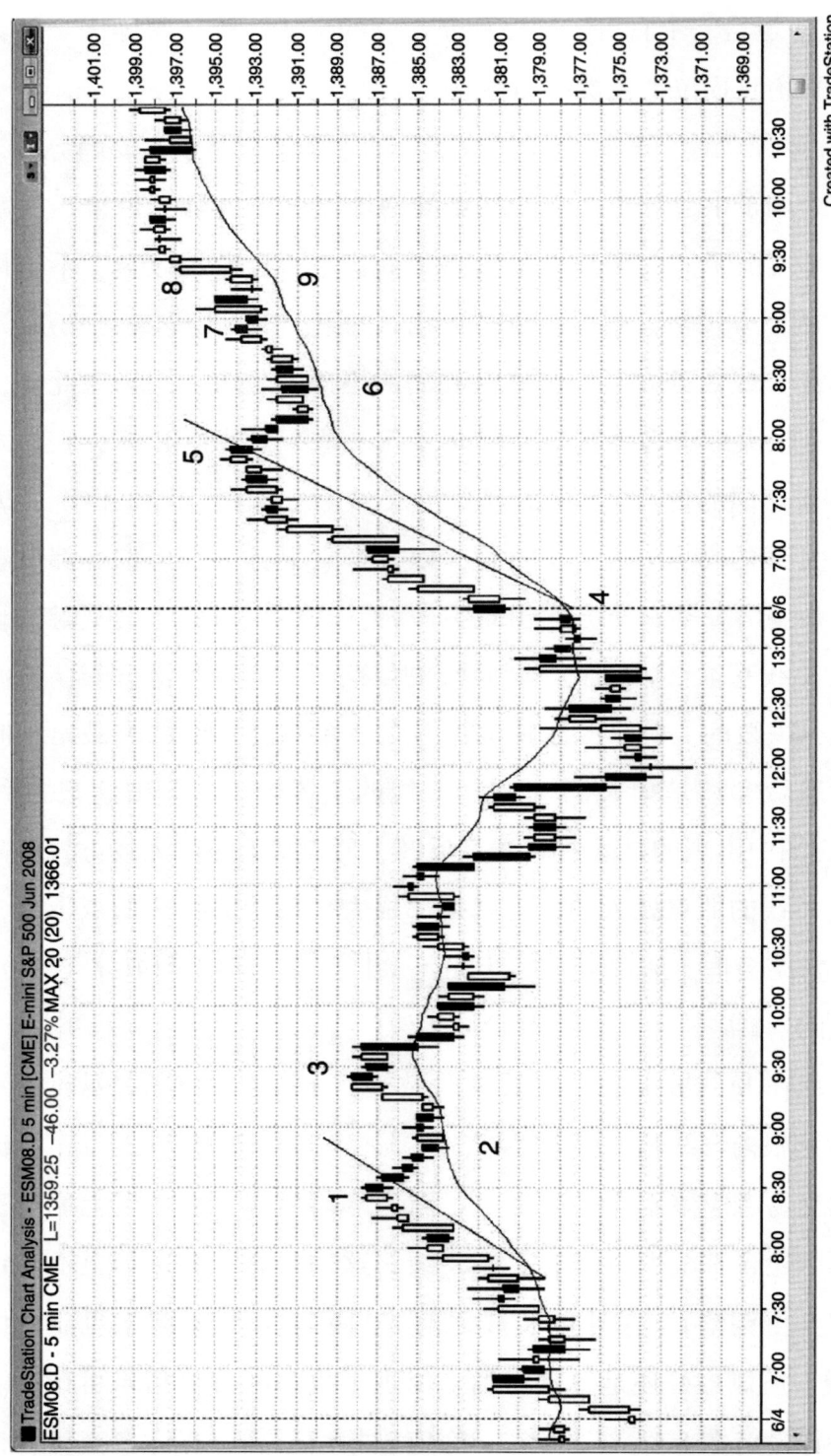

9.12 关于市场极值的两浪测试

第9章 失败

里做空的，同时由于他们的入场K线呈现出十字星收尾的态势，而这将使得他们对于自己的头寸感到极度的不安。他们将会快速卖出头寸，因此会再度被市场困住。他们希望在入场的K线8的一个价位之上卖回做空的头寸，并且在他们看到更好的价格行为之前他们都拒绝卖出。随着卖方通过买入头寸渐渐离场，在他们离场的同时买入头寸（K线9，正好是在K线8的一个价位之上），将带来一次刮头皮交易的机遇，市场很有可能还会持续两波上升浪。市场上的交易者可以在K线9的一个价位之上买入，也可以在K线9之后的一根K线上方买入，基于K线9是一根大牛市趋势K线，因此这也是一根明显的买入信号K线。

在图9.13的大约两个小时的K线图中，通过刮头皮交易做空4个价位将是一个盈利性的策略。然而，在K线4这根内含K线处做空的话，市场只下跌了5个价位便立即反弹。这意味着许多做空交易者并没有完全实现他们的盈利目标的限价指令，许多做空交易者在盈亏平衡点就被迫匆匆离场，而他们的盈亏平衡点肯定在K线5之上。市场正在测试昨日的低点，同时也是第二次探测是否有低于趋势通道线的低点出现（基于K线1至K线3处的趋势线）。做多交易者正在寻找支撑自己做多的理由，而这次失败的做空刮头皮交易时机是他们能找到的最后的理由。

如图9.14所示，这些5分钟的QQQ交易K线在失败前都到达了8至11个价位。由于保护性止损位的设置，这些刮头皮交易者都将会被迫在盈亏平衡点附近离场，虽然并不明显，但依然值得一提。当然，图中还有许多其他的可以盈利的刮头皮交易时机，但是如果其中大部分都是失败的交易时机，这将使得刮头皮交易者也疲于交易。那么这将使得交易者失去耐心和注意力，从而错失盈利的时机。在一个清晰的熊市趋势日，你可以进行的最好的交易就是顺着趋势交易，并且寻找一个卖空的低点2的入场形态，最好是在移动平均线上寻找。当你的获胜率提高时，

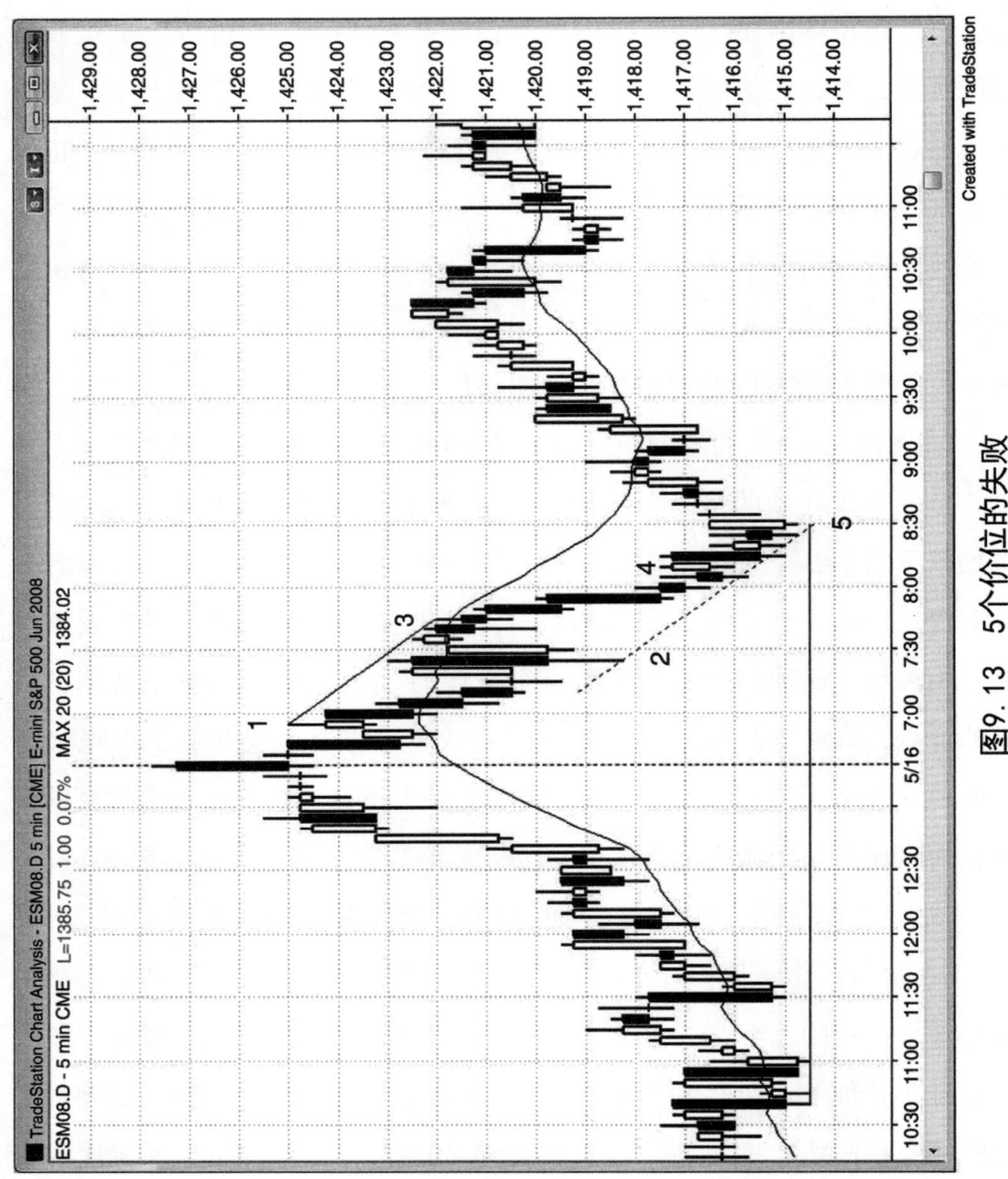

图9.13 5个价位的失败

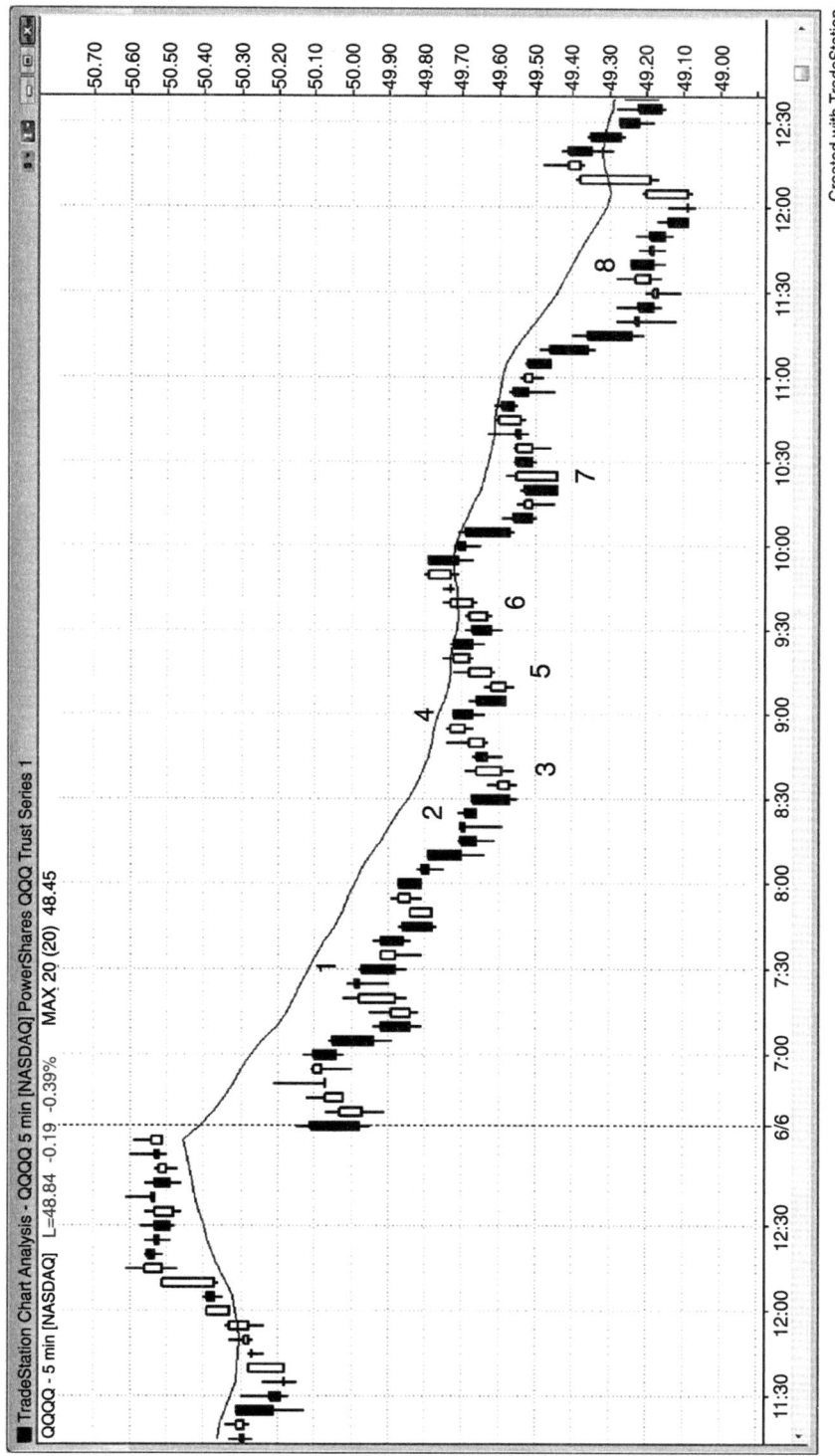

图9.14 在QQQ交易中出现的失败信号

将使得你拥有更为积极健康的态度参与交易，你将继续寻找入场时机，至少会使得一部分头寸参与交易。

在 AAPL 的交易中，通常会产生 1 美元的刮头皮交易机会（通常市场的移动会大于 1 美元，这将使得刮头皮交易者在 1 美元的限价指令上可以获得部分的盈利）。在图 9.15 中，然而 K 线 2 只超过了 K 线 1 的入场价位 93 美分，且之后产生了一个低点 2 的卖空机遇。这个低点 2 意味着市场两次都没有到达设定的目标。随着市场开始剧烈震荡，并且交易者失去了 1 美元的刮头皮交易时机，他们很可能会将他们的盈利目标减少至 50 美分。那样的话，他们将可以在图中市场下降了 61 美分的时候收获部分利润。

如图 9.16 所示，NETApp 公司（NTAP）的股票在这个日 K 线的图中的牛市趋势中被抛售了两次，而且交易者在这两次抛售潮中都积极买入。仅仅趋势线上出现的一次强劲的下跌潮并不意味着牛市趋势已经结束。你要知道，许多反转看起来都很强劲，但最终还是失败了。因此，有经验的交易者会在市场急剧下跌的时候积极买入，即使是在这个下跌浪的底部。K 线 11 是一个下跌了 16% 的买空潮的底部，但是它同时也是一个更高的低点，并且与 K 线 7 一起形成了一个双重底部的牛市旗形。因为市场上的趋势通道持续下跌了很多根 K 线，所以你不必急于买入，在 K 线 13 处的更高的低点，或者市场向上突破 K 线 14 的低点 2，也就是一个失败的双重顶部熊市旗形处买入是更为安全的。

K 线 22 是一根强劲的越过移动平均线的熊市趋势 K 线，但是之前从 K 线 15 至 K 线 19 处的反弹也是非常强劲的。这根熊市趋势线的出现可能是基于一些可怕的新闻报道，但是一根单独的强劲的熊市趋势线还不足以反转趋势。大部分时候，它都会失败并且导致市场到达新的趋势高点。做多交易者认为出现震荡区间和新高的可能性要比出现反转的可能

第9章 失败

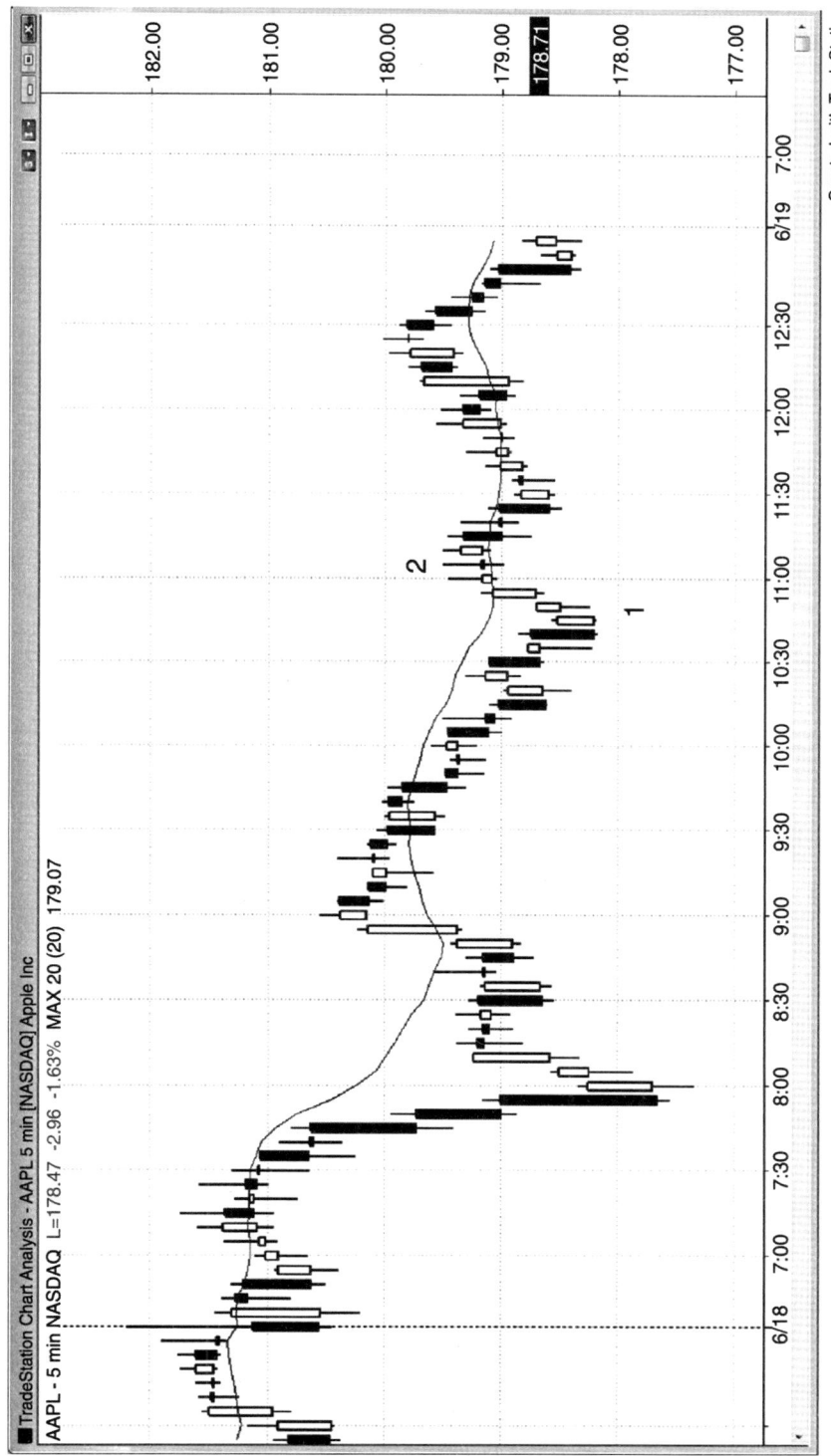

图9.15 转换更小的目标

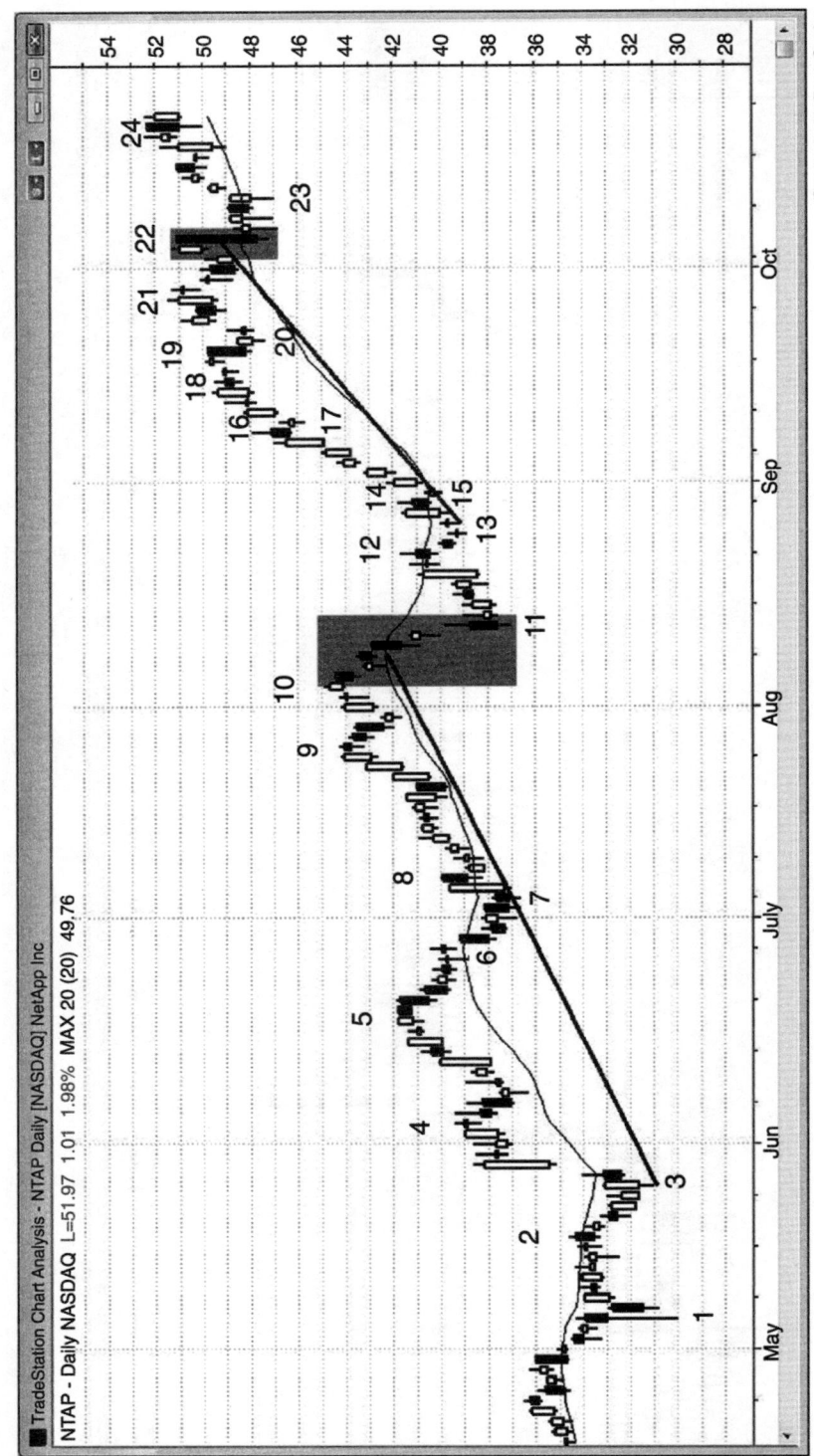

图9.16 下跌浪可以成为买入时机

性要大得多，所以他们会在这根K线的底部买入。K线22的底部与K线20的底部也一起形成了一个双重底部，并且很有可能会成为这个震荡区间的底部，或者形成一个双重底部的牛市旗形。在这根熊市K线之后，并没有出现更强的推力，只出现了四根几乎重叠的震荡K线，且都有着明显的尾部。这看起来市场并不像是要出现熊市反转，所以做空交易者买回了他们的头寸，而做多交易者也在这里做多，所以这些买方力量将市场推向新高点。

如图9.17所示，在这个60分钟的SPY交易图上，当牛市趋势非常强劲的时候，往往会有惯性，并且很难轻易结束。当过于激进的做空交易者看到一个强劲的突破移动平均线和趋势线的下跌浪时，他们会把这个看作是市场正在反转进入熊市趋势的信号。但是做多交易者则把每一次下跌浪都看作是买入入场时机。他们知道一次成功的反转所需要的因素绝对不只是一根强劲的熊市趋势线这么简单。他们相信每一次反转的尝试都会失败，因为确实大部分都失败了，随着市场逐渐走高，他们将更激进的在市场的回调时买入。当SPY的K线下跌了1%或2%时，做多交易者也会迅速买入，因为他们知道这样的时机也不会持续太久。许多探底或者触高都是由市场上暂时某一方力量的缺失所造成的。做多交易者想在市场回调时买入，所以一旦他们认为市场还会有一丁点下跌，他们也会停止买入等待机会。这使得做空交易者可以更快地加速市场下跌。一旦市场已经跌到了底部，并且做多交易者认为不可能再继续下跌了，他们就将迅速入场并且积极买入。他们的力量将绝对压过做空交易者，所以做空交易者将不得不买回他们的做空头寸，这也将加速市场的上升，所以在这波强劲的下跌浪之后再难以有支持其继续下跌的力量出现。

所以当市场这些下跌浪形成的时候你会感觉非常害怕，但是一旦你明白了其中的道理，你也会在这些下跌浪的底部积极买入。如果你不想

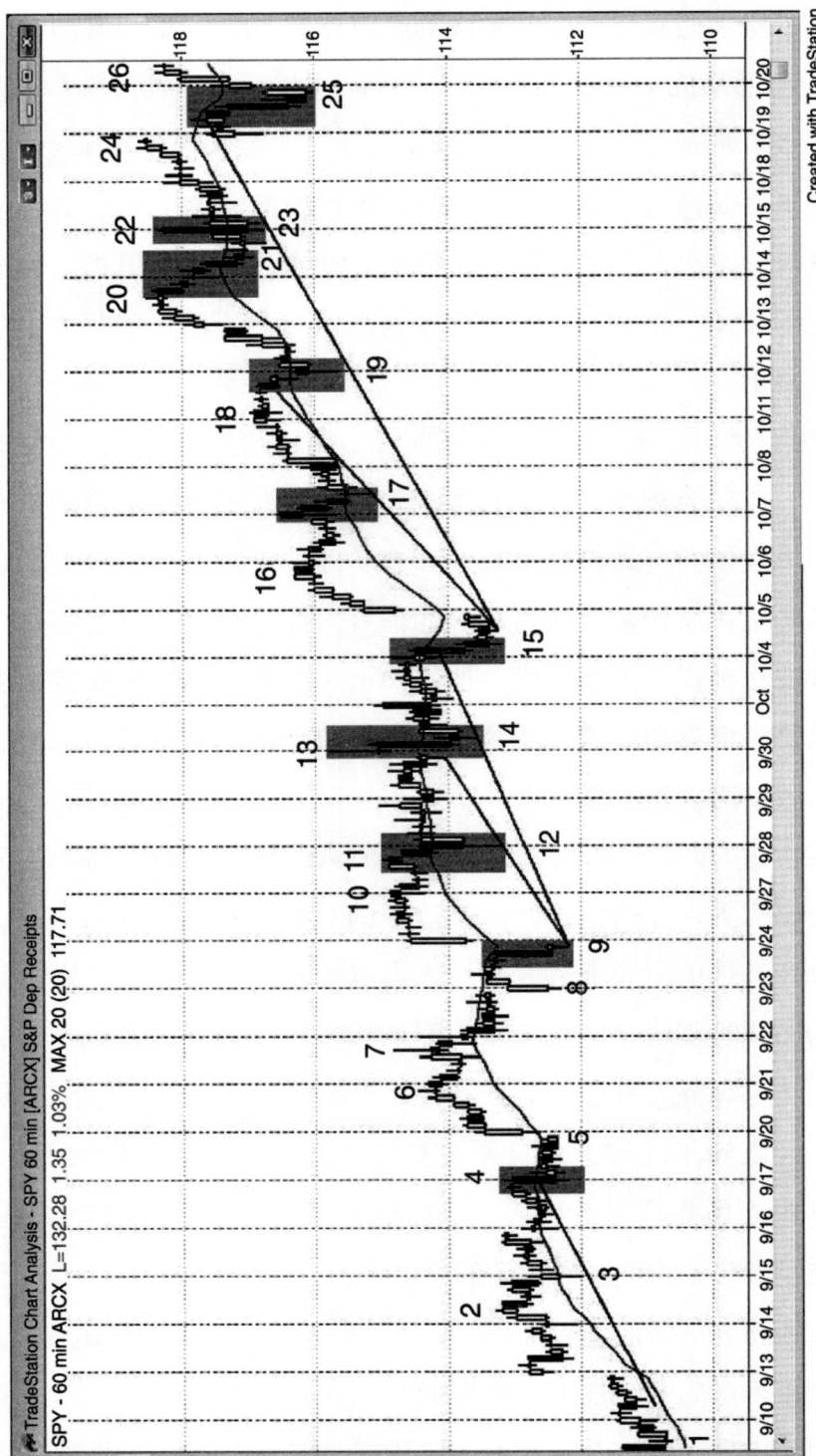

图9.17 大部分趋势逆转的尝试都会失败

有非常大的隔夜风险，那么你就可以在每一个下跌浪的底部买入买方期权，那么你就可以在几天之后的每一次市场新高上收获利益。

如图9.18所示，从K线15的更低的低点处开始的趋势反弹非常强劲，并且看起来会持续至少两波上升浪。然而，反弹至K线19的反弹浪并没有触及熊市趋势线。它穿过了移动平均线，并且足够接近趋势线。这给予了交易者足够的信心在K线22的高点2的入场形态处买入，因为他们认为市场的测试还将高于趋势线。

K线4是在一波强劲的下跌浪之后出现的牛市反转K线。由于这波下跌浪非常强劲，以至于交易者都相信市场上之后做空才能获利，所以交易者会继续在反弹时做空。因为他们并不认为K线4将带来显著的趋势反转，所以许多做空交易者将限价卖空指令设置在K线4或者K线4的高点之上。也有一部分交易者太过急于做空，所以他们会在K线4的高点的一个价位之下做空。市场之后的走势并没有超越K线4这根牛市信号K线的高点，这意味着做多交易者还是非常强劲的。市场在K线5的低点2下方引发了新一轮的卖空潮。在K线10的高点之后，以及K线11，13和26处都发生了相似的情形。K线18处发生的情形与之相似，不过进行的是相反的做多交易。市场上的交易者太过急于进行做多交易，所以他们会将买入限价指令设置在K线18之前的一根K线的低点处，或者低于其低点处。而最激进的做多交易者会将限价指令设置在K线18的低点上方一个价位处，看起来，他们的买入指令是唯一可以成交的。而其他的交易者不得不再次追逐市场的高点。

K线27比K线21的低点高一个价位，所以没有形成一个完美的双重底部的牛市旗形。这是做多交易者激进交易的迹象，当市场从K线24的高点一路下跌时，他们会将买入限价指令设置在K线21的低点上方一个或两个价位处。他们太急于进行买入交易，以至于他们不想承担任何

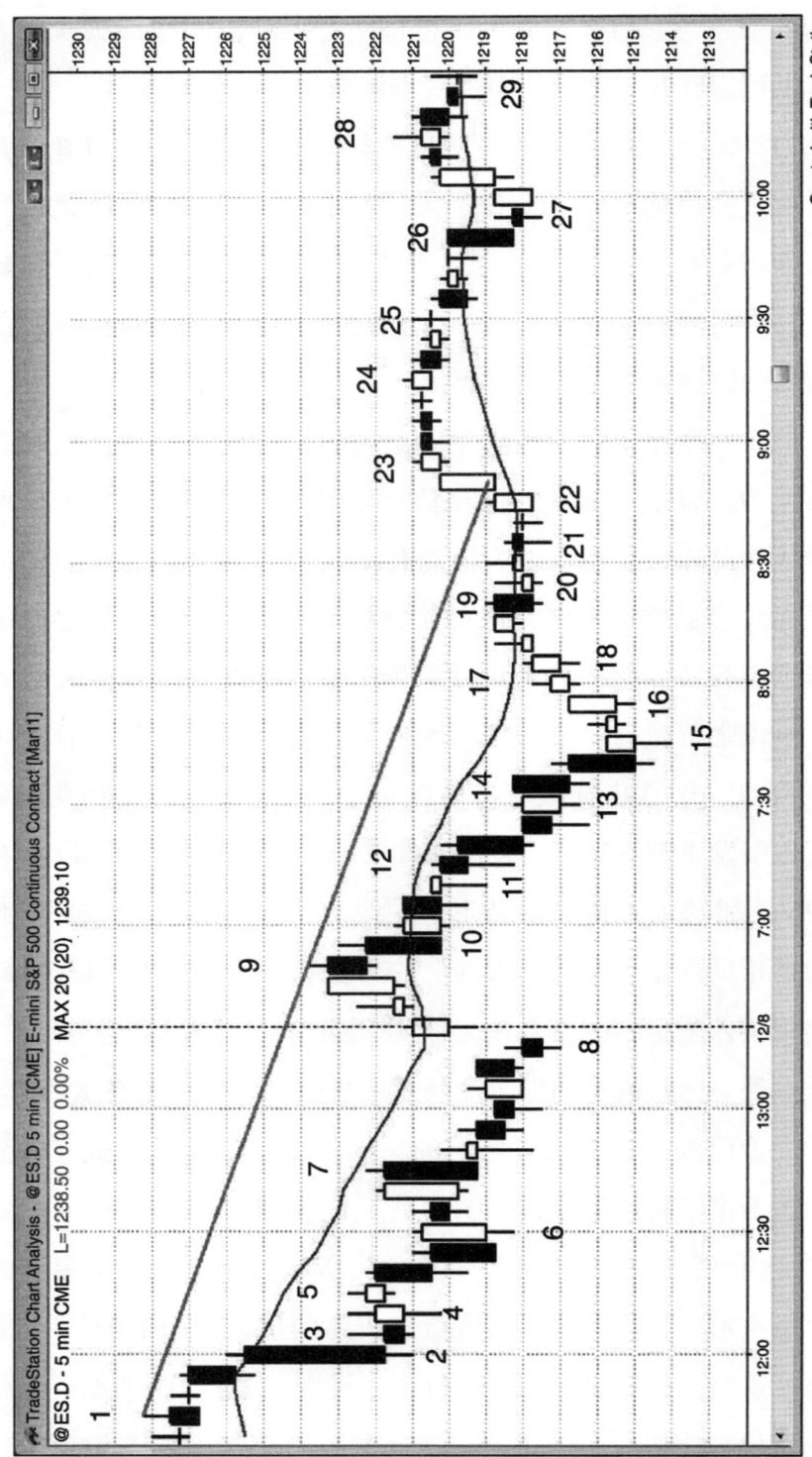

图9.18 失败有时候也可以是市场力量增强的标志

第9章 失败

在K线21的低点处或者低点上方一个价位处，买入指令不能完成成交的风险。当K线7比K线5的高点低一个价位时，相反的情况也同样发生了。它不能再次到达K线5的高点的原因，也是因为做空交易者太过于急切做空，所以这次的失败也是熊市趋势增强的迹象。K线7是在测试移动平均线，但是做空交易者太急于做空，以至于他们将卖出限价指令设置在移动平均线的两个价位之下，而非一贯的一个价位之下。这导致了K线7的高点无法触及移动平均线，而这同时也是熊市趋势增强的信号。

由于在K线15的底部后出现的低点1后再没有出现新的熊市低点，所以这也是牛市趋势增强的信号。

当市场上出现了一个明显的移动测量目标，同时市场由于惯性的推力已经足够接近这个目标了，但却还没有达到让交易者相信这个目标已经被完全测试的程度，那么市场通常会继续回调然后再次进行一次有信服力的验证。如图9.19所示，图中的交易日显示了Emini合约的交易正处于震荡区间日，而明显的可交易目标则是开盘区间的上升距离。K线7和K线9都在三个价位的范围之内，但是大部分的交易者都不会认为这个测试是有力的，除非他们是在一个价位的范围之内。所以这次测试并没有达到目标，但是它接近目标的程度已经足以让交易者相信市场的惯性正在影响价格行为。交易者想看看市场是否会在测试这个目标后回落，或者会继续上升反弹到一些新的更高的目标。市场趋势回调到了K线14这个小型的扩展三角形的牛市旗形上，并且在这一天的最后一根K线上完成了在一个价位内测试这个目标的测试。值得一提的是，如果市场的测试比可测量的移动目标高出4个以上的价位，那就意味着市场已经放弃这个目标，并且正在向更高的目标进发。

K线14是在一个大型楔形牛市旗形中出现的信号K线，在这个楔形

高级反转技术分析
价格行为交易系统之反转分析（上册）

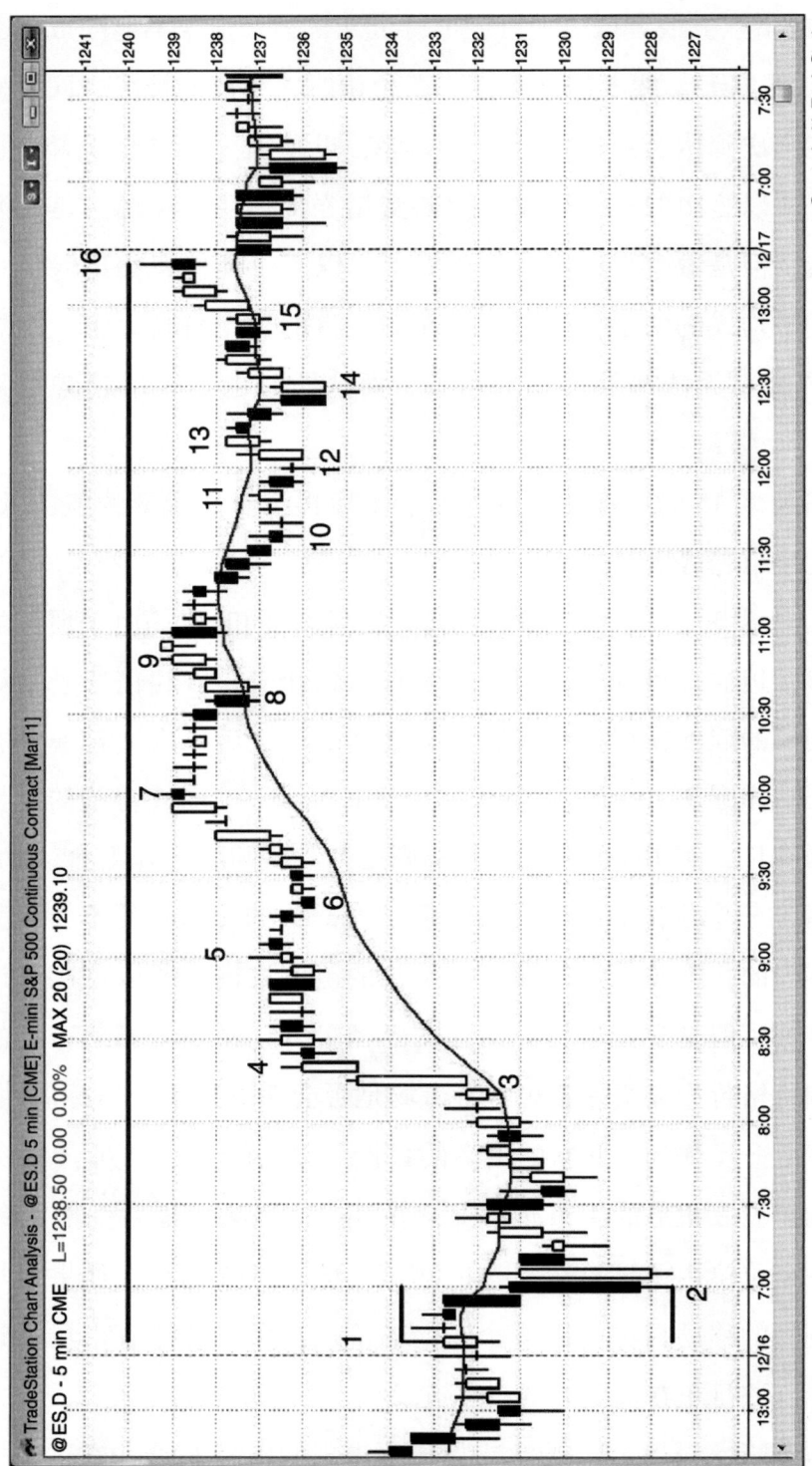

图9.19 刚错过目标马上又触及目标

中，K线8是第一波下跌浪，而K线10和K线12则是第二波。许多交易者认为这个旗形会在K线12处结束，但是K线10和K线12之间的下跌距离要远远小于K线8和K线10的下跌距离，所以许多交易者并不确信市场的修正已经结束了。这导致在K线14处出现了一个更低的低点的最终下推浪。

从K线14开始的三根K线的牛市上升浪高于之前的60分钟K线的高点（并没有在图中显示）一个价位。当市场在一个5分钟的楔形熊市旗形的两根K线后反转向下，60分钟的交易者将会怀疑他们是否陷入一个60分钟的一个价位的牛市陷阱中。许多60分钟交易者已经在之前的60分钟K线的高点之上一个价位处买入，但是市场现在开始反转向下。然而，大部分时候当60分钟的K线图上出现了一个一个价位的失败突破时，市场会在这根60分钟的K线收盘前再次超越这个一个价位的失败突破。结果就是虽然在5分钟的K线图上会出现很多一个价位的失败突破，但是在60分钟K线上，当这根K线收盘时，这些失败突破就会消失，就像图中所示。在K线15之后的那根K线处60分钟的K线正好收盘，所以这根K线最终形成的高点将比之前那根60分钟K线的高点高3个价位。

第 10 章　日 K 线图的巨量反转

当一个日 K 线图中，股票市场正处于陡峭的熊市趋势，突然出现了一个有着比之前的交易量大 5 到 10 倍的 K 线，那意味着做多交易者正在加速入场，市场很有可能正在形成底部。有着大成交量的那一天通常会带来一个巨大的下跌缺口，如果这一天以强劲的牛市收盘，那么做多交易者盈利的机遇则会增加。市场上的交易者并不总是在寻找牛市反转，但是在经历了一波剧烈的下跌浪后，市场上出现至少两波可以超越移动平均线的上升浪的机遇增加了，而这将使得他们可以在几天，甚至几周之内进行可以盈利的做多交易。

顺便一提的是，在 1 分钟的 Emini 图表上，如果出现的是一个强劲的熊市趋势，同时有一根 K 线有着巨大的成交量（大约是 25000 份合约的成交量），虽然熊市趋势不可能就此结束，但是这通常是市场马上会出现回调的迹象，一般在市场的交易量开始平复（与之前的交易量有差异），出现了一到两个更低的低点之后就会出现回调了。你应该经常用来交易的图表是 5 分钟图表，但是因为在 5 分钟图表上成交量的预测作用并不可信，所以在这种日内 K 线图中你不应该太过于关注成交量的变化。

有时候市场会在成交量大的日子发生反转向上。如图 10.1 所示，在雷曼兄弟（Lehman Brothers，LEH）的交易图上，出现了一根巨大的低开

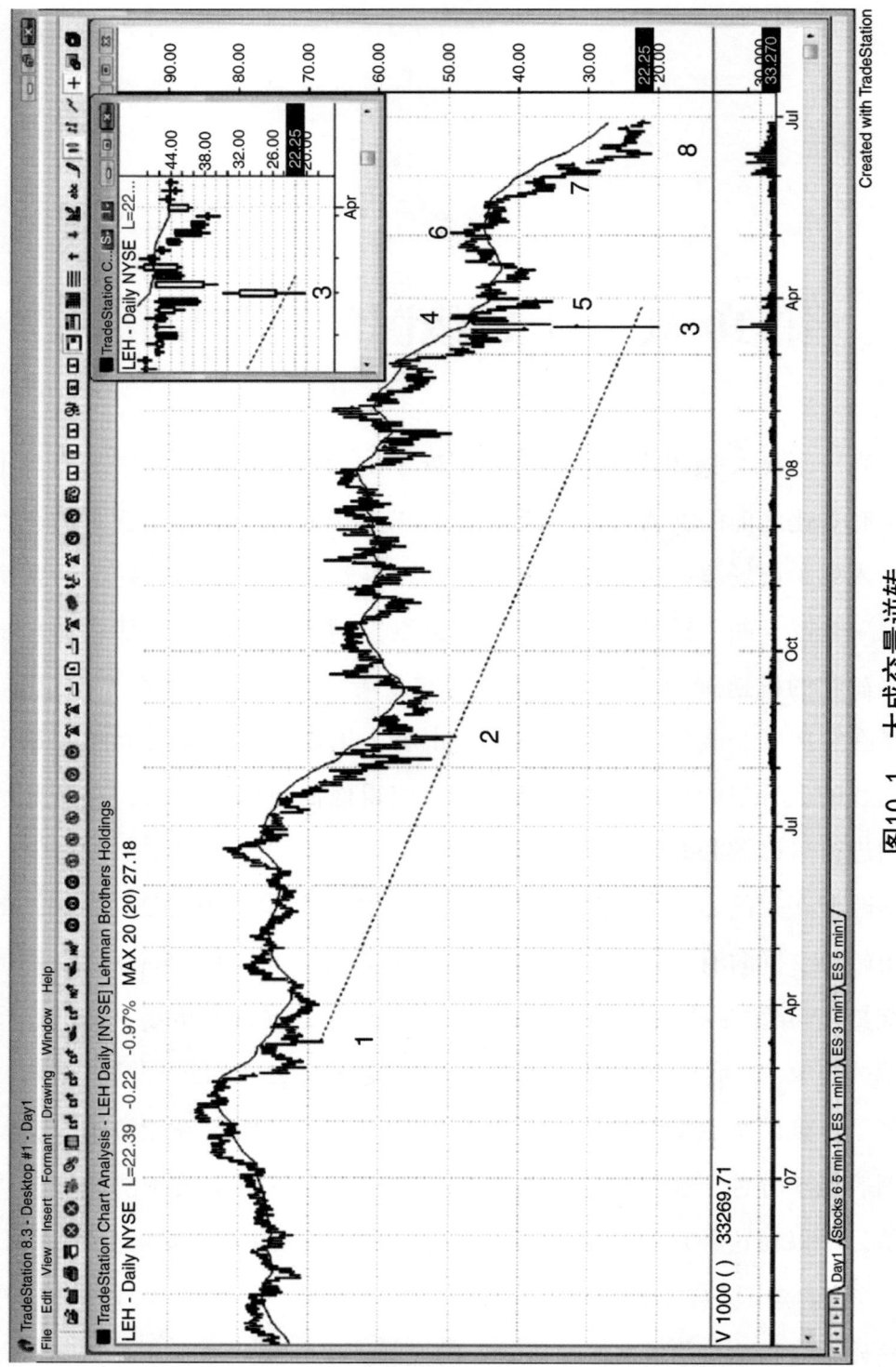

图10.1 大成交量逆转

跳空缺口K线——K线3，之后这根K线迅速向下突破了熊市趋势通道线（从K线1至K线2处连接的线），但是在收盘处出现了较为强劲的反弹。这条K线的成交量是前一日的3倍，同时是过去一个月的平均交易量的10倍。在出现了这样一根强劲的牛市趋势K线的情况下（在蜡烛缩略图上可以更清晰地看到），在收盘处买入是相对安全的，但是一个更为谨慎的交易者会等待市场测试这根可能的信号K线的高点。市场在下一个交易日马上出现了高开跳空缺口。交易者可以在这根K线的开盘处买入，等待市场的测试性下跌，之后又在一个新的日内高点买入，或者你也可以在5分钟的K线图上寻找一次卖出潮，在市场没有成功地结束低开跳空缺口，所以出现了反转向上的情况时买入。这种情况通常会伴随着至少两波上升浪的出现（第一波上升浪发生在K线5的缺口测试了更高的低点之后，第二波上升浪是上升至K线6的上升浪），并且他们很可能会向上突破移动平均线。

K线4和K线6一起形成了一个双重顶部的熊市旗形。

K线7试图与K线5一起形成一个双重底部的牛市旗形，但是最终却在三根K线后出现了突破性的回调带来了卖空机遇。

在图表中出现的最后一根K线处，市场正在测试K线3的低点，并且试图捍卫其下方的止损位，并形成双重底部。但是事实上，并没有成功，几个月之后，雷曼兄弟就破产了。

在一个猛烈的下跌日，成交量巨大也不一定会带来反弹。如图10.2所示，贝尔斯登（BSC）在周五迎来了一个猛烈的熊市日，同时交易量是一般熊市日的15倍。这只股票在过去的两周内下跌了70%，但是，成交量却只有之前一日的1倍至1.5倍，同时它还只有一根微型的牛市尾部。市场上的价格行为并不支持做多，因为没有出现任何突破熊市趋势通道的反转。事实上，图中K线3之前那根巨大的熊市趋势K线已经完

高级反转技术分析
价格行为交易系统之反转分析(上册)

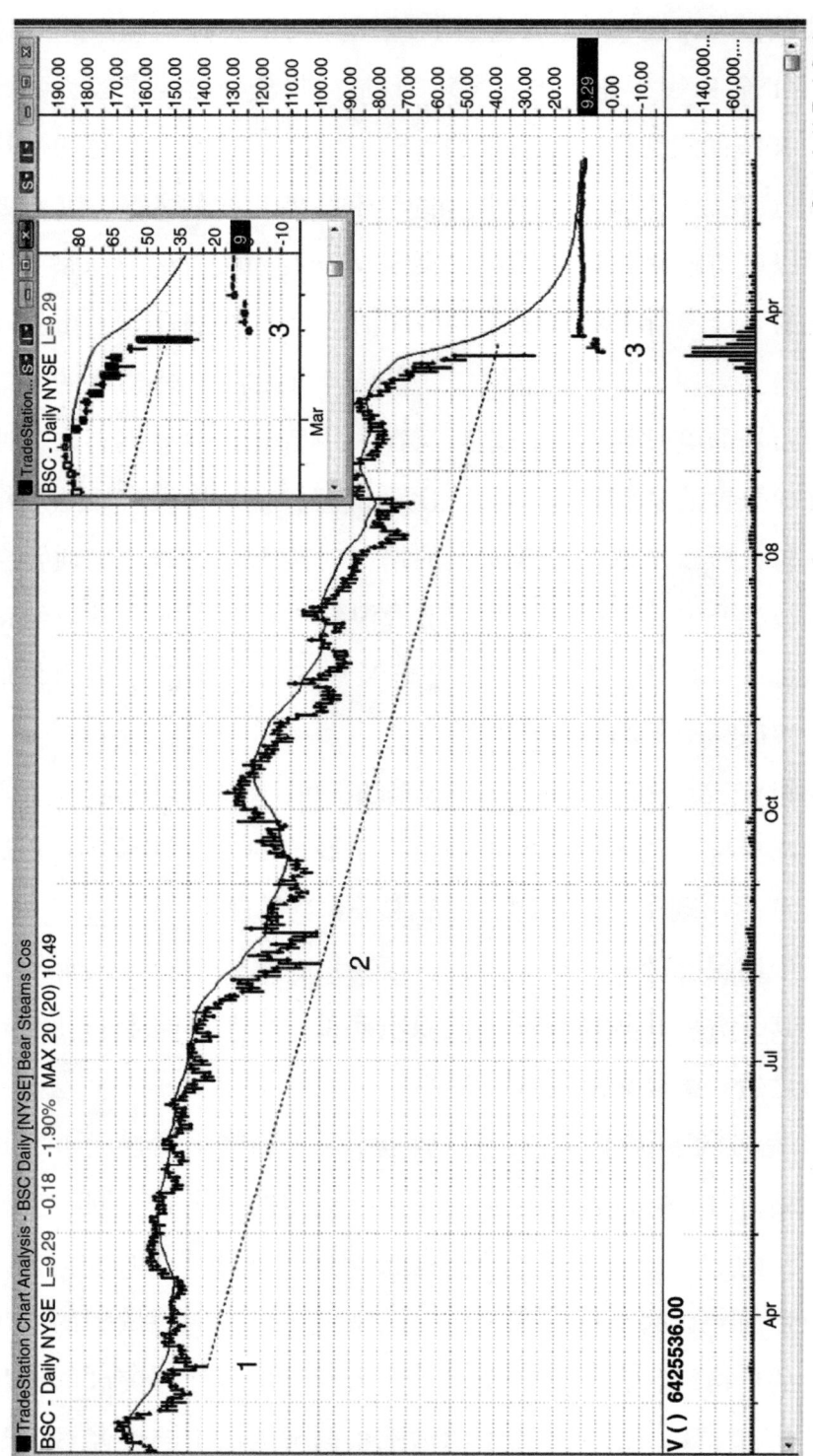

10.2 成交量巨大却没有出现逆转

美地突破了熊市趋势通道线，这进一步确认了趋势通道线已经无法进一步加剧熊市趋势，而市场可能会出现反转。该股在周一开盘时（K线3）已经下跌了80%，但是成交量依然略有减少。交易者在周五的收盘处买入时，就认为市场已经到达底部了，他们不敢相信作为国家的第五大投资银行和经纪商的股票，还可以进一步下跌，但是市场在周一进一步摧毁了他们的想法。在没有做多价格行为的支撑下，成交量巨大无法反转强劲的熊市趋势。

这张图表与之前的雷曼兄弟的图表涵盖了相同的时间期间。但是，在雷曼兄弟的图表上，市场在周一（K线3）才突破了熊市趋势通道线，并且在当日它又以巨大的成交量反转向上。在这张贝尔斯登的图表上，市场以巨大的成交量突破熊市趋势通道线的时间要早一天，但是却在最低点附近收盘，没有任何做多价格行为的支持。它也是在K线3处出现了低开跳空缺口，如同雷曼兄弟一样（对于这两只股票来说，K线3都是周一），但是雷曼兄弟的股票出现了强劲的反弹，而在贝尔斯登的股票上并没有出现。在贝尔斯登的图表上，市场在突破了熊市趋势通道线后，K线3依然也是一根牛市反转K线。但是任何在那一天在雷曼兄弟和贝尔斯登这两只股票进行选择的交易者，显然更愿意选择购买贝尔斯登的股票，因为它出现了一根强劲的牛市反转K线。即使交易者以高于K线3一个价位的价格买入贝尔斯登的股票，他们也会在未来的三天内获得超过100%的利润，看起来买贝尔斯登的股票是更加可靠的。

在这张图表发生之前的几个月，贝尔斯登被JP摩根（JPM）以非常低的市值价格收购了。

价格行为学（PA）鼻祖
阿尔·布鲁克斯 4 件套

○ 阿尔·布鲁克斯，PA 交易的鼻祖级人物，华尔街最受敬仰的技术分析大师之一。他最擅长价格行为（裸 K）分析，并在此领域做出了开创性贡献，在美国期货交易界拥有极大的影响力。

○ 他的理论的厉害之处在于：系统性地讲明白了市场参与者构成、价格波动原理，价格运动状态分类、演变及规律。

《高级反转技术分析·上册》
《高级反转技术分析·下册》

《高级趋势技术分析》　《高级波段技术分析》

微信扫码
了解详情

华尔街追捧的威科夫交易分析法
如何让你也能赚到钱

○ 理查德·威科夫，20 世纪初华尔街实战三巨头之一，基于其本人 45 年交易经验并融合同时代主要交易大师的交易精华，铸就的操盘秘籍，是华尔街大型对冲基金经理和专业机构驾驭市场的量价分析宝典，是接近于市场本质的行为学理论系统，详尽解读了竹线图、点数图、波线图等威科夫操盘工具，学习并熟练掌握这些威科夫操盘方法，有效识别市场主力行为，逐步从公众的羊群思维转变成聪明钱的思维，散户也能成长为稳定盈利的职业投资者或者机构操盘手。

微信扫码
了解详情